PUHUI JINRONG ZHIDU BIANQIAN DE
"HUBEI FANGAN"

普惠金融制度变迁的
"湖北方案"

阙方平　朱新蓉◎著

中国金融出版社

责任编辑：丁　芊
责任校对：潘　洁
责任印制：陈晓川

图书在版编目（CIP）数据

普惠金融制度变迁的"湖北方案"　（Puhui Jinrong Zhidu Bianqiande
"Hubei Fangan"）／阙方平，朱新蓉著．—北京：中国金融出版社，2018.7
　ISBN 978 - 7 - 5049 - 9623 - 7

　Ⅰ．①普…　Ⅱ．①阙…　②朱…　Ⅲ．①地方金融事业—经济发展—
研究—湖北　Ⅳ．①F832.763

中国版本图书馆 CIP 数据核字（2018）第 134553 号

出版
发行　　中国金融出版社

社址　北京市丰台区益泽路 2 号
市场开发部　（010）63266347，63805472，63439533（传真）
网 上 书 店　http：//www.chinafph.com
　　　　　　（010）63286832，63365686（传真）
读者服务部　（010）66070833，62568380
邮编　100071
经销　新华书店
印刷　保利达印务有限公司
尺寸　167 毫米×234 毫米
印张　27.5
字数　486 千
版次　2018 年 7 月第 1 版
印次　2018 年 7 月第 1 次印刷
定价　62.00 元
ISBN 978 - 7 - 5049 - 9623 - 7
如出现印装错误本社负责调换　联系电话（010）63263947

本书为"产业升级与区域金融湖北省协同创新中心"项目系列成果之一。

本书课题组

课题组组长：阙方平　朱新蓉

课题组成员：李丹阳　邓江峰　熊　飞
　　　　　　钟文迪　罗继康　黄　丹
　　　　　　朱运立　张文芬　李　飞
　　　　　　肖　亮　王勇州　陈　颖
　　　　　　李扬子

序　言

"大道之行也，天下为公……""大同梦"和"小康梦"根植于中国人的文化基因中，经久不衰，历久弥新。在全面建成小康社会的决胜阶段，发展普惠金融有利于促进经济金融可持续均衡发展，助推经济发展方式转型升级，增进社会公平和社会和谐。普惠金融概念虽然是个"舶来品"，但一直以来，我国都是普惠金融的积极参与者、实践者和引领者，为国际社会贡献了中国智慧和"中国方案"。

回顾过去，普惠金融在不懈探索中曲折前行。上世纪末以来，尽管我国尚未正式提出普惠金融概念，但一直探索加强和改善社会薄弱环节的金融服务。如中国银监会积极推进"抓两头、带中间"改革，启动农业银行"三农事业部"和农合机构改革，培育发展村镇银行，探索推广扶贫小额贷款，引导信贷资源向普惠群体倾斜。但由于城乡二元经济结构的制约，普惠金融难以实现商业可持续，发展效果不够理想。

立足当前，普惠金融在政策指引下全面创新。2013 年，党的十八届三中全会明确提出"发展普惠金融"，标志着普惠金融提升至国家战略层面。中国银监会开展了金融服务进村入社区、阳光信贷和富民惠农金融创新"三大工程"，连续多年提出小微企业贷款"三个不低于"目标，探索金融服务网格化、双基联动、银税互动等创新模式，并督促大中型银行设立普惠金融事业部。截至 2017 年末，全国小微企业和涉农贷款余额均达到 31 万亿元，占到各项贷款的 24%，普惠金融发展质量和效益全面提升。

展望未来，普惠金融在科技助力下蓬勃发展。大数据、物联网、区块链、人工智能等新科技浪潮风起云涌，不断为普惠金融"赋能"，极大提升了金融服务的深度和广度。2016 年 9 月，习近平主席主持的 G20 领导人杭州峰会审议通过了《G20 数字普惠金融高级原则》，工农中建交五大银行纷纷与 BATJ（百度、阿里、腾讯、京东）等互联网巨头"联姻"，在大数据风控、获客营销、智能投顾、电子支付等领域开展全面合作，推出了"金融大脑"、"云上金融"、"智慧零售"等新模式，为客户提供了全功能、全渠道、全天候的金融服务。

纵观我国普惠金融的发展历程，可以明显看出普惠金融发展是一个动态演进的制度变迁，政府部门"第一行动集团"与市场主体"第二行动集团"互动协作，"自上而下"的强制性变迁和"自下而上"的诱致性变迁共同实施，这也在湖北普惠金融发展中得到充分体现。2014 年 11 月，我调湖北银监局工作后，对普惠金融发展情况开展了调研，发现其中还存在一些制度性方面的问题：信息掌握不够全面、技术手段不够先进、服务渠道不够通畅，等等。针对这些问题，我进行了深入思考研究，借鉴地方政府网格化管理的做法，提出在全省银行业实施"金融服务网格化"战略，努力打造普惠金融的"升级版"。2015 年以来，湖北银监局发挥监管引领作用，联合省政府金融办、省综治办印发指导意见和实施方案，召开多次推进会和现场会，起到了灯塔作用。各银行机构也积极响应金融服务网格化战略，争相转变经营观念，充分迸发创造活力，探索推出了"社区模式""校园模式""农户模式""企业模式"等。截至 2018 年 3 月末，全省建立网格站 3.15 万个，发放贷款 1051.3 亿元，服务普惠群体 107 万户，覆盖全省 2.16 万个乡村网格和 3992 个城镇网格，实现网格站和建档面的"两个 100%"全覆盖目标。"金融服务网格化"战略实施近三年来渐入佳境、开花结果，走上了一条高效率的制度变迁路径，这正是普惠金融"湖北方案"的价值和意义所在。

为更好地推动普惠金融交流研讨，"产业升级与区域金融湖北省协同创新中心"组织力量进行系统总结和研究，形成了《普惠金融制度变迁的"湖北方案"》这一研究成果。我认为该成果具有以下几个特点：一是选题立意深远。本书从制度变迁的角度出发，对普惠金融的发展基础、演进路径和远景展望进行研究，为普惠金融提供了"湖北方案"，既填补了研究空白，也适应了时代发展的需要。二是内容贴近实际。本书回顾了湖北普惠金融发展的"前世今生"，并以"金融服务网格化"战略为重点，分析了实施背景、特色做法、实践效应和主要经验，预判了普惠金融制度变迁的远景，堪称普惠金融的"操作指南"。三是研究方法科学。课题沿袭了制度经济学的研究范式，采用历史比较、实证演绎、案例分析等方法，显得条理分明、脉络清晰，有利于读者更好把握普惠金融"从哪里来，到哪里去"的问题。四是适用对象广泛。该成果具有原创性的理论研究和专业规范的学术体系，可以作为专家学者参考和借鉴的工具书，也可以成为高等院校的教学用书。

乘风破浪潮头立，扬帆起航正当时。2017 年全国金融工作会议指出要"建设普惠金融体系"，习近平总书记在党的十九大报告中强调要"深化金融体制改革，增强金融服务实体经济能力"。在全面建成小康社会进入决胜阶段之际，普惠金融必将掀起新热潮、迎来大发展。本书的出版可谓恰逢其时，希望它能为理论界的普惠金融研究提供参考，为各地各部门的普惠金融实践提供借鉴，并吸引更多有识之士为普惠金融建言献策，共同迎来普惠金融发展的光明前景，为全面建成小康社会作出新的更大贡献！

第十三届全国人民代表大会代表

湖北银监局党委书记、局长

2018 年 5 月

目　录

图目录

表目录

第一章　普惠金融制度变迁的理论基础

我们每个人都需要金融，金融与每个人的联系是维系社会运转的最基础的关系，我们应该通过捕捉金融的力量去为整个社会的福利服务，而且金融本身能起到管理风险的作用，金融民主化有可能会降低不平等程度，可以让人类世界变得更好。

——罗伯特·希勒《金融与好的社会》

自 2005 年联合国在"小额信贷年"宣传中首次提出普惠金融的概念以来，普惠金融理念被全球各国广泛认可、大力推广，尤其是 2008 年国际金融危机之后，20 国集团（G20）将普惠金融发展作为重要任务大力推行。目前，全球已有 50 多个国家设立了推进普惠金融建设的目标，许多国家已经取得了重要进展。党的十九大报告指出，我国社会主要矛盾已经转化为人民日益增长的美好生活需要和不平衡不充分的发展之间的矛盾。这一历史性论断为我们未来的经济金融工作指明了方向，可以预见，顺应社会主要矛盾变化的潮流，大力建设普惠金融体系将成为我国金融工作改革发展的重要政治任务。

本章主要阐述普惠金融与制度变迁的概念、约束条件、主要方式与行动集团，同时，本章还研究了普惠金融制度变迁的路径依赖和内在机制。通过本章的学习，读者可以对普惠金融制度变迁有一个全面的了解，为后续章节叙述普惠金融的湖北方案奠定理论基础。

第一节　普惠金融与制度变迁的基本概念

一、普惠金融的概念界定

（一）普惠金融的概念和内涵

1. 普惠金融的概念

要理解普惠金融，需先认识金融排斥，因为前者是为解决后者而提出的。金融排斥（Financial Exclusion）的研究始于 20 世纪 90 年代，Leys Hon 和

Thrift 等（1993，1994，1995）最先发现并研究，各金融机构不断细分市场，金融机构总在寻找那些更加"安全"的市场，逐步偏向那些有影响力、有权力的群体，而将那些贫困、处于劣势的群体分离出去，并关闭了其在一些农村和边远地区的分支机构，导致这些地区金融机构缺失，产生了金融排斥，以美国历史上的"划红线"拒贷为典型代表。[①] 此后，Kempson 和 Whyley（1999a，1999b）、Mandira Sarma（2010）概括了机会排斥（Access Exclusion）、条件排斥（Condition Exclusion）、价格排斥（Price Exclusion）、市场排斥（Marketing Exclusion）、自我排斥（Self-exclusion）五类金融排斥。[②] 这一分类逐步被学界接受。

为了解决金融排斥，推进包容性发展，实现经济成果共享，世界各国从不同层面推进普惠金融的发展。2005 年，联合国在推广"国际小额信贷年"时首次提出了"普惠金融（Inclusive Finance）"的理念，即立足机会平等要求和商业可持续原则，以可负担的成本为有金融服务需求的社会各阶层和群体提供适当、有效的金融服务。孟加拉格莱珉银行创始人、诺贝尔奖得主尤努斯认为，普惠金融的核心理念是"每个人都公平享有金融权利"。普惠金融理念一经提出，得到了各界人士的广泛认同，成为一项国际共识。联合国（2006）在普惠金融蓝皮书中定义的普惠金融是能有效、全方位地为社会所有阶层和群体提供服务的金融体系。目前，促进普惠金融的发展已经被视为世界范围内实现稳定和公平的经济增长、消除贫困、提高人们生活质量的关键战略途径。2008 年国际金融危机后，各国普遍更加重视改革金融监管体系，使金融更好地服务实体经济。2008 年 9 月，普惠金融国际组织普惠金融联盟（AFI）成立。2009 年，G20 制定了推进普惠金融发展的行动规划。

我国的学者也根据我国现阶段的基本国情，引入了普惠金融概念。焦瑾璞在 2006 年 3 月的亚洲小额贷款论坛上首次正式提出了建设中国普惠金融体系的概念，认为普惠性金融可以为社会所有阶层特别是被排斥于传统金融服务体系之外的弱势群体提供全面的金融服务，并实现自身的可持续发展[③]。有"中国小额贷款之父"之称的杜晓山（2007）认为，从本质上看小额信贷是普惠金融理念的实践[④]。普惠金融是将零散的小额贷款产品和机构服务发展成

[①]　LEYSHON A, THRIFT N. The Restructuring of the U. K. Financial Services Industry in the 1990s: A Reversal of Fortune? [J]. Journal of Rural Studies, 1993, 9（3）: 223-241.

[②]　SARMA M, PAIS J. Financial Inclusion and Development [J]. Journal of International Development, 2011, 23（5）: 613-628.

[③]　焦瑾璞. 构建普惠金融体系的重要性 [J]. 中国金融, 2010（10）: 12-13.

[④]　杜晓山. 建立可持续性发展的农村普惠性金融体系 [J]. 金融与经济, 2007（2）: 33-34.

为金融整体发展战略一部分的"微型金融产业",也就是构建一个系统性的小额信贷或微型金融服务网络体系。吴晓灵(2008)阐述了普惠金融体系的科学内涵,认为普惠金融要具有价格合理、服务多样、商业可持续等特征[①];周小川(2013)认为,包容性金融通过完善金融基础设施,以可负担的成本将金融服务扩展到欠发达地区和社会低收入人群,向他们提供价格合理、方便快捷的金融服务,不断提高金融服务的可获得性[②]。焦瑾璞、王爱俭(2015)指出,我国普惠金融是在服务于整体经济大局的前提下,通过官方推动,由正规金融机构为包括低收入者和小微企业在内的全体社会成员,以合理和差别化的价格提供持续、全功能的金融服务,使金融体系适度协调发展,并做好风险控制的金融行为[③]。党中央、国务院十分重视发展普惠金融,2013年11月,党的十八届三中全会《中共中央关于全面深化改革若干重大问题的决定》明确提出:"发展普惠金融"。这是我国第一次把普惠金融纳入党的纲领性文件中。2015年,我国将普惠金融发展列入"十三五"规划,标志着普惠金融发展提升至国家战略层面。2016年国务院制定《推进普惠金融发展规划(2016—2020年)》,明确了推进普惠金融发展的指导思想、基本原则、发展目标和路线图。

2. 普惠金融的内涵

普惠金融是一种全新的金融服务理念,与传统金融是不同的,它的目的是要构建一个具有包容性和开放性的金融体系,为有需要金融服务的经济主体提供理想的金融服务。普惠金融的理论指出,首先,每个人都应该有享受金融服务的权利,并且应该被赋予享受均等的金融服务的权利;其次,要有为普惠金融发展所需要的相应的配套政策,因此加快建立健全普惠金融的相关制度,从而达到金融服务供给与需求之间的匹配;最后,每个经济主体都可以在完善的普惠金融体系下得到其所需要的合理的金融服务。

党的十九大报告指出,新时代我国社会主要矛盾是人民日益增长的美好生活需要和不平衡不充分的发展之间的矛盾,必须坚持以人民为中心的发展思想,不断促进人的全面发展、全体人民共同富裕。2017年12月召开的中央经济工作会议强调:"今后三年要重点抓好决胜全面建成小康社会的防范化解重大风险、精准脱贫、污染防治三大攻坚战。"从我国社会当前的主要矛盾和

---

① 吴晓灵. 建立现代农村金融制度的若干问题 [J]. 中国金融, 2008 (10).

② 周小川. 践行党的群众路线, 推进包容性金融发展 [J]. 中国金融, 2013 (18).

③ 焦瑾璞, 王爱俭. 普惠金融: 基本原理与中国实践 [M]. 北京: 中国金融出版社, 2015.

经济工作的重点任务看，我国普惠金融重点服务对象是小微企业、农民、城镇低收入人群、贫困人群和残疾人、老年人等特殊群体。发展普惠金融是促进人民共同富裕、推进金融支持精准扶贫的重要战略。

结合湖北的实践经验而言，普惠金融的内涵应该包含三层含义：第一，普惠金融是一种经济理念，有助于调整金融资源供求失衡，尤其是金融结构的供求失衡，使金融服务总量和结构能够满足社会经济发展需求，助力实体经济发展。第二，普惠金融是一种创新安排，有助于发现银行服务不足的客户市场，开拓出新的领域，用新的制度、机构、技术、产品和服务、商业模式不断扩展金融服务的覆盖面和渗透率。第三，普惠金融是一种社会思想，有助于消除金融歧视，使人人都能享有平等的金融服务的权利，缩小贫富两极分化，促进社会和谐发展。

（二）国内外普惠金融研究现状

随着普惠金融不断实践创新，国内外学界对普惠金融进行了深入研究，对普惠金融发展内涵进一步延伸和具体化，取得了诸多研究成果。根据中国知网搜索结果，以普惠金融为题的文献共有5255篇，其中期刊文章及硕士博士论文2579篇，436篇在核心期刊发表。

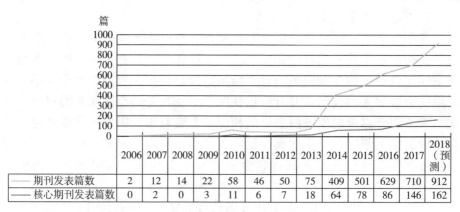

篇	2006	2007	2008	2009	2010	2011	2012	2013	2014	2015	2016	2017	2018（预测）
期刊发表篇数	2	12	14	22	58	46	50	75	409	501	629	710	912
核心期刊发表篇数	0	2	0	3	11	6	7	18	64	78	86	146	162

资料来源：中国知网，www.cnki.net。

图1-1　普惠金融文献发表情况

对于普惠金融的理论研究，国外学者大多从可获得性和使用程度两个角度进行定义和研究，比如，Sahay和Cihak等（2015）把普惠金融定义为家庭和企业对正规金融服务获得和使用的程度。他们分别使用88个国家人均拥有ATM数量、正式账户拥有率等单一指标衡量普惠金融发展水平，并利用截面数据及广义矩估计（GMM）方法验证了普惠金融发展可正向影响10年期平均经济增长。[①] Park 和 Mercado（2015）从获得性和使用程度两个维度构建普惠金融指数，使用横截面数据研究发现 37 个亚洲发展中经济体的法治和人口特征显著影响亚洲发展中国家的普惠金融的发展情况；同时加强法治（包括金融合同执行及金融监管），可以促进普惠金融发展从而可以促进减少贫困和收入不平等情况[②]。

国内学者结合中国的实际，也从消除贫困、城乡均衡发展等视角对普惠金融问题作了深入研究，比如，王曙光、王丹莉、王东宾等（2013）认为，普惠金融能够满足广大群体的金融服务需求，其主要目标是吸收偏远山村和贫穷农村的群体，从而进一步消除贫困，消除两极分化，改变城乡的二元机制，最终实现共同富裕和经济的增长[③]。李建军、张丹俊（2015）提出，对于我国来说，普惠金融这种包容性地提供服务的理念正好契合了我国所倡导的"包容性发展""协调发展"等口号[④]。从目前情况来看，我国的普惠金融体系致力解决眼下的"三农""中小企业"等弱势领域的金融帮扶力度少的困境，利用政策优势，保障优质的金融服务，使弱势群体充分利用自身的金融资源，从而促进我国经济的平衡发展。2016 年 G20 领导人杭州峰会提出《G20 数字普惠金融高级原则》后，专家学者开始对数字普惠金融的意义及应用进行研究。杨伊、高彪（2017）在对江西省农户和农村企业实地调研的基础上，实证分析了互联网金融对农村普惠金融发展的影响，认为互联网金融能够提升农村金融服务的可获得性，降低金融交易成本，产生跨界的"鲶鱼效应"，为普惠金融纵深发展提供新机遇。[⑤] 邱兆祥、向晓建（2018）指出，数字普惠金融具有降低金融服务成本、提升金融服务触达能力的特点和优势，但也面临金融欺诈频发、征信体系不健全、"数字鸿沟"等一系列现实问题，亟须建立数字化风险预警机制、改善互联网基础设施建设，完善多元化征信体系[⑥]。

---

①　Ratna Sahay, Martin Cihak. Financial Inclusion［J］. September 2015.

②　Park C Y, Jr R V M. Determinants of Financial Stress in Emerging Market Economies［J］. Journal of Banking & Finance, 2015, 45（8）: 199 - 224.

③　王曙光. 普惠金融: 中国农村金融重建中的制度创新与法律框架［M］. 北京: 北京大学出版社, 2013.

④　李建军, 张丹俊. 中小企业金融排斥程度的省域差异［J］. 经济理论与经济管理, 2015, V35（8）: 92 - 103.

⑤　杨伊, 高彪. 互联网金融推动农村普惠金融发展实证研究 ——以江西省为例［J］. 武汉金融, 2017（8）: 18 - 22.

⑥　邱兆祥, 向晓建. 数字普惠金融发展中所面临的问题及对策研究［J］. 金融理论与实践, 2018（1）.

【专栏 1 – 1】

能力改变世界——2017 中国普惠金融国际论坛在京举办

2017 年 9 月 22 日，由中国人民大学、中国银行业协会、中国小额贷款公司协会主办，中国普惠金融研究院承办的"2017 中国普惠金融国际论坛"在北京开幕。继 2015 年的"好金融，好社会"、2016 年的"新战略、新技术"主题，本届论坛的主题定为"能力改变世界"。选择这一主题的原因，中国普惠金融研究院联席主席兼院长贝多广博士指出："当我们确定普惠金融的主要服务对象是'中小微弱'时，我们很快就会发现，对于中小微弱来说，金融只是一方面的痛点，更重要的是能力问题。"

具体说来，贝多广进一步阐述，金融消费者应加强金融知识学习、提高金融风险识别和维权意识，并善于运用金融资源；普惠金融服务的供应商要提高机构治理、风险管控以及创新金融产品和服务的能力；政府部门则要适应市场发展，提高政策制定和监管能力。在数字化时代，能力建设需要充分运用金融科技的强大力量。"唯有如此，才能提高金融服务的覆盖面、可得性以及满意度，实现国家普惠金融发展战略规划中提出的'到2020 年，使我国普惠金融发展水平居于国际中上游水平'的发展目标。"贝多广说。

人民银行副行长易纲在"2017 中国普惠金融国际论坛"上表示，普惠金融必须依法合规开展业务。要警惕打着"普惠金融"旗号的违规和欺诈行为。凡是搞金融都要持牌经营，都要纳入监管。

金融科技的飞速发展也伴随一些金融乱象，泥沙俱下。易纲表示，普惠金融一个重要的任务，就是金融普及和风险教育。"公众需要培养风险意识，区分合法金融与非法集资，避免踏入'庞氏骗局'的陷阱。"易纲说，要对全社会更多的老百姓，特别是对一些老年人和信息不太发达的地域、信息较闭塞的群体进行普惠金融风险教育。

易纲还指出，普惠金融需要充分利用大数据，但不能完全舍弃"软信息"。他表示，海量的数据确实为解决普惠金融中信息不对称的问题提供了帮助。但大数据的局限性在于过于僵硬，冷冰冰的数据分析难以涵盖现实情况的多样性，固化的模型容易被人为制造的垃圾数据刻意误导。"传统金融服务离不开'软信息'。"易纲说，例如信贷员在作出决策前既要分析客户的纸面数据，也需要日常与客户及其关联方直接开展沟通来作出判断。美国一项研究表明，银行在关闭网点后，会逐渐失去网点周边客户的"软信息"，对其信贷决策产生了不利影响。

普惠金融的常用衡量指标是"账户普及率"。就中国的情况而言，易纲认为，从账户的拥有率来讲，中国人均账户应该说是太多了，其中有些是睡眠户。他透露，目前，央行在考虑如何更加有效地管理银行账户和银行卡，以减少睡眠户，同时考虑反洗钱、反恐融资和反避税天堂的要求，使得对账户和银行卡的管理达到最优。

易纲表示，数字金融、金融科技的发展使我们有能力在技术上找到普惠金融商业可持续的模式，能够提供低成本的普惠金融的服务。提供这个低成本的普惠金融服务以后，它对于整个实体经济和金融的稳定、对于缩小贫富差距、提高教育都有着重大的意义，同时我们还要防范风险、加强消费者保护。

资料来源：陈果静. 2017中国普惠金融国际论坛在京举办 ［N］. 中国经济网，2017 - 09 - 25.

（三）普惠金融的主要特点

1. 全面覆盖的业务

小额信贷是普惠金融最主要的产品之一，小额信贷的出现一方面是为了满足特定群体实现生产经营和自我发展所需要的资金，通过资金支持帮助特定群体具备自我提升的能力。这部分是经营性信贷，主要提供给企业主、创业者和自就业者。另一方面，是为了满足那些具有偿还能力的特定群体的消费性信贷需求。从这个意义上来讲，普惠金融提供的消费性贷款是必须要偿还的，它不同于政府扶贫救助。在金融服务方面，除小额信贷以外，普惠金融还提供储蓄存款、贷款融资、金融投资、保险理财、汇兑等其他的金融服务，服务范围比较全面。全面覆盖的金融服务具体包括四类：一是指"普惠"不同阶层的人群，强调所有人能够享受金融服务；二是指提供专业的技术指导和扶持，提供定位准确、透明公开、高效快捷的信息服务，安全的支付和清算服务；三是要加快建设完整的金融基础设施和运作良好的金融系统；四是指不能片面地一味地照顾穷人、残疾人、妇女等弱势群体，也不能忽视农村地区和深山老区中贫苦农户的基本金融需求，从而无法满足中小企业和先进个体户对资金和金融服务的迫切需求。

普惠金融的服务范围远远超过传统小额信贷的贷款业务，如图1 - 2和图1 - 3所示。为此，普惠金融对良好的金融基础设施和金融系统、对专业技术支持有很大需求。随着技术进步和金融创新的不断发展，普惠金融产品的种类会更加多样化，金融服务的质量会日益提高，金融服务和金融产品的成本也会不断降低，普惠金融服务的效率和质量也会因此提高。

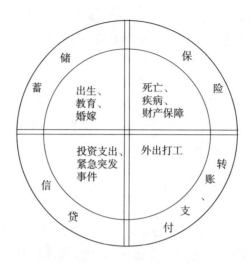

图1-2　普惠金融提供的金融服务

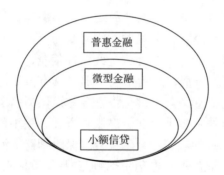

图1-3　普惠金融与微型金融、小额信贷的关系

2. 包容的普惠金融服务对象

金融不能仅服务于富人，也应该对弱势群体提供其所需的金融服务。普惠金融主要服务于那些被传统金融市场排除在外的群体，包括所有居民和企业，特别是低收入群体和中小微型企业，具体主要包括以下三类："三农"（农村、农业和农户）、部分企业（中小微型企业和个体工商户）、城市贫困人群（低收入人口、创业和失业人群），具体见表1-1。他们依靠现有资金和途径无法满足其资金需求，迫切需要普惠金融机构向其提供更为广泛、更加方便、价格合理、持续性的金融产品和金融服务。

表 1 – 1 普惠金融中的信贷服务及服务对象

服务对象		主要信贷需求	满足信贷需求的主要方式
"三农"	农业	农业技术改造、农业生产要素投资、农业公共产品投资	商业信贷、合作金融、政策金融、民间金融
	农村	农业专业合作社、农田水利、农用机具、农村建房	商业信贷、合作金融、政策金融、民间金融
	农户	小规模种养业贷款需求、专业化规模化生产和工商业贷款需求、生活开支	自有资金、民间小额贷款、合作金融、政府扶贫资金、政策金融、少量商业性信贷
部分企业	中型企业	面向市场的资源利用型生产贷款需求	自有资金、商业性信贷、政策金融、小额信贷
	小型或者微型企业	启动市场、扩大规模	自有资金、民间金融、风险投资、商业信贷、政策金融、小额信贷
	个体工商户	资金周转、扩大经营规模	自有资金、民间金融、商业信贷、政策金融、小额信贷
城市贫困群体	低收入人口	生活开支	民间小额贷款、小额信贷、政策金融、合作金融
	创业和失业者	生活开支、创业资金贷款需求	政府创业补贴、民间小额贷款、商业性小额信贷、政策金融、合作金融

3. 公平的服务

普惠金融强调每个人都应该享受金融服务，无关性别、年龄、穷富、身份地位的不同。就像每个人可以自由地呼吸空气，享受阳光的普照，人人都可以在一定合理的范围内拥有金融权，突出公平，任何人和机构不得剥夺人类的这项基本权利，但是个人所享受的金融权利要与其可承担金融资本相符，不可越级享受和违法享受。在享受自己金融权利的基础上，为社会的经济发展贡献力量。

4. 广泛的参与

普惠金融着重指出允许所有金融机构广泛参与，不仅指的是单个的小额信贷机构或特定的扶贫机构，而是指所有类型的金融机构以各种各样的方式广泛合理地参与。普惠金融最初的基本形态是小额信贷和微型金融，经过多年发展，已基本涵盖了储蓄、支付、保险、理财和信贷等金融产品和服务，具体见图 1 – 4。其中有的侧重交易的便利，有的侧重居民生活的改善，而有的则侧重对创业投资的支持。无论采取哪种方式，普惠金融最终都将着力于提高资源配置效率和增进社会福利。各类金融机构要在农村金融的改革中改变旧有的运作模式，根据现实经济发展的需求，按照新的要求进行合理转变。

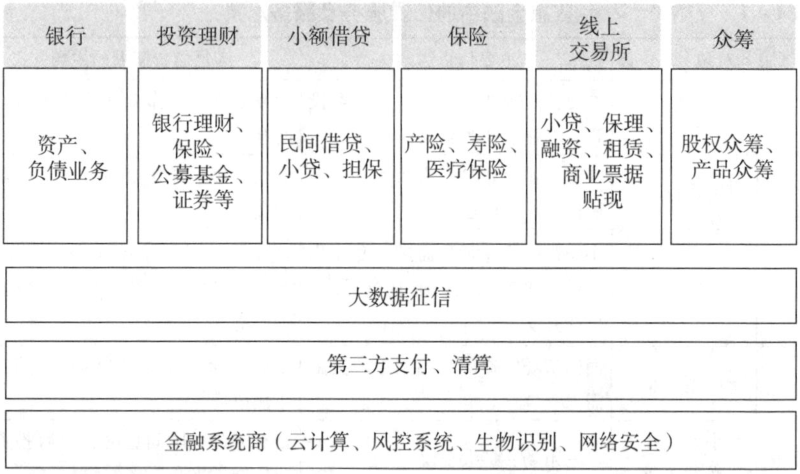

银行	投资理财	小额借贷	保险	线上交易所	众筹
资产、负债业务	银行理财、保险、公募基金、证券等	民间借贷、小贷、担保	产险、寿险、医疗保险	小贷、保理、融资、租赁、商业票据贴现	股权众筹、产品众筹

大数据征信

第三方支付、清算

金融系统商（云计算、风控系统、生物识别、网络安全）

图1-4 普惠金融服务模式

5. 便捷高效的服务

普惠金融特别强调快捷、高效率的金融服务，指尽量缩短一次完整的金融交易需要的时间，简化交易文件和流程，甚至包括物理距离的缩短，网点的合理布局，使金融机构提高工作效率，从而让人们享受快捷高效的金融服务。

6. 可持续性的发展

普惠金融不是指满足一个人或一类人单纯的金融服务，而是有其特定的区域和对象。这部分特定对象来自不同国家、地区和阶层，为普惠金融开拓了广阔的市场，同时也能够增加金融机构的利润。普惠金融不是一次性的金融服务，也不是简单的输血式的资金资助，而是调动起整个金融体系的积极性和投资性，从服务穷人、个体户和中小企业扩展到整个农村地区和边远山区到服务一个国家的金融发展。通过合理配置金融资源，满足各阶层的金融需求，从而实现可持续发展的长远目标。

（四）中国普惠金融发展的案例——拉卡拉

拉卡拉是综合普惠金融科技平台。拉卡拉成立于2005年，秉承普惠、科技、创新、综合的理念，打造了底层统一、用户导向的共生系统，为个人和企业用户提供支付、征信、融资、社区金融等服务。

1. 拉卡拉是综合新型金融服务商业模式，推动中小微企业发展

目前，中国有7000多万小微企业，调研数据显示，平均每家小微企业资金缺口约为70.5万元。新型金融服务企业做普惠金融服务，有着天然优势，能把服务覆盖到传统金融体系中的中小微地带，成为传统金融的有效补充，而这些小微地带，恰恰是普惠金融的重点服务人群。

　　拉卡拉发展十余年,是普惠金融代表之一,采用"征信 + 大数据 + 云平台 + 风控系统 + 产品 + 服务"的模式,提供收单机具、金融、经营、行业应用等综合服务,通过推动中小企业、小微商户在数据、平台、风控和受理端低成本、高效率运转,有助于弥补企业资金缺口,解决中小微企业的融资、经营等发展难题。

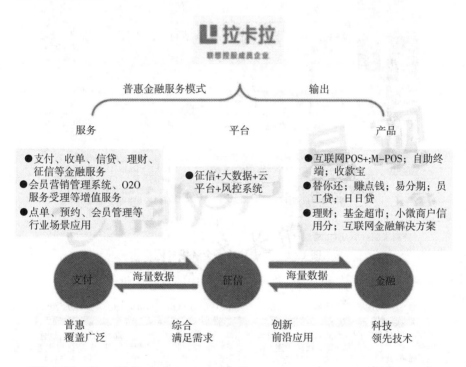

资料来源：Analysys 易观。

图 1 - 5　拉卡拉普惠金融服务模式

　　2. 多牌照多渠道同步覆盖,资源协同为普惠金融奠定基础

　　拉卡拉普惠金融资源:(1)经过十多年发展,拉卡拉拥有广泛的线上和线下资源,在全国 300 个多城市覆盖超过 270 万商户和 1 亿个人用户;(2)"大数据 + 征信"的风控系统,服务安全、高效;(3)"征信 + 大数据 + 云平台 + 风控系统 + 产品 + 服务",综合系统输出模式,保证中小企业、小微商户在数据、平台、风控和受理端保持竞争优势。

　　拉卡拉普惠金融特点:交易规模大,边际成本低;"线上 + 线下",覆盖人群广;"大数据 + 征信",交易效率高;先发优势,把握痛点,助力小微企业升级转型。

3. 拉卡拉以支付业务为基础，逐步拓展其他金融业务为个人用户及小微商户提供综合普惠金融服务

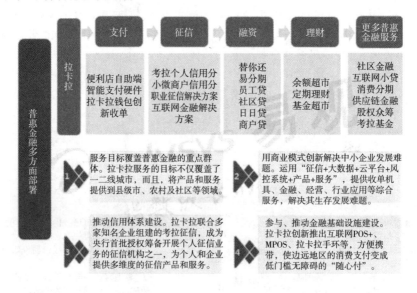

资料来源：Analysys 易观。

图 1-6　拉卡拉普惠金融服务体系

4. 拉卡拉共生体系，综合性平台服务集中体现普惠价值

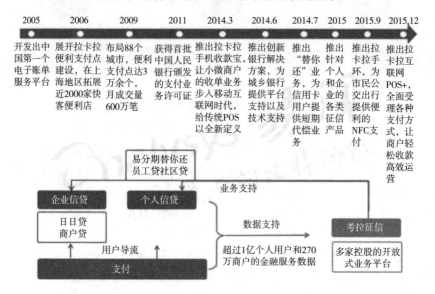

资料来源：Analysys 易观。

图 1-7　拉卡拉综合性平台

二、制度与制度变迁的历史分析

社会经济发展中，制度因素无时无刻不影响着各方当事人，它界定人们的选择空间，制约着当事人的行为，促进或抑制金融创新行为。制度构成了经济博弈基础的博弈规则以及博弈当事人最终达到均衡交易的交易范围。如果经济中制度缺失，社会成员的互动将不可能发生，人们将为了使其效用最大化而陷入无休止的争斗之中。

（一）制度的定义及内涵

亚当·斯密在《国富论》中说："在人类社会的大棋盘上，每个个体都有自己的行为准则，与法律制定者试图强加的规则是不一样的东西。若是它们能保持同一方向，目标一致，人类在社会中的博弈过程就会顺畅很多，得到幸福的结局。但如果两者之间矛盾，博弈的结果，将受到影响，社会在任何时间都会陷入高度混乱的局面。"①

制度一般指要求成员共同遵守的办事规程或行动准则，也指在一定历史条件下形成的法令、礼俗等规范。在政治经济学领域，马克思指出，要深刻理解上层建筑（如伦理、法律及精神等）的本质，就必须对其经济基础及与之相适应的生产关系进行全面分析，这种生产关系（即不同集团和阶级在社会分工协作中因利益分配而形成的关系）就是所谓的制度。马克思的制度观强调了生产力的发展状况如何决定了生产关系的性质和状况，即经济增长的程度决定了与之相适应的制度的有效程度。诺斯、舒尔茨和拉坦等新制度经济学家也从一般意义上对制度的含义进行过界定。

诺斯在《经济史中的结构与变迁》中指出，"制度是一系列被制定出来的规则、守法秩序和行为道德、伦理规范，它旨在约束主体福利或效应最大化利益的个人行为。"② 而在《制度、制度变迁与经济绩效》中，"制度是一个社会的游戏规则，更规范地说，它们是为决定人们的相互关系的系列约束。制度是由非正式约束（道德的约束、禁忌、习惯、传统和行为准则）和正式的法规（宪法、法令、产权）组成。"③ 在诺斯看来，"制度"就是一种"规范人的行为的规则"。制度是为决定人们的相互关系而人为设定的一些制约，构成了人们在政治、社会或经济方面进行交换的激励结构，以减少人们日常

① 亚当·斯密. 国富论［M］. 北京：中央编译出版社，2010.

② 道格拉斯·C. 诺斯. 经济史中的结构与变迁［M］. 陈郁，等译. 上海：上海三联书店、上海人民出版社，1994：225－226.

③ 道格拉斯·C. 诺斯. 制度、制度变迁与经济绩效［M］. 刘守英，译. 上海：上海三联书店，1994：3.

生活的不确定性。从实际效果看，制度"定义的是社会，特别是经济的激励结构"。

舒尔茨在他的著作《制度与人的经济价值的不断提高》中将制度定义为管束人们行为的一系列规则。他认为，制度是为经济提供服务的，可以区分为：第一，用于降低交易费用的制度，如货币、期货期权市场等。第二，用于影响生产要素的所有者之间配置风险的制度，如合同、公司、保险、社会养老计划等。第三，用于提供职能组织与个人收入流之间的联系的制度，如经济法、劳动法等。第四，用于确立公共产品和服务的生产和分配的框架的制度，如学校、机场、车站、高速公路等①。

拉坦在《诱致性制度变迁理论》中将制度定义为一套行为准则，它们被用于支配特定的行为模式和相互关系②。

我们认为制度的内涵至少应当体现以下几点内容。

1. 习惯性。制度都具有习惯性特点，都是历史的一种沉淀，先有重复性，而后被固定下来。最初某些人发现某种规则有利可图，之后将其坚持下来，接着被更多人接受，最后成了一种习惯，成为历史沉淀物被保留下来。

2. 确定性。只要是制度，都告诉人们能干什么、不能干什么，都给人类行为划定了边界。也正是具有这样的特点，才使其具有确定性，从而为人类行为提供稳定的预期。一个有效的规则从两个方面看都是确定的：必须是可知的、透明的，必须能够对未来提供可靠的指导。确定性的最大化表示一般居民都能够清晰地把握制度的信号，指导违反制度带来的后果，对自己行为的影响都是清楚的。

3. 普遍性。在没有特别理由的情况下，对所有人都是同样适用的，没有区别对待的情况。任何制度都有它的适用范围，在这个范围内所有社会成员、所有社会组织都应当遵守。除特殊情况外，制度不应有"区别对待"的现象。没有人能够凌驾于制度之上，每个人在制度面前都是平等的，人们把普遍性看成公平的一个部分，如果根据一个人的社会地位来决定其对制度的遵守程度，则肯定被认为是不公平的。制度的普遍性如果受到破坏，意味着制度本身受到破坏。

4. 符号性和禁止性。制度一般用简单的符号明确给人们行为标准，大大

---

① 科斯，阿尔钦，诺斯.财产权利与制度变迁：产权学派与新制度学派译文集 [M].刘守英等译，上海：上海人民出版社，1994：251.

② RUTTAN. V. W., Binswanger Hans P. Induced Institutional Change, in Induced Innovation: Technology. In, Institutions, and Development. Johns Hopkins University Press, 1978.

节约了认识成本。简单的红绿灯信号告诉我们什么时候该停止，什么时候该出发，银行账单符号表示一定的价值，很显然，符号是一种物质性的东西，如印在纸上，但它的功能却依赖于它所代表的制度。符号一般都代表一个复杂的制度安排。与符号性相似的是制度的禁止性特征。符号性和禁止性能使复杂的问题简单化，使对规则的执行更加直截了当。

5. 公理性。所有制度都有确定所指，都是针对确定行为的，只要是相同性质的事件，一般都遵从相同的规则和制度可能性曲线。制度可能性曲线又称制度可能性边界（Institutional Possibility Frontier，IPF）（见图 1-8），Djankov、Glaeser、La Porta、Lopez-De-Silanes 和 Shleifer 五位经济学家（以下简称 DGLLS）在 2003 年提出这一概念，用来说明制度的设计和选择问题。这些问题都蕴含了一个最普通不过的权衡问题，即政府在控制无序和避免专制之间的权衡。DGLLS 认为，存在四种控制战略，可以表示为制度可能性边界上的四个点，分别代表私立秩序、独立执法、监管和国家所有制，依国家权力的介入程度由轻至重排序。这四种战略选择所代表的由无序所导致的社会成本是递减的，由专制所导致的社会成本是递增的。向下倾斜的 45°直线显示了一定程度的无序与专制下的社会总成本，它与制度可能性边界的切点就是一个社会或社会中某部门的有效制度选择。[①]

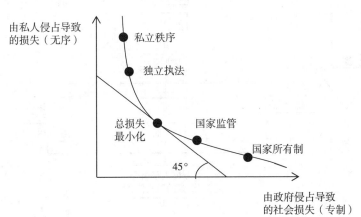

图 1-8 制度可能性曲线

制度可能性曲线的分析框架可以使国家对不同的商业活动进行社会控制的方式进行最有效选择。DGLLS 指出，最有效的制度选择是由 IPF 的形状所

[①] 徐晓萍，李猛. 三十年来农村金融改革的逻辑——基于新比较经济学的分析 [J]. 财经研究，2008（5）：283-297.

决定的，对于不同的国家和行业，制度可能性曲线的形状是不同的。因此，制定有效的制度或者政策，不仅要依据各国和不同的部门的实际状况，而且还要根据以往实践经验，从而达到帕累托最优的状态。

（二）制度变迁的定义

制度变迁（Institutional Change）是新制度产生，并否定、扬弃或改变旧制度的动态过程，通俗地说，是一种效益更高的制度对低效的旧制度的替代过程。作为替代过程，制度变迁是一种效率更高的制度替代原制度；作为转换过程，制度变迁是一种更有效率的制度的生产过程；作为交换过程，制度变迁是制度的交易过程。制度变迁是制度稳定性、环境变动性和不确定性及利益极大化追求三者之间持久冲突的结果，这是一个必然的和合理的过程。合理的制度沿时间空间展开后逐渐会变得不合理，人们唯一的选择就是改变失去了合理性的制度，创造新的合理的制度，制度变迁就是在约束条件改变（外在环境变动）的情况下对制度的重新求解，见图1－9。

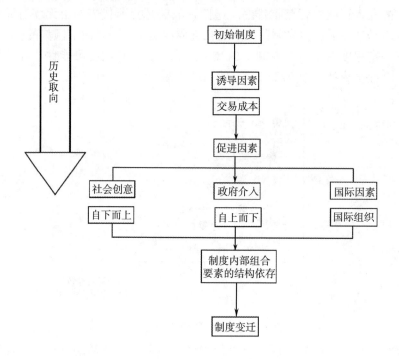

图1－9　制度变迁分析图

运用微观经济学理论来解释，制度变迁就是当制度的供给和需求一致时，此时制度达到一种平衡状态，我们称之为制度均衡。当制度的供给和需求信息不对称、不平衡时，制度很难维持在原有的状态下，所以制度就会朝着均衡的方向发生变化，我们称之为制度变迁。

对于制度变迁的研究，国外有更加成熟的历史。诺斯的制度变迁理论是典型代表，他在《制度、制度变迁与经济绩效》进行了系统的概括，并指出制度变迁就是制度的替代、转换和交易，更具体地来讲，制度变迁就是对构成制度框架的规则、准则、实施机制的组合所做的调整。

根据诺斯对制度变迁的描述，需要从三个方面来把把握制度变迁的内涵：

首先，制度变迁是一个不断渐进的历史过程。无论在哪个历史阶段，在制度变迁的过程中，旧制度孕育着新制度的萌芽，新制度保留着旧制度的残余。在这样一个不断渐进的历史过程中，制度变迁影响经济的发展。

其次，制度变迁是新制度的产生，用一种更高效的制度对现存制度的代替过程。在新制度代替旧制度的过程中，需要考虑成本效益，具体包括制度变迁的边际替代成本、制度供给的边际转换成本和制度的边际交易成本，通过对这三种成本进行比较，从而影响制度变迁的进程、速度以及方向。

最后，需要把握制度变迁的原因，具体来讲包括四个方面：第一，经济利益的驱动。经济学中，对于人的假设都是理性人，只要在现存制度下存在潜在的预期收益，就必然会促使制度创新。第二，现存制度运行成本太高，交易费用大于零。第三，社会生产力的不断发展，导致社会专业化分工，进而引起制度的不断变迁。第四，技术、信息等相对价格的变化，导致制度变迁。

（三）制度变迁的特点

从制度变迁的产生原理，可以分为两大类：外生条件下的强制性制度变迁和内生条件下的诱致性制度变迁。强制性制度变迁就是指国家在制定对人们的约束机制后，可以根据社会环境和经济水平变化，调整制度以适应新的环境，其根本目的在于维护自身利益。诱致性制度变迁，即制度本身具有自我修复功能，当社会环境不满足原有制度的生存条件时，制度会自发地作出改变。诺斯认为制度的变化遵守"均衡—不均衡—均衡"的模式，是一个渐进的过程。根据诺斯对制度的研究，可以将制度变迁的特点归结为以下几点：

（1）制度变迁过程中的条件要素：社会组织和制度。它们的相互作用是推动制度变迁的根本因素。

（2）人类的进步和社会的发展必然要与制度的革新同步，所以社会的发展进步必然推动制度的变化。

（3）制度变迁与社会结构变化决定了社会财富的分配规则。

（4）制度变迁在某种程度上源于人们的思想。

（5）制度变迁是循序渐进的过程，并且具有明显的路径依赖。

三、制度变迁与经济发展

制度是影响我国经济增长的一个十分重要的因素。它不仅可以通过影响诸如生产要素投入、技术进步等因素，还可以单独作为一个要素来影响我国的经济增长。具体来说，落后的制度不仅本身阻碍我国经济的增长，还会通过作用于其他要素更进一步制约我国的经济增长。在这种情况下，就需要变革现有的制度，即进行制度变迁以使其更好地适应经济增长的要求。

在政治经济学领域，马克思指出，要深刻理解上层建筑（如伦理、法律及精神等）的本质，就必须对其经济基础及与之相适应的生产关系进行全面分析，这种生产关系（即不同集团和阶级在社会分工协作中因利益分配而形成的关系）就是所谓的制度。马克思的制度观强调了生产力的发展状况如何决定了生产关系的性质和状况，即经济增长的程度决定了与之相适应的制度的有效程度，见表1-2。

表1-2 人类经济史上的基本经济制度

经济时间	原始经济时代	农业经济时代	工业经济时代	知识经济时代
历史时间	人类诞生至公元前4000年	公元前4000年至公元1763年	公元1763年至1970年	1970年至2100年
经济形态	原始经济	农业经济	工业经济	知识经济
基本制度	原始公有制	农业经济制度	市场经济制度	知识经济制度（形成中）
生产制度	集体劳动	农业生产制度	工业生产制度	弹性工作、知识化生产
流通制度	实物交换	地区性贸易、关税	全国性市场、高关税	市场全球化、低关税
分配制度	平均分配	按权力和地权分配	按资本或按劳动分配	按贡献分配、按需要调节
消费制度	实时消费	自行消费	赋税消费、高消费	绿色消费、合理消费
环境制度	自然崇拜	适应自然	改造自然	生态与经济协调

（一）制度与生产要素投入

生产要素投入是促进经济增长的重要力量，但其是否能发挥作用以及如何能更好地发挥作用，即如何配置资源以使效率最大化，这些都取决于制度因素。低效率的制度安排会造成资源的浪费和要素投入组合的不经济，因此有效率的制度安排是提高要素投入质量和效率的保证。要想使生产要素在经济增长中充分发挥作用，就必须要有有效的制度安排做基础。如果现存的制度不能使生产要素得到优化配置或者不利于要素投入达到最优组合进而影响到生产效率时，就必须进行制度变革。

（二）制度与技术进步

科技创新如今已成为推动经济增长的主要动力，并且在经济增长中发挥着越来越重要的作用。一方面，作为市场主体的企业通过技术创新，可以提高自身的核心竞争力和生产能力，为社会创造更多的价值，进而促进经济增长。另一方面，技术创新也有利于优化现有的产业结构，促进产业结构优化升级，从而使整个社会在更为高效合理的方式下运行，进而推动经济的增长。制度创新是技术进步的基础，没有相应的制度创新作保障，技术创新就会缺乏动力。诺斯曾经说过，有效的产权制度要具有激励机制。制度创新可以充分调动各个创新主体的创新动力，进而提高整个社会的创新活力，最终推动经济的增长。

（三）制度因素单独的作用

制度作为一种社会成员需要共同遵守的行为规范和准则，首先表现为一种规范性和约束力。它通过建立一个人与人之间相互作用的稳定框架以维护正常的社会经济秩序和运行方式，其中包括生产、分配、交换以及消费的秩序和市场交易的操作规则等，这就使得公众形成了一种长期的、稳定的心理预期，而这种心理预期能够保证经济正常稳定的增长。因为如果经济社会中存在太多的不确定性因素，人们就难以进行各项决策，消费和投资都会受到影响，这些都不利于经济的增长。制度的另一个重要作用就是明确产权，降低交易费用。在现实社会中存在着巨额的交易费用，科斯和诺斯曾经调查过市场上交易费用的数额，发现美国国民收入的45%以上花费在交易上。我国立法方面的缺陷，致使产权界定不明晰，也产生了数额可观的交易成本。有鉴于此，我国于2007年3月16日通过的《中华人民共和国物权法》于2007年10月1日起正式实施，这对于解决交易费用过高问题是一个很好的尝试。交易费用主要用于交易过程中各交易主体之间关系的协调，不直接作用于生产，因此有效的制度能够减少交易成本，降低机会主义行为，从而扩大交易规模和产出，进而促进经济增长。如果现存的制度不能达到上述效果，就会阻碍经济的发展，就需要进行制度变革，而变革后的有效的制度就能保证社会经济正常稳定的运转，成为经济增长的坚实基础和有力保障。

第二节　普惠金融制度变迁的约束条件

帕累托改进是制度经济学研究的重要课题，目标是在约束条件下作出最优制度安排，从而避免在制度迁徙或社会变革中出现输家，让更多人获益①。制度变迁就是在约束条件改变（外在环境变动）的情况下对制度的重新求解。普惠金融的发展强调其行动的约束力，约束力是普惠金融发展的重要保证。对于普惠金融的发展，不能毫无约束力的任其发展，要对金融机构进行有效的约束管理，同时也要明确各方的义务。约束力以及权利义务的明确，对普惠金融发展非常重要。如果普惠金融的发展没有了约束力，那么普惠金融的发展将会受到影响，无法达到其应有的效果。

普惠金融在权利与义务方面，主要体现在如下方面：在权利方面，这就如同生存权一样，每个人都应该具有享受金融服务的权利，是我们与生俱来的权利。在义务方面，获得金融服务虽然是每个人具有的权利，但每个人必须保持诚实积极的态度，在获得金融服务的情况下帮助他人，为发展普惠金融贡献自己的力量。在明确各方的权利义务的基础之上，促进普惠金融的发展，有利于促进全民参与发展普惠金融，并享受普惠金融给人民带来的好处，奉献自己的力量，共同发展普惠金融。

普惠金融应体现包容性和普适性，从三个层面加以推动发展：一是从宏观政策层面，普惠金融应由政府主要机构和监管部门推动。二是从实践操作层面，如银行业金融机构能有效地向社会各阶层和群体提供金融服务，特别是为社会弱势群体提供均等的金融服务。三是从完善服务层面，普惠金融应由行业自律组织、评级机构、征信机构等推动，致力于降低金融服务交易成本、完善金融基础设施、提高服务效率和透明度。

上述三个层面，均以满足服务对象的金融需求为根本目的，共同推动构建层次丰富、分工明确、互惠共赢的普惠金融服务体系。

一、国家政策约束

国家政策的约束常常在一定条件下带有刚性，也是难以替代的，因而具有更强的约束性。普惠金融的制度变迁和制度创新的国家政策约束，首先来自于一定的国家政策对主体制度变革行为的约束。我们知道，在不同的政治环境中，人们拥有的权利是不一样的，人们进行制度变革的自由度是不同的，

---

① 陈蔼贫. 物业管理与帕累托改进 [J]. 中国物业管理，2004（2）：44-45.

这就决定了制度变革的主体为实施变革付出的成本是不一样的。例如，在专制制度下，人们基本上没有自由地进行制度变革的权利，政治制度禁止人们去从事各方面的制度变革，特别是涉及政治问题的制度变革。在这种政治制度下，要么人们就不能去进行制度变革，要么就要冒着极大的风险，付出沉重的代价甚至生命，才能去进行制度变革。而在民主制度下，人们在一定程度范围内拥有进行制度创新的自由权利，人们不会因为正常的制度创新活动而冒很大风险，各种政治制约也会比较少，主体为变革付出的成本也就比较低，这就会对人们制度创新形成有效的激励。

国家政策规定了人们进行制度变迁和制度创新的范围和程度。哪些方面的制度是可以变革的、可以创新的，哪些方面的制度是不可以变动、不允许自由创新的，以及制度变革可以在多大程度上进行，这些都是由一个国家的基本政治制度，特别是宪法制度所规定的。

因此，从普惠金融的概念引入到中国那刻起，党中央、国务院就高度重视普惠金融的发展和规划（见图5-10）。此后，党的十八届三中全会提出"发展普惠金融，鼓励金融创新，丰富金融市场层次和产品"，正式将普惠金融列为全面深化改革的重要内容之一。2016年国务院印发《推进普惠金融发展规划（2016—2020年）》（以下简称《规划》），将普惠金融纳入了国家层面经济社会发展战略，明确了发展普惠金融的总体目标。2017年7月，在第五次全国金融工作会议上，强调"建设普惠金融体系，加强对小微企业、'三

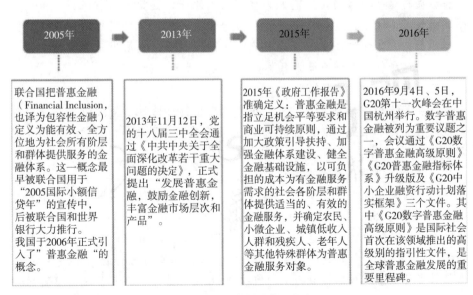

图1-10　普惠金融发展历程

农'和偏远地区的金融服务，推进金融精准扶贫"。在监管引领方面，近几年，人民银行、银监会等监管部门认真贯彻党中央、国务院的精神，围绕《规划》连续出台了一系列监管政策文件，不断引导银行业金融机构强化重点领域和薄弱环节金融支持。如银监会通过设置"三个不低于"等指标考核，运用差异化监管和常态化督导检查等方式引导银行业金融机构持续加大信贷投放、扩大服务覆盖面；督促银行逐步探索按照"四单"原则建立"三农"金融服务事业部或专营机构，切实提升普惠金融服务的覆盖面、可得性和满意度。

国家政策的支持，各项扶贫助农政策的提出，都有利于普惠金融的发展。但目前我国尚没有明确的法律确保普惠金融的顺利进行，缺乏政府对普惠金融发展的规划建设；我国普惠金融发展的体系尚未形成。

【专栏1-2】

县域普惠金融减贫增收效果分析

一、普惠金融扶贫原理

普惠金融减贫增收的作用路径可以分为两种。一种是直接效应，由于信用、保险体系等金融基础设施更加健全和完善，贫困人口等弱势群体能够直接参与更多金融活动，金融服务可获得性得到提高，特别是信贷可得性的改善将会提高这些群体的生产能力和预期收入水平，促使其摆脱贫困。另一种是间接效应，通过推动经济增长和收入分配，间接实现减贫增收。比如贫困人口等弱势群体通过经济增长的涓流效应间接受益，本质上是经济增长更具包容性，这种包容性增长最终惠及到贫困人口等弱势群体。

二、普惠金融发展县域差异

结合县域经济的特殊性，我们从金融机构的渗透性、金融服务可获得性和金融服务使用性三个维度测算2018个县的普惠金融指数（IFI），得出了以下结论。

1. 东西部县域普惠金融发展差距大

测度结果发现我国县域普惠金融发展水平普遍较低，县域普惠金融指数的平均值为0.153，属于较低水平的金融包容。县域普惠金融发展水平呈现出东部地区较高、中西部地区较低的分布特征。东部各省县域普惠金融指数平均值在0.17~0.2之间波动，普惠金融指数超过0.2的仅有浙江和江苏两省；中部各省县域普惠金融指数的平均值在0.16左右波动；西部县域普惠金融发展水平相对较低，普惠金融指数的均值在0.13左右波动，其中最低的是新

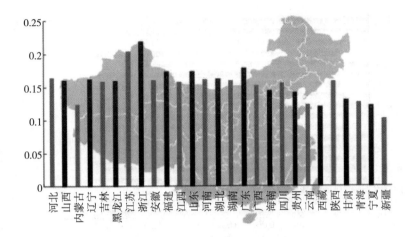

图 C1 - 2 - 1　各省县域普惠金融平均发展水平

疆，平均值为 0.101。相同区域间县域普惠金融平均发展水平的差异并不大，存在明显的俱乐部趋同现象，可分为东部发达地区俱乐部、中部地区俱乐部和西部落后地区俱乐部。

2. 穿透性差异造成普惠金融发展区域差异

县域普惠金融指数包含金融机构的渗透性、金融服务可获得性和金融服务使用性三个维度，其中各省份县域金融服务可得性对整体普惠金融发展水平贡献较大，各县金融服务使用性这一维度贡献相对较小。随着县域金融发展，居民金融服务可获得性得到很大提高，除了部分西部地区县域还需增加金融机构供给，以解决当地居民对金融机构的接触性排斥外，大多数县域实际上并不存在严重的对金融机构接触性排斥问题。

3. 贫困县普惠金融发展程度低

在 2018 个县域样本中，有 1228 个非贫困县，790 个贫困县，我们对各省贫困县和非贫困县普惠金融发展水平进行了测度。

从整体来看，各省贫困县 IFI 指数的平均值均要低于非贫困县 IFI 指数的平均值，贫困县的普惠金融发展水平低于非贫困县。从不同区域来看，西部地区贫困县与非贫困县之间普惠金融发展水平的差距较大；中部地区贫困县与非贫困县之间的普惠金融发展水平的差距没有西部地区明显。其中，贫困县与非贫困县普惠金融发展水平差距最大的是贵州省，差距最小的是吉林省。中部地区省份中非贫困县普惠金融发展水平最高的是河南省，西部地区省份中非贫困县普惠金融发展水平最高的是陕西省。

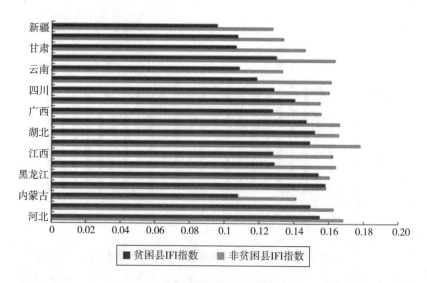

图 C1－2－2　各省贫困县与非贫困县普惠金融平均发展水平

三、普惠金融发展显著增加农村居民收入

我们采用工具变量分位数回归方法，考察县域普惠金融发展对农村居民减贫增收的影响。结果证明了普惠金融发展确实可以增加农民人均纯收入，提高人民的生活水平。在不同的县域经济条件下，具有不同的表现。首先，总体而言，普惠金融发展确实可以提高农村居民的人均纯收入。当一个县的普惠金融指数增加1%，农村居民人均纯收入增加0.62%。县域大多数贫困人口居住在农村，所以农村居民人均纯收入的提高，有利于解决农村的贫困问题。其次，收入水平更高的县普惠金融发展效果更好。在10%最低收入的县域，普惠金融指数每增加1%，农村居民人均纯收入增长0.51%。如果分析包含90%最低收入的县份，其增长率达0.81%。最后，普惠金融发展对非贫困县农村居民增收的影响要明显大于对贫困县农村居民增收的影响，增长率分别为0.34%和0.23%。

四、结论

实证分析发现，县域普惠金融发展，无论对贫困县还是对非贫困县的农村居民人均纯收入增长都有显著的贡献。县域普惠金融体系要注重三方面能力建设，一是金融基础设施的服务能力；二是金融机构的普惠能力；三是弱势群体的有效金融需求能力。

资料来源：贝多广.中国普惠金融发展报告（2017）［R］.北京：中国人民大学中国普惠金融研究院，2017.

二、金融硬件水平约束

在实践操作层面，各银行业金融机构认真贯彻党中央、国务院的精神和监管部门的要求，普惠金融工作取得了显著进展。银行业金融机构从战略定位、组织架构、体制机制、资源配置、模式创新等全方位推进普惠金融。如五家大型商业银行设立普惠金融事业部已取得实质性进展，在董事会层面，都已成立了专门的普惠金融业务发展委员会；在总行层面，普惠金融事业部也已正式挂牌，各省市的一级分行普惠金融事业部设立和向下延伸工作也正在稳步推进。同时，各银行业金融机构纷纷明确普惠金融的市场定位，发挥各自专业服务优势，借助金融科技等技术应用，不断创新特色化、差异化的金融产品和服务，大力拓展普惠金融服务的广度和深度。

尽管我国金融机构从业人员数量正在逐年增加，金融网点数量也保持稳定增长，但部分地区的金融机构网点数与金融从业人员数不充分，对小微型企业的支持力度不够，严重阻碍了经济的发展。另外，金融网点和金融机构的从业人员主要集中于经济发展水平较好的地区，区域差异比较明显；一些地区的金融服务水平依然有待增强，提供的金融服务种类缺乏多样性，配套设施还不完善。银行业发展普惠金融的商业可持续性面临挑战。

三、经营运作约束

我国人口多、地域广，由于地理位置的原因，加大了发展普惠金融的成本，较高的成本投入使得单户收益率较低；发展普惠金融的资金不足，筹资渠道单一；资金的来源与资金运用之间不协调，资金流向不透明；风险抵御能力较低，信息不对称，没有系统的风险防范体系。金融基础设施和生态环境有待完善。信用信息碎片化分布，外部风险分担、补偿机制不健全，很多领域立法缺失或层级不足，一些抵质押融资创新缺乏配套机制。金融消费者教育有待加强。长期积累的"刚性兑付"观念影响依然存在，"收益自享、风险自担"的观念仍未有效建立，风险和责任意识有待增强。

"融资难、融资贵"是实体经济特别是小微企业面临的世界性难题，发展普惠金融是破解难题的一把"金钥匙"。我国中小微型企业约占中国企业总数的90%以上，中小微型企业对中国经济贡献巨大，是经济活动中最具活力和创新力的群体，对实体经济具有积极的促进作用。但中小微型企业在传统金融机构获得支持度较低。根据国家工商总局公布的数据，截至2017年末，全国实有个体工商户6579.4万户，私营企业2726.3万户，合计占市场主体的94.8%。全国金融机构贷款（本外币口径）余额129万亿元，其中，小微型企业贷款余额达 30.74 万亿元，占比 23.83%。

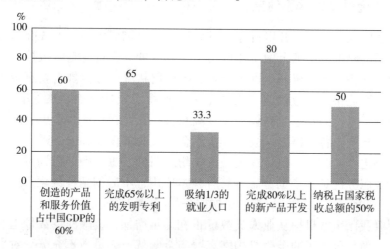

资料来源：国家统计局网站，www. stats. gov. cn。

图 1-11　中国中小微型企业贡献

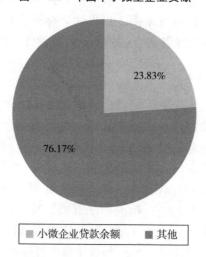

资料来源：中国银监会网站，www. cbrc. gov. cn。

图 1-12　2017 年末小微企业贷款余额比例

　　然而，发展普惠金融涉及多个部门、行业和领域，是一项系统工程，不能仅靠银行机构单打独斗，需要发挥社会各部门、行业和领域的联动作用。特别是应注重优化企业的融资结构体系，打造支持中小企业发展的金融链。从企业成长规律来看，在企业初创期，应大力发挥天使投资、创业投资等风险投资，发挥风险投资（VC）、私募股权投资（PE）等前期介入资金的作用。在风险缓释方面，要发挥政府创业投资引导基金的作用，建立中小企业融资担保体系及风险补偿机制，并配合使用财政补贴、税收优惠等措施。发挥信用信息共享平台的作用，建立健全普惠金融信用信息体系，形成统一完整的企业和个人信用信息数据库，降低普惠金融的信用成本。探索科技创新模式，提升服务效率。积极运用金融科技、互联网技术建设网上银行、手机银行等数字化服务渠道和管理系统。

第三节　普惠金融制度变迁的主要方式与行动集团

一、普惠金融制度变迁的主要方式

制度变迁存在着多种方式或模式，从变迁速度看，有渐进式制度变迁和激进式制度变迁；从变迁推进的方向看，有自上而下的制度变迁和自下而上的制度变迁；从供求角度看，有供给主导型制度变迁和需求主导型制度变迁。目前，从制度经济学的角度分析制度变迁，比较成功的模式是强制性制度变迁和诱致性制度变迁。本节将主要介绍强制性制度变迁、诱致性制度变迁以及二者复合变迁的基本内容。

（一）强制性制度变迁

强制性制度变迁是以政府（包括中央政府或地方政府）为主体、自上而下、具有激进性质的制度变迁类型。强制性制度变迁由政府命令和法律引入而实现，变迁的主体是国家。由于政府制度安排的力量比较大，因此，制度出台的时间短、制度实施时推动力度大，政府的权威能保证制度安排较好的运行。

引入强制性制度变迁的原因主要在于：第一，弥补制度供给不足。"决策者或影响决策的利益集团会利用制度供给的机会为自身牟利"，导致外部效果和"搭便车"问题。由此使制度安排创新的密度和频率少于作为整体的社会最佳量，即制度供给不足。在这种情况下，国家的强制性制度变迁就可以在一定程度上弥补制度供给不足。第二，国家的基本功能是提供法律和秩序，并保护产权以换取税收。统治者至少要维持一套规则来减少统治国家的交易费用。这些规则包括统一度量衡、制度变迁与东西部地区民营经济发展比较研究维持社会稳定、安全的一系列规则。统治者的权力、威望和财富，最终取决于国家的财富，因此统治者也会提供一套旨在促进生产和贸易的产权和一套执行合约的程序。第三，制度是一种公共产品，而公共品一般是由国家"生产"的，按照经济学的分析，政府生产公共品比私人生产公共品更有效，在制度这个公共品上更是如此。

但是，这种制度变迁方式不是相关利益主体通过重复博弈形成的，"决策者或影响决策的利益集团会利用制度供给的机会为自身牟利"，信息不对称下的"搭便车"行为不可避免。另外，政府的制度安排基于经验而有可能不是根据现实的需要，不适应制度环境而出现低效率的现象不可避免。

（二）诱制性制度变迁

诱致性制度变迁又可以称为需求诱致性制度变迁，是指由个人或自愿性组织为得到获利机会而自发倡导、组织和实现的对现行制度的变更和替代，制度不均衡存在的获利机会，使得制度变迁的预期收益大于其成本。诱致性制度变迁必须由某种在原有制度安排下无法得到的获利机会引起。

诱致性制度变迁的特点可以概括为：（1）盈利性。只有当制度变迁的预期收益大于预期成本时，有关群体才会推进制度变迁。（2）自发性。诱致性制度变迁是有关群体对制度不均衡的一种自发性反映，自发性反映的诱因就是外在利润的存在。（3）渐进性。诱致性制度变迁是一种自下而上、从局部到整体的制度变迁过程。制度的转换、替代、扩散都需要时间，从外在利润的发现，外在利润内在化，其间要经过许多复杂的环节，甚至在行动团体内就某一制度方案达成一致同意就是一个旷日持久的过程，非正式制度变迁还要更缓慢一些。

诱致性制度变迁的发生是有前提的，具体来说包括三个方面的内容：第一，诱致性制度变迁的发生必须要有某些来自制度不均衡的获利机会，或者说要有潜在利润或外在利润存在，这是制度变迁可能发生的前提；第二，诱致性制度变迁的发生要有新制度安排的"发明者"，这个发明者就是诺斯所讲的初级行动团体；第三，诱致性制度变迁是否发生，主要取决于创新者的预期收益和预期成本的比较。对于创新者而言，只有当预期收益大于其预期成本时，他们才会去推进制度变迁的发生。

（三）强制性制度和诱制性制度的复合变迁

在现实社会中，诱致性制度变迁与强制性制度变迁是互为补充的。由于制度产品的"公共产品"特征，难以避免"搭便车"行为，仅凭诱致性制度变迁不能从根本上解决制度变迁的供给不足问题，需要国家实施强制性制度变迁来弥补制度供给不足；另外，制度作为一种"公共品"也不是无差异的，即制度有层次性、差异性和特殊性，如果说许多非正式制度安排是通过诱致性制度变迁来达成的，那么正式制度的安排则必须依靠强制性制度变迁才能达成，这类互补是由制度的差异性决定的。

如果把诱致性制度变迁与强制性制度变迁纳入新古典的供给—需求分析

框架，不难发现诱致性制度变迁以需求主导为主，而强制性制度变迁则以供给主导为主。在中国渐进性改革的初始阶段，往往以强制性的制度变迁方式完成向市场经济的过渡，必将遇到一个难以解开的"诺斯悖论"①，即权力中心的社会总产出最大化的动机将面临竞争的约束和交易费用的约束，会产生容忍低效率产权结构的长期存在。强制性制度变迁会因为"诺斯悖论"而面临一系列难以逾越的障碍，这样制度创新将会被弱化。随着政府的逐渐退出和排他性产权的逐步建立，当建立在排他性产权基础上的微观主体成为制度变迁的"第一行动集团"时，我国的制度变迁方式就可能由强制性制度变迁向需求诱致性方向转变，需求诱致性的变迁方式是与市场经济的内在要求相一致的。

总之，诱致性制度变迁和强制性制度变迁是相互依存、相互补充的互补关系。通常来讲，在社会制度变迁的过程中，诱致性制度和强制性制度复合变迁扮演了重要角色，制度变迁都是先从诱致性制度变迁开始，借强制性制度变迁来推进，然后达到强制性制度变迁与诱致性制度变迁的复合。一个社会的制度变迁如果能够有效地将二者统一起来，就会比较容易推进和获得成功；反之，如果二者相背离，制度变迁就难以推进，就不可能产生有效率的制度创新。

二、行动集团

（一）行动集团的由来

行动集团是伴随着制度创新的过程而产生的，是制度经济学派中的一个重要理论，并占据主流地位。戴维斯、诺斯和布坎南等有影响力的经济学家对此进行论述。他们认为行动集团产生于"利润诱致"，行动结果是制度创新或游戏规则与主体角色变换的制度变迁，这也是行动集团形成的机理。制度创新的动力来源于创新利润。创新利润是制度创新预期利润和预期成本之差。当外部条件的改变增加了预期收益，或减少了预期成本时，原先的制度均衡状态就会被打破，受利益驱动的组织就会从事制度创新活动。从创新利润的出现到创新活动的实施中间存在着时滞，因为组织需要时间认识潜在收益并作出判断，组织还需要时间进行相互接触，酝酿并形成行动集团。

---

① 诺斯悖论是诺斯在1981年提出的，是指一个能促进经济持续快速增长的有效率产权制度依赖于国家对产权进行有效的界定与保护，但受双重目标的驱动，国家在界定与保护产权过程中受交易费用和竞争的双重约束，会对不同的利益集团采取歧视性的政策，从而会容忍低效率产权结构的长期存在和导致经济衰退。

（二）行动集团的类型：第一行动集团和第二行动集团

戴维斯和诺斯对制度创新提出新的论断并指出：制度创新的首创人可称为"第一行动集团"，这是在决策方面支配着制度创新过程的一个决策单位，它能预见到潜在利益的存在，并认识到只要进行制度创新就可以得到这种潜在利益。"第一行动集团"中至少有一个成员是那种从事创新的、有冒险精神和组织能力的企业家。由于制度创新的特点，仅有"第一行动集团"是不够的，还需要有"第二行动集团"作为协助。按照诺斯和戴维斯的解释，所谓"第二行动集团"就是在制度创新过程中，为帮助"第一行动集团"获得预期纯收益而建立的决策单位。制度创新是在"第一行动集团"和"第二行动集团"共同努力之下实现的。制度创新实现后，"第一行动集团"和"第二行动集团"之间可能进行追加的收益再分配。

（三）行动集团与金融制度创新

金融制度创新是"第一行动集团"与"第二行动集团"互动协作，共同实施金融制度创新并将金融制度创新变成现实的过程。可以把金融制度创新过程分为以下五个步骤（见图1－3）：

第一步：形成"第一行动集团"（a primary action group）。这是指在决策方面支配着金融制度创新过程的一个决策单位，它可以是单独的个人，可能是企业，还可能是政府部门。它可以预见到潜在利润的存在，并认识到只要进行金融制度创新就可以得到这种潜在的利润。"第一行动集团"是金融制度创新的决策人和首创人。

第二步："第一行动集团"提出金融制度创新方案。这时可能没有一个现成的、已知的方案，这就需要等待金融制度方面的新发明。但也可能已有的方案受到主客观条件的制约，与现存的经济基础不适应，不能为经济的发展提供制度保障，这样就需要等待金融制度方面的创新，更好地促进经济的快速发展。

第三步："第一行动集团"依据利润最大化的原则，对在第二步所提出的金融制度创新方案进行选择，只选择能够带来预期纯收益，并且是正值的金融制度创新方案。

第四步：形成"第二行动集团"（a secondary action group）。这是在制度创新过程中，为帮助"第一行动集团"获得预期纯收益而建立的决策单位。"第二行动集团"可能是政府机构，也可能是为"第一行动集团"服务的组织或个人。它本身可能因此增加收入，但也不一定得到增加的收入。制度创新实现后，"第一行动集团"和"第二行动集团"之间可能进行追加的收益的再分配。

第五步："第一行动集团"和"第二行动集团"共同努力,使金融制度创新得以实现。①

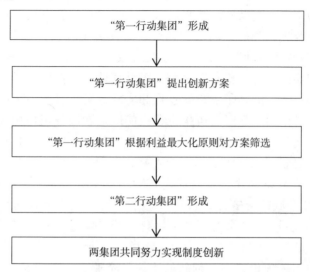

图1-13　金融创新步骤

（四）行动集团与普惠金融

制度创新活动是政府部门"第一行动集团"与市场主体"第二行动集团"互动协作,通过"自上而下"的强制性变迁和"自下而上"的诱致性变迁共同实施的过程。其中,"第一行动集团"是制度创新的决策者、首创者和推动者,将引领制度创新,推动提升经济利益,"第二行动集团"将追随"第一行动集团"实施制度创新。"自上而下"是指政府部门作为"第一行动集团"提出金融创新的顶层设计、法规框架和制度方案,作为市场主体的"第二行动集团"予以贯彻执行。"自下而上"是指企业或民间组织、个人在市场活动中自主承担"第一行动集团"的职责,自发采取制度创新行动,以达到提高效益、降低成本的目的,政府部门则转换为"第二行动集团",对创新行为予以监管规范,确保市场健康有序发展。

实施普惠金融,也是"第一行动集团"和"第二行动集团"互动协作,实现强制性和诱致性的复合制度变迁过程。在我国普惠金融的实践中,"第一行动集团"就是监管部门与政府部门,为开展普惠金融创新创造了良好的政策环境,充分发挥监管引领,起到了灯塔作用,是管理学羊群效应中的头羊。"第二行动

---

① 厉以宁. 厉以宁经济史论文选［M］. 北京：商务印书馆, 2015（7）：191.

集团"是银行业金融机构等市场主体，对监管部门的政策引领作出积极响应，积极开展服务、产品和渠道创新，为普惠金融发展作出了有益探索。

以湖北为例，一直以来，湖北银监局不断加强监管引领，着力推动普惠金融的帕累托改进，先后开展了"信贷资金回流工程""三个全覆盖工程""信贷缺口收敛攻坚行动"等，收到了良好成效。其中，集大成者是2015年以来实施的"金融服务网格化"战略。湖北银监局发挥监管引领作用，联合省政府金融办、省综治办印发指导意见和实施方案，召开多次推进会和现场会，起到了灯塔作用。各银行机构也积极响应金融服务网格化战略，争相转变经营观念，充分迸发创造活力，延伸服务，创新产品，探索推出了"社区模式""校园模式""农户模式""企业模式"等。目前，湖北已建立金融服务网格化工作站3.23万个，发放贷款1302.8亿元，惠及普惠群体114万户，覆盖全省2992个城镇网格和2.16万个乡村网格，实现网格面和建档面两个"100%"全覆盖目标。"金融服务网格化"战略实施近三年来渐入佳境、开花结果，走上了一条高效率的制度变迁路径。

熊彼特的创新理论指出，创新的主体是企业家。随着互联网、大数据、人工智能等技术的逐渐成熟，金融机构、企业及社会组织也更加主动地开展创新，发挥各自优势，不断创新新模式、新路径，更先进、更灵活、更高效地响应客户需求。此时，政府部门则承担对普惠金融创新监管引领的职责，确保金融创新在依法合规的框架下有序开展。例如，蚂蚁金服针对普通农村消费者和农村小型经营者，规模相对较大的产业链下游经销者、农村种养户、小型生产经营户，与农业龙头合作并具有较大规模的新型农业主体三类农村客群，推出了针对性的服务方案，覆盖各个农村用户和场景的农村信贷，通过供应链金融模式、"线上＋线下熟人"模式和数据化金融平台三种模式，覆盖了更多的农村用户和场景的农村信贷。根据支付宝2017年各省移动支付的渗透率报告，贵州、新疆、西藏等偏远地区都排在前列。数据技术的快速普及为普惠金融的规模化带来了真实的可能性。以西藏为例，其早就实现了所有行政村移动通讯信号全覆盖。配合智能手机，让当地民众直接跨过了PC时代，彻底拥抱移动支付（见表1-3）。

表1-3　　　　　　　　　移动支付比例超过90%的省份

年份	省份	占比
2016	西藏自治区	90%
2017	贵州省	92%
	山西省	92%

续表

年份	省份	占比
2017	新疆维吾尔自治区	91%
	海南省	91%
	内蒙古自治区	91%
	青海省	91%
	西藏自治区	90%
	广西壮族自治区	90%
	陕西省	90%
	宁夏回族自治区	90%
	云南省	90%

资料来源：科技新发现康斯坦丁公众号. 支付宝发布 2017 全民账单，为什么贵州、新疆这样的偏远地区移动支付反而更普及？2018－01－03.

【专栏1-3】

数字技术助力普惠金融发展

在金融领域，日益增长的金融需求和金融服务之间不平衡不充分的矛盾，是当下存在的，也是普惠金融发展的背景。数字技术为普惠金融带来新的发展引擎。日前，"2017 中国互联网金融论坛"在北京召开，来自传统金融机构和互联网金融机构的代表分享了他们在数字普惠金融方面的经验及思考。

新型金融加快探索步伐

"做普惠金融有两个痛点：一是触达性不够；二是服务成本过高。"腾讯副总裁江阳表示，以移动互联、大数据、云计算、人工智能技术为核心的现代科技，恰恰能够解决这两个问题。

蚂蚁金服首席战略官陈龙认为，海量碎片化的普惠金融需求，只有通过技术的发展才能得到大规模的满足。数字技术为解决金融难题带来了希望，让成本效率问题有了优化改善。

开鑫金服总经理周治翰表示，大数据、区块链等技术都确实起到了非常重要的作用，例如，物联网技术就可以运用到供应链金融业务上。他表示："5 年来，我们把小微企业在平台上的综合融资成本，从最早的接近 15% 降低到目前的不到 8%，扶持了实体企业 2 万多家，支持实体经济的能力不断加强。"

京东金融副总裁许凌介绍称，过去 4 年，京东金融开发出像"白条"这样的互联网消费产品,给"85后"用户提供了第一笔信用和分期消费的可能。另外,京东金融为整个平台上20万中小微企业提供了20亿元小微信贷服务,给京东商户、生鲜业务涉农企业提供了400亿元涉农信贷,也为4.2万贫困人口提供了金融服务。不过,许凌强调,如何让企业、小微从业者、个人消费者平等、公平、快捷地便利化获得各种各样的金融服务,应该是整个金融行业的目标,而不能仅仅依赖互联网金融。

传统金融借力数字普惠金融

利用数字技术驱动普惠金融发展,为更好地实现这一目标,传统金融机构也基于各自优势和服务对象进行了不少创新实践。邮储银行副行长邵智宝介绍,近年来,邮储银行尝试以"四个升级"打造数字普惠金融服务:一是升级渠道布局;二是升级作业方式;三是升级产品方式;四是升级风控手段。

作为服务"三农"的专业力量,农业银行一直关注普惠金融的发展,近几年提出把"三农一号工程"嫁接到互联网平台上,构建了"惠农e通"平台。农业银行副行长郭宁宁表示,该平台以网络融资服务为重点,以网络支付结算为基础,以电商金融服务为支撑,实现线上线下一体化的互联网金融服务,切实提高了金融服务"三农"的效率和效能。"我们将线上的平台渠道与线下的物理渠道相呼应,共同为客户提供便捷、高效、安全的金融服务。"她强调。

股份制银行同样在数字普惠金融领域探索前行。华夏银行行长张健华表示,为解决小微企业融资难、融资贵问题,该行目前已经有杭州、广州、北京等16家分行全面开展了电商贷业务。在服务"长尾客户"方面,华夏银行利用金融科技的最新成果,积极运用大数据、云计算、生物识别、人工智能等新技术,提升移动银行、直销银行等电子化的个人服务,针对金融服务碎片化、便捷化的使用需求,持续开展了线下服务网点的智能化转型,打造了线上线下一体化体验服务。

更好地推动数字普惠金融发展

对于下一步发展方向,百度副总裁张旭阳认为,人工智能将带来三方面不同:第一,通过人工智能的用户画像可以降低获客成本,提高获客效率,做到精准获客。第二,针对人工智能阶段千人千面的便捷服务与产品组合创新以及更好的风险评估、定价,金融服务开始转向个性化、定制化。第三,人工智能阶段风险处理的数字化解决能力加强,以大数据和智能算法为基础的反欺诈、风险定价和风控体系,将提升智能金融阶段的风险管理能力并拓展服务边界。这些都将降低金融服务的获客、运营、风险管理成本,提升效率,推动普惠金融发展。

当然，数字普惠金融之所以受到热议，除了它所带来的便捷、高效之外，风险也值得关注。"创新事物往往面临着更多的问题和挑战，需要更严格的规范和统一。"对于数字普惠金融可能带来的风险，邵智宝呼吁，要进一步规范移动支付和生物识别技术的统一标准，加强数字资源的整合与共享。建立更多普惠金融辅助性支撑措施，同时要研究建立普惠性市场征信的管理措施，推动建立有别于传统银行征信系统的互联网征信市场体系和信息共享平台，发挥互联网征信对传统征信的补充作用。

资料来源：张末冬. 数字技术助力普惠金融发展 ［N］. 金融时报，2017 - 11 - 15.

近年来，我国普惠金融发展取得了良好成效，目前企业和个人征信系统基本覆盖全国信贷市场。截至 2017 年 5 月末，人民银行企业征信系统共收录企业和其他组织 2371 万户，其中有信贷记录的企业和其他组织 653 万户；人民银行个人征信系统共收录自然人 9.3 亿，其中有信贷记录的自然人 4.5 亿。另外，金融机构人民币贷款余额和小微企业贷款余额、增速及其占全部企业贷款余额比例都不断增加，见表 1 - 4 和表 1 - 5。

表 1 - 4　　　　　　　　　金融机构人民币贷款余额

年份	2010	2011	2012	2013	2014	2015	2016
规模（万亿元）	47.92	54.79	62.99	71.9	81.68	93.95	106.6

资料来源：中国人民银行网站，www. pbc. gov. cn。

表 1 - 5　　　小微企业贷款余额、增速及其占全部企业贷款余额比例

年份	2012	2013	2014	2015	2016
规模（万亿元）	11.58	13.21	15.26	17.39	20.84
增速（%）	16.6	14.2	15.5	13.9	16
占比（%）	28.6	29.4	30.4	31.2	32.1

资料来源：中国人民银行网站，www. pbc. gov. cn。

企业和个人征信系统为小微型金融机构，包括村镇银行、小额贷款公司、融资性担保公司、贷款公司、汽车金融公司、消费金融公司等提供系统接入和查询服务。目前，企业和征信系统接入机构数量不断增加。截至 2014 年末，企业和个人征信系统接入机构数分别为 1724 家和 1811 家，其中，分别接入小微型金融机构 1179 家和 1236 家，有利于发展普惠金融过程中的风险管理。

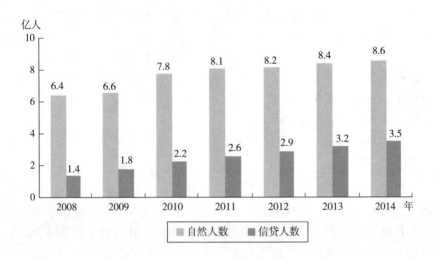

资料来源:《征信系统建设运行报告(2004—2014)》,中国人民银行网站,www.pbc.gov.cn。

图1-14　个人征信系统收录人数

资料来源:《征信系统建设运行报告(2004—2014)》,中国人民银行网站,www.pbc.gov.cn。

图1-15　个人征信系统接入机构数量

第四节　普惠金融制度变迁的路径依赖

一、路径依赖的经济学探讨

（一）路径依赖的概念

路径依赖的概念最早来源于自然科学中的混沌理论。1963 年，美国气象学家爱德华·诺顿·洛伦茨提出了混沌理论（Chaos）。他认为一个系统的潜能取决于系统的初始状态，初始条件一旦发生变化，哪怕是一些小概率事件，经过不断放大，对其未来状态都会造成巨大影响。在生物学中，相关思想被称为偶然性。诺贝尔生理学或医学奖得主莫诺就曾提出，客观世界受到"纯粹偶然性支配"，"只有偶然性才是生物界中每一次革新和所有创造的源泉"。

对于经济学而言，路径依赖是指具有正反馈机制的体系，一旦在外部偶然事件的影响下被系统所采纳，由于规模经济、学习效应、协调效应以及适应性预期等因素的共同作用，便会沿着一定的路径不断自我强化，而且很难为其他潜在的甚至更优的体系所取代。路径依赖类似于物理学中的"惯性"，一旦进入某一路径（无论是好是坏），由于规模经济、学习效应、协调效应以及适应性预期等因素的存在，就可能对这种路径产生依赖，形成自我强化机制，处于"锁定"状态。路径依赖原理告诉我们"最初的选择决定今后的路径"，"历史是至关重要的"，"人们过去作出的选择决定了他们现在可能的选择"[①]。第一个使"路径依赖"理论声名远播的是新制度经济学家道格拉斯·C.诺斯，由于用"路径依赖"理论成功地阐释了经济制度的演进，道格拉斯·C.诺斯于 1993 年获得诺贝尔经济学奖。

（二）关于路径依赖的经济学探讨

在经济学中，关于路径依赖的探讨最早可追溯到斯坦福大学教授保罗·大卫的《技术选择、创新和经济增长》一书，但该书当时并未引起重视。随后，美国经济学家托马斯·C.谢林出版了著作《微观动机与宏观行为》，探讨了个体动机、微观行为与其所带来的宏观总体结果之间的相互关系。他指出，经济结果严重依赖于行为发生时的秩序。因此，即使面临着更有利的选择，一些次优的举措仍然极有可能被采取。20 世纪 80 年代以后，学术界对技术演变过程的自我强化机制和路径依赖的性质展开了热烈的研究和探讨。其中，保罗·大卫、W·B.阿瑟、罗宾·科万以及菲利普·甘比等人的研究成

---

① 道格拉斯·C.诺斯.经济史中的结构与变迁［M］.上海：上海三联书店，1991：1—2.

果尤为引人注目。

1985 年，保罗·大卫发表了著名文章《历史与 QWERTY 经济学》。在这篇文章中，他提到了一个有趣的经济学现象：为什么电脑键盘上的第一行字母是 QWERTYUIOP，而不是按照其他顺序排列呢？其实，键盘最早应用于 19 世纪的打印机设备。早期的打字机字母键挤在一起，恰巧因为 QWERTY 排列并不适合手指移动，所以"故意"把字母键按此顺序排列，从而迫使打字员降低打字速度，保证准确性。随着时代发展，键盘得到不断改良，出现了手指灵活性、击键速度等更具优势的 DSK 键盘。但是，不论 DSK 键盘如何进行铺天盖地的广告宣传，仍然无法取代 QWERTY 键盘。保罗·大卫认为，原因就在于传统键盘已经进入市场并被广泛接受，特别是当时的打字员长期练习 QWERTY 键盘打字技术，重新接受另一种键盘意味着更高的机会成本。反复权衡后，绝大部分公司倾向于继续采购 QWERTY 键盘，打字员则继续学习 QWERTY 键盘打字技术。历史性的偶然性因素往往会在很大程度上决定市场竞争的结果，保罗·大卫称之为路径依赖。此外，美国经济社会中还有许多路径依赖的现象。譬如大家使用微软的 Office 软件，只是因为其他人也都在使用；电影业者通常住在洛杉矶，只是因为电影业工作者大多住在那里。

1989 年，W·B. 阿瑟指出，技术轨迹的路径依赖特征是由于自我强化机制在起作用，主要表现在四个方面。一是随着技术的使用，产出增加，单位固定成本减少；二是技术使用过程中形成的经验和知识积累具有收益递增效应；三是技术的采用会产生一系列相关的技术和产品，也会产生相关部门的合作协调效应；四是当前越流行的技术和产品越容易让受众产生该技术的受欢迎程度会不断增强的预期。

1996 年，罗宾·科万和菲利普·甘比根据技术变迁的路径依赖理论对农业生产汇总的灭虫技术进行了系统研究，并对为什么一些并不是十分有效率的昆虫控制技术会占主导，而有效率的技术却被逐出市场作出了解释。他们认为现实生活中的许多技术选择都具有正反馈（Positive Feedbacks）性质和自我强化（Self - reinforcing）机制。例如，20 世纪 90 年代盒式磁带的格式比 VHS（家用音像系统）优越。但是，一旦 VHS 格式的市场份额领先，正反馈过程就开始发挥作用。因为音像店受前期市场导向影响储存了较多的 VHS 格式磁带，光顾音像店的顾客可选择余地就比较有限。而当越来越多的消费者购买了 VHS，VHS 就会越发受到音像店的欢迎，直至 VHS 占领整个市场。

诺斯是将技术变迁中的路径依赖概念和理论引进制度变迁分析的第一人。他认为，在制度变迁中，同样存在着报酬递增和自我强化机制。这种机制使得制度变迁一旦走上某条路径，它的既定方向就会在以后的发展中得到自我强化，从而形成对制度变迁轨迹的路径依赖①。例如，各国经济史中的路径依赖应当归因于各国初始条件不同，以及发展速度各异。制度是拥有心智的人们在互动中对环境进行创造、构建，并建立相应秩序的机制，制度变迁就是个体心智模型与环境互相调整适应的过程，基于的是大众文化和政治的积累。当积累的文化知识存量被置于学习的过程中，路径依赖便产生了。

诺斯制度经济学理论中，决定制度变迁轨迹的有两个因素：一个是报酬递增；另一个是由显著的交易成本所确定的不完全市场。其中，不完全市场因素之前未曾被其他经济学家所关注。诺斯强调，如果没有报酬递增和不完全市场，制度是不重要的。但是，随着报酬递增和市场不完全性强化，制度变得非常重要，W. B. 阿瑟提出的技术变迁自我强化机制仍然适用，只是在以下四方面表现出不同的特征。

一是设计一项制度需要大量的初始设置成本，而随着这项制度的推进，单位成本和追加成本都会下降。二是学习效应，适应制度而产生的组织会抓住制度框架提供的获利机会。三是协调效应，通过适应制度而产生的组织与其他组织缔约，以及具有互利性的组织产生对制度的进一步投资，实现协调效应。不仅如此，更为重要的是，一项正式规则的产生将导致其他正式规则以及一系列非正式规则的产生，以补充这项正式规则。四是适应性预期，以特定制度为基础的契约盛行将减少这项制度持久下去的不确定性。总之，制度矩阵的相互联系网络会产生大量的递增报酬，而递增的报酬又使特定制度的轨迹保持下去，从而决定经济长期运行的轨迹。

例如，科学家曾把五只猴子关在一个笼子里，并在笼子上头挂一串香蕉。只要有猴子伸手去拿香蕉，就用高压水教训所有的猴子，直到没有一只猴子再敢动手。后来，实验人员把其中的一只猴子释放，换进去一只新猴子。这只新猴子看到香蕉，马上兴奋地要去拿，结果被其他四只猴子揍了一顿。如此循环往复，最初经历过高压水惩戒的猴子逐一被实验人员换出，直至最后笼子里全是新猴子。有趣的是，即使后来人和高压水都不再介入，而新来的猴子却固守着"不许拿香蕉"的制度，没有一只猴子再敢去碰香蕉，这就是路径依赖的自我强化效应。

在这之后，该领域的研究十分活跃，萨格登、扬、青木昌彦等人成为了其中的代表人物。他们将演化博弈论的方法运用到制度分析中，以经济个体的有限理性和进化稳定策略作为分析基础，认为经济参与者在博弈路径中选

---

① 韩毅. "路径依赖"理论与技术、经济及法律制度的变迁［J］. 辽宁大学学报（哲学社会科学版），2015，38（5）.

择最终策略时会受到自身文化背景、历史既有规则等因素的影响，即制度的选择能够体现路径依赖的特性①。

二、制度变迁路径依赖的分类及形成原因

（一）制度变迁路径依赖的分类

制度变迁的路径依赖是指，一种制度一旦形成，不管是否有效，都会在一定时期内持续存在并影响以后的制度选择，就好像进入一种特定的"路径"，制度变迁将会按照该种路径走下去。它有两种极端形式，即诺斯路径依赖Ⅰ和诺斯路径依赖Ⅱ，二者之间还存在其他许多中间情形。

诺斯路径依赖Ⅰ：一旦一种独特的发展轨迹建立以后，如果这条轨迹具有资本流动性增强、信息成本降低、风险较为分散等特点，并且有一个稳定的政府致力于规范市场秩序，建设完善的法律制度，经济和政治制度的变迁就会进入良性循环轨道并迅速优化。

诺斯路径依赖Ⅱ：如果社会制度存在以下四方面特点，则被认为是错误的路径。一是市场交换依赖于社会关系，人治社会而非法治社会；二是缺乏透明的市场信息制度以及公平公正的法律准则；三是缺乏清晰的产权保护制度；四是缺乏强有力的稳定政府，政府财力不足，官员贪污腐化，市场发育不规范，商业欺诈、机会主义盛行。沿着错误的路径往下滑，最终会被"锁定"在某种无效率的状态中，从而导致发展停滞。一旦进入锁定状态，只能借助于外部效应，引入外生力量或依靠政权更替来改变。

（二）制度变迁路径依赖的形成原因

诺斯认为，制度变迁的路径或者说制度变迁能否成功取决于四方面因素的共同制约。一是报酬递增。报酬递增是一个涉及技术与制度、供给与需求、竞争与垄断等多种因素，并且各个因素之间相互作用的复杂演化过程②。制度创新在良性报酬递增机制中扮演着重要角色。有效的制度安排能够提供激励机制，给人们带来递增收益。因此，在市场状况较为复杂的情况下，制度的初始设计必须尽可能地与市场实际相吻合，以便保证制度实施的可行性。二是不完全市场。市场经济活动错综复杂、充满变数，参与主体往往较难全面准确地把握信息。并且，参与主体在做决策时容易受到个人主观意志、意识形态以及个人偏好的影响。因此，制度变迁不可能总是按照初始设计的方向演进，偶然事件或许就能够改变制度变迁的方向。三是交易费用。交易费用

---

① 卢现祥，朱巧玲. 新制度经济学［M］. 北京：北京大学出版社，2006.

② 高帆. 报酬递增与西部经济发展［J］. 财经科学，2002（6）：84－88.

不仅存在于市场经济活动中，还存在于制度变迁中。当人们已经适应并采纳某种制度后，会形成大量正式或非正式的契约关系，使得经济活动中的交易成本大幅降低。一旦制度变迁，交易费用便会相应增加。因此，对交易费用的排斥使大量非绩效的制度变迁陷入了"锁定"状态而长期存在。四是利益因素。制度引起的报酬递增状况受到社会组织的影响。这些组织为追求自身集团利益最大化，对现存路径需求较为强烈。他们力求巩固现有制度，即使新的路径比现有体制更有效率，他们也会为新的路径选择设置重重阻碍。利益集团之间的矛盾为制度变迁提供了动力。

三、打破普惠金融低效率路径依赖的激励因素

20 世纪末以来，尽管我国尚未正式提出普惠金融概念，但一直探索加强和改善社会薄弱环节的金融服务。金融管理部门大力推动农村基础设施建设，建立健全支付清算和征信体系，积极发放支农支小再贷款，实行差别准备金率，引导银行业加大"三农"及小微信贷投放。中国银监会成立后积极推进"抓两头、带中间"改革，启动农业银行"三农事业部"和农合机构改革，培育发展村镇银行，探索推广扶贫小额贷款，引导信贷资源向普惠群体倾斜。

但是，由于我国城乡二元经济结构的制约，普惠金融难以实现商业可持续。银行业在向"弱势群体"提供金融服务时积极性和主动性明显不足，县域资金"失血"情况严重，小微企业融资难、融资贵问题日益凸显，扶贫小额信贷也因出现大量呆坏账而停滞不前，普惠金融陷入了低效率的路径依赖。根据诺斯等制度经济学家的研究，决定社会和经济演化的技术变迁和制度变迁都具有较强的路径依赖，该路径的既定方向会在以后的发展中不断自我强化。对此，普惠金融亟须打破原有路径依赖，由低效率路径向高效率路径转变，进入自我强化的良性循环。当前，各行各业正处在改革的攻坚阶段和发展的关键时期，为普惠金融探寻一条更为高效的变迁路径提供了激励因素，主要表现在三个方面。

一是政策红利的不断释放。一方面，近年来党中央、国务院大力实施"中部崛起""一带一路"、京津冀协同发展、长江经济带等战略，进一步推动区域经济协调发展。2016 年 8 月，又将辽宁、浙江、河南等 7 个省份设立为全国第三批自贸区，力求产生经济发展"弯道超越"效应。同时，持续深化金融领域各项改革，指导银行业积极探索"科技金融""投贷联动"等创新金融模式。另一方面，2013 年，党的十八届三中全会明确提出"发展普惠金融"。2015 年 12 月，国务院印发《推进普惠金融发展规划（2016—2020年）》，标志着普惠金融发展提升至国家战略层面。2017 年，中国银监会等 11

部委联合印发《大中型商业银行设立普惠金融事业部实施方案》，要求相关银行搭建普惠金融垂直管理体系，设立普惠金融事业部。9月，人民银行发布《关于对普惠金融实施定向降准的通知》，在存款准备金方面加大对普惠金融的鼓励。一系列改革举措为普惠金融制度变迁优化了政策环境，打造了良性发展格局。

二是银行业转型发展的内在需要。党的十八大以后，我国金融体制改革步伐加快，开始驶入"快车道"。2013年7月，人民银行彻底取消贷款利率管制。2015年，人民银行打出"组合拳"，在金融重点领域和关键环节的改革上实现了新的突破。先后5次降准降息，市场利率低位稳定运行；放开存款利率浮动上限，利率市场化基本完成；初步形成人民币兑美元汇率中间报价机制，市场机制在汇率形成中的决定性作用进一步增强；建立并规范存款保险制度，依法保护存款人的合法权益，维护金融稳定。此外，人民币被正式纳入国际货币基金组织（IMF）特别提款权货币篮子（SDR），标志着人民币国际化进程迈出关键一步。这些都深刻影响着中国金融界。受净息差缩窄、净利息收入增速下降、不良反弹等影响，银行业整体净利润增速下滑，收入结构变化，在客观上要求长期以存贷利差为主要收入来源的银行业金融机构加快转型发展。同时，随着市场主体日益多元化，互联网金融蓬勃发展，市场竞争加剧，也让银行业面临着资产端和负债端"双脱媒"的严峻形势。因此，探寻更为广阔的蓝海市场，提供个性化、差异化的金融产品和服务，满足客户日益增长的多元化金融需求就成为了银行业创新发展的必然选择。普惠金融是一种具有普及性、包容性、便捷性等服务优势的金融模式，通过大力发展普惠金融，商业银行可以进一步夯实以客户为中心的经营模式，不断拓展目标客户群体，增加商业银行利润，产生制度变迁所必要的"报酬递增"效应，进而形成新的路径依赖。

三是金融"长尾市场"的前景广阔。长期以来，我国金融体系形成的外延式、粗放式发展模式和盈利方式决定了金融机构往往更热衷于服务特大型、大型企业、高净值人群等组成的"头部市场"。但是，随着经济结构调整和产业升级，那些被银行长期忽略的小微企业、"三农"、战略性新兴产业、居民消费等构成了新兴的"长尾市场"，蕴藏着无限商机，逐渐成为银行业长期稳固的客户基础和利润源泉。因此，以可负担的成本为其提供适当、有效的金融产品和服务显得尤为迫切。

当前，大数据、物联网、区块链、人工智能等新科技被越来越广泛地应用于普惠金融实践中。大力发展数字化普惠金融，积极探索将科技元素融入普惠金融应用中，能够有效解决不完全市场中参与主体之间信息不对称、风险大、成本高等"痛点"。在提高"长尾市场"客户金融服务可获得性的同时，准确识别系统性风险、信用风险与欺诈风险，从而打造多方共赢的金融模式，找到多方利益的最大公约数，将制度变迁过程中可能产生的"交易费用"控制在合理范围内，推动普惠金融发展路径向高效率转变，同时产生非常强的自我强化能力，进入正向加速的良性循环过程。

【专栏1-4】

中国普惠金融的"新路径"与反思

当前中国经济下行，普惠金融（新金融）也进入调整期，怎么来看待这种状态？笔者的判断是，普惠金融正在从以形成概念和市场推广为主，转向以专业积累和能力建设为主。金融界曾有疑问："中国缺金融机构吗？"笔者认为，在传统金融领域里是不缺的。银行并不缺少普惠金融的战略设想，缺少的是覆盖新客户的新技术和新方法，中国也需要新的金融机构运用新商业模式，来提升金融资源配置效率。随着普惠金融机构进入门槛不断降低，互联网金融公司爆发式增长，并开始探索行业制度与发展的新路径。

自2013年"普惠金融"被写入党的十八届三中全会的决议后，政策路径越来越明晰——以扶持"三农"、小微企业发展为核心，来扩大普惠金融的覆盖面；以大数据为基础支援，推动"互联网＋"的建设，同时降低民营准入的门槛，以及拓展融资渠道，这些是普惠金融发展的政策脉络，也是制度建设的重要构成部分。

普惠金融的内涵包括以下方面：一是对各群体提供多样化的金融服务和产品；二是通过创新来降低成本控制的风险，把原来不能纳入服务范围的客户纳入；三是需求、盈利可持续；四是"互联网＋"是非常重要的新动力。在国际上，普惠金融业务正处于调整期，美国主要的互联网金融商业模式基本是借助公共的信用资源进行信用评级，很少做线下评级。但中国普惠金融的先行者们正在积极探索信用风险的定价，从数据积累做起，以提升信息透明度，降低交易成本。

中国经济进入下行阶段，经济转型风险在逐步释放，普惠金融探索过程中的问题和风险也开始显现。这也正是同业反思前一阶段，进行专业积累、能力重构和建设的时期。

普惠金融要具有可持续性，就要遵循金融活动的一些基本逻辑。普惠金融领域的供给一直比较缺乏，主因在于提供服务的成本比较高。所以应研究怎样让金融服务运用特定的产品，来拓展特定的客户，打造特定的商业模式，使更多客户获得金融服务的同时，金融机构的收益可以覆盖成本。

中国普惠金融在概念形成期暴露的问题值得反思。以下这些问题也是未来行业能力建设和专业积累阶段需关注的重点。

从内生问题来看，主体的资质参差不齐，企业用 P2P 网络借贷公司的外壳来做民间借贷业务，以规避借贷利率管制和市场准入制度；信息披露不规范，对借款标的没有尽到审查调查的义务，提供的交易集中度等业务数据不全面；运营成本难以控制，尤其是农村地区。

前一阶段普惠金融机构大规模涌现时，经济处于上行期，普惠金融机构使用的风险模型以经济上行期的客户行为和经济数据为基础，在经济下行期和转型期过程中的风险数据不足。

从外部困境来看，在监管方面，目前还没有一个主导互联网金融行业实现制度化、有序化发展的监管部门，现有的监管由于监管对象跨行业、跨金融业务领域，存在着监管竞争和监管真空；社会征信体系也不健全，人民银行已做了积极的努力，批准 8 家民营个人征信机构运营，但总体来看，普惠金融机构的征信需求还远远没有被满足，信用体系、信用信息共用机制也不健全，道德风险较高。

应对这些问题，首先要进行法律制度建设，完善政策监管体系，加强风险的防控能力。如果不对高风险机构的行为进行监管，这类机构会影响行业内优秀机构的品牌声誉。此外，要鼓励金融机构更多地参与和开展普惠金融的服务，规范发展小额贷款公司、典当行等新兴的融资渠道和机构。其次是基础设施建设。要优化普惠金融的信用环境，逐步提高全社会的信用意识，降低普惠金融的信用成本，建立统一完整的企业和个人信用信息数据库。最后，进行产品服务创新。机构层面可借助互联网技术，逐步降低高成本难题。同时，在经济的下行期、调整期和经济结构的转型期，积极探索普惠金融客户群体的风险控制模型，扩大基础数据库，积累风险控制的手段。

资料来源：巴曙松. 中国"普惠金融"的新路径与反思［N］. 中国时报，2016－06－20.

第五节　普惠金融制度变迁的内在机制

制度变迁的根本动力就在于：改变制度安排可以获得潜在的收益。制度变迁受到制度供求的变动、技术进步、制度变迁的主体（组织、个人或国家）、适应效率等诸多因素的影响。

一、制度非均衡是制度变迁的源泉

（一）制度非均衡的概念

均衡概念的基本含义包括两个方面的内容：一是指对立变量相等的均衡状态，此即"变量均衡"，对立变量不相等，即为"变量非均衡"；二是指对立势力中的任何一方不具有改变现状的动力和能力的均势状态，此为"行为均衡"即"纳什均衡"，相反则为"行为非均衡"。新制度经济学更多的是从"行为均衡"的角度来分析制度均衡问题。

制度非均衡就是人们对现存制度的一种不满意或不满足，想要改变而又尚未改变的状态。之所以出现了不满意或不满足，是由于现行制度安排和制度结构的净效益小于另一种可供选择的制度安排和制度结构，也就是出现了一个新的盈利机会，这时就会产生新的潜在的制度需求和潜在的制度供给，并造成潜在制度需求大于实际制度需求，或者潜在制度供给大于实际制度供给。人们为了捕捉这种新的盈利机会，就会欲意和力图改变原有的制度安排和制度结构，选择和建立一种新的、更有效的制度。只是由于外部效果和"搭便车"等原因，归根到底是由于变革成本的关系，制度变革的动机和力量还不够强和不够大，或者说只有变革的动机而无变革的力量，潜在的制度需求虽然能够变成现实的制度需求，但潜在的制度供给却不能变成现实的制度供给，因而出现"欲意改变而尚未改变"的制度状态，这就是制度非均衡。

舒尔茨的制度供给理论认为，制度是为适应由人的经济价值所致的压力与限制而作的滞后调整，揭示了由于人的经济价值改变所致的制度非均衡向制度均衡变迁的动态过程。戴维斯和诺斯在其制度变迁模型中指出：如果预期的净收益超过预期的成本，一项制度安排就会被创新。从理论上讲，有许多外部事件能导致利润的形成，而在现有的制度安排下，这种利润是无法获得的，我们将这类收益称为"外部利润"，具体包括：（1）规模经济；（2）外部性；（3）风险；（4）交易费用。要将这些外部利润内部化，必须实施制度变迁，推动制度非均衡向制度均衡演进。

（二）制度非均衡对制度变迁的影响

非均衡的制度结构将导致制度变迁，从非均衡到均衡的制度结构的演变过程也就是制度变迁的过程。假定在既定的制度安排下：（1）已经获取了各种要素资源所产生的所有潜在收入的全部增量；（2）或者潜在利润仍然存在，但改变现有制度安排的成本超过潜在利润；（3）或者如不对制度环境做某些改变，就不可能实现收入的重新分配。那么，既有的制度结构就处于一种均衡状态（即制度均衡）。制度均衡实际上就是既有的制度结构处在"帕累托最佳状态"，在这种状态中，现存制度安排的任何改变都不能给经济中的任何个人或任何团体带来额外的收入，但是这种均衡未必是永久性的，因为一些外在事件能衍生出制度安排创新的压力。由制度安排的非均衡到制度安排的均衡是个动态实现的过程，它要受到制度的供给成本、需求成本、制度收益、人们的预期能力等因素的影响，是一个不断"帕累托改进"（Pareto Improvement）的过程。

（三）普惠金融发展中的制度非均衡

要素和产品相对价格的变化、技术进步以及市场规模等因素都造成了旧制度的非均衡。制度具有多方面的功能，比如，以降低市场活动的交易成本，减少经济行为的外部性，抑制人的机会主义行为倾向，为人们之间的互利合作和公平竞争创造条件，形成人们对未来经济变化的正确而有效的预期，并提供一个有效的和长期的激励机制，从而在协调社会利益冲突、促进经济发展和保障社会秩序方面发挥重要的作用。所以当旧制度产生非均衡时，新的制度呼之欲出。

当前，互联网、大数据、云计算等金融科技日新月异，银行业机构纷纷贴近客户需求，推进网点智能化建设，加快互联网客户端拓展，进一步打通金融服务"最后一公里"。运用大数据等信息技术，整合客户交易的商品流、资金流、信息流，创新线上融资产品，主动对接小微、"三农"客户"短频急"的融资需求，实现快审快贷、精准授信。有的银行机构通过智能柜台办理开卡业务、无需填单、单次验密、无需人工上传影像，全程只需要几分钟，比传统柜台开户办理速度提升数倍。有的银行业机构瞄准人民群众普遍关心的挂号就医、生活缴费、日常出行等存在的不便利问题，加强与第三方合作，加强金融服务集成创新，提供便捷高效的便民金融服务。有的则利用电商平台，积极对接各地的优势特色产业，提供开户、结算、融资等一揽子金融服务，支持乡村振兴战略实施。金融科技方面的技术变迁使金融产出在相当范围内发生了规模报酬递增，使得适合普惠金融发展的新制度形式的建立变得有利可图。技术变化不仅增加了制度变迁的潜在利润，而且降低了制度变迁的操作成本。

【专栏 1 –5】

"银行＋电商"豪门联姻能走多远？

近期，BATJ（百度、阿里、腾讯、京东）等互联网巨头和传统银行开始"强强联手"。建设银行与阿里签署战略合作协议，农业银行与百度成立金融科技联合实验室，工商银行与京东金融启动全面合作，中国银行与腾讯携手成立金融科技联合实验室，交通银行与苏宁控股和苏宁金服签署战略合作协议。

一、"银行＋金融科技"引入创新新动力

商业银行资金实力雄厚、业务模式齐全，但在数据积累、应用场景等方面存在不足，通过与电商等互联网企业合作可以弥补其短板。商业银行与电商合作，能够在技术升级改造、盘活大数据、产品创新、开拓获客渠道等方面实现"1＋1＞2"的效应，实现共赢。电商平台依托互联网拥有线上触达用户的渠道，传统银行拥有很多的物理网点可以线下触达用户，而两方互补就使得电商的APP上有某些银行的入口为其线上引流，以后银行也许将发生巨变，ATM不再是取钱的ATM，网点也不再是传统的网点，可能成为京东的物流点、支付宝的创新体验站。

而最重要的还是金融科技方面的合作，这经常以类似大数据、区块链、生物识别联合实验室的形式出现，是双方合作提高金融科技水平的一种方式。通过在金融科技等领域开展合作，有助于商业银行提升业务效率，探索和创新业务，推进银行运行机制和流程改造。例如，工商银行与京东将在金融科技、零售银行、消费金融、企业信贷、校园生态、资产管理、个人联名账户乃至电商物流，展开全面合作；农业银行与百度将借助大数据、人工智能、云计算等技术优势，打造智能化银行发展，积极地推动普惠金融。中国银行与腾讯成立"中国银行—腾讯金融科技联合实验室"，双方将在云计算、大数据、区块链和人工智能等方面开展合作，共建普惠金融、云上金融、智能金融和科技金融。阿里、蚂蚁金服牵手建设银行，其中，蚂蚁金服将与建设银行在信用卡线上开卡、线上线下渠道业务合作、电子支付业务合作以及信用体系互通等方面开展合作。交通银行将与苏宁金服在智慧金融、全融资业务、现金管理及账户服务、国际化和综合化合作等领域展开全面深入的合作。

数据显示，金融机构引入芝麻信用评分后，信用卡开卡的审批通过率提高了7%；与此同时，机构的整体不良率降低了0.3%。一升一降，背后原因正是技术提升金融服务能力。在金融互联网化的过程中，银行迫切需要大数据、云计算、人工智能这些领先的技术，将底层的技术、数据与金融机构的专业能力进行结合，全面提升银行在营销、风控、定价、客户画像等方面的能力，在运营、产品设计、营销等各个业务层面运用先进的金融科技，适应未来的竞争环境。

二、"电商＋银行"形成竞争新格局

随着我国金融改革深入推进，民间资本在我国发起设立的民营银行近年

来呈加速态势，截至 2017 年上半年末，共有 17 家民营银行落地。其中互联网系的民营银行占据了"半壁江山"。苏宁银行、微众银行、网商银行、新网银行、华通银行、亿联银行、众邦银行、中关村银行这 8 家银行具有鲜明的互联网标签。在这 8 家银行中，电商系背景的以网商银行和苏宁银行为代表。以蚂蚁金服旗下的网商银行为例，网商银行行长黄浩表示，成立两年来，网商银行已向全国 31 个省（自治市、直辖区）的 350 万户小企业提供了贷款服务，累计放款 1971 亿元，季度平均贷款不良率维持在 1% 以下。

三、银行与电商"竞合"将实现"双赢"

首先，就服务上来看，丰富了金融产品，使得更多人能够享受到金融服务。传统商业银行对于理财有额度限制，许多客户无法享受到相对高收益的理财服务，而互联网金融大大降低了客户的准入门槛，使得客户零散的资金也能够享受到收益相对较高的理财服务，从而实现财富的保值增值。

其次，扩大了客户服务范围，满足了普惠金融需要。充分的市场竞争促进了金融与移动互联网的融合，使得过去传统网点无法到达的"天涯海角"变得"近在咫尺"，过去无法到达的低净值"长尾"客群，也成了金融服务对象。

最后，服务更便捷更优质，客户体验更好。以余额宝为例，它的创新并非简单地利用低成本的互联网来卖基金或理财，还在于将客户用于投资的资金，通过商业模式的转换，变为随时可供购物的资金。余额宝的用户大多是年轻人，其核心诉求不是单纯追求高收益，而是为现金附加上了投资价值，或者是为投资附加上了现金属性，从而实现了投资与购物资金的无缝转换。

传统金融机构和互联网金融巨头，经历了排斥、竞争、合作的阶段，随着双方合作的深化，未来将呈现竞合的态势。传统银行和互联网企业彼此依赖程度加深，发挥各自所长，推动市场良性发展，才能真正服务实体经济，实现金融普惠，发挥对中国经济转型的推动作用。

资料来源：许亚岚. 银行＋电商 豪门联姻能走多远？[J]. 经济，2017（14）：46－50.

二、有效组织是制度变迁的关键

根据诺斯等新制度经济学家的研究，决定社会和经济演化的技术变迁和制度变迁都具有较强的"路径依赖"。普惠金融的发展，将通过新的组织形式、技术创新方式的制度化、市场制度的完善、政府政策支持等降低交易成本。有效组织是制度变迁的关键，组织的类型很多，它包括政治组织、经济组织和教育组织。组织的特征就在于其是一种有目的的利益团结，是一种契约安排和外部成本内部化的结果。组织是制度变迁的主体和发动者，同时，决定制度变迁的路径，推动或阻碍制度变迁的进行。①

有效组织成为普惠金融制度变迁的关键的原因包括三个方面：第一，在稀缺经济和竞争环境下，制度和组织的连续的交互作用是制度变迁的关键之点。竞争迫使组织持续不断地在发展技术和知识方面进行投资以求生存，这些技能、知识以及组织获取这些技能、知识的方法将渐进地改变我们的制度。第二，组织和企业家的最大化活动决定了制度变迁的方向。制度变迁沿着什么轨迹前进在某种程度上讲就是成千上万组织选择、竞争、合作"均衡"的结果。第三，制度与组织有着特殊的内在联系。制度是社会游戏的规则，是人们创造的、用于规范人们相互交流行为的框架。组织是为一定目标所组成，用于解决一定问题的人群。如果说制度是社会游戏的规则，组织就是社会玩游戏的角色。组织不仅是制度约束，而且也是其他约束（如技术、收入和偏好）的函数。

中国银监会普惠金融部以及各银行机构纷纷成立的普惠金融部门就是推动普惠金融制度变迁的组织因素。2015年1月20日，中国银监会宣布进行机构调整，新组建了普惠金融部，负责推进银行业普惠金融工作，引导和规范包括融资性担保机构、小额贷款、P2P网贷等在内的普惠金融业务，成为中国银监会自2003年成立以来的首次架构上的重大调整。普惠金融部的主要职责：第一，从顶层设计上制定中国普惠金融发展的战略或者规划，从顶层设计上规划中国普惠金融发展的目标和路径。第二，综合推动整个金融机构更好地为薄弱领域或者弱势领域、弱势地区、弱势群体提供金融服务。第三，加强对新的金融业态、新的机构的管理和指导。主要有四类机构，第一类是为金融机构提供辅助性服务的融资性担保公司。第二类是小额贷款公司，是为小微企业和农户提供小额贷款的专业的放贷机构。第三类是P2P网络借贷。第四类是农村地区发展新型合作金融，通过农民之间的资金互助来解决农村地区传统金融机构、银行机构覆盖不到的农民。

各银行业金融机构纷纷成立普惠金融部门，推进各项体制机制改革。开发性银行和政策性银行不断推进事业部制改革，大型银行纷纷设立普惠金融事业部，股份制银行进一步完善了专营部门制，城市商业银行、农村商业银行、村镇银行等中小金融机构持续坚持服务当地、服务社区和支农支小的定位。以中国银行为例，目前在中国银行法人层面，全部36家一级分行都已经

---

① 罗明忠. 组织与制度变迁［J］. 南方经济，2002（7）.

成立普惠金融事业分部，各二级分支行成立普惠金融服务中心，配置专人负责普惠金融业务，同时全行1万多家网点都将作为普惠金融基础服务网点，筛选部分网点作为普惠金融信贷发起特色网点，进一步增强普惠金融综合服务能力。

【专栏1-6】

农行、招行先后成立普惠金融部，为推数字银行试水区块链

随着监管部门鼓励和督促大型商业银行成立普惠金融部，近期越来越多的金融机构纷纷探索以普惠方式开展互联网金融业务。2018年3月13日，招商银行对外宣称正式挂牌成立总行普惠金融服务中心。无独有偶，农业银行同日也提出要在所有二级分行设立普惠金融业务部门或服务中心。

一、招商银行探索"一体化＋金融科技"模式

在普惠金融的可持续发展路径探索中，招商银行是较早实践的，2012年该行就将普惠金融的服务群体锁定于小微企业客户，规定单户贷款金额不得超过500万元。进入"互联网＋"时代后，招商银行将传统线下贷款模式移至线上，逐步探索出"一体化＋金融科技"的特色金融服务模式。

1. 小微企业网络融资一体化全流程

目前，在发展小微企业网络融资业务方面，招商银行搭建了完整的客户服务模式和产品流程体系，建立起"五专"经营机制。

一是专门的综合服务机制，不再以单一的信贷业务与客户互动，而是推出了贷前—贷中—贷后全面覆盖的综合服务机制；二是专门的统计核算，对于小微业务按单独业务品种进行独立核算，并单列统计和通报；三是专门的风险管理，针对小微业务制定专门的产品及业务规定和风险管理要求、专门的贷款评分卡模型、专门的小微贷款审批团队以及专门的贷后管理体系；四是专门的资源配置，在零售信贷整体规模预算中单列小微贷款规模预算，并在业务策略上优先支持小微贷款投放；五是专门的差异化考核评价，针对小微业务单设规模预算完成情况指标、客户经理产能和风险质量等差异化考核指标，以提高分行小微业务发展动力。

2. 金融科技加快打造数字化招行

招商银行将在本次设立总行级的普惠金融服务中心之后，提出已将小微智能经营平台确定为全行重点Fintech项目，目前已经完成一期开发上线并将持续迭代优化。目前，招商银行为了把自身打造为"金融科技银行"，在发展网络金融业务的贷前、贷中和贷后各个环节，全面运用了金融科技手段。

表 C1 - 6 - 1　　　招商银行打造"金融科技银行"的创新举措

网络金融业务环节	金融科技平台	创新优势简介
贷前申请环节	PAD 移动作业平台、闪电贷平台	提供线上、线下全方位的贷款受理服务渠道
贷中作业环节	"信贷工厂2.0"技术升级	日峰值产能3000笔以上，充分保证小微贷款业务快速发展。效率上，在资料齐全情况下，100%实现小微贷款"T+2天审结"的时效
贷后管理环节	总分行联动的预警、催收一体化贷后管理体系	建立非现场预警、现场自查、贷款转化、早期集中催收、分行催收谈判、外包催收、诉讼推动、不良处置等环环相扣的贷后管理流程

资料来源：招商银行网站，零壹财经·零壹智库制表。

二、农业银行深化推进普惠金融服务体系建设

农业银行在成立普惠金融事业部的基础上，在2018年3月中旬陆续出台《普惠金融事业部"五专机制"建设方案》和《关于加快普惠金融专营机构服务体系建设的指导意见》，这表明2018年该行将全面深化普惠金融服务体系，同时借助该行深入县域、深入农村的特色优势，在"三农"领域重点发展互联网金融。

1. 构建普惠金融的经营管理机制

《普惠金融事业部"五专机制"建设方案》按照成本可算、风险可控、商业运作的原则，从建立专门的综合服务机制、专门的统计核算机制、专门的风险管理机制、专门的资源配置机制与专门的考核评价机制五个方面出台了一系列措施，将内部资源、政策向普惠金融服务领域进一步倾斜，使"三农"电商扶贫平台与普惠金融业务有机整合，加速构建农村市场金融交易的"线上化"场景布局。

2. 全面完善普惠金融的服务体系建设

《关于加快普惠金融专营机构服务体系建设的指导意见》提出，要在所有二级分行设立普惠金融业务部门或服务中心，在"中国制造2025"国家级示范区、"双创"示范基地、重点产业园区、优势产业集群等重点区域的支行设立小微企业金融服务专营机构，将专业化的服务机构进一步向基层延伸，形成贴近市场、贴近客户的服务体系。由于在县域和农村地区的金融基础设施投入力量较为薄弱，在开展普惠金融业务时实施"线上+线下"相融合的服务模式。同时，以专营机构为平台，逐步建立起一支专业、专职的服务团队，全面提升普惠金融专业化服务能力。

三、应用区块链技术提升互联网普惠金融效能

商业银行依靠传统模式来开展普惠金融业务，需要投入大量的人力，并且存在着"三农"领域的借款主体违约概率较大这项风险，因此必须借助金融科技的手段，准确识别出风险可控的目标客户群体。以农业银行为例，基于推出的"农银e管家"电商金融服务平台，通过应用区块链技术，将历史交易数据映射到区块链平台中，由平台自动积累企业和农户之间的每次交易记录，基于这些数据提供融资服务。经过近几年的实践，农业银行已经形成了以下区块链联盟网络，成功运用于"三农"领域的普惠金融建设（见图C1-6-1）。

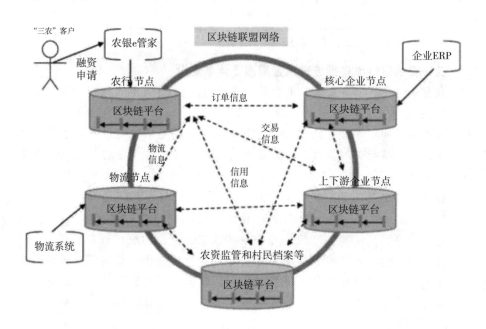

资料来源：中国农业银行。

图C1-6-1　农业银行区块链联盟网络

与此同时，根据媒体报道，目前招商银行主要将区块链运用于跨境金融支付结算、供应链金融、电子票据、资产管理等业务领域。随着招商银行建成普惠金融服务中心，下一步将逐步拓展小微客户群体的区块链应用场景。当普惠金融遇上区块链，可以预见必将形成一场行业新变革，将网络融资、在线支付、互联网理财等业务有机整合，并引入人工智能、大数据等技术手段，持续提升网上金融业务的各类交易场景，加速金融业务办理效率、降低信贷风险、提升用户体验，真正迎来"数字化银行"变革时代！

资料来源：李薇．农行、招行先后成立普惠金融部 为推数字银行试水区块链［N］．和讯网，2018 - 03 - 20.

三、适应效率是制度变迁的重要推动力

制度变迁内在机制的另一构成要素是适应效率。有效的制度要求为组织提供适应效率。何谓适应效率？适应效率不同于配置效率，它涉及那些决定经济长期演变的途径，还涉及一个社会获得知识和学习的愿望，引致创新、分担风险，进行各种创造活动的愿望，以及解决社会长期"瓶颈"和问题的愿望。

在经济学分析中，稀缺生产要素的重新配置可能产生配置效率，即要素比以前得到了更有效的利用；与此相类似，制度的替代、转换过程和交易过程使组织具有了适应效率，或者说，制度变迁使组织更具有了创新的能力和愿望。新制度经济学提出的"适应效率"可能与达尔文的"物种竞争，适者生存"观念有一定关系。我们检验一种制度是否有效，首先就要看这种制度是否给组织带来了适应效率。适应效率可能没有配置效率那么好衡量，因为其更多的是与"主观愿望"这些无形的价值观念联系在一起。但是组织中的"适应效率"又是实实在在地存在的，适应效率来自于有效的制度。把制度的功能与适应效率结合起来，进而在协调社会利益冲突、促进经济发展和保障社会秩序等方面发挥重要的作用。

2018 年伊始，安永发布的调研报告《普惠金融创新：通过创新性普惠金融发展实现收入增长》显示，从个人和中小微企业银行业务的绝对市场规模来看，中国有望成为普惠金融的最大受益者，预计到 2020 年，有望实现年增收 634 亿美元，增幅位列全球第一。事实上，很多银行业金融机构早已经看到了普惠金融业务的发展潜力。当前，我国经济从高速增长的阶段向高质量发展的阶段，金融脱媒和金融科技加快发展，银行机构间的竞争加剧，金融严监管、深监管、强监管成为常态，同业理财表外等业务受到抑制，银行机构间过去趋同的发展战略和发展的模式受到了挑战，普惠金融成为各家银行机构实施差异化战略的自然选择，普惠金融制度变迁的适应效率不断提升。农村领域是中国普惠金融的一个潜在重大机遇。农业为中国的 GDP 作出大约 10% 的贡献，而向农业领域发放的贷款仅占商业银行信贷组合的 1%。由于信贷评分数据的缺失，农民能够从传统银行获取的贷款十分有限。但通过发展具有创新性的信用分析技术，我国银行业金融机构可帮助填补约 3 万亿元人民币的农业融资缺口，这些对于银行业金融

机构而言无疑是一片"蓝海"。

制度变迁使组织更具有了创新的能力和愿望，适应效率更多地与组织的"主观愿望"联系在一起。当前，不少银行机构都在加强改革转型，促进普惠金融的发展。创新是金融服务永葆活力的不竭源泉，面对普惠金融商业运作，银行机构不断从创新中寻求路径，解放思想，运用大数据、云计算、物联网、人工智能、区块链等金融科技，改造传统金融服务模式。积极构建普惠金融的可持续发展模式，在商业盈利目标和社会责任目标之间寻求最佳的平衡。比如，有的银行机构按照中国银监会提出的"五专"经营要求，设立普惠金融事业部，下放审批权限，简化业务流程，缩短决策链条，降低服务链条，切实推进普惠金融落地生根。同时积极创新求变，发展移动支付、智能投顾等多元化的金融服务，探索投贷联动，全周期经营服务模式，探索供应链金融在双创领域的利用，不断拓展普惠金融的广度和深度，切实满足长尾客户多样化差异化的金融需求。

发展普惠金融是实现银行业高质量发展的应有之义。银行高质量发展是体现新发展理念的发展，使创新成为第一动力，协调成为内生动力，绿色成为普遍形态，开放成为必由之路，共享成为根本目的的发展。而普惠金融是以有效满足小微企业的创新创业融资需求，推动"三农"健康发展，助力全面脱贫致富，是全体人民共享改革发展成果的重要金融手段，是促进地区及产业协调发展，推动绿色生态文明建设的重要力量。寻找到普惠金融制度变迁的路径，既是补普惠金融发展的短板，也是在补高质量发展的短板，最终都是为了促进经济增长，解决人民日益增长的美好生活需要和不平衡不充分的发展之间的矛盾。

第二章 普惠金融制度变迁的实践经验

在许多发展中国家，大多数人口被排斥在金融体系之外。因此，构建普惠金融对于刺激本区域国家的国内需求非常重要，从而实现全球经济再平衡，并且应对不断加剧的不平等现象和实现社会进步。

普惠金融是实现可持续发展目标的重要工具。

——2015 年 5 月，联合国亚洲及太平洋经济社会委员会第七十一届会议

普惠金融不仅是一种包容发展的理念，更是金融服务实体经济的重要领域。国际组织和各国或地区结合实际，创造性地推动普惠金融发展，实现了促进经济增长和社会进步的目标，兼顾了经济效益和社会效益。本章将分别介绍主要国际组织、发达国家、发展中国家，以及中国的普惠金融实践。

第一节 国际组织的普惠金融实践

自 2005 年联合国和世界银行提出"普惠金融"（Financial Inclusion）这一金融发展概念以来，众多国际组织纷纷对普惠金融给予极大关注，并利用自身优势积极推动普惠金融在各国，尤其是发展中国家或地区的实践。总体来看，国际组织主要从以下几方面来践行普惠金融理念。

一、倡导普惠金融理念，评估普惠金融发展水平

由于普惠金融的包容性发展的核心理念与很多国际组织的宗旨不谋而合，联合国、世界银行、国际货币基金组织、经合组织和二十国集团等国际组织都积极推动普惠金融在全球发展，并设立了专门的普惠金融研究团队或工作小组。其中，联合国自 2005 年首次提出普惠金融概念以来，长期致力于通过发展普惠金融推动实现千年发展目标，还聘任了联合国秘书长普惠金融特别代表——普惠金融大使。此外，还有两个专门以推动普惠金融发展为目标的国际组织——全球普惠金融合作伙伴组织（Global Partnership for Financial Inclusion，GPFI）和普惠金融联盟（Alliance for Financial Inclusion，AFI）。前者系二十国集团框架下专门研究和推进普惠金融发展的组织，主要由二十国集团成员国组成，目前也面向非二十国集团国家开放，属于半官方组织性质。后者则是一个旨在推动发展中国家和新兴市场国家普惠金融发展、解决金融可获得性的国际协会，受到比尔和梅琳达·盖茨基金会的资助，属于非营利性的民间组织。截至 2017 年 7 月，其成员包括来自 94 个发展中和新兴市场国家或地区的 115 个金融政策制定部门和监管机构，覆盖了全球 85% 的无银行服务人群（Unbanked Population）。中国人民银行和中国银监会均为普惠金融联盟成员机构。

为更好引导全球普惠金融发展方向，评估、比较各国政策效果，推动政府主动作为，上述国际组织纷纷建立了普惠金融发展指标体系，并对各国的普惠金融发展状况开展调查。

（一）世界银行的普惠金融调查评估

世界银行扶贫协商小组（the Consultative Group to Assist the Poor，CGAP）作为国际上权威的微型金融研究和推广机构，在普惠金融研究和建设方面做了很多探索和开创性工作。为全面、科学衡量各国或地区普惠金融发展水平，世界银行从需求侧、供给侧和政策环境三个方面，开展 8 种普惠金融调查（见表 2－1），与之对应的形成 8 套普惠金融指标体系。其中最主要的是全球普惠金融调查（Global Findex）和企业调查。前者是世界银行从 2011 年开始实施的，从普惠金融需求侧入手，每三年一次的在世界范围内通过盖洛普全球调查开展的针对 15 岁以上成年人进行的抽样问卷调查。其主要调查形式为面对面访谈或电话访谈。对应的调查内容，亦即 Global Findex 指标体系，包括银行账户使用情况、储蓄、借款、支付和应急基金五个方面共计 474 项指标。其中银行账户使用情况指标包括银行账户、借记卡、贷记卡、手机账户、存取情况、存取途径等；储蓄指标包括储蓄机构、储蓄目的等；借款指标包括借款余额、借款机构、借款目的等；支付指标包括支付手段、支付用途、收款方式、收款来源、侨汇等；应急基金包括筹集应急基金的可能性和应急基金的资金来源。

表 2－1   世界银行普惠金融调查

指标名称	数据属性	覆盖国家和地区数	调查频率	主要内容	与 G20 普惠金融指标关联及展示的指标数
全球普惠金融调查	需求侧数据	144	三年一次	账户、储蓄、支付、信贷、应急基金	关联 6 项，展示 11 个

续表

指标名称	数据属性	覆盖国家和地区数	调查频率	主要内容	与G20普惠金融指标关联及展示的指标数
企业调查	需求侧数据	145	灵活	中小企业金融	关联3项，展示19个
金融能力调查	需求侧数据	20+	灵活	金融知识、态度、技能、行为	关联1项，无展示
生活水平评估调查	需求侧数据	50+	灵活	账户、信贷	无关联
全球支付系统调查	供给侧数据、政策环境数据	135	2008年、2010年、2012年、2015年、2016年	支付系统建设、转账账户	关联8项，展示3个
全球普惠金融责任调查	政策环境数据	110+	2010年、2013年、2016年	金融消费者保护、多样化的金融服务	关联2项，展示2个
经商调查	政策环境数据	185	每年	信贷报告系统	关联1项，展示1个
农业经营调查	政策环境数据	61	每年	农业金融	无关联

资料来源：Douglas Randall 于2016年3月2日在上海的演讲和世界银行网站，www.worldbank.org。

【专栏2-1】

世界银行《2014年全球普惠金融调查报告》

2015年4月15日，世界银行发布了《2014年全球普惠金融调查报告》（以下简称报告），提供了全球143个经济体的100多个指标，指标数据是2014年通过采访各国代表以及随机选取15岁以上成年人共计15万人得出的结论。报告共分四大部分：账户，支付，储蓄、信贷和财务应急能力，扩大普惠金融的机会。

一、账户

账户渗透率。拥有账户是融入正规金融系统的第一步，是普惠金融发展的一个标志。账户使账单支付、收发汇款更容易、更便捷，并提供了一个安全存钱的地方从而鼓励储蓄，同时打开了获得金融机构贷款的大门。报告将账户持有人定义为在金融机构或移动支付供应商拥有账户的成年人，前者包括银行、信用社、合作社、小额信贷机构，后者包括基于移动支付来收付账单或货币的机构。移动支付账户的定义仅限于不使用金融机构账户就能实现支付的账户，成年人使用移动支付账户与金融机构相连时被视为有金融机构账户。

从总量与分布看。2014 年，全球成年人账户渗透率从 2011 年的 51% 增至62%，持有人数增加 7 亿人，同时没有银行账户的成年人数则由 25 亿人下降至 20 亿人。分地区看，高收入经合组织经济体的成年人账户渗透率达 94%，而发展中经济体只有 54%，其中中东地区最低（14%），东亚和太平洋地区最高（69%）。过去三年，各地区的账户渗透率都有所增加，其中东亚和太平洋、南亚、拉美和加勒比地区的增长特别明显，提高幅度都在 10 个以上百分点，这主要归功于成年人的金融机构账户数增长较快，但撒哈拉以南非洲的增长主要归功于移动支付账户的增长（占比从 24% 增至 34%）。其中，中国的成年人账户渗透率从 2011 年的 64% 增至 79%，账户持有人数增加 1.8 亿人，这主要是因为最贫穷家庭（占家庭总数的 40%，下同）的成年人账户渗透率提高了 40 个百分点，同时最富有家庭（占家庭总数的 60%，下同）的成年人账户渗透率提高了 8 个百分点。

表 C2 -1 -1　　　　　　2014 年全球各地区的成年人账户渗透率　　　　　单位：%

东亚和太平洋	欧洲和中亚	高收入经合组织经济体	拉美和加勒比	中东	东亚	撒哈拉以南非洲
69	51	94	51	14	46	34

从账户类型看。2014 年，全球拥有账户的成年人几乎都拥有一个金融机构账户，其中 60% 的成年人只拥有金融机构账户，1% 的成年人只拥有移动支付账户，1% 的成年人同时拥有这两类账户。在移动账户渗透率方面，全球最高的 13 个国家均位于撒哈拉以南非洲，其中最低的是津巴布韦（32%），最高的是肯尼亚（75%），且科特迪瓦、索马里、坦桑尼亚、乌干达、津巴布韦的成年人移动支付账户渗透率高于在金融机构的账户渗透率，而撒哈拉以南非洲外的其他地区仍然有限，南亚为 3%，拉美和加勒比地区为 2%，其他地区均小于 1%。不过在过去三年，世界各地移动支付账户产品都获得较快增长。

表 C2 -1 -2　　　　　　移动支付账户渗透率高于 10% 的
13 个国家的账户渗透率　　　　　单位：%

博茨瓦纳	科特迪瓦	加纳	肯尼亚	纳米比亚	卢旺达	索马里	南非	坦桑尼亚	乌干达	赞比亚	津巴布韦
52	34	41	75	59	42	39	70	40	44	36	32

金融机构账户的使用。从存取款频率看。2014 年，高收入经合组织经济体中 84% 的金融机构账户持有人每月至少有一次存款，87% 的账户持有人每月至少有一次取款，而发展中经济体的账户持有人每月存取款的比例只有 40% 多。全球 15% 的金融机构账户持有人（约 4.6 亿人）在过去 12 个月没有存取款而成为休眠账户，其中南亚的占比达 42%，其他发展中地区的平均占比小于 20%；印度为 43%，高收入经合组织经济体为 5%。然而，休眠账户并不意味着账户持有人没有金融交易活动，这可能是该地区的替代性支付方式更方便、成本更低廉，如印度和坦桑尼亚。

从取款方式看。2014 年，发展中国家的账户持有人通过 ATM 取款的比例由 2011 年的 37% 增至 50%，其中拉美和加勒比、印度尼西亚和尼日利亚的比例超过 70%；通过银行出纳员取款的比例由 2011 年的 55% 降至 43%，其中南亚为 56%（孟加拉国为 78%），一些非洲国家的占比较高（埃塞俄比亚为 83%，卢旺达为 82%）。另外，近年来银行代理支付发展也较快，其中阿富汗的占比达 23%，哥伦比亚为 16%，卢旺达为 14%，但银行代理在发展中国家的整体渗透率还不到 1%。

借记卡渗透率与使用情况。总体上高收入经合组织经济体的成年人借记卡或 ATM 卡渗透率高于发展中国家。从高收入经合组织经济体看，83% 拥有金融机构账户的成年人拥有借记卡，其中荷兰、新西兰、挪威的占比超过 95%；82% 的持卡人在过去 12 个月有使用借记卡直接购物的经历，但希腊和日本是个例外，只有 40% 左右的持卡人使用借记卡直接购物。从发展中经济体看，55% 拥有金融机构账户的成年人（占所有成年人的 27%）有一张借记卡，其中拉美和加勒比的占比为 84%，欧洲和中亚为 76%，南亚只有 37%；46% 的持卡人在过去 12 个月有用借记卡直接购物的经历。

信用卡渗透率与使用情况。2014 年各国拥有信用卡的成年人比例差异巨大，其中高收入经合组织经济体 53% 的成年人持有信用卡，而发展中经济体尽管近年来的信用卡发展快速，但整体比例不到 10%，不过有两个例外，拉美和加勒比的占比达 20%，欧洲和中亚达 15%。信用卡的使用率较高，高收入经合组织经济体和发展中经济体的信用卡持有人在过去 12 个月有使用信用卡经历的比例都超过 80%。

二、储蓄、信贷和财务应急能力

报告分析了人们如何、为何储蓄和借贷，揭示了人们应对非预期支出的财务应急能力。

储蓄及其目的。从覆盖面看，2014 年全球 56% 的成年人在过去 12 个月有储蓄经历，其中高收入经合组织经济体、东亚和太平洋的比例为 71%，撒哈拉以南非洲为 60%，拉美和加勒比为 41%，欧洲和中亚为 38%，南亚为 36%，中东为 30%。

从储蓄方式看，过去 12 个月约一半的储户在银行或金融机构等正规途径储蓄，其中发展中经济体的共同特征是进行半正规的储蓄，特别是在撒哈拉以南非洲非常普及，比例达 24%，占储户人数的 40%。另外，发展中经济体中 46% 的储户、高收入经合组织经济体中 27% 的储户拥有其他储蓄形式，包括现金、珠宝、牲畜、房地产、股票等。

从储蓄目的看，过去一年为养老、教育、创业而储蓄的成年人比例分别是 25%、25%、14%，其中高收入经合组织经济体的成年人为养老而储蓄的比例最高，中亚和太平洋地区 30% 的成年人、撒哈拉以南非洲 20% 的成年人为教育而储蓄。

信贷及其目的。从全球看，2014 年 42% 的成年人在过去一年有借款（信用卡除外），其中撒哈拉以南非洲的占比最高（54%），接下来依次是南亚（47%）、中东（46%）、东亚和太平洋地区（41%）、欧洲和中亚、高收入经合组织经济体（40%）、拉美和加勒比地区（33%）。

从借款类型看，2014 年向家庭或朋友借款的成年人比例比 2011 年小幅提高，其中南亚的比例从 19% 大幅提高至 31%，欧洲和中亚则出现下降，其他地区保持不变；向私人非正规借贷者借贷的成年人占比保持稳定（占比不足 5%），但其中中东和南亚的占比出现上升，分别达到 8% 和 11%。这可能反映了非正规借贷对正规信贷的替代性。

从贷款原因看，全球范围内的一个共同原因是购买土地或住房，其中高收入经合组织经济体的成年人占比为 26%，发展中经济体不足 10%；为健康或医疗而贷款时，发展中经济体中的南亚成年人占比为 20%，撒哈拉以南非洲为 18%；为教育和创办企业而贷款时，发展中经济体的成年人比例为 8%，其中撒哈拉以南非洲为 12%。高收入经合组织经济体的成年人为健康、教育和创办企业而贷款的比例为 5% 左右。

信用卡的作用。信用卡是一种短期信贷资金来源。高收入经合组织经济体 53% 的成年人持有信用卡，其融资功能能使新增正式贷款的比例提高 35 个百分点；发展中经济体只有约 10% 的成年人有信用卡，其中拉美和加勒比、欧洲和中亚的占比超过 15%，其融资功能使新增正式贷款的比例提高 16～22 个百分点。

财务应变能力。2014 年全球普惠金融数据调查询问受访者"在紧急情况下如何在下个月内筹集相当于二十分之一的人均国民总收入的应急资金"，选项为"很可能、有可能、不太可能、不可能"。从全球看，83% 的成年人报告筹集这笔应急资金是"可能"的，22%认为"不可能"，其中高收入经合组织经济体认为"可能"的成年人占比为83%，发展中经济体为74%。在"很可能"选项中，高收入经合组织经济体的成年人占比为48%，东亚和太平洋地区只有36%。从性别看，高收入经合组织经济体和发展中经济体的男性选"可能"选项的比例比女性高5个百分点。从收入看，一个经济体内最富有家庭的成年人选"可能"选项的比例比最贫穷家庭的高18个百分点。从资金来源看，全球四分之三的成年人将储蓄视为主要应急资金来源，其中高收入经合组织经济体、东亚和太平洋地区的主要应急资金来源是储蓄（56%），所有其他发展中地区的则是家庭和朋友。此外，全球14%的成年人将工资和雇主贷款作为主要应急资金来源。

三、提高普惠金融的机会

（一）提高无银行账户成年人的普惠金融水平

一是政府通过提供一个有利于提高账户渗透率的监管框架来减少金融服务成本和距离，包括颁发银行代理牌照、引进分层的文件要求、要求银行提供基本或低成本的账户、允许新技术发展（比如移动支付）。二是促进私人部门设计适当的金融产品，满足无银行账户成年人的需求并使账户使用更简单、更方便、更实惠。三是推动包括政府和私人部门在内的相关部门使用数字支付技术，使无银行账户的成年人实现从现金支付到账户支付的转变。但前提是要完成前期支付基础设施的投资。

（二）增加银行账户使用的机会

1. 推动使用账户缴纳水电费和学费。当前发展中经济体超过13亿有账户的成年人仍然使用现金缴纳水电费和学费。由于缴纳方式取决于公用事业公司和学校，因此推动其向客户提供账户支付，增加双方的支付效率。

2. 推动使用账户进行国内汇款。当前发展中经济体有3.55亿拥有账户的成年人只通过现金或柜台交易。为此，鼓励只通过现金或柜台交易的账户持有人使用账户交易是提高账户使用的一个渠道。

3. 推动使用正规储蓄。当前发展中经济体1.1亿有账户的成年人（占账户持有人数的5%）是通过储蓄俱乐部等形式进行半正式的储蓄。为此，通过设计满足其需求的适当储蓄产品能鼓励这些账户持有人使用其账户进行储蓄。特别是在撒哈拉以南非洲，2800万有账户的成年人（占账户持有人的16%）只通过半正式的方式储蓄，而这正是提高正规储蓄的一个机会。

资料来源：Asli Demirgü‐Kunt, Leora Klapper, Dorothe Singer, Peter Van Oudheusden，曾繁荣编译，《金融会计》，2015（7），有删减。

企业调查也是从需求侧入手的问卷调查，但主要针对中小企业进行。调查内容涉及企业设立、金融服务、运营和劳动力等 12 个方面。作为调查内容之一，金融方面共有 15 个指标，包括银行账户、信贷、理财和资金调配等内容。调查覆盖世界上 140 多个国家和地区，但每次调查仅选取少数国家或地区进行抽样调查。

（二）国际货币基金组织的普惠金融调查评估

国际货币基金组织充分利用自身优势，与各国或地区金融管理部门（包括中央银行、监管机构和金融统计部门等）开展合作，直接获取有关金融统计数据。在普惠金融领域最主要的调查就是金融服务可获得性调查（Financial Access Survey，FAS），并形成了相对应的 FSA 普惠金融指标体系。与全球普惠金融调查和企业调查都是从需求侧入手不同，金融服务可获得性调查则是针对各国金融服务提供和使用情况，从供给侧出发调查各国或地区普惠金融发展水平。FSA 指标体系包括综合指标、金融服务可获得性、金融服务使用情况三个方面，共计 242 项指标。其中综合指标方面包括人口、存款、国土面积、GDP 等；金融服务可获得性方面则包括金融机构（含分支机构）、ATM 和移动货币代理网点的总数、单位面积内数量和人均拥有量；金融服务使用情况方面指标包括储蓄、贷款、保险和移动货币的人数、账户数、余额等。

近年来，随着移动支付的快速发展，国际货币基金组织还通过与国际移动通信组织合作开展移动货币的相关调查，以此来掌握移动支付的普及和发展状况。

（三）经合组织的普惠金融调评估

经合组织开展的涉及普惠金融的调查有 3 项，即国际金融教育调查（International Network on Financial Education Survey，INFE）、中小企业计分板（SME Scoreboard）和国际学生评估项目（Programme for International Student Assessment，PISA）。

国际金融教育调查从需求侧出发，目的在于掌握大众金融知识需求，指导相关金融教育。该调查始于 2010 年，由俄罗斯信托基金提供资金。调查对象为 18 岁以上的成年人，调查内容包括金融知识（指对部分金融名词的认知）、金融态度（提前消费、对金钱的认知等消费观）和金融行为（包括消费决定、按时支付账单、长期金融规划、了解金融时事、家庭预算、主动储蓄和投资、金融产品信息收集、分析与决策等）三个方面内容。

中小企业计分板始于 2007 年，数据主要来源于中央银行、金融监管部门和相关政府机构等金融服务供给侧，目的是评估对中小企业的金融服务情况。调查内容包括贷款的规模、利率、种类、条件、抵押、使用和违约等情况，以及风投基金和破产情况等内容。调查范围覆盖30多个国家或地区，暂不包括中国。其"在最近的银行贷款中，需要抵押物的中小企业比例"指标被二十国集团的普惠金融指标体系采纳。

国际学生评估项目调查对象为15岁的学生，其中金融教育调查从2012年开始，从需求侧每三年开展一次，由南非开发银行提供资金支持，调查采用网络平台问卷调查的形式。调查评估内容包括金融教学综合情况、学生金融知识教育、金融知识教育和学生背景的关联性以及学生的金融经验、观念和行为等方面内容。

（四）二十国集团的普惠金融指标体系与调查评估

二十国集团普惠金融指标体系由全球普惠金融合作伙伴组织（GPFI）发布，目的在于引导全球普惠金融发展方向，评估比较各国政策效果，督促政府主动作为。该指标体系覆盖了全球194个国家或地区，有力推动了全球各类普惠金融数据库的发展，促进了普惠金融的理论研究。指标体系由金融服务的可获得性、使用情况和质量三个方面共29项指标组成。其中金融服务的使用情况分别针对个人和中小企业设置了系列指标：对于成人，分别设置了账户数量、存款规模、贷款规模和保险规模，以及非现金交易、移动支付、侨汇、高频账户使用和储蓄倾向等指标；对于中小企业，则设置了在正规金融机构开立的账户数量、存款规模、贷款余额等指标。金融服务可得性指标包括服务网点数量、电子账户数量和服务网点互通状况等指标。金融服务质量指标包括金融知识、金融行为、信息披露、纠纷解决和贷款限制等指标（见表2－2）。

表2－2　　　　　　　　　　二十国集团普惠金融指标体系

大类	细类	指标	指标和数据来源
金融服务使用情况	享有银行服务的成年人	在正规金融机构持有账户的成年人比例	世界银行全球普惠金融数据库
		每千成年人的存款人数或存款账户数	国际货币基金组织金融服务可获得性调查
	在正规金融机构发生信贷的成年人	在正规金融机构有未偿还贷款的成年人比例	世界银行全球普惠金融数据库
		每千成年人借款人数或未偿还贷款笔数	国际货币基金组织金融服务可获得性调查
	购买保险的成年人	每千成年人中保单持有人数	国际货币基金组织金融服务可获得性调查

续表

大类	细类	指标	指标和数据来源
金融服务使用情况	非现金交易	人均非现金零售交易笔数	世界银行全球支付系统调查
	使用移动设备进行交易	使用移动设备支付的成年人比例	世界银行全球普惠金融数据库
	高频率使用账户	高频率使用账户的成年人比例	世界银行全球普惠金融数据库
	储蓄倾向	过去一年内在金融机构存款	世界银行全球普惠金融数据库
	汇款	收到国内外汇款的成年人比例	盖洛普全球调查
	享有银行服务的企业	在银行持有账户的中小企业比例	世界银行企业调查
		中小企业的存款账户数量和占比	国际货币基金组织金融服务可获得性调查
	在正规金融机构有未偿还贷款或授信额度的企业	有未偿贷款或授信额度的中小企业比例	世界银行企业调查
		中小企业未尝贷款笔数和占比	国际货币基金组织金融服务可获得性调查
金融服务可获得性	服务网点	每十万成年人拥有的商业银行分支机构数	国际货币基金组织金融服务可获得性调查
		每十万居民或每千平方公里 ATM 数	国际货币基金组织金融服务可获得性调查
		每十万居民拥有的 POS 终端数	世界银行全球支付系统调查
	电子资金账户	用于已动工支付的电子资金账户数	世界银行全球支付系统调查
	服务网点的互通性	ATM 机具：ATM 网络是否关联	世界银行全球支付系统调查
		POS 终端：POS 终端是否关联	世界银行全球支付系统调查

续表

大类	细类	指标	指标和数据来源
金融产品与服务的质量	金融知识	对于基本金融概念的掌握程度	世界银行金融能力调查、经合组织国家金融知识教育调查
	金融行为	紧急融资来源	世界银行全球普惠金融数据库
	信息披露要求	披露指数（语言简明易懂、使用当地语言、明确贷款手续费等要求）	世界银行全球普惠金融责任调查
	纠纷解决机制	反映内部和外部纠纷解决机制指数	世界银行全球普惠金融责任调查
	使用成本	开立基本活期账户的平均成本	世界银行全球支付系统调查
		持有银行活期账户平均成本（年费）	世界银行全球支付系统调查
		信用转账的平均成本	
	贷款障碍	上一笔贷款需提供抵押品的中小企业比例	世界银行企业调查、经合组织中小企业计分板
		信贷市场中的信息障碍	世界银行经商调查

资料来源：孙天琦，汪天都，蒋智渊．国际普惠金融指标体系调查：进展、比较与启示［J］．金融监管研究，2016（4）.

2016 年 8 月，为更好地反映数字普惠金融领域的新进展，G20 杭州峰会通过了升级版的《G20 普惠金融指标体系》，增加了部分有代表性的数字普惠金融发展指标，最终形成了包括 19 大类 35 项的普惠金融指标体系，分别从供给侧和需求侧评价普惠金融发展水平，使得指标体系更加完善。二十国集团将根据全球普惠金融的创新发展不断更、完善新普惠金融指标体系，并鼓励成员国支持国际普惠金融数据库建设，积极向有关国际组织报送高质量的普惠金融数据，提高普惠金融数据的可得性、可比性和准确性，为各国制定普惠金融政策和开展普惠金融创新提供更有效的支撑。

此外，杭州峰会还通过了《G20 中小企业融资行动计划落实框架》，围绕促进改革和推广各国成功的改革经验，构建了中小企业融资的"三支柱"评估框架，鼓励各国对照国际良好实践进行诊断评估，营造有利的监管环境促进竞争，以提高中小企业融资能力。该框架提出了三项优先的改革措施：改善中小企业征信体系、鼓励银行和非银行金融机构接受动产作为抵押物贷款给中小企业、改革中小企业破产制度。

【专栏 2－2】

G20 普惠金融指标体系

一、概述

普惠金融在减少贫困和实现包容性经济增长方面发挥着重要的促进作用，而这一事实也促使越来越多的人关注普惠金融政策和措施。可靠的普惠金融数据是保证普惠金融可持续发展的重要因素，对制定政策和监测进展至关重要，是实现普惠金融宏伟目标的起点。G20 领导人在 2011 年戛纳峰会上一致同意接受全球普惠金融合作伙伴（GPFI）的建议，支持在国际和国内普惠金融数据方面的努力，并根据 GPFI 的工作成果，在 2012 年洛斯卡沃斯峰会上通过了《G20 普惠金融指标体系》（以下简称《指标体系》）。

正如签署《指标体系》时作出的承诺，结合俄罗斯担任 G20 主席国期间重点关注的金融素养与消费者教育议题，GPFI 制定出了更为全面的普惠金融指标，旨在加深对普惠金融图景的理解，其中包括涉及金融素养和金融服务质量的指标。扩展后的《指标体系》在 2013 年 G20 圣彼得堡峰会上获得通过。

在中国担任 G20 主席国期间，经过与 GPFI 成员和执行伙伴的磋商，提出了用于衡量数字金融服务发展的新指标。数字金融新业态的发展以及新数据（包括数字金融服务供需两方面）的获得，共同推动了现有指标的扩充和修订。这些指标不仅可以衡量数字支付的使用情况，还可以衡量数字基础设施的可得性。指标涵盖了大部分支付工具、传输方式（即访问渠道）和用途。用于支付的基础账户可以开立在银行或者其他金融机构中，也可以是电子货币账户。支付方式包括网络支付、移动支付（即通过移动电话或者可连接WiFi 网络的设备进行支付）和 POS 终端支付。

政府的统计机构可承担这些指标的采集工作。这些指标可用于衡量数字金融服务使用过程中的成果和差异，以及从中受益所需的技术和政策环境。不论在国内还是国际层面，《指标体系》通过与每个国家的特色指标相结合，能够使政策制定者加深了解并监测普惠金融发展。

二、指标

衡量普惠金融的三个维度是：（1）金融服务的可得性；（2）金融服务的使用情况；（3）金融产品与服务的质量。纳入了供给方数据和需求方数据，从而形成一个全面的视角。

GPFI 鼓励各个国家收集本国数据，并可按照 G20 普惠金融指标补充与本国国情相关的指标。在挑选 G20 普惠金融指标时，可得性、可持续性和可靠性是关键的标准，同时也兼顾适当性和全面性。数据来源包括：世界银行全球普惠金融数据库、国际货币基金组织金融可得性调查、盖洛普全球调查、世界银行企业调查、经合组织国家金融素养和普惠金融调查、经合组织中小企业计分板、世界银行全球营商环境报告、世界银行全球消费者保护和金融素养调查、世界银行金融能力调查、世界银行全球支付系统调查。指标定义表可在 GPFI 数据门户网站获得。

尽管《指标体系》涵盖范畴很广，足以作出全面整体的评估，但是收集新数据的努力以及不断发展的技术和商业模型还是需要我们在未来不断更新合适的指标。

资料来源：中国人民银行网站。http：//www. pbc. gov. cn/goutongjiaoliu/113456/113469/3142307/2016091419074474029. pdf，有删减。

（五）普惠金融联盟的普惠金融指标体系

该组织主要通过三个方面的工作来推动普惠金融发展：一是推动兑现《玛雅宣言》承诺。通过支持成员对普惠金融作出明确的可评估的承诺，以此推动、协调与其他有关方面一道制定和实施国家普惠金融战略。截至 2014 年 6 月末，已有 40 多个国家的 51 个会员机构明确作出普惠金融承诺，承诺内容包括金融消费者保护与金融教育、普惠金融指标体系、普惠金融和金融教育国家战略、支付体系、征信体系、移动金融服务、电子货币、银行代理、中小企业融资，以及小额信贷、储蓄和保险等。中国人民银行和中国银监会共作出了 10 项承诺。二是发布普惠金融进展报告，成员国的普惠金融进展都会通过 AFI 数据门户（http：//www. afi – dataportal. org）进行报道和展示。三是提供知识产品（AFI Knowledge Products），即指导成员国利用 AFI 核心指标和其他评估普惠金融影响的工具。

2011 年 8 月，在第三届普惠金融联盟全球政策论坛上，普惠金融联盟全体成员在墨西哥通过了《玛雅宣言》（Maya Declaration），旨在解决全球 20 亿无银行服务人口的普惠金融问题。该宣言包括五大政策支柱：数字金融服务（DFS）、消费者保护与市场行为（CEMC）、普惠金融战略（FIS）、普惠金融数据（FID）、中小企业金融服务（SMEF）和全球标准与政策（GSP），截至 2017 年 7 月共有 63 项具体承诺，同时还推出了普惠金融的指标体系——核心普惠金融指标体系（Core Set of Financial Inclusion Indicators）。该指标包括金融服务的可获得性和使用情况两个方面共 5 项指标：每万名成年人（通常指 15 岁及以上的人群，但各国可以自行界定）拥有的网点数量（包括分支机构、代理机构、ATM 和 POS 机等可以存取现金的终端数量，不包括手机和电脑终端，下同）、拥有网点的行政区域数量占比、拥有网点的行政区人口占比、在任何一种受监管的机构开立存款账户的成年人占比，以及在任何一种受监管的机构开立贷款账户的成年人占比。

该组织对发展中国家和地区的中小企业、妇女和青年的金融服务较为关注，专门成立了中小企业金融工作组（SMEF WG），并于 2014 年在成员内部开展了关于中小微企业认定标准及其应用的调查。结果显示，成员国采用最多的三条中小企业标准为员工数量、销售（营业）额、资产规模。为便于成员国更好地开展金融教育和在全球范围收集具有可比性的金融数据，该组织于 2017 年 3 月发布了《金融能力测试表》（Financial Capability Barometer, FCB），推出了专门用于衡量一国居民的金融素养的方法和指标体系。该指标参考世界银行的方法，通过从知识、技能、意愿和行为四个维度，对经济影响、预算管理、短期与长期储蓄计划、债务管理、金融产品与服务的选购、权益维护、金融安全 7 个领域建立评分矩阵，评价目标人群的金融能力和素养。

二、开展金融扶贫项目，推动包容性增长

虽然普惠金融不等于金融扶贫，但贫困地区普惠金融的发展有助于扶贫脱困是毫无疑问的。二者虽然出发点和立足点不同，但都对促进包容性可持续发展有着重要意义。因此，诸多国际组织在消除地区贫困过程中，都高度重视、鼓励和支持普惠金融的发展。大量的扶贫开发项目都在惠及当地贫困人群过程中提高了金融意识。

（一）联合国的普惠金融项目

早在 20 世纪 90 年代中后期，联合国发展署（UNDP）就开始实施可持续的小额信贷扶贫项目。例如，为破解中国农村低收入群体难以获得信贷资金的难题，2001 年 6 月至 2005 年 6 月，联合国发展署与中国国际交流中心向甘肃定西、四川仪陇、贵州兴仁、内蒙古赤峰 4 个地区提供信贷本金用于对贫困的家庭提供小额信贷服务，并通过国际专家在会计制度、贷款管理、管理信息系统、产品开发和商业计划、制度建设等方面提供系统技术支持。同时，该项目还对中国小额信贷开展了理论研究，对小额信贷的可持续发展提出针对性的政策建议。

（二）世界银行贷款扶贫项目

作为面向发展中国家的世界最大的资金来源，世界银行长期致力于减少贫困，以消除极端贫困、促进共同繁荣为使命。截至 2017 年 9 月，世界银行通过旗下 5 家机构在世界 146 个国家的 21737 个地区实施了 1686 个项目，金额达 1986 亿美元。其中，在中国 553 个地区实施了 97 个项目，金额共计99.6 亿美元。

以"中国贫困农村地区可持续发展项目"为例，该项目是世界银行在我国开展的第五个大型综合性扶贫项目。该项目受益范围包括河南、陕西和重庆三省（市）25 个国家扶贫工作重点县（区）的 12 万贫困户 48 万贫困人口，投资总额达 10.87 亿元人民币，包括世界银行贷款 1 亿美元、全球环境基金捐资 500 万美元、国家配套 3.73 亿元人民币。

上述项目已于 2015 年完成，目前世界银行正在中国开展第六个贷款扶贫项目——贫困片地区产业扶贫试点示范项目。项目总投资 6.37 亿元人民币，世界银行提供贷款 1.5 亿美元，贷款期限 29 年（其中包括 10 年宽限期），计划期限为 2015 年 7 月至 2021 年 3 月。该项目旨在通过发展高效、生态、高附加值产业，促进农业产业结构调整，实现环境改善和农民增收的目标，为集中连片特困地区开展产业扶贫提供可复制、可推广的有效模式和方法。

三、推动数字金融普惠金融发展

大数据、云计算、移动互联网、区块链和人工智能等现代技术不仅催生了"四新经济"，还极大地推动了金融创新的发展，各种金融科技业态发展得如火如荼。作为近年来金融创新的热点，数字金融体现了金融与科技的不断融合，不仅包括传统金融的数字化和移动化，还包括以互联网金融为代表的新金融等领域。数字金融不仅具有开放、共享、便捷、高效等特点，还有很强的包容性，可以为传统金融未覆盖到的长尾客户提供有效金融服务。因此，数字金融在普惠金融方面具有天然优势，为普惠金融的发展提供了前所未有的机遇，数字普惠金融应运而生，并日益受到世界各国的广泛重视。由于现有的普惠金融指标和政策体系多针对传统金融模式，针对数字普惠金融的指标和政策体系亟待完善，国际上也缺乏统一的关于数字普惠金融的原则性指引。

2016 年 9 月，二十国集团杭州峰会将数字普惠金融列为重要议题之一，通过了《G20 数字普惠金融高级原则》（以下简称《原则》）。这是国际社会首次在该领域推出高级别的指引性文件，是全球普惠金融发展的一个重要里程碑。《原则》由普惠金融全球合作伙伴组织负责起草，并得到了世界银行、国际货币基金组织和经合组织等国际组织的大力支持。

《原则》内容包括八个方面：一是倡导利用数字技术推动普惠金融发展，促进数字金融服务成为推动包容性金融体系发展的重点，它包括采用协调一致、可监测和可评估的国家战略和行动计划。二是平衡好数字普惠金融发展中的创新与风险，在实现数字普惠金融的过程中，平衡好鼓励创新与识别、评估、监测和管理新风险之间的关系。三是构建恰当的数字普惠金融法律和监管框架，针对数字普惠金融，充分参考 G20 和国际机构的相关标准和指引，构建恰当的数字普惠金融法律和监管框架。四是扩展数字金融服务基础设施生态系统，包括加快金融和信息通信基础设施建设，用安全、可信和低成本的方法为所有相关地域提供数字金融服务，尤其是农村和缺乏金融服务的地区。五是采取负责任的数字金融措施保护消费者，创立一种综合性的消费者和数据保护方法，重点关注与数字金融服务相关的具体问题。六是重视消费者数字技术基础知识和金融知识的普及根据数字金融服务和渠道的特性、优势及风险，鼓励开展提升消费者数字技术基础知识和金融素养的项目并对项目开展评估。七是促进数字金融服务的客户身份识别，通过开发客户身份识别系统，提高数字金融服务的可得性，该系统应可访问、可负担、可验证，并能适应以基于风险的方法开展客户尽职调查的各种需求和各种风险等级。八是监测数字普惠金融进展，通过全面、可靠的数据测量评估系统来监测数字普惠金融的进展，应利用新的数字数据来源使利益相关者能够分析和监测数字金融服务的供给和需求，并能够评估核心项目和改革的影响。

【专栏 2 - 3】

《G20 数字普惠金融高级原则》的背景、框架和展望

中国担任 G20 主席国期间提出制定《G20 数字普惠金融高级原则》（以下简称"高级原则"），G20 财长和央行行长上海会议要求全球普惠金融合作伙伴组织（The Global Partnership for Financial Inclusion, GPFI）负责"高级原则"起草工作。

围绕该工作，GPFI 成立了专门的技术小组，包括世界银行、国际金融公司、经济合作与发展组织、中小企业融资论坛、普惠金融联盟（Alliance for Financial Inclusion, AFI）等在内的多个国际组织参加了技术小组。根据 GPFI 惯例，私人部门和各国代表不能参加技术小组，以保证中立性，但是在征求意见阶段，私人部门和各个国家都可以充分提意见。中国作为 2016 年 G20 主席国，技术小组主席由中方担任，并有一名工作人员加入技术小组。

技术小组形成"高级原则"详细的写作提纲后，征求了两轮 GPFI 成员（G20 国家）和国际组织意见。"高级原则"初稿出来后，又征求了 3 轮 GPFI 成员和国际组织意见。同时，通过 AFI 征求了非 G20 国家的意见。中国的意见来自相关部委、传统金融机构和数字金融服务提供商等。其他国家意见同样来自其政府部门和私人部门。

"高级原则"的原则和行动建议

倡导利用数字技术推动普惠金融发展

根据具体国情，确保相关国家战略和行动计划能够反映实现数字普惠金融政策目标的新型数字商业模式，能够推广使用这些战略和行动计划，能够以证据为基础，目标具体、结果可测和责任明确。有效加强政策制定者、中央银行、金融监管者、相关监管机构、金融纠纷处理专员和其他负有数字金融服务方面职责的机构（如通信、竞争和消费者保护等管理机构）的合作。积极促进所有重要利益相关者（包括政府、私人部门和民间团体）之间有关数字普惠金融方面的对话和合作，确保他们对数字普惠金融目标和市场行为预期的理解一致。在可行条件下，政府机构向消费者和小型企业作出的大额经常性支付应数字化，进一步促进和激励以非现金数字方式与政府进行款项收付。鼓励和加强私人部门营利或非营利组织大额经常性支出的非现金化和数字化（如与薪金、转移支付和人道主义援助以及汇款等方面有关的大额经常性支出）。

倡导金融行业：接受以客户为中心的产品设计理念，该理念关注客户的需求、偏好、行为并且促进无法获得和缺乏金融服务的群体获取和使用数字金融服务；为无法获得金融服务的群体提供低成本的基础性交易账户，此账户能够用于数字支付并提供安全存储。这种倡导应当包括为缺乏金融服务的群体（如年轻人）提供针对此类账户所具有的法律灵活性和可适用性方面的清晰指引。

消除数字金融服务发展与数字金融服务获取的障碍，包括：让无法获得金融服务的群体（尤其是贫困人口、女性和年轻人）易于获得和使用移动电话和网络装置；改革阻碍广泛获取新技术的税收制度和进口限制。

为促进数字普惠金融，与其他国家监管机构合作消除跨境金融服务障碍，促进跨境金融服务顺利提供。促进政府部门和业界的有效对话和合作是本条原则讨论过程中的重点之一。对数字技术在促进普惠金融发展方面的作用，得到了各相关方面的认同与支持，但是有代表指出，不宜过于强调"数字"普惠金融，导致喧宾夺主，"遮"住了"普惠金融"这个更大的核心。

平衡好数字普惠金融发展中的创新与风险

通过以市场为导向的激励和公私部门的合作，鼓励数字创新，特别是以此惠及无法获得正规金融服务和缺乏金融服务的群体。鼓励金融行业为数字金融服务研发安全简单的使用界面，使其更易于使用，降低错误交易和冒用的风险，特别是要考虑到弱势群体的需求。与行业和风险管理专家合作，研究、识别和评估在使用新数字技术过程中出现的风险，并且确保有效地监测和管理这些风险。

在监管者和服务提供商之间建立常规的信息分享机制以及畅通的交流渠道。鼓励监管者与行业制定风险管理战略，该战略需反映不同的司法辖区的特定条件和法律框架，如符合当地情况的"了解你的客户"规则，通过该手段可有效管理和减轻已经识别的风险，而不是规避此类消费者与账户。监管指引也应强调普惠金融作为反洗钱和反恐融资监管中有利因素的重要性，并包含对相关监管规则灵活性的明确建议，包括以运用风险导向监管方法为目的的建议。

鼓励服务提供商更好地使用数字数据中的多种资源，在适当的安全保障下评估消费者和中小企业信用状况，同时促进完善此类数据并且公平、非歧视地使用此类数据。这些可供选择的数据资源包括移动电话的使用、公用事业缴费、企业注册数据信息和其他能够对传统贷款偿还数据或者保险相关数据进行补充的数据。与金融行业合作，探索发行数字法定货币对普惠金融的益处。探索识别新兴技术风险的新方法，如针对潜在网络犯罪的压力测试。

本条原则讨论过程中，"去风险（de-risking）"或"代理银行（correspondent banking）"是一个焦点问题，也是部长会层面关注的主要问题之一。这个问题的背景是近几年以美国为代表的很多国家对反洗钱、反恐融资（AML/CFT）监管要求极端严格，违者重罚。很多国际大银行就"一刀切"，停止了和非洲很多银行的代理行关系，导致很多非洲普通百姓享受不到金融服务。相关国家对此非常有意见。金融稳定理事会、世界银行、国际货币基金组织等都关注这个问题，倡导风险为本的方法，通过与KYC机构合作、使用LEI体系（G20推动的全球法人实体识别体系）以及使用数字、区块链技术等新技术，更好识别客户，而不能"一刀切"停掉一个地区所有业务。

构建恰当的数字普惠金融法律和监管框架

构建一个数字普惠金融法律框架，规定市场参与门槛（含准入要求）、合适的审慎性条件（如资本和流动性）、市场行为和诚信、消费者保护、反洗钱/反恐融资保障机制和破产机制等。该框架应该是技术中性并且足够灵活，能够覆盖新的和现有的服务提供商和产品创新。

此框架应该允许尝试创新性的服务提供渠道、产品、服务和商业模式，在试验性项目开展早期不需完全遵守所有的监管要求，但必须确保公平、均衡的监督机制和与国际标准接轨的反洗钱/反恐融资的义务要求，并确保没有参与者在试点中获得不当的优势。此框架还应平衡好数字普惠金融风险和监管合规成本。

确保不论何种机构使用何种技术，同样类型的数字金融服务供应商应拥有同等的权利和义务；对于市场参与门槛（包括新准入机构和外国准入机构）和特定类型数字金融服务的提供都有明确一致的标准；并且确保对同类风险采用相同的监管方法；完善以风险为导向的适当的监管方法，以此促进竞争并促成公平、开放、平衡的竞争环境，实现普惠金融。

评估国际国内法律中有关数字普惠金融的所有内容，辨别和处理重叠或矛盾的部分以及准入过程中的差距、阻碍或其他障碍。这些部分可能包括：金融服务、支付系统、通信、竞争、歧视、身份、无法获得正规金融服务的群体获取数字金融服务的障碍、代理商和雇员的义务等。

确保在有关数字金融服务和总体的数字普惠金融的法律和监管框架中，对监管者的职责有清晰描述。提升数字普惠金融法律和监管框架中的监管者能力，使其能更好地理解数字技术（如通过国内或国际培训和同业学习项目），并且鼓励根据需要利用数字技术改进他们的监管流程和能力。制定简单易懂的数字普惠金融法律、法规和指引，同时使金融行业和消费者易于获得这些法律法规（如通过可公开访问的网站和其他可获得的交流渠道）。在G20成员之间建立可持续的关于数字普惠金融法律和监管框架、监管方法的定期交流和信息交换机制，包括与风险管理策略和经验相关的内容。数字环境下金融监管能力是否跟得上和监管资源的充足性是讨论过程中的一个重点，包括对数字金融的监管和运用数字技术改进现有监管体系两个方面。

扩展数字金融服务基础设施生态系统

在有需要的地方，各政府机构通力合作，保障支持数字普惠金融的基础设施，包括电信和电力设施。通过政策机制，例如，创新性公私伙伴关系、共享基础设施项目的激励机制和有针对性的采购政策，使宽带网络/数据覆盖延伸到金融服务匮乏的地区。推动零售支付系统基础设施的现代化，并扩展该基础设施，建立开放的支付平台。该平台与国家支付清算系统相连接，并向银行、非银行金融机构和新兴支付服务提供商开放，通过采取适当的风险管理和保障措施，使上述主体能够安全、高效地进行访问。鼓励服务提供商推动服务网点及渠道的互通性，并进一步扩大消费者服务网点的覆盖范围、提高使用交易账户的整体便利性。利用广泛的政府渠道（如在合适情况下可通过邮局）协助提供数字金融服务。在充分考虑适当的风险缓释措施和安全保障的前提下，与行业合作探索分布式账本技术在提高批发和零售金融基础设施透明度、有效性、安全性和可得性方面的潜力。在考虑多种抵押物类型的基础上推动完善动产抵押登记系统，更好地反映用户的日常生活，更好地拓宽稳健的中小企业融资部门的基础。

根据国际信用记录报告委员会（ICCR）提出的最佳方案，推动建立和负责任地使用灵活的、动态的信用记录报告机制模型，模型应包括相关的、准确的、及时的和丰富的数据，采用系统性的方法从所有可靠、正当、可获得的资源中收集数据，并且长时间地保存这些数据。针对信用记录报告的整个法律和监管框架应该是清楚的、可预测的、非歧视性的、适当的，并支持消费者数据保护和隐私规则。支持消费者数据保护和隐私规则，鼓励在信用记录报告机制中使用创新性数据来源，如公用事业缴费、手机话费充值，以及电子钱包或者电子货币账户和电子商务交易数据等。此项原则可以由原则七中提及的客户身份识别系统协助实施。"高级原则"草稿中，建议的信用记录报告使用创新性的数据来源更广一点，如包括社交媒体信息，但是最后一轮征求意见的时候被删除，因为部分代表担忧个人隐私的保护目前还跟不上。

采取负责任的数字金融措施保护消费者

设计数字金融服务消费者保护框架。该框架可以解决数字环境的特定风险，并可以反映统计和行为证据以及直接的消费者信息。构建稳定的法律框架以保障不受审慎监管的服务提供商所持有的客户资金的安全。同时，结合针对弱势群体的项目，进一步严格执行反数字金融服务欺诈行为的有关规则并建立合理的追索机制。确保投诉解决机制便于消费者使用。该机制应易于理解、高效、免费且能远程访问和操作，并由服务提供商和专门处理纠纷的第三方（如金融纠纷处理专员）负责提供。

针对数字金融服务，对服务提供商提出适当的要求。要求数字金融服务提供商对其代理商及雇员进行培训，培训内容应涉及产品特征、监管职责、公平对待缺乏金融服务的群体和弱势群体、追索流程及应客户要求或在语言障碍情形下对信息披露文件进行解释。鼓励服务提供商定期提交有关数字金融服务投诉数据的报告，数据应按主要目标群体划分。鼓励数字金融服务提供商采用高于通行法律要求的自律标准。

明确"个人数据"的定义，该定义需对综合各类信息以进行个体识别的能力加以考虑。确保数字金融服务消费者能够对个人数据进行有意识的选择和控制，包括通过基于相应语言文本的，明晰、简洁、全面、与年龄相符且简短的隐私政策披露的知情同意权，以及透明、可负担和便利的访问权和更正权，这些权利可通过远程和互联网访问实施，如移动电话、网站或 24 小时呼叫中心。禁止以不公平歧视性方式使用数字金融服务相关数据。例如，通过数字服务提供信贷或保险时歧视女性。制定指引以保障数据的准确性和安全性，其中，数据涉及账户和交易、销售中的数字金融服务及针对无法获得金融服务或缺乏金融服务的消费者开展的信用评分。该指引应包括传统数据形式和创新性数据形式，如公用事业缴费、手机话费充值、数字钱包或电子账户使用及互联网社交平台或电子商务交易数据。

重视消费者数字技术基础知识和金融知识普及

明确因金融服务数字化和多元化所带来的金融素养方面的新要求。鼓励开发、评估实用度高、可得性强并着重于数字化的金融素养和金融意识项目，尤其是针对无法获得金融服务或缺乏金融服务的群体的项目，需要帮助消费者理解数字金融服务的特征、好处、风险和成本，以及保护个人账户和信息安全的必要性。此外，鼓励业界将这些项目的详情、结果及适用数据分享给监管者。

利用新兴的高质量数字工具开发数字技术基础知识和金融知识普及项目，为消费者提供使用数字金融服务所需的知识，使消费者能够理解数字金融服务并对其产生信心。促使小企业充分意识到通过数字方式进行支付和转账的好处，以及当前可获得的数字金融服务的特性。推进由雇主和服务提供商赞助的公正的数字金融能力评估。该评估针对当前无法获得金融服务或缺乏金融服务的群体。随着数字化的推进，这些群体可能成为金融服务的首次使用者。

鼓励通过支持开发相关工具（如价格比对网站），使消费者能够对比相似的数字金融产品和服务，从而作出明智选择。"高级原则"讨论过程中，代表们担心数字环境下，由于"数字鸿沟"的存在，可能会使弱势群体获得的金融服务与高收入群体的差距反而扩大。

促进数字金融服务的客户身份识别

"高级原则"共 8 条，身份识别独立为一条，足显其重要性。技术小组在华盛顿讨论时取得的一致是，数字身份证和数字身份识别是数字金融服务的起点，不论"高级原则"最终确定为几条（第一稿是 12 条原则，讨论后整合为 6 条，在草拟过程中，又整合为 7 条、8 条），数字身份识别必须是独立的一条。

确保出生登记以及其他基础身份系统的普适性和可负担性。同时，对禁止或阻碍金融服务不足群体（如已婚妇女）进行数字身份识别登记的法律法规进行修订。确保政府身份数据库（如出生登记和税务登记号码）在经过客户同意的前提下（如果数据保护法有相关要求），能够被政府其他部门合理、安全地访问。

在必要且可行的情形下，建立一个互通的、技术中性的国家数据库系统，与相关民事登记和身份系统关联，并在经客户同意的前提下（如果数据保护法有相关要求）向被授权方开放，被授权方（如金融服务提供商）可以合理、安全地进行访问。必要时，开发和推进新的身份登记和验证方式，尤其针对那些目前还无法通过任何方式进行身份识别的人。同时，设立可被接受的开放性标准以管理身份、交易和账户风险。

执行基于风险的客户身份识别和验证要求，促进低风险数字金融服务的获取以实现普惠金融目标。构建保护身份数据隐私和安全的法律框架，明确只有在知情同意的前提下才能使用、披露该数据。同时，建立稳定的追索机制，使个体在知情权等权利或隐私被侵犯时能够获得救济。

加强与非政府利益相关者，如人道主义机构和其他相关非政府组织的合作，推进针对被金融排斥群体的身份识别项目及有关普惠金融和其他目标的身份识别项目。针对公共机构和私人机构在身份管理中担任的角色和承担的责任，建立明确的问责机制并保障其透明度。鼓励开发安全可靠的数字签名系统，它有利于推进身份验证，尤其是针对缺乏金融服务的群体的身份验证。

监测数字普惠金融发展进程。与关键利益相关者（包括私营部门）进行磋商，设立国家核心绩效指标，并在适当情况下设立获取、使用数字金融产品和服务的目标。建立健全普惠金融数据采集系统以覆盖新的数字金融提供商和产品，例如，可以使用个人和公司金融服务需求方调查，金融服务供应方报告（如通过非现场监管报告模板）及新的数字化数据源。与数字金融服务提供商通力合作，使数据采集系统适于提供按人口统计主要标准进行分解的数据，如按性别、收入、年龄和地域进行分类。在收集数字金融服务提供商数据的各监管当局之间建立谅解备忘录，以确保高效、开放的信息交换。

建立在线数据门户和（或）发布定期报告，提供有关获取和使用数字金融服务的公开数据，以及进一步向国际机构提供有关获取和使用数字金融服务的报告，在合理可行范围内监测普惠金融数据。资助有关数字普惠金融的核心项目和改革，并鼓励对其影响力进行评估。监测"高级原则"各方面的实施进展情况。

资料来源：孙天琦.G20 数字普惠金融高级原则：背景、框架和展望 [J].清华金融评论，2016（12），有删减。

第二节　发达国家的普惠金融实践

一、美国的普惠金融发展情况

作为典型的发达经济体，美国的金融业发达，普惠金融发展水平较高，主要体现以下三个方面。

（一）普惠金融的主力——社区银行

国内社区银行通常指设立在社区的基层营业网点——社区（小微）支行，而在美国社区银行则指主要从事传统银行业务，为当地居民、中小企业和农户提供存款、贷款和结算服务的法人商业银行，是普惠金融的主力军。美国没有对社区银行进行从法律上界定，而是监管机构根据一定的标准将所监管的部分商业银行机构划定为社区银行，以便于实施分类监管。例如，按照现行的标准，作为国民银行的监管机构，货币监理署（OCC）将所监管的银行分为三大类，其中资产规模在80亿美元以下、主要从事传统业务的银行为社区银行；联邦存款保险公司（FDIC）则将资产规模10亿美元以下作为确定社区银行的主要标准，同时还结合其他指标进行划分，如贷款、境外资产、特定领域资产、核心存款占比情况和机构分布情况等。不仅货币监理署和联邦存款保险公司对社区银行的分类标准还会根据行业发展情况进行动态调整，而且美联储在不同时期对社区银行也有不同的界定标准。若以货币监理署的划分标准，截至2013年末，美国社区银行1164家，资产总额1.4万亿美元。另外，根据社区银行行业组织——美国独立社区银行家协会（ICBA）统计，2015年美国社区银行网点数达到5.2万多个，雇用员工超过70万人，发放了超过50%的小企业贷款和超过70%的农业贷款。尽管远远超出了货币监理署社区银行的标准范围，但一般认为美国社区银行的典型代表就是富国银行。实质上，社区银行在美国更多意义上是指一种经营模式。在美国众多金融机构类型中社区银行最能体现普惠金融理念，是当之无愧的普惠金融主力军，尤其是农村社区、小型城镇和城市社区都是最主要金融服务提供者，提供的小额贷款占比达40%，早已成为美国银行体系不可或缺的组成部分。美国社区银行经营模式上有以下几方面的特点：

1. 市场定位以服务当地社区为主。社区银行主要专注于为所在区域内的企业和居民提供服务，具有明显的扎根当地、服务地方市场的特点。因此，社区银行能够在当地建立较为稳定的客户关系。其资金主要来源于社区，并主要用于支持当地经济发展。

2. 组织架构简单，股权结构单一。从组织架构方面看，社区银行作为法人机构，分支机构数量较少。无论是从管理层次，还是幅度看，其组织架构都比较精干。简单高效的管理架构有利于其降低运营成本，提高经营效率。从股权结构看，社区银行主要股东都是当地投资者和银行管理人员，股权结构较为单一，有利于建立良好的公司治理架构，为银行的稳健运行奠定基础。相关研究显示，运作良好的社区银行的非利息支出占营业收入的比重要明显低于大型银行的平均水平。

3. 通过传统的业务和盈利模式实现稳健经营。一是社区银行的业务类型以传统的"存贷汇"为主。据统计，社区银行的贷款占其总资产的平均比例在 2/3 左右，同期大型银行则在 1/2 左右。社区银行较少从事高风险的复杂业务，如金融衍生品、资产证券化等业务，社区银行都较少涉足，即使有相关业务，占比也极低；开展基金销售等业务的社区银行占比也远远低于大型银行。二是服务网点和渠道方面也较为传统。大多数社区银行都依然是依靠传统的网点开展业务，不从事网络银行等互联网金融业务。三是社区银行收入和盈利结构也较为传统，且保持相对较高的盈利水平。一方面，与上述业务模式相对应，其营业收入和利润主要来源于利息收入，非利息收入的比重较低。统计显示，社区银行利息收入占总资产的平均比例要远远高出大型银行，而非利息收入占总资产的比重则明显低于大型银行。另一方面，由于贷款审批过程中注重运用个性化的"软信息"，能够提供个性化的小额贷款服务，净息差水平相对较高。作为 100 万美元以下的小额贷款的主要提供者，社区银行该类贷款的占比远远高于大型银行，并逐步形成了小额贷款业务的特色和专长。社区银行的审贷人员在标准化的信用记录和财务数据基础上，还会综合考虑各种个性化的"软信息"，以便能够科学、快速地作出信贷决策，提高服务效率。此外，社区银行极少通过资产证券化的方式将信贷资产出表，而是将贷款保留在资产负债表上，最大程度享受利差收益。因此，以个性化的小额信贷服务为主的资产业务结构决定了社区银行可以获取较高的净息差收益。四是资金来源较为稳定。不同于大型银行主要依赖于发行商业票据、金融债和同业拆借等批发资金的负债业务结构，社区银行的资金来源主要为核心存款。统计显示，美国社区银行核心存款占其总负债的平均比重高达近80％，而其他类型银行仅为50％左右。核心存款的良好的稳定性，不仅有利于社区银行保持较好的流动性水平，也有利于与客户建立稳定的业务关系。五是社区银行总体上资产质量较好，资本较为充足。社区银行的不良资产率和资本充足率指标都要明显好于同期大型银行。在 2008 年的国际金融危机中，社区银行的表现明显优于大型银行，且规模越小的社区银行越表现出相对较强的抗损失能力，收益率波动也越小。

【专栏 2 –4】

富国银行的经营特点

富国银行（Wells Fargo）于 1852 年在纽约成立，是一家多元化的金融集团，它目前是全球市值排名第一的银行、美国第一的抵押贷款发放者、第一的小微企业贷款发放者、拥有全美第一的网上银行服务体系，同时还是美国唯一一家拥有 AAA 评级的银行。

富国银行的三大业务是社区银行、批发银行和财富管理。过去三十年，摩根大通、花旗银行等大银行纷纷将投资银行业务作为其发展重点，大力拓展投资和经纪业务，富国银行却选择了坚守传统商业银行的业务阵地，以社区银行业务为主营业务。富国银行的业务条线几经调整，逐渐形成了以社区银行、批发银行为主，财富管理为辅的三大业务结构。

社区银行主要为个人及年销售额小于 2000 万美元的小企业提供包括投融资、保险、信托等在内的全方位的金融服务；批发银行为年销售额超过 2000 万美元的大中型企业提供包括投融资、投行、国际业务、房地产、保险、咨询等金融服务；财富管理包括理财、经纪和养老业务，为客户提供包括财富管理、个人金融总体方案等服务。

社区银行是富国银行最主要的收入来源。2009—2013 年五年，社区银行为富国银行贡献了 60% 左右的总收入，虽然收入占比逐年下降，但社区银行在富国银行的净利润占比先降后升，并一直保持在 50% 以上。社区银行总收入 2013 年为 503 亿美元，比 2012 年减少 31 亿美元，减少 6%，2012 年比 2011 年增长 26 亿美元，增长率为 5%。2013 年总收入的下降归因于较低的抵押贷款银行业务收入被较高的信托和投资费用所抵消，而 2012 年的增加是由于抵押贷款银行业务收入及存款服务收费的增长。社区银行净利润 2013 年为 127 亿美元，比 2012 年增长 22 亿美元，增长率为 21%，2012 年比 2011 年增长 14 亿美元，增长率为 15%。值得注意的是社区银行为富国银行提供 60% 的存款，平均核心存款在 2013 年增加了 289 亿美元，增长率为 5%，2012 年比 2011 年增加了 349 亿美元，增长率为 6%。社区银行业务为富国银行提供了充足的流动性，使其在 2008 年金融危机中得以幸存并不受大的波及，也使富国银行最终一跃成为全球市值第一的商业银行。

富国银行依托在全美 39 个州的 6200 多个商店开办社区银行业务，社区银行下辖小企业银行部、个人即小企业存款部、消费者联络部、网络服务部和地区银行。富国银行拥有强大的客户基础，全美三分之一的家庭与富国银行有着业务往来，其存款的市场份额在美国的 17 个州都名列前茅。社区银行依托精细化的业务模式，为实现社区银行业务的精细化运作，富国银行从简单的"收入 - 费用 = 利润"公式中导出了密度、交叉销售、效率和投资四个模型，并通过以模型量化指标取代传统的考核指标的方式，使部门和机构的驱动不偏离其总体战略。

富国银行大量的网点吸收和服务着众多的小微企业客户。富国银行通过研究这些客户的潜在需求和风险状况，借助新开发的信用评分卡，在 1995 年开创了直接在全美发放小企业贷款的先河，主要面向年销售额小于 200 万美元的企业专门发放最高额度为 10 万美元的无抵押循环贷款和小企业信用卡。2005 年，富国银行成为美国最大的小微企业贷款银行。2013 年，富国银行为小企业（年收入低于 2000 万美元的企业）提供了 189 亿美元的新贷款承诺，平均每个星期提供 3.6 亿美元新增贷款，较 2012 年增长 18%。富国银行已连续第五年成为全美最大的小企业管理局（SBA）贷款提供者。

富国银行小微企业服务取得如此成功主要应归功于其自身特殊的经营方式。富国银行将自己的零售网点称为商店，并在店面设计上采用了许多零售和超市的概念，以此强调顾客和服务的重要性。有些金融商店还借鉴沃尔玛的做法，派专人迎接客户，为客户介绍新产品，按产品的相关性摆放宣传资料等。成本方面，一家富国银行的"商店"建设成本仅为传统网点的四分之一，可见其网点成本控制、业务成本控制上也很独到。单个小微企业金融产出少、人工网点分摊成本高，而提高定价又会将风险低的好客户逆向淘汰。因此，通过交叉销售降低成本和提高客户贡献度是小微企业业务的重点。例如，在美国，企业结算存款不支付利息，富国银行则通过电话银行交叉销售吸收大量小微企业结算存款，提高综合收益率。所以，富国银行交叉销售率也是全美之冠。富国银行还采取了领先同业的风险理念，并在 20 世纪 90 年代初开始设计第一代信用评分卡，建立了成功的小微企业信用评分系统，这是成功的技术保障。

资料来源：温信祥. 从富国银行看大银行如何提供小微金融服务 [J]. 新金融，2015（1）.

（二）农业领域的普惠金融服务

因为农业本身的脆弱性和战略性特点，各国都高度重视农业发展问题，并给予包括金融扶持在内的各种支持。农业领域的金融服务是各国开展普惠金融的重要领域。作为当今世界的头号经济体，美国也是农业最发达的国家之一，美国农业早已实现了机械化、规模化、产业化和现代化，其高度发达和完备的农业金融体系发挥了重要的不可替代的作用。美国在农业金融领域建立了以政府为主导的复合信用模式，多元化的金融机构相对独立的分工，组织制度合理，融资渠道广泛，政府的财政大力支持，法律保障完备。

1. 政策性金融体系

包括农民家计局（Farmer Home Administration，FMHA）、农村电气化管理局（Rural Electrification Administration，REA）、商品信贷公司（Commodity Credit Corporation，CCC）和小企业管理局（Small Business Administration，SBA）等机构，主要为农业生产及其相关的活动提供信贷资金和服务，并通过信贷活动对农业生产进行宏观调控，引导农业生产规模和方向。

2. 合作金融体系

主要由农业信贷管理局（联邦政府独立机构）领导和监管下的联邦土地银行系统（Federal Land Banks，FLBs）、联邦中期信贷银行系统（Federal Intermediate Credit Banks）和合作社银行系统（Banks for Cooperatives）三个独立系统组成。全国划分为12个农业信贷区，每个信贷区分别设立1家联邦土地银行、联邦中期信贷银行和合作银行。三个系统最初均由政府出资，随着政府资金的逐步退出，目前已经成为农场主所有的合作金融机构，吸纳了大量的农民会员。

3. 商业金融体系

一方面，由于农业金融的高风险、低收益的特点，政府只能通过制定优惠政策鼓励商业银行进入农村市场，并防止农村资金外流。例如，为涉农贷款占比达到一定比例的商业银行提供税收优惠，并对涉农贷款利率提供补贴等。另一方面，大力发展农业保险，为农业生产和商业性金融机构转移和管理风险。美国建立了完善的农业保险体系——以联邦农作物保险公司（履行农业部风险管理局的职责）、全国农作物保险服务中心、私营保险公司、保险代理人和保险勘察人为主的多元保险体系，政府主要提供法律、补贴、再保险和税收支持。

（三）中小企业金融服务

中小企业对美国经济发展举足轻重，美国完善的中小企业金融体系有力促进了中小企业发展。截至2011年底，按照美国中小企业管理局的划分标准，中小企业数量占比达99%，从业人员占比达到70%，创造了45%的GDP，提供了2/3的新增就业岗位。从中小企业融资方式看，股权融资和债务融资占比各占50%左右。其中，股东出资和个人贷款占比超过1/3，金融机构贷款超过1/4，非金融机构贷款占比接近1/5。中小企业金融服务体系主要有以下四个方面。

1. 以小企业管理局（SBA）为核心的中小企业政策性金融服务体系

成立于 1953 年的联邦小企业管理局按照市场经济基本规律，充分运用市场机制，尤其是利用美国发达的银行体系、资本市场和金融工具，设计出了一套商业可持续、较好满足小企业金融服务需求的政策体系。其四大职能之首的就是提供小企业融资渠道，为小企业提供包括从微贷到大额债务融资和股权投资资本在内的一系列的融资服务。此外，还为小企业提供免费的企业管理咨询、培训服务，并协助获得联邦政府采购的业务机会，开展小企业及其发展环境的相关研究，评估小企业负担水平。

2. 完善的中小企业融资法律制度

作为世界上最早制定小企业基本法的国家，美国早在 1953 年就正式出台《小企业法》。目前美国与小企业相关的法律条例超过 100 多项，包括《小企业法》《小企业投资法》《小企业持续经济政策》等系列法律法规，形成了完善的小企业融资服务法律体系。奥巴马任内还出台了《减税、雇佣保险保障和就业机会法案》等一系列法案，帮助中小企业走出困境。尤其是 2012 年出台的《创业企业融资法案》（*Jumpstart Our Business Startups Act*，JOBS）旨在通过鼓励小微企业融资，暂时放松对创业企业和小企业的金融监管，以促进融资和增加就业。该法案规定，年收入低于 10 亿美元的企业在首次公开发行股票后的五年内可以不用公开财务信息；创业企业和小企业可以通过众筹方式每年最多筹集 100 万美元。

3. 完善的担保体制和发达的证券市场

一方面，针对中小企业信用评级差、缺乏合格担保物等特点，美国建立了完善的信用担保体系：小企业局组织和运行的全国性的中小企业担保体系、地方政府建立的区域性担保体系和社区信用担保体系，有效缓解了大量中小企业的融资难题。另一方面，美国发达的证券市场极大地为中小企业资本市场股权融资提供了便利。如前所述，美国中小企业股权直接融资比重接近50%，除了股东出资外，大量的直接融资来自于证券市场，最为典型的就是纳斯达克市场（NASDAQ）和场外交易市场。

二、德国的普惠金融——合作银行模式

德国作为欧盟第一大经济体，经济长期一枝独秀，先后经受住了次贷危机和债务危机的考验。其稳定的金融系统，尤其是以合作银行模式为主的普惠金融服务体系别具一格，历久弥新。

（一）主要做法

作为合作金融组织的发源地，德国早在 19 世纪 50 年代就创立了世界上最早的农村信用合作社，1889 年就有了合作社立法，1895 年组建了德国中央合作银行，并建立了德国合作社协会。1934 年，德国合作银行成为全牌照银行。经过 100 多年的发展，德国的合作金融组织已经形成遍布城乡的组织网络和健全的管理体制。具体而言，德国合作银行具有以下几个方面的特点。

1. 严格遵循合作制原则和科学的经营理念

一方面，合作银行定位于为社员服务，做真正的合作银行。合作银行始终遵循合作制三大原则开展业务：自助原则、身份原则和民主原则。合作银行作为自我管理的独立法人，由社员共同管理，实行"一人一票"原则，公共部门不得干预经营。合作银行主要服务于社员，社员既是出资者，又是主要客户。另一方面，合作银行始终秉持科学的经营理念。合作银行坚持经营范围本地化，且以传统业务为主，不追求规模的扩张。虽在法律上未限制合作银行跨区经营，但德国合作银行协会（Bundesverband der Deutschen Volksbanken und Raiffeisenbanken，BVR）通过自律方式进行限制其成员的跨区经营。业务类型以存贷款为主，极少涉足复杂金融产品。银行保持适度的规模，多数合作银行资产总额不超过 5000 万欧元。

2. 科学的组织架构体系

德国有三级合作银行体系（中央合作银行、区域性合作银行和基层合作银行或信用社），三级合作银行不存在隶属关系，都是独立法人的经济实体。德国中央合作银行是德国合作银行体系的中央金融机构，由区域性合作银行和地方合作银行入股组成，由于涉足部分中央银行职能而得名。其职能是为股东银行提供流动性支持、资金清算服务以及风险分担，以此来推动德国合作金融的发展，但没有行业管理职能。它不仅为地方合作银行及其私人客户和中小型公司客户服务，而且还为与其有直接业务往来的德国公司、外国公司以及其他机构提供各类银行产品与金融服务。中央合作银行规模庞大，资产规模位居前列，且在海外设立了大量分支机构。区域性合作银行由地方合作银行入股组成，由地方合作银行拥有。为数众多的地方基层合作银行由农民、城市居民、个体私营企业、合作社企业和其他中小企业入股组成，由入股股东拥有。

3. 完善的内控保障机制

一是合作银行存款保险系统，有效防范合作银行的支付风险。早在 1934年，在法定存款保险机制建立之前，德国合作银行就建立了存款保险机制：德国合作银行协会的会员银行应按存款规模一定比例缴纳保险基金，用于追加赔付超过法定存款保险机制赔付额上限的存款，合作存款保险机制可采取预防与处置措施，特定情况可重组合作银行。二是专门的资金融通和资金清算系统，有助于风险防范。合作银行都要加入专门的全国合作银行结算清算网络系统，跨系统的结算业务则要通过联邦中央银行的支付系统进行清算。区域合作银行和中央合作银行对基层合作银行的流动性给予及时支持，中央合作银行的流动性则由联邦中央银行予以支持。合作银行体系和联邦中央银行多种方式的融资手段，有助于维持合作银行资金的安全性和流动性，提高了风险防范能力。同时，合作银行体系内部还建立了信贷保证基金制度，基金主要用于出现危机的合作银行。

（二）所获成效

根据德国合作银行协会统计，截至 2014 年末，德国共有法人合作银行 1046 家，总资产约 1.1 万亿欧元。合作银行规模普遍较小，且多数银行位于农村地区，甚至还销售农产品。因此，德国的合作银行成为天然的普惠金融服务供给者，有力促进了德国农村地区的经济社会发展。尤其是国际金融危机以来，德国合作银行体系一直安然无恙，成为支持德国经济复苏和发展普惠金融的强大力量。一是经营效益良好。德国银行业主要有三种类型的机构：由私人资本控制的民营银行（包括德意志银行、德国商业银行和德国德累斯顿银行等）、由公共资本控制的公立银行（包括储备银行和州立银行）以及合作银行，前两类均属商业银行。在 2009 年至 2013 年期间，尽管受国际金融危机影响，德国合作银行平均税后股本收益率明显高于银行业和私人银行。二是风险总体可控。信用风险控制有效，2009 年至 2013 年期间合作银行平均不良贷款率与商业银行的差距正在逐步缩小；资本充足，2014 年合作银行平均资本充足率达到 17.4%，高于民营银行。三是有效支持实体经济。2009 年至 2014 年期间，德国合作银行年平均贷款增幅为 4.9%，明显高于银行业整体和民营银行增幅。此外，德国合作银行主要服务于中小企业和涉农领域，两类贷款占比合计接近 70%，远远高于整个银行业水平（29%）。

（三）主要经验

1. 充分发挥合作制优势

合作银行严格遵循的合作制弥补了股份制的部分缺陷，使得合作银行在某些方面比股份制商业银行更有优势。一是避免单纯追逐利润等经营短视行为。合作银行以服务社员为宗旨，在提供优质金融产品和服务的过程中不片面地不追求利润最大化。德国法律对合作银行向社员分配利润严格限制，并禁止转让投资份额，社员的投资份额只能由合作银行平价回购。合作银行一般只能在本地吸收存款并放贷，限制了规模扩张冲动，使其主要服务地方经济发展。因此社员没有为追求高利润而盲目扩张的动机，更看重长期稳健经营。二是有效防止外部不当干预与内部操纵。每家合作银行均是独立自主经营的法人主体，经营不受政府等外部影响；"一人一票"原则不仅有效避免了大社员操纵银行经营问题，还有助于防止过度授信问题。三是有利于防控信用风险。由于合作银行客户大多是其所有者——社员，与商业银行相比，合作银行不仅更容易获得客户信任，也容易全面掌握客户信息，降低信息不对称，从而有利于银行防范客户信用风险。

2. 建立了较为完善的公司治理

一是建立了相对完备的三重治理架构：作为最高权力机构的社员代表大会（如社员人数超过 1500 人还需设立常务委员会）；负责监督银行运营，由社员代表大会或常务委员会选举产生的监督委员会；负责银行日常经营，由监督委员会选举产生的理事会。二是适度的规模确保内部监督效力。有关研究结果表明，规模较小且关系紧密的群体便于开展内部监督，如果机构规模庞大复杂，管理层将远离群体内部成员，内部监督将难以奏效。德国合作银行大多保持适度的规模（资产规模在 5000 万欧元以下），确保内部监督有效。此外，较为保守的经营理念和简单的业务模式不仅降低了风险，还便于实施内部监督。三是注重外部监督，包括来自德国央行的监管、同行监督（主要是德国合作银行协会的监督）、社会监督（包括区域审计协会的审计监督）和金融市场监督等四个方面。

第三节　发展中国家的普惠金融实践

由于普惠金融能够推动经济增长，有效促进经济社会发展，广大发展中国家都高度重视普惠金融工作，不少国家的普惠金融发展并取得了举世瞩目的成绩。下面，本节将重点讨论几种代表性的发展中国家的普惠金融发展模式。

一、孟加拉国的格莱珉（乡村）银行模式

孟加拉国作为全球贫穷国家之一，却因为 2006 年诺贝尔和平奖的获得者、小额信贷之父穆罕默德·尤努斯教授而闻名于世。尤努斯教授创办的格莱珉银行（Grameen Bank，又被译为乡村银行）被誉为"穷人的银行"，成功地将金融服务惠及该国贫困人群。

（一）主要做法

尤努斯教授 1976 年在农村地区开展小额信贷的小范围试验，1978 年开始

试点推广，1983年正式成立格莱珉银行，一直到1998年都保持快速发展的态势。1995年以前，银行的资金来源主要是向中央银行借款和接受捐助，1995年以后不再接受捐助，资金来源主要是储蓄存款，并且保持盈利状态。1998年，由于外界的环境影响（洪水灾害）加上银行自身的不足，导致发生了严重的偿付危机，同时也诱发了银行的改革转型。以此次改革为标志，改革前后的格莱珉银行分别被称为第一代和第二代格莱珉银行，二者的主要差异如表2-3所示。

表2-3　　　　　　第一代格莱珉银行与第二代格莱珉银行的差异

项目	第一代格莱珉银行	第二代格莱珉银行
贷款类型	1. 基本贷款 2. 季节性贷款 3. 家庭贷款	1. 基础型贷款 2. 住宅贷款 3. 教育贷款
贷款利率	采用统一利率：10%	1. 创收目的型贷款：20% 2. 住宅贷款：8% 3. 教育贷款：5% 4. 乞丐贷款：0
还款机制	1. 通常为一年期 2. 每周偿还固定数额	1. 任何期限的贷款 2. 每周偿还变动数量贷款 3. 允许将贷款期限延长
存款机制	小组基金	1. 养老金储蓄账户 2. 贷款保险储蓄账户 3. 其他形式的储蓄

资料来源：Grameen Bank：About Us — Other Families Organizations.

　　为更好地支持银行发展，孟加拉国政府1983年颁布了《格莱珉银行条例》，2013年11月颁布了《格莱珉银行法》。截至2015年底，格莱珉银行的会员持有76%的股份（每个会员的股份均为100塔卡），其余24%的股份由孟加拉国政府以及其控股的两家银行（Sonali银行和Krishi银行）持有。银行所有的员工都不持有股份，创立者尤努斯教授也没有持股。银行下设董事会，包括13名成员。其中1名为总经理，3名由孟加拉国政府提名的人选担任，其余9名来自由会员选举产生的贫困妇女的代表。

　　作为一家专门为农村贫困人口提供无抵押小额信贷服务的穷人银行，格莱珉银行的独特之处主要体现在以下三个方面。

　　第一，建立了有效的组织架构。格莱珉银行总部位于孟加拉国首都，下设若干分行，每个分行管理10个左右的支行，每个支行下设乡村中心。在乡村每 5 个人自愿组成一个借款小组，6 个借款小组组成一个乡村中心。截至 2016 年底，该行共设有 2568 家支行、14.2 万个中心、137 万个小组。贷款只能以小组的名义申请，如果组内有人需要申请贷款，先由小组成员在小组内对贷款项目进行评估表决。如果小组任何成员不能按期偿还贷款，整个小组信用记录都会受到不良影响，会增加小组内任何成员今后申请贷款的难度。如果申请人不能按期还贷，其他同组人员一般都会帮助还款。小组模式形成隐性的"道义"压力，但该模式并非法律意义上的"连带责任"，格莱珉银行也不会因为无法偿还贷款而起诉借款人。"格莱珉二代"将小组贷款改为个人贷款，五人小组依然存在，但是每个组员可以根据自己的情况获得不同额度和期限的贷款，还款方式也更加个性化。

第二，贷款客户定位于农村地区贫困家庭妇女。格莱珉银行对贷款客户有严格的标准，坚持为无地的贫民或者家庭全部财产不超过一英亩土地市价的穷人提供无担保的信贷服务，贷款客户主要是农村地区的贫困家庭妇女。会员主要从事农业、家庭手工业等生产经营活动。这主要是基于以下两个方面考虑：一方面，银行认为农村贫困妇女具有强烈的家庭意识，迫切希望改善家庭的经济状况，大多数工作积极敬业；另一方面，银行发现他们大多从事投资小、风险低的农业或小作坊式的家庭手工业，收入较为稳定，能够而且愿意及时还贷的借款人比例较高。同时，格莱珉银行还通过严格的监控贷款资金的流向来确保资金真正用于借款申请人，防止资金被挪用。

第三，还款方式较为灵活。贷款多为短期贷款，期限一般都在 1 年左右，贷款的年利率为 20%，要求每周分期归还本息。如果还款正常，借款人可以比较容易地再次申请额度越来越大的贷款。根据"灵活贷款"措施，如果客户如不能在 6 个月内按时还款，银行就会与其签订新合同，重新安排还款计划。客户可以根据自己的实际情况制定额度更小、还贷期限更长的还款计划。这种专门为贫困人群量身定制的还款方式，无论是对于银行还是客户而言，都是一种切实可行的"双赢"选择。由于借款人经营的小作坊经营规模和盈利能力有限，一次还清借款不现实，而每周一次（一年期贷款分 50 次左右）还款的还款方式不仅缓解了借款人的还款压力，还便于银行及时发现客户的信用风险。而"灵活贷款"措施则不仅让客户在银行的支持和鼓励下克服困难偿还了贷款，还增强了客户的信心，培养了诚信意识。

（二）所获成效

格莱珉银行年报显示：截至 2016 年底，该行服务 890 万名会员（有效借贷客户），覆盖了 8 万多个村庄，占孟加拉国全国村庄总数的比例超过 93%；贷款余额超过 18 亿美元，其中基本贷款 13.9 亿美元、灵活贷款 7506 万美元、住房贷款 274 万美元、教育贷款 3303 万美元、乞丐贷款 262 万美元；累计发放贷款超过 200 亿美元，累计回收贷款超过 180 亿美元。银行所服务的客户都属于传统金融机构难以覆盖的贫困人群（97% 为贫穷妇女，还包括 7 万多名乞丐会员），其中 267 万名客户都属于孟加拉国的贫困线下，是名副其实的穷人银行。小企业贷款发放 871.7 万笔，累计投放贷款资金约 41 亿美元，占全部贷款投放额的 20%，并成功收回 36 亿美元；高等教育贷款发放 5113 万美元，资助 5.4 万多名学生；发放奖学金 591 万美元，资助学生 24.4 万多名，其中 350 万美元用于资助 14.5 万名女生。

截至 2016 年底，银行的储蓄存款余额达 25.4 亿美元，其中 16.4 亿美元为会员存款，贷款余额占存款余额的比例不到 60%，信贷资金的来源问题得到有效解决，银行走上了普惠金融的可持续发展之路。

格莱珉银行为孟加拉国的扶贫和发展作出了重要贡献，用实际行动深刻诠释了普惠金融的重要意义，证明了普惠金融的可持续性，目前仍然是全球小额信贷、扶贫金融和普惠金融的灯塔和标杆，成为世界各国竞相学习借鉴的成功典范。

（三）主要经验

格莱珉银行在孟加拉国取得巨大成功，大量关注普惠金融和扶贫助困的专家和学者对其开展了系列调查研究工作，试图将其成功经验加以复制推广。我们认为，在其众多成功经验中，有以下三个方面的经验最为典型。

1. 充分利用借款人小组机制防控信用风险

根据农村借款人特点，银行要求每 5 名借款人成立一个小组，并且每周召开中心会议。小组的功能是让会员彼此帮助，共享信息。中心会议对银行和借款人都是一个重要的交流和展示的平台，能够确保存贷款交易各环节的透明度。多数情况下，农村妇女作为银行的贷款客户，普遍将无抵押的小额贷款当作社会救济，缺乏必要的还款意识。一旦贷款形成违约后，各种催收手段难以奏效，借款人的违约成本几乎为零。但通过小组的教育培训，会改变这一状况，会使它们具备起码的守信意识，认识到诚信的价值。五人小组既培育了客户，又将客户的违约成本从几乎为零提高到一定程度，通过经常性的小组会议形式使其形成违约成本，培养客户守信意识。一方面，小组全程参与贷款审批和收贷及其他管理过程，充分发挥小组成员之间信息对称的优势，实现自我约束、自我管理。这样在很大程度上解决了信息不对称问题，降低了银行信贷管理成本。另一方面，小组和中心会议还有助于为会员建立社会资本，为贫困的会员积累人脉、培训、知识储备等，进而有助于提高贷款资金的使用效率，降低违约风险。总之，借款人小组机制不仅培育了客户，还提高了客户的违约成本，增强了客户的守信意识，降低了信用风险。

2. 独特的员工教育与考核制度

银行在招聘和培训员工时，非常注重员工对银行使命的认同，要求员工必须具备"不仅了解贫穷，而且愿意用努力来改变贫穷"的理想和信念。新招聘的员工需进行为期一年的高强度的在岗培训，以进一步考察其是否真正具备吃苦耐劳的品格和扶贫济困的抱负。培训期间有 6 个月被安排在支行工作，每天要承担繁重的访贫问苦工作，超过 1/3 的新招聘员工由于未能通过这一阶段的考核而被淘汰。这样，银行确保留下来的员工真正自愿在艰苦环境中工作、与贫困抗争，接受银行的企业文化，未来能够完全融入银行的事业发展。不仅如此，新进员工通过还培训亲眼目睹了自己的工作改善了穷人的生活，获得工作成就感，从而更加激发了工作热情。最终，在所有员工中形成一种共识——在格莱珉银行工作比一般的商业银行更有意义，从而增强了银行对员工的凝聚力。为进一步强化这种效应，银行还建立了独特的考核机制，将对客户的贫困状况的调查作为员工和支行绩效考评的基础，使得客户的脱贫与员工的激励直接挂钩。

3. 真正做到以客户为中心

作为一家穷人银行，格莱珉银行的客户不同于其他银行。针对农村贫困妇女这一特殊的客户群体，能够控制好信贷风险实属不易，做到以客户为中心更是难能可贵。格莱珉银行主要是通过两个方面来践行以客户为中心的理念：一是为客户设计灵活的信贷管理模式，实行弹性还款条件，允许客户分期还款，且还款期限和金额可以调整。尤其是通过"灵活贷款"措施，对于贷款发放后遇到实际困难的客户，重新确定还款方式，并通过各种方式支持和帮助客户摆脱困境。二是为客户发展提供配套服务。深度参与借款人的生产活动，及时提供技术指导和服务，构成了银行信贷管理的主要内容。这点完全不同于传统的以借款人现金流监测或抵质押物等担保管理为主的贷后管理模式。此外，除了小额信贷以外，银行还为客户有针对性地提供储蓄和保险等配套金融服务。

二、印度的小额信贷模式

作为格莱珉银行模式在印度的推广，印度的小额信贷从 20 世纪 90 年代正式形成以来发展迅速，成为普惠金融的主流模式。经过 20 多年发展，印度的小额信贷形成了一套有印度特色的小额信贷模式，其中最具代表性的有两种形态——政府主导的"自助小组——银行联结"模式（Self Help Group - Bank Linkage，SHG）和商业性小额信贷机构的联保贷款模式（Joint Liability

Group，JLG）。

（一）主要做法

1. 自助小组——银行联结模式

与格莱珉银行的五人小组模式相类似，印度的小额贷款采用的是自助小组模式。所不同的是，参加信贷小组的成员之间相互具有连带担保责任，而且小组的规模更大。自助小组一般由20户农村贫困户组成（家庭月收入不超过250卢比，拥有的土地不超过2.5英亩的农户）。自助小组以小组的名义在银行开立储蓄账户，银行根据小组账户余额以及小组各成员家庭经济状况进行综合信用评级，然后以评级结果为主要依据对自助小组授信。自助小组成员按照每户20～100卢比的金额进行储蓄，并存入自助小组在银行的账户。

在自助小组成立初期，成员只能申请利用上述储蓄资金发放的小额贷款；自助小组成立半年之后，银行根据对自助小组的授信额度向自助小组发放贷款，小组将贷款再发放给组员使用，还款以小组名义向银行还款。银行对自助小组发放的是无抵押贷款，金额一般为该自助小组在银行存款的4～5倍，利率通常比普通贷款要优惠。自助小组对其组员发放贷款的利率需要经过小组集体讨论后确定，大多数情况下实际利率水平与银行给自助小组贷款的利率相同。商业银行、政府机构、非政府组织及政策性金融机构都可以向农户组成的自助小组发放上述小组贷款。自助小组——银行联结模式的小额信贷业务非常普遍，占据小额信贷市场的主导地位。

2. 商业性小额信贷机构的联保贷款模式

印度开展商业性小额信贷机构包括多种类型的金融机构，其中主要有信托基金会（Trust）、社会团体（如农村妇女与儿童发展组织）、合作社（Co-operative）和非银行金融机构（Non – Banking Financial Company，NBFC）。上述机构都可以直接向农民发放贷款。其中，最常见的放贷机构是非银行金融机构，尤其是为数众多的小额贷款公司。部分商业银行也通过设立独立性专营机构涉足小额信贷业务领域。

商业性小额信贷机构的联保贷款模式也借鉴了格莱珉银行的做法，不同的是这种联保贷款直接由商业性小额信贷机构负责发放，贷款直接发放给个人，整个过程不需要经过银行或自助小组等其他中介组织，贷款程序更简单、灵活，申贷获得率较高，对借款人有更强的吸引力。由于缺少自助小组——银行联结模式中的银行的授信环节或类似自助小组这样的信息中介，小额信贷机构必须自行评估并跟踪个人信用记录，以此来防控信用风险。

（二）所获成效

小额贷款作为普惠金融的一项基础内容，在促进印度农村地区发展，乃至提高农村弱势群体的地位等方面发挥了重要作用，尤其是减贫扶困领域成效显著。

首先，小额贷款有效满足了农户的贷款需求。据统计，截至 2012 年 3 月，印度全国建立了 253 万个自助小组，吸纳了 3500 多万成员，覆盖近 1.3 亿农村人口；自助小组联系银行发放的贷款总额达 1990 亿卢比，每个自助小组成员的平均贷款金额为 2419 卢比。

其次，小额贷款的优惠利率促进农民增收。在小额贷款推广之前，印度贫困农户在需要资金的时候一般只能得到当地的放贷者高利率资金，不仅不利于减贫脱困，还反而会因高利贷而更加贫困。小额贷款的推广减少了农户对当地高利贷的依赖，并享受到了真正的普惠金融的优惠。世界银行 2012 年的研究显示，未参加小额贷款的农户（只能向银行或当地放贷者借款）的平均贷款年利率高达 18% 左右，而参加了任意一种模式的小额信贷的农户的年均贷款的利率仅为 2.5% 左右。小额信贷大幅的利息优惠，对增加收入、减少贫困、改善民生作用明显。

此外，小额信贷还提高了印度农村女性等弱势群体的能力与地位，改善了农村教育和医疗卫生条件，产生了积极的社会效应。

（三）主要经验

尽管印度的小额信贷借鉴了孟加拉国的格莱珉银行模式，而且过去几年中还出现了一定的危机，发展势头有所放缓，但总体而言印度小额信贷模式具有其自身独特的创新之处，并取得举世公认的成就，对各国发展普惠金融仍然具有重要的借鉴意义。

1. 合理的市场定位

小额信贷一度被视为金融扶贫的重要手段，被赋予较多的政策含义，忽视了其商业可持续的特点，大多被仅仅定位为扶贫减困的政策工具。而政府有针对性的政策引导与商业化小额信贷机构的有机结合，是印度小额信贷模式的最大特点。小额信贷被严格定位于普惠金融领域，追求商业可持续，而非依赖政府的开发性或政策性金融。政府只负责监管，维护正常的市场秩序。

2. 有效的风险控制手段

在"自助小组——银行联结"模式中，小组成员之间承担连带担保责任，银行不直接面对农户，只面对自助小组。自助小组可以发挥自身及时掌握农户的第一手信息的优势，准确评估和控制小组成员的信用风险，可以在一定程度上降低银行的风险。在商业性小额信贷机构的联保贷款模式中，尽管放贷机构直接对农户，但有很多对农户情况较为熟悉的社会团体或组织参与到放贷过程中。由于这些社会团体或组织对农户的家庭状况知根知底，掌握农户的经济和信用状况，在放款前要开展风险评估，从而为放款机构把好了风险防控的第一道关。

3. 确保贷款用途真实

由于小额贷款的定位是改善农村贫困，增加农民收入的普惠金融，贷款资金用途尤为重要，要确保将贷款发放给那些最迫切需要资金支持的农户。因此，两种典型的小额信贷模式均要求农户向金融机构提供详尽的用款计划与意图。放贷人则通过互助小组或直接监管资金的用途是否实现。

三、拉美地区的普惠金融实践

巴西和墨西哥作为拉美地区主要的两大经济体和新兴市场，开展普惠金融工作起步较早。两国均重视普惠金融的立法和顶层设计，积极拓宽金融服务渠道，大力推动金融创新，及时开展普惠金融评估，强化消费者金融素养教育和权益保护，引导金融资源聚焦薄弱领域和特殊群体，取得了较好的成效。尤其是巴西的代理银行模式和墨西哥的康帕图银行（Compartmamos）较为典型。

（一）主要做法

1. 巴西发展普惠金融的主要做法

尽管近年来，受到国际市场大宗商品价格下跌的影响，经济发展承受较大压力，但作为金砖国家，巴西仍然是拉美地区头号经济大国。2015 年该国实现国内生产总值（GDP）2.5 万亿美元，人均国内生产总值超过 8000 美元。巴西的普惠金融在拉美地区，乃至全球发展中和新兴市场经济体中都处于领先地位。在现有的金融管理体制下，巴西中央银行负责牵头推进普惠金融发展。

一是政府重视普惠金融的顶层设计和法制建设。2011 年，巴西成立了由中央银行、财政部、农业部、联邦检察官办公室等 10 多个部门共同组成的全国普惠金融委员会，其目标是在全国提供适当的普惠金融服务。在小微企业金融服务方面，巴西有关法规要求银行要将一定比例（2%）的活期存款用于向小微企业发放贷款；还规定了微型信贷的操作细则，包括贷前实地调查要求、贷中实时监测和借款人还款能力分析等具体业务环节的操作指引；中央银行还制定了专门的金融支持小微企业发展的计划。

二是推广代理银行和发展信用合作社丰富金融服务渠道，提升金融服务的覆盖面。早在 20 世纪 90 年代，巴西政府开始大力推广代理银行。代理银行不仅设立门槛较低，不需监管部门审批，只需要报备服务功能即可，还可以提供多种形式的金融服务。各大银行纷纷与零售商店、邮局、彩票销售点签订合作代理协议，利用这些代理机构"存兑汇"等基础金融服务。政府还大力推动合作金融的发展，特别是鼓励在农村地区和行业协会建立信用合作社，为合作社成员提供存款、取款、转账、小额信贷等多样化的金融服务，从而提高农村地区和特定行业的金融服务覆盖率。

三是推行简易账户和发展小额信贷，增加普惠金融服务和产品的供给。早在 2004 年，巴西就开始推广账户分级制度，简化开户程序，允许个人开立简易账户，并还推广免费的匿名账户，以此鼓励低收入人群使用银行账户，进而提高基础金融服务的覆盖面。此外，还针对普惠金融服务的主要对象（包括农民、妇女和城市低收入者），实施了专门的小额信贷计划（如收入增长小额信贷计划、增强农村家庭计划等），提高其收入水平。

2. 墨西哥发展普惠金融的主要做法

作为拉美地区第二大经济体，墨西哥 2015 年实现国内生产总值 1.2 万亿美元，人均国内生产总值接近 1 万美元。墨西哥中央银行和财政与公共信贷部门是其主要的金融管理部门。财政与公共信贷部门下设银行与证券委员会、保险与担保委员会、养老金管理委员会、银行存款保护局和保护金融消费者全国委员会 5 个专业监管机构。普惠金融工作由银行与证券委员会负责牵头，主要做法如下。

一是注重通过立法做好普惠金融体系的顶层设计。作为 2011 年《玛雅宣言》的签字国，墨西哥 2012 年至 2014 年实施了全面的金融改革，通过立法规范和制度建设等顶层设计落实《玛雅宣言》的主要目标，推动普惠金融的发展。主要改革内容包括：通过专门的法令确定国家发展银行和国家储蓄与金融服务银行两家政策性银行承担服务弱势群体和薄弱领域的职能；通过修改金融监管法规，强化监管部门推进普惠金融发展的职责；完善了有关金融消费者权益保护的法律制度。

二是坚持聚焦普惠金融的主要服务对象和服务领域。其一是科学制定扶持对象划分标准。例如，小微企业认定标准同时考虑员工数量和销售规模，有利于吸纳就业人口较多的小微企业享受普惠金融服务，从而使更多的人能够间接从普惠金融服务中受益。其二是结合实际科学确定不同金融机构的具体支持对象。例如，对于农村发展信托基金，通过与农业部合作对遭受自然灾害的农村客户提供单专项补偿计划；对于国家发展银行，则通过与经济部合作为小微企业和创业人群提供贷款担保支持。

三是引导和支持金融服务与产品创新。其一是实施银行账户分级制度，促进银行账户普及率，为开展其他普惠金融服务创造条件。其二是引导和帮助弱势群体持续获得金融服务，包括提高低收入人群的储蓄能力和获得贷款的机会，通过向商业性机构提供补贴鼓励其向偏远农村发放贷款等。其三是重视金融知识宣传普及工作，国家专门成立了金融扫盲委员会，负责在全国范围内开展金融教育培训项目，还将金融教育作为开展存贷款、保险、社会福利发放等服务的前提。

（二）所获成效

截至 2015 年底，巴西全国拥有各类银行服务机构约 15 万个，覆盖全国所有城镇。其中代理银行达 8 万个，占比超过 50%。信用合作社已覆盖巴西40% 的城市，合作社成员超过 500 万人。作为拉丁美洲第二大国有银行，巴西联邦储蓄银行（Caixa）通过旗下的代理公司（Caica Crescer）发放小额信贷 13 亿雷亚尔（约合人民币 23.4 亿元），服务客户 37.7 万户。

截至 2015 年底，墨西哥有银行代理网点 27422 家，覆盖该国 57% 的基层行政区、94% 的成年人口；在 19% 的基层行政区域，代理点是当地居民获取金融服务的主要途径。

（三）主要经验

巴西和墨西哥推动本国普惠金融发展的具体措施各不相同，但都收到了良好的效果。对于广大发展中国家和新兴市场而言，两国普惠金融的成功实践至少提供了以下可以借鉴或参考的经验。

一是做好普惠金融发展的顶层设计并严格执行。普惠金融是一项系统工程，需要协调各方面力量来推动。因此，从政府层面做好普惠金融发展的顶层设计尤为重要，包括制定发展规划和政策措施等。同时，还要通过法律制度手段来确保各项目标和措施能够有效执行到位。

二是着力增加普惠金融服务的有效供给。按照供求原理，普惠金融发展的主要矛盾在于有效供给不足，即金融机构愿意提供的普惠金融服务太少，不能满足需求。两国都分别从供给渠道和服务内容方面进行创新，支持引导金融机构加大对普惠金融服务的投入。

三是区别对待普惠金融的重点服务领域和对象。普惠金融服务领域和对象一般认为包括低收入人群、农民、小微企业、老年人、残疾人等弱势群体，以及涉农、扶贫、助学等薄弱环节。其中部分领域通过商业化运作的难度相对较小，政府只需出台配套的优惠政策加以引导；对于部分具有较强公益性质的领域，则需要针对性风险补偿政策，否则难以奏效。

四是重视金融知识普及和消费者权益保护。普惠金融的需求端，亦即普惠金融服务的领域和对象，具有一定的特殊性，获取金融服务的能力较弱，大多为金融排斥的对象。因此，加强对其金融素养教育和金融消费权益保护，提高其获得普惠金融服务能力尤为重要。

四、肯尼亚的手机银行模式

在肯尼亚，超市、加油站、药房、路边香料铺、理发店，甚至公共厕所都有 M - Pesa 手机卡出售，人们可以在很多小门店用 M - Pesa 存钱提现。M - Pesa 手机银行业务作为一种廉价便捷的移动金融服务，让大量原本无银行服务的低收入人群可以便捷地享受到优质的金融服务，成为全球发展普惠金融的成功典范。正是由于 M - Pesa 手机银行的大量推广，2015 年 11 月，国际货币基金组织发布的次撒哈拉非洲地区《区域经济展望》认为肯尼亚金融发展可作为次撒哈拉非洲地区的范本。

（一）主要做法

2007 年 3 月，肯尼亚移动运营商 Safaricom 公司推出手机银行业务，当地称为 M - Pesa（M 代表移动，而 Pesa 在当地语言中则代表货币的意思）。该业务主要由独立于商业银行金融体系之外的三个系统组成：代理商网点营销系统、手机客户端应用系统和后台处理系统。小型店铺零售商与 Safaricom 公司签约成为代理商，客户在各代理商网点录入个人基本信息后，就可免费注册 M - Pesa 账号，并可以在代理商网点将现金转换为电子货币。不同手机用户之间进行电子货币转账则只需发送文本消息和代码即可，而收款人只需拿着收到的文本短信到代理商网点即可将电子货币兑换成现金。通过 M - Pesa 账号，汇款人和收款人通过手机短信就可实现转账需求，而不需要开立银行账户。值得一提的是，M - Pesa 技术门槛低，对手机的要求非常简单——普通手机即可，而不需要智能手机即可运行，大大降低了使用者的成本。

作为肯尼亚最大的移动通信运营商，Safaricom 公司将大中型移动通信业务零售商作为主代理商。主代理商负责管理其下属的各代理点，为各代理点提供货币流动性支持，并与 Safaricom 公司进行清算和结算。数万家超市、加油站等小型零售店铺纷纷加入了代理网络，极大地方便了 M - Pesa 用户。M - Pesa 最初的功能仅包括存款、取款、汇款及手机充值等基本功能，随后陆续推出了国际预付费 Visa 卡、国际汇款和支付、合作银行的 ATM 机上取款等服务。目前，M - Pesa 业务范围除了存贷汇业务外，还涵盖了消费支付、学费支付、水电费支付、工资发放等支付结算领域。通过与 30 多家银行的合作，M - Pesa 还可以可办理贷款业务，完全具备了传统银行的各种功能。

（二）所获成效

首先，M - Pesa 手机银行降低了金融服务成本，提供了一种廉价金融服务渠道。M-Pesa 手机银行充分应用移动通信技术，借助代理网点，成功开创了一种廉价的金融服务渠道。根据世界银行扶贫协商小组的调查，手机银行处理交易的成本仅为传统银行的 20%，手机银行的运营成本仅为传统银行的 50% 左右。

其次，M-Pesa 手机银行提高了普惠金融服务的广度和深度。M-Pesa 手机银行大幅提高了肯尼亚移动货币账户渗透率，使得 2014 年账户渗透率达到 75%，超过非洲经济发展水平最高的南非而位居非洲第一。在 M-Pesa 手机大量推广以前金融覆盖严重不足，2008 年肯尼亚仅有 876 个银行网点，平均每万人拥有的银行网点数仅 0.21 个，尤其是农村地区金融基础设施更加落后，38% 的肯尼亚人从未接受过任何金融服务。随着 M-Pesa 手机银行过去几年的迅猛发展，2014 年底平均每万人拥有代理点数增加到 19.38 个，在农村地区高密度的 M-Pesa 手机银行代理点足以让农村人群可以便捷地就近获得金融服务。截至 2014 年底，M-Pesa 手机银行已拥有 8 万多个代理点及 1930 万用户，日处理交易金额达到 2000 万美元，2/3 的肯尼亚成年人都是 M-Pesa 的客户。

（三）主要经验

手机银行作为一种新兴的现代金融服务方式能够在非洲欠发达国家取得成功，实现了普惠金融的跨越式发展，为各国利用金融科技推动普惠金融发展提供了诸多可供借鉴的经验。与其他发展中或新兴市场国家和地区不同，肯尼亚 M-Pesa 手机银行模式提供了以下几点独特的启示。

一是金融科技是普惠金融发展的重要推动力量。移动互联网、大数据、云计算、人工智能和区块链等技术的迅速发展和广泛应用，金融科技的优势日益显现。这为广大欠发达和发展中国家和地区缩小与发达国家在金融领域的差距提供了难得的机遇。尤其是以往受制于落后的金融基础设施的普惠金融领域，完全通过利用金融科技开展金融创新，丰富金融服务的手段，降低金融服务成本，提高金融服务效率，推动普惠金融的发展。

二是要遵循普惠金融的商业可持续性原则。这是发展普惠金融的根本原则。实践中，往往过多地强调了普惠金融的低成本的特点，过分依赖公共部门的补贴，或公益部门的资助，尤其是对于贫困地区或人群的金融服务，更是如此。其结果大多是昙花一现，缺乏可持续性，也难以实现发展普惠金融的目的。Safaricom 公司完全依靠自身商业化运营，在服务大量农村客户的同时也实现了盈利。正是由于 M-Pesa 手机银行业务实现了商业可持续，才能发展壮大，并填补了肯尼亚大量农村贫困地区金融服务空白。

三是在准确把握需求基础上有针对性地提供有价值的金融服务。普惠金融的服务对象差异较大，各自需求也大相径庭。因此，准确把握需求特点是金融机构开展普惠金融的前提。Safaricom 公司正是看到肯尼亚正规金融的汇款服务严重不足，尤其是农村地区的汇款服务需求巨大缺口，才开发初期主要用于汇款的 M－Pesa 手机银行业务，并随着需求的升级逐步增加了其他业务功能，并最终发展成为肯尼亚第一大金融品牌。

第四节　中国的普惠金融实践

普惠金融事关社会公平和民生发展，中国历来重视普惠金融，早在改革开放之前就出现了农村信用社等形式的普惠金融的萌芽，20 世纪 90 年代初正式开启以小额扶贫贷款为标志的普惠金融发展历程。2013 年 11 月，党的十八届三中全会《中共中央关于全面深化改革若干重大问题的决定》中明确提出"发展普惠金融"，政府先后出台实施了一系列加强对"三农"、小微企业、扶贫开发等薄弱领域金融服务的金融和财税政策。尤其是近年来，政府出台了《推进普惠金融发展规划（2016—2020 年）》，实施支持普惠金融的定向宏观调控，深入推进对互联网金融的整治规范，加大对金融知识的宣传、打击非法金融和消费者权益保护的力度，并积极利用二十国集团（G20）峰会平台大力推动全球数字普惠金融发展。中国普惠金融发展成效显著，金融科技发展如火如荼，金融扶贫开发成绩斐然。

一、中国发展普惠金融的主要措施

在充分借鉴各国良好经验基础上，中国政府部门和金融机构结合实际，从健全普惠金融服务体系、加强金融服务基础设施建设、完善普惠金融的法律政策、聚焦重点领域和薄弱环节、发挥金融科技优势、注重消费者教育和保护等方面不断探索中国特色的普惠金融发展之路。中国普惠金融发展可以划分为表 2－4 中显示的四个阶段（焦瑾璞等，2015）。

表 2－4　　　　　　　　　　中国普惠金融主要发展阶段

发展阶段	标志性事件	主要特征
公益性小额信贷（20 世纪 90 年代）	1993 年，中国社会科学院农村发展研究所在河北易县建立了中国首家小额信贷机构——扶贫经济合作社，以改善贫困户的经济状况和社会地位	小额信贷主要资金来源是个人或国际机构的捐助以及软贷款，致力于改善农村地区贫困状况，体现普惠金融的基本理念

续表

发展阶段	标志性事件	主要特征
发展性微型金融（2000—2005 年）	中国人民银行提出采取"一次核定，随用随贷、余额控制、周转使用"的管理办法，开展基于农户信誉、无须抵押或担保的贷款，并建立农户贷款档案，农户小额信贷得以全面开展	随着该时期再就业和创业过程产生的大量资金需求，正规的金融机构开始全面介入小额信贷业务，形成了较有规模的微型金融体系，为促进就业和改善居民生活作出了贡献
综合性普惠金融（2006—2010 年）	2005 年中央"一号文件"明确提出"有条件的地方，可以探索建立更加贴近农民和农村需要、由自然人或企业发起的小额信贷组织"	小额信贷组织和村镇银行迅速兴起；银行金融服务体系逐将小微企业纳入服务范围；普惠金融服务体系提供包括支付、汇款、借贷、典当等综合金融服务，并有网格化、移动化发展趋势
创新性互联网金融（2011 年至今）	余额宝等新型互联网金融产品为广大群众提供了互联网支付、互联网借贷以及互联网理财等丰富多样的金融服务	互联网金融得到迅速发展，形成了所谓以第三方支付、移动支付替代传统支付，以 P2P 信贷替代传统存贷款业务，以众筹融资替代传统证券业务的三大趋势

（一）健全和完善普惠金融服务体系

针对普惠金融有效供给不足的问题，我国引导现有大型金融机构下沉服务网点，鼓励发展各类中小银行机构（城市商业银行、农村商业银行、村镇银行和民营银行等）、非存款类放贷机构（消费金融公司、金融租赁公司、贷款公司、小额贷款公司等）、融资担保公司、第三方支付和征信服务机构、互联网金融机构（P2P 网络借贷信息中介、股权众筹、互联网保险、网络小贷公司等），逐步建立了多元化的普惠金融服务机构体系，并推动各类机构发挥自身优势，加大对普惠金融的投入力度。

1. 充分发挥银行机构的主体作用

大力引导作为我国金融业主体的银行业机构，充分利用其网络覆盖广的优势提供普惠金融服务。一是大型国有商业银行和邮储银行下沉金融服务重心，向广大农村和社区延伸服务网络，并着重鼓励大型银行加快建设小微企业专营机构、"三农"事业部和普惠金融事业部，加强对小微企业金融和"三农"领域的金融服务。二是培育和壮大农村金融服务市场主体，尤其是中西部、老少边穷、粮食主产区等。在推动农村信用合作机构改制为农村商业银行的基础上，大力发展村镇银行，实现村镇银行县域全覆盖。三是支持股份制商业银行和城市商业银行向社区居民和小微企业提供普惠金融服务。四是引导民营银行合理定位，深耕普惠金融领域，与传统银行金融机构错位竞争，实现差异化发展。例如，微众银行、众邦银行都借助股东的资源和优势，锁定特定领域提供普惠金融服务。

【专栏 2–5】

银监会发布《大中型商业银行设立普惠金融事业部实施方案》

党中央、国务院高度重视发展普惠金融，2017 年《政府工作报告》指出："鼓励大中型商业银行设立普惠金融事业部，国有大型银行要率先做到，实行差别化考核评价办法和支持政策，有效缓解中小微企业融资难、融资贵问题"。为落实党中央、国务院决策部署，推进供给侧结构性改革，近日，银监会印发《大中型商业银行设立普惠金融事业部实施方案》（以下简称《实施方案》），推动大中型商业银行设立聚焦小微企业、"三农"、创业创新群体和脱贫攻坚等领域的普惠金融事业部。

《实施方案》明确了大中型商业银行设立普惠金融事业部的总体目标，通过建立适应普惠金融服务需要的事业部管理体制，构建科学的治理机制和组织架构，健全专业化服务体系，提高普惠金融服务能力，缓解小微企业、"三农"、创业创新、脱贫攻坚等领域的融资难、融资贵问题，体现普惠金融服务的普及性、便利性和优惠性，提高金融服务覆盖率和可得性，为实体经济提供有效支持，防止脱实向虚。

《实施方案》涵盖了总体要求、组织架构、经营机制、监督管理、配套政策、组织实施等六方面内容，明确了设立普惠金融事业部基本原则，即商业化运作、条线化管理、专业化经营、差异化发展、分步骤实施、配套政策支持。《实施方案》重点要求大中型商业银行按照商业可持续原则，建立专门的综合服务、统计核算、风险管理、资源配置和考核评价等机制。通过逐步建立完善事业部体制机制，进一步提高大中型商业银行普惠金融服务水平和能力。

为确保相关工作措施有效落地，《实施方案》还就组织实施和完成时限提出了明确要求。大型商业银行将于 2017 年内完成普惠金融事业部设立，成为发展普惠金融的骨干力量。

资料来源：中国银监会网站，www.cbrc.gov.cn，2017－05－26。

2. 重视各类非银行金融机构的辅助和补充作用

一是规范发展金融消费公司、金融租赁公司和小额贷款公司，弥补银行机构在满足个人消费者、涉农和小微企业领域融资需求的不足。二是发挥融资担保机构的增信和风险分担作用，大力发展政府出资为主的融资担保机构或基金，推进建立重点支持小微企业和"三农"的省级再担保机构。三是积极探索新型农村合作金融发展的有效途径，稳妥开展农民合作社内部资金互助试点。农村资金互助组织是在农民专业合作社或联合社内部开展的非金融性质合作经济组织。2015 年 2 月中共中央、国务院印发的《关于加大改革创新力度加快农业现代化建设的若干意见》指出："积极探索新型农村合作金融发展的有效途径，稳妥开展农民合作社内部资金互助试点，落实地方政府监管责任。"

3. 积极发挥保险公司保障优势，重点完善对涉农领域保险服务体系

一是引导保险机构持续加大对农村保险服务网点的资金、人力和技术投入。二是鼓励保险机构与基层农林技术推广机构、银行业金融机构、各类农业服务组织和农民合作社合作，促进农业技术推广、生产管理、森林保护、动物保护、防灾防损、家庭经济安全等与农业保险、农村小额人身保险相结合。三是发挥农村集体组织、农民合作社、农业社会化服务组织等基层机构的作用，组织开展农业保险和农村小额人身保险业务。

4. 规范发展互联网等新型金融机构

按照"鼓励创新、防范风险、趋利避害、健康发展"的总体要求，从金融业健康发展全局出发，鼓励互联网金融机构利用大数据、云计算、物联网、区块链、人工智能等技术，聚焦"长尾"客户，大力提高金融服务的可得性和覆盖率。

（二）聚焦重点领域，补齐普惠金融短板

鉴于我国普惠金融服务的重点领域集中在小微企业和涉农领域，以及贫困人群、残疾人和老年人等特殊群体，普惠金融产品和服务的创新也主要针对以上重点领域，尤其是在小微企业、涉农和扶贫开发领域。

一是小微企业信贷服务方面。中国银监会为引导银行业金融机构加大对小微企业的信贷投放（包括商业银行向小型、微型企业发放的贷款，个体工商户贷款以及小微企业主的贷款），先后出台了系列的政策文件，其主要内容可以简单概括为"12346"，即"一项计划——小微企业专项信贷计划""两项特殊监管政策""三个不低于""四单原则""六项机制"。小微企业专项信贷计划——中国银监会要求商业银行要按照小微企业贷款增长的考核要求，年初单列全年小微信贷（包括商业银行向小型、微型企业发放的贷款，个体

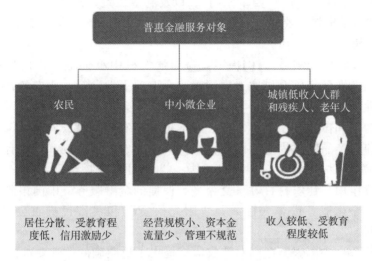

资料来源：《普惠金融深度研究报告》，行业报告研究院，2017 - 06 - 22。

图 2 - 1　中国普惠金融重点服务对象

工商户贷款以及小微企业主贷款）计划，执行过程中不得挤占、挪用。

"两项特殊监管政策"即无还本续贷和不良率考核两项监管政策。无还本续贷监管政策指对流动资金周转贷款到期后仍有融资需求，又临时存在资金困难的小微企业，经其主动申请，银行业金融机构可以提前按新发放贷款的要求开展贷款调查和评审。符合一定条件的小微企业，经银行业金融机构审核合格后可以办理续贷。2016 年，将此项政策适用范围放款后，各银行机构可根据自身风险管控水平和信贷管理制度，比照有关规定，自主决定对到期贷款办理续贷业务的范围。不良率考核政策，则指商业银行小微企业贷款不良率高出自身各项贷款不良率年度目标 2 个百分点（含）以内的，或小微企业贷款不良率不高于 3.5% 的，可不作为监管部门监管评级和银行内部考核评价的扣分因素。

最初要求主要银行业机构每年完成"两个不低于"（早在 2009 年就要求对小企业的信贷投放增速和增量不低于上年）——小微企业贷款增速不低于各项贷款平均增速、增量不低于上年同期水平，并根据完成情况实施差别化监管。2015 年，"两个不低于"升级为"三个不低于"——小微企业贷款增速不低于各项贷款平均增速，小微企业贷款户数不低于上年同期户数，小微企业申贷获得率不低于上年同期水平。同时还要求落实小微企业金融服务专营机构单列信贷计划、单独配置人力资源和财务资源、单独客户认定与信贷评审、单独会计核算的"四单原则",以及利率风险定价机制、独立核算机制、高效审批机制、激励约束机制、专业人员培训机制和违约信息通报机制等"六项机制"。

二是涉农信贷领域。2010 年,为加强农村中小金融机构信贷投向监管,保证涉农信贷资金供应,中国银监会专门下发通知,要求各省级农村信用联社和农村商业银行科学测算涉农信贷资金需求,确保涉农信贷投入增量、增幅和占比高于上年水平;合理把握涉农信贷投放节奏,保持与农业生产和农产品销售周期相匹配;坚决压缩非农信贷投放,保证有效涉农信贷需求得到优先满足。2012 年 6 月,为更好地发挥金融对"三农"发展的支持作用,让农村百姓享受公平、便捷的金融服务,中国银监会启动实施了"金融服务进村入社区""阳光信贷"和"富民惠农金融创新"三大工程。

2016 年,中国银监会则对涉农信贷提出了更明确的监管要求:(1)要求农业银行、邮政储蓄银行、农村中小金融机构要单列涉农信贷计划;(2)农业发展银行要强化政策性功能定位,加大对农业开发和水利、贫困地区公路等农业农村基础设施建设的支持力度;(3)完善差异化考核制度,对涉农不良贷款给予更大容忍度;(4)大力发展农户小额信贷,拓展林权抵押贷款业务,稳妥有序探索开展农村承包土地经营权和农民住房财产权抵押贷款试点。

(三)不断完善普惠金融服务的金融基础设施

普惠金融服务离不开必要的金融基础设施,完善的金融基础设施不仅有助于提高金融覆盖率,还可以降低金融服务成本的同时提高金融服务效率,进而改善金融服务满意度。中国一直注重加强支付和征信等金融基础设施建设,为普惠金融发展营造良好的环境,为普惠金融的商业可持续创造条件。金融基础设施的完备性在全球也居于较好的水平,有力促进了普惠金融的发展。

1. 支付环境不断完善,支付服务更加便捷

支付体系是核心金融基础设施之一,是普惠金融发展的重要基础。随着我国大量第三方非银行支付机构的蓬勃发展,不仅直接供了高效便捷的普惠金融服务,也为其他普惠金融业务的发展创造了良好的支付环境。

一是支付业务的快速发展直接推动了普惠金融发展。随着电子商务和移动互联网的迅猛发展,为满足网上购物的支付和交易服务的需求,我国第三方支付业务迅速发展。大量的第三方非银行支付机构提供的支付服务覆盖了中小企业,以及包括低收入人群在内的个人消费者,业务领域包括电子商务

和日常消费等诸多领域，为各类中小网络卖家和个人消费者提供了极大的便利，催生了"四新"经济的发展，提升了普惠金融服务的覆盖面。据统计，2013—2016 年，我国支付机构每年处理的业务量从 371 亿笔增长到 1855 亿笔，金额从 18 万亿元增长到 120 万亿元①。

二是农村地区支付服务环境持续改善。根据中国人民银行《中国支付体系发展报告（2016）》数据，截至 2016 年末农村地区金融机构开立单位银行账户 1823.07 万户、个人账户 35.61 亿户；发放各类银行卡 25.52 亿张，人均持卡 2.8 张。支付清算系统覆盖 11.84 万个农村金融机构网点，覆盖率为 93.46%。助农取款服务点 98.34 万个，覆盖行政村超过 53.17 万个，行政村覆盖率超过 90%，村均拥有量为 1.8 个。农村金融服务环境显著改善，农村居民基本金融服务的可得性明显提高。②

2. 信用体系不断完善

信用体系建设对于减少息不对称、防范信用风险和降低交易成本有重要意义，有助于缓解小微企业融资难、融资贵问题，有利于普惠金融实现商业可持续。自 2013 年以来，随着《征信业管理条例》《征信机构管理办法》《征信机构监管指引》《企业征信机构备案管理办法》等一系列制度和政策开始实施，征信行业步入法制化发展轨道，社会征信系统不断完善。

一是建立联合惩戒失信机制，为普惠金融创造良性的金融生态环境。2014 年，国务院印发《社会信用体系建设规划纲要（2014—2020 年）》，要求建立以信用信息资源共享为基础的覆盖全社会的征信系统。2016 年，最高人民法院出台文件专门惩治"老赖"，逐步建立起治理恶意违约的长效机制。此外，各级地方政府也更加重视信用环境建设，纷纷组织开展"信用县（区）、信用乡（镇）、信用村、信用户"的评比，有效提升了农村金融素养，为农村地区的普惠金融推广奠定了基础。二是在县域范围建立中小微企业和农户的信用信息数据库及服务网络，搭建小微企业和农民信用档案平台。截至 2016 年末，累计为 261 万户中小企业和 1.72 亿农户建立信用档案。三是扩大数据库对金融市场的覆盖面，推动金融机构接入并使用金融信用信息基础数据库。截至 2016 年末，数据库共收录 2210 万户企业和 9.12 亿自然人的相关信息，为近 3000 家接入机构提供企业和个人信用报告查询服务，基本实现了对持牌

---

① 刘国强. 探索中国特色普惠金融发展之路 [J]. 中国金融，2017（19）.
② 中国人民银行支付结算司. 中国支付体系发展报告 2016 [M]. 北京：中国金融出版社，2017.

金融机构的全覆盖①。四是建立集中统一的自助式动产、权利抵质押登记网络平台，为小微企业融资提供抵质押登记服务，降低其融资成本。

（四）发挥货币政策的引导作用

央行灵活运用货币政策工具对金融服务薄弱领域实行定向降准，降低普惠金融的资金成本，引导更多资金流向小微企业、涉农、扶贫、创业和助学等普惠金融服务的重点领域。

一是 2013 年以来 7 次实施定向降准，对中小金融机构、农村金融机构执行较低的准备金率，鼓励支农支小。二是设立信贷政策支持再贷款，包括支农再贷款和支小再贷款，将民营银行纳入支小再贷款的支持范围；创设扶贫再贷款，助力精准扶贫。三是开展信贷资产质押再贷款，完善央行抵押品管理框架，缓解地方法人金融机构合格抵押品相对不足的问题，引导其扩大"三农"、小微企业信贷投放。四是将支农支小的定向降准政策升级到为普惠金融定向降准。为支持金融机构发展普惠金融业务，聚焦单户授信 500 万元以下的小微企业贷款、个体工商户和小微企业主经营性贷款，以及农户生产经营、创业担保、建档立卡贫困人口、助学等贷款，人民银行决定从 2018 年起统一对上述贷款增量或余额占全部贷款增量或余额达到一定比例的商业银行实施定向降准政策。

2013 年至 2017 年 6 月，全国支农再贷款累计投放 1.26 万亿元，支小再贷款累放 2340 亿元，扶贫再贷款累放 2090 亿元，再贴现累计操作 1.71 万亿元。信贷资产质押再贷款试点工作稳步推进，试点地区以合格信贷资产质押方式向地方法人金融机构累计发放支农、支小再贷款约 350 亿元②。

（五）注重风险分担和增信服务体系建设

作为普惠金融服务的主要对象，小微企业和涉农领域长期存在的融资难、融资贵问题的原因是多方面的，其中信用评级过低、缺乏抵押物导致难以满足银行风险管理的要求，是导致银行难以为其提供融资服务的主要原因。为此，国家积极推动建立政府性融资担保体系，发展政府支持的融资担保公司，鼓励各地组建政府背景的融资担保公司，建立政府、银行业金融机构、融资担保公司合作机制，扩大为小微企业和涉农领域提供融资担保业务的规模，并保持较低的融资担保服务的费率水平。

2015 年 7 月财政部、农业部、中国银监会联合印发了《关于财政支持建立农业信贷担保体系的指导意见》，对全国农业信贷担保体系建设进行了全面

---

① 刘国强. 探索中国特色普惠金融发展之路 [J]. 中国金融，2017（19）.
② 张晓慧. 稳健货币政策为经济行稳致远保驾护航 [J]. 中国金融，2017（15）.

部署。一是在全国各省、自治区、直辖市、计划单列市建立省级农业信贷担保机构，并向市县延伸业务分支机构，直接为农业新型经营主体提供信贷担保服务。二是组建国家农业信贷担保联盟实体机构，为省级机构分险增信，构建起完整的专门支持农业适度规模经营的担保、再担保组织机构体系。

截至 2017 年 11 月，已有 33 家省级农业信贷担保公司纳入到全国农业信贷担保体系，并以分公司、办事处等形式设立了 130 多家分支机构，其中有 29 家省级农业信贷担保公司正式开展了担保业务，新增担保额接近 400 亿元，担保项目 3 万多个。担保费率在 1% ~ 2% 之间，普遍低于市场平均担保费水平①。

此外，中国银监会还多次下发文件，指导和规范银行机构与担保公司开展银担合作业务。

【专栏 2 – 6】

李克强签署国务院令公布《融资担保公司监督管理条例》

新华社北京 8 月 21 日电 日前，国务院总理李克强签署国务院令，公布《融资担保公司监督管理条例》（以下简称《条例》），自 2017 年 10 月 1 日起施行。

融资担保行业对于发展普惠金融，促进资金融通，特别是解决小微企业和"三农"融资难融资贵问题具有重要作用。近年来，我国融资担保行业在较快发展的同时，也存在监督管理不到位、经营行为不规范不审慎、为小微企业和"三农"服务的意愿有待增强和能力有待提高等问题。制定《条例》，有利于加大政策扶持力度，完善监管制度，有效防范风险，促进融资担保行业健康发展，更好地为小微企业和"三农"服务。

《条例》规定，国家推动建立政府性融资担保体系，发展政府支持的融资担保公司，建立政府、银行业金融机构、融资担保公司合作机制，扩大为小微企业和"三农"提供融资担保业务的规模并保持较低的费率水平。各级人民政府财政部门对主要为小微企业和"三农"服务的融资担保公司提供财政支持。政府支持的融资担保公司应当增强运用大数据等现代信息技术手段的能力，为小微企业和"三农"融资需求服务。纳入政府推动建立的融资担保风险分担机制的融资担保公司，应当按照国家有关规定降低对小微企业和"三农"的融资担保费率。

---

① 金融时报——中国金融新闻网，胡萍，2017 – 11 – 11.

《条例》规定了融资担保公司的经营规则，包括建立健全各项业务规范以及风险管理等内部控制制度，并按照国家规定的风险权重计量担保责任余额；担保责任余额不得超过相应的比例；自有资金的运用应当符合国家有关其资产安全性、流动性的规定；禁止融资担保公司吸收存款或者变相吸收存款、自营贷款或者受托贷款以及受托投资等。

《条例》明确了融资担保公司的监督管理体制，规定由省级人民政府确定的部门负责对本地区融资担保公司的监督管理；省级人民政府负责制定促进本地区融资担保行业发展的政策措施、处置融资担保公司风险，督促监督管理部门严格履行职责；国务院建立融资性担保业务监管部际联席会议。《条例》规定了监督管理部门的主要职责和具体监管措施，以及融资担保公司应当遵守的监管要求。

资料来源：新华社网站，http：//news. xinhuanet. com/politics/2017 - 08/21/c_1121518311. htm，2017 - 08 - 21。

二、普惠金融初现成效

（一）中国在国际普惠金融指标体系的表现[①]

1. 在 G20 普惠金融指标体系中的表现

G20 普惠金融指标体系，即 GPFI 指标体系，在 2013 年和 2014 年展示的中国普惠金融指标数据共有 30 个。从各项指标世界排名情况看，我国排在前 30% 的指标共有 12 个（见表 2 - 5）。其中，银行金融产品的信息披露指数和内外部纠纷解决机制指数均为满分，与多个国家并列第一；储蓄和账户等多项指标表现较好，如拥有储蓄账户的成年人占比（78.93%）和在金融机构储蓄的成年人占比（41.15%）等指标，均优于 G20 国家的平均值（76.50% 和 35.45%）。但在侨汇汇入成本、个人信贷和信贷市场的信息障碍等方面，我国的表现较弱。例如，2013 年我国的侨汇汇入成本为 11.73%，在 G20 国家中最高，世界排名也在第 17 位。2015 年底，我国的侨汇汇入成本已降至 9.72%。在个人信贷方面，我国通过金融机构借款的成年人比例为 9.55%，低于 G20 的平均水平（14.87%）；在信贷市场的信息障碍方面，我国得分为 50 分，低于 G20 平均分（61.84 分），而新西兰（100 分）、美国（95 分）等发达国家得分相对较高。

---

① 孙天琦，汪天都，蒋智渊. 国际普惠金融指标体系调查：进展、比较与启示 [J]. 金融监管研究，2016 (4).

表 2 - 5　2013 年和 2014 年中国在 GPFI 指标体系中排名前 30% 的指标

序号	指标名称	中国指标数值	中国相对排名	世界排名第一的国家和地区	排名第一的指标数值	G20 国际平均值
1	披露指数（包括语言简明易懂使用当地语言、明确贷款手续费等要求）（1~5 分）	5	1%	22 个国家并列第一	5	4.06
2	反映内部和外部纠纷解决机制的指数（0/0.5/1）	1	1%	76 个国家并列第一	1	0.94
3	在正规金融机构储蓄的成年人（大于 15 周岁）比例（女性）	41.16%	17%	挪威	80.96%	33.62%
4	在正规金融机构储蓄的成年人比例	41.15%	18%	挪威	78.41%	35.45%
5	在正规金融机构储蓄的成年人比例（收入处在前 60% 的人）	48.40%	18%	瑞典	80.96%	41.88%
6	每 200 美元侨汇的平均成本占比（排名越高，侨汇汇入成本越高）	11.73%	19%	马拉维	27.49%	8.98%
7	在正规金融机构储蓄的成年人比例（收入处在后 40% 的人）	30.51%	20%	挪威	27.49%	26.04%
8	在正规金融机构储蓄的成年人比例（男性）	41.15%	20%	挪威	75.93%	37.25%
9	每千平方公里 ATM 数	55.75%	22%	中国澳门	38607.15	62.98
10	每千成年人在商业银行借款人数	293.86	27%	新加坡	1149.08	423.31
11	在正规金融机构持有账户的成年人比例（收入处在后 40% 的人）	72.04%	29%	丹麦、芬兰、挪威	100%	71.03%
12	在正规金融机构持有储蓄账户的成年人比例	78.93%	30%	丹麦、芬兰、挪威	100%	76.50%

资料来源：孙天琦，等. 国际普惠金融指标体系调查：进展、比较与启示 [J]. 金融监管研究，2016（4）.

2. 在世界银行全球普惠金融调查（Global Findex）和企业调查（Enterprise Surveys）中的表现

（1）在全球普惠金融调查中的表现。从中国的指标数据看，在 Global Findex 调查 2014 年采集的 460 个中国普惠金融指标数据中，排在世界前 10%、前 20%、前 30%、前 40% 和前 50% 的指标分别有 44 个、126 个、173 个 254 个和 308 个；排在 50% 以后的指标有 152 个，其中排在后 20% 和后 10% 的指标分别有 51 个和 22 个。从具体内容看，排名前 10% 的 44 个指标中（见表 2 - 6），关于金融机构账户、借记卡的保有量、使用指标有 13 个，显示我国银行账户、借记卡的普及情况较好，在工资、水电费和学费等收支方面应用较多；关于储蓄的指标有 9 个，显示我国在正规金融机构储蓄的成年人占比较高，储蓄目的主要是养老、创业和教育；关于应急基金的指标有 7 个，显示我国公众普遍认为可以顺利筹集应急基金非常可能，应急基金的主要来源为储蓄；关于互联网支付和手机转账的指标有 4 个，显示通过互联网支付账单和网上购物，以及通过手机转账的成年人比例较高。排名在后 10% 的 22 个指标中，关于个人借款的指标有 9 个，其中 7 个指标为个人通过商店信用进行购物消费的成年人比例较低（在 1.25% 到 3.39% 之间），而这方面以色列、伊朗、阿联酋等中东国家最高（超过 40%）；关于手机支付的指标有 5 个，显示手机支付在学费、水电费和农产品货款支付等方面应用不够普及（均低于 1%）。这方面，肯尼亚通过手机支付学费比例最高（约 10%），澳大利亚通过手机支付水电费比例最高（13.12%），索马里通过手机接受农产品货款比例最高（33.43%）。可见，非洲国家近年来移动货币应用发展较快。综合来看，我国在银行账户保有率、储蓄情况、支付习惯和筹集应急基金能力等方面排名靠前，而在个人借款选择、按揭贷款情况、信用卡使用情况和应急基金资金来源多样化等方面的排名则相对靠后。

表 2 - 6　　2014 年中国在 Global Findex 指标体系中排名前 10% 的指标

序号	指标名称（2014 年）	指标数值	相对排名	世界排名第一的国家	有指标数值的国家和地区数
1	在正规金融机构储蓄的成年人（指中等教育及以上的人）比例	48.46%	1%	中国	114
2	通过互联网支付账单或购物的成年人（指中等教育及以上的人）比例	42.81%	1%	中国	113

续表

序号	指标名称（2014 年）	指标数值	相对排名	世界排名第一的国家	有指标数值的国家和地区数
3	通过手机进行账户转账的成年人（指中等教育及以上的人）比例	33.26%	1%	中国	108
4	在正规金融机构储蓄的成年人（指初等教育及以下的人）比例	37.08%	2%	泰国	109
5	在过去一年中付过水电费的成年人（指收入处在后 40% 的人）比例	83.22%	3%	泰国	159
6	认为很有可能筹集应急基金的成年人（指中等教育及以上的人）比例	52.95%	3%	尼泊尔	114
7	在过去一年中，付过水电费的成年人（指初等教育及以下的人）比例	82.78%	3%	越南	114
8	储蓄目的为养老的成年人（指中等教育及以上的人）比例	35.78%	3%	泰国	114
9	储蓄目的为养老的成年人（指初等教育及以下的人）比例	40.26%	3%	泰国	113
10	在正规金融机构拥有账户的成年人（指中等教育及以上的人）比例	89.84%	4%	蒙古国	114
11	拥有账户的成年人（指中等教育及以上的人）比例	89.84%	4%	蒙古国	114
12	拥有信用卡的成年人（指中等教育及以上的人）比例	33.12%	4%	巴西	110
13	在过去一年中使用信用卡的成年人（指中等教育及以上的人）比例	30.75%	4%	巴西	109
14	在过去一年中收到工资的成年人（指中等教育及以上的人）比例	54.56%	4%	白俄罗斯	114

续表

序号	指标名称（2014 年）	指标数值	相对排名	世界排名第一的国家	有指标数值的国家和地区数
15	在过去一年中有过储蓄的成年人（指初等教育及以下的人）比例	67.97%	4%	泰国	114
16	未通过现金方式接受工资的成年人中，工资打入非首个账户的新账户比例	41.66%	5%	蒙古国	99
17	在过去一年中有过储蓄的成年人（指中等教育及以上的人）比例	79.33%	5%	泰国	114
18	用正规金融机构账户付学费的成年人（指中等教育及以上的人）比例	13.86%	6%	肯尼亚	105
19	在过去一年中付过水电费的成年人（指农村地区的人）比例	82.87%	6%	芬兰	157
20	认为有可能筹集应急基金的成年人（指初等教育及以下的人）比例	41.09%	6%	缅甸	114
21	用正规金融机构账户付水电费的成年人（指中等教育及以上的人）比例	25.45%	6%	匈牙利	110
22	用正规金融机构账户付学费的成年人（指收入处在前60%的人）比例	9.96%	7%	肯尼亚	119
23	用正规金融机构账户付学费的成年人（指15～24岁的年轻人）比例	10.21%	7%	伊朗	104
24	开立正规金融机构工资账户的成年人（指中等教育及以上的人）比例	36.62%	7%	白俄罗斯	114
25	在正规金融机构拥有账户的成年人（指初等教育及以下的人）比例	72.82%	7%	伊朗	113

续表

序号	指标名称（2014 年）	指标数值	相对排名	世界排名第一的国家	有指标数值的国家和地区数
26	拥有账户的成年人（指初等教育及以下的人）比例	72.82%	7%	伊朗	113
27	认为有可能筹集应急基金的成年人（指收入处在后 40% 的人）比例	40.76%	8%	缅甸	159
28	用正规金融机构账户付水电费的成年人（指初等教育及以下的人）比例	9.40%	8%	伊朗	92
29	储蓄为创业、经营或扩张的成年人（指 15～24 岁的年轻人）比例	20.66%	8%	乌干达	157
30	认为有可能筹集应急基金的成年人（指农村地区的人）比例	40.76%	8%	不丹	157
31	通过手机进行账户转账的成年人（指 15～24 岁的年轻人）比例	31.26%	8%	芬兰	144
32	通过互联网支付账单或购物的成年人（指初等教育及以下的人）比例	5.92%	9%	白俄罗斯	103
33	储蓄为支付教育或学校学费的成年人（指初等教育及以下的人）比例	28.99%	9%	乌干达	114
34	有可能筹集应急基金的女性（指成年人）比例	39.99%	9%	不丹	159
35	认为有可能筹集应急基金的成年人（指 15～24 岁的年轻人）比例	43.08%	9%	柬埔寨	159
36	在特定月份取款拥有账户的成年人比例	52.52%	9%	缅甸	146
37	在过去一年中收到工资的成年人（指初等教育及以下的人）比例	27.24%	9%	土库曼斯坦	112

序号	指标名称（2014年）	指标数值	相对排名	世界排名第一的国家	有指标数值的国家和地区数
38	在过去一年收到农产品货款的成年人（指收入处在后40%的人）比例	45.71%	9%	马达加斯加	123
39	应急基金主要来源为储蓄的成年人比例	60.28%	9%	日本	159
40	拥有借记卡的成年人（指中等教育及以上的人）比例	66.00%	10%	伊朗	114
41	用正规金融机构账户支付学费的女性（指成年人）比例	7.59%	10%	肯尼亚	113
42	在过去一年收到农产品货款的成年人（指农村地区的人）比例	52.29%	10%	马达加斯加	121
43	在过去一年支付水电费的女性成年人比例	81.34%	10%	芬兰	159
44	储蓄目的为养老的成年人（指收入处在后40%的人）比例	31.58%	10%	泰国	159

资料来源：孙天琦，等. 国际普惠金融指标体系调查：进展、比较与启示［J］. 金融监管研究，2016（4）.

（2）在企业调查中的表现。企业调查（Enterprise Surveys）从2005年开始，目前覆盖145个国家和地区，但每年仅调查少量国家和地区。例如，2014年仅调查了12个国家。我国只有2012年的数据。

中国在2012年企业调查采集的15个金融类指标中，仅有国内投资占比指标排在世界前10%，其他指标均排在40%后。而排名在后40%的10个指标中，通过银行进行财务投资和资本运营的指标有4个，显示我国借助银行进行财务投资和资本运营的企业占比分别为14.7%和22.1%，通过银行进行的财务投资和资本运营的占比分别为4.5%和6.4%。这方面泰国和多米尼加排在最前面：泰国有74.4%的企业借助银行进行财务投资，通过银行进行财务投资和资本运营的占比分别为53%和36.9%；多米尼加有72.4%的企业借助银行进行资本运营。这也从侧面说明，我国银行参与企业内部运营决策较少，银行专业化服务有待加强。关于借助供应商进行财务投资和资本运营的指标有 2 个，反映我国借助供应商进行的财务投资和资本运营占比分别为 1.9% 和 4.4%。在这方面，哥伦比亚、萨尔瓦多等排名最高，哥伦比亚通过供应商进行资本运营的比例为 36.6%，萨尔瓦多通过供应商进行财务投资的比例为 18%，相对而言，我国在产业链上下游之间的金融支持较少。关于有银行信贷覆盖情况的指标有 1 个，我国有银行贷款或授信额度的公司比例仅为 25.3%，智利最高，达到 79.6%。

3. 在国际货币基金组织普惠金融指标体系中的表现

国际货币基金组织在普惠金融方面主要开展了金融服务可获得性调查（FAS），调查覆盖了世界 189 个国家和地区（包括中国、中国香港和中国澳门）。FAS 在 2014 年共采集我国普惠金融指标数据 78 个。从各项指标世界排名情况看，我国排在前 10%、前 30%、前 50% 的指标分别有 47 个、64 个和 68 个，排在 50% 以后的指标有 10 个，排在后 20% 和后 10% 的指标分别有 4 个和 3 个。从具体内容看，排在前 10% 的 47 个指标中，关于商业银行、保险公司、小贷公司等金融机构数、分支机构数和 ATM 数的指标 18 个，金融机构中个人、家庭、小微企业存款账户数及存款余额指标 14 个，金融机构中个人、家庭、小微企业贷款账户及贷款余额指标 13 个，说明我国在金融机构服务网点布设总量以及个人、家庭、小微企业存贷款账户数和余额方面处于世界领先地位。而排在后 50% 的 10 个指标中有 7 个指向我国商业银行、信用社、小贷公司等金融机构人均网点数较少。这可能是由于我国部分地区人口密度较大，一个网点能够服务较多顾客，并不能认为是金融服务覆盖面不够。

（二）服务网络更加完善，金融服务覆盖率显著提升

根据中国银监会统计，截至 2017 年 8 月底，邮储银行营业网点已覆盖全国 98% 以上的县域地区，其中 71% 网点分布在县域及以下地区，60% 网点分布在中西部地区；在金融服务空白乡镇设立便民服务网点、布放自助机具，有效改善农村用卡环境，目前已拓展助农金融服务点商户 14.76 万个、布放自助设备 11.8 万台。农业银行发放惠农卡 1.98 亿张，在农村地区设立惠农通工程服务点 62.2 万个，电子机具行政村覆盖率 74.4%。全国已设立村镇银行 1557 家，重点布局中西部和老少边穷地区、粮食主产区、小微企业聚集地区。例如，中国银行已在全国 12 个省市设立了 82 家村镇银行，共有 170 多家分支机构，主要分布在中西部金融服务空白或薄弱的县域，中西部县占比 78%，国家级贫困县占比 33%，涉农及小微贷款占全部贷款的 92.5%，有力支持了县域及农村客户群体。

（三）重点领域金融服务能力和水平持续提高

1. 小微企业金融服务

根据中国银监会统计，截至 2017 年 8 月末，全国银行业金融机构小微企业贷款余额 29.00 万亿元，较年初增加 2.30 万亿元，同比增长 15.97%，比各项贷款平均增速高 2.64 个百分点；小微企业贷款余额户数 1429.88 万户，同比增加 145.81 万户；小微企业申贷获得率 94.73%，同比提高 1.41 个百分点，继续阶段性实现"三个不低于"目标。

2. 涉农领域金融服务

截至 2016 年末，农村地区拥有助农取款服务点 98.34 万个，村级行政区覆盖率超 90%，促进了金融服务"最后一公里"的打通。截至 2017 年 8 月末，全国银行业金融机构涉农贷款余额 30.28 万亿元，较年初增加 2.40 万亿元，同比增长 10.50%，其中农户贷款余额 7.85 万亿元，比年初增加 0.78 万亿元，同比增长 15.20%。

三、主要经验——"五个结合"

自改革开放以来，尤其是随着中国特色社会主义新时代的来临，普惠金融事业也与时俱进，取得了举世瞩目的成绩，为世界各国发展普惠金融提供了中国样本。普惠金融是一项系统工程，需要各方面统筹协调，需要各利益相关方一起努力方能有效推动。中国普惠金融的经验值得深入总结和全面推广。笔者认为归纳起来其主要有以下"五个结合"值得关注。

（一）政府引导与市场机制相结合

党的十八届三中全会通过的《中共中央关于全面深化改革若干重大问题的决定》指出，经济体制改革的核心问题是处理好政府和市场的关系，使市场在资源配置中起决定性作用和更好发挥政府作用。普惠金融发展充分体现了这一要求，始终坚持政府引导与市场机制相结合。

一方面，普惠金融服务对象多为低收入、高风险群体，出于盈利性的考虑，商业性金融机构对其有一定的排斥性，即经常被诟病的"嫌贫爱富"现象。普惠金融服务的缺乏或不足很容易加剧社会的贫富差距，不利于社会公平。消除贫困、共同富裕是中国特色社会主义建设的重要任务和目标。因此，中国政府历来高度重视普惠金融事业，金融管理部门纷纷出台了一系列政策，包括货币政策、财税政策、监管政策等，创造有利于普惠金融发展的良好市场环境，引导和鼓励金融机构加大对普惠金融的投入。

另一方面，普惠金融推广的最大难点在于如何实现商业可持续。普惠金融服务对象众多，且大多并非属于公益性质，因此只有实现商业可持续才有可能发展壮大，让更多的人群受益。作为一种商业行为，普惠金融的发展必须充分发挥市场机制的作用。尤其是在"市场在资源配置中起决定性作用"的中国特色社会主义经济体制下，更应如此。因此，不仅仅是政策性金融机构（大部分政策性金融机构也是通过商业化运作模式提供普惠金融服务），还有各种类型的经营性金融机构也都可以成为普惠金融服务的提供者。

（二）监管引领与金融机构主动作为相结合

普惠金融服务不仅是金融业服务实体经济的重要内容，也是金融机构履行社会责任的必然要求，还有助于其风险防控。普惠金融的推广不仅需要监管引领，更需要金融机构主动作为，自觉将普惠金融理念落实到发展战略之中。

我国金融监管部门主动作为，充分发挥监管引领作用，在做好风险监管的同时，积极为金融机构开展普惠金融创造有利的外部环境，包括协调有关部门出台普惠金融的优惠政策、制定专门的普惠金融监管政策法规、对普惠金融完成较好的机构实施监管激励等。例如，中国银监会成立了普惠金融部，各银监局也有专门负责普惠金融的部门，负责指导银行业普惠金融的发展，每年都要对普惠金融服务提出具体的监管要求。

各级金融机构是开展普惠金融的主体，普惠金融服务的缺口最终还是只能由金融机构来弥补。近年来，随着中国经济步入新常态，供给侧结构性改革深入推进，金融服务实体经济的宗旨不断强化，金融机构纷纷回归本源，加大了对包括普惠金融在内的实体经济支持力度，一改过去被动要求加强普惠金融服务为主动加大普惠金融投入。例如，先后有多家大型银行机构将服务中小企业和支持农业供给侧结构性改革作为今后业务发展的重点和优先领域，并主动向县域或社区等基层下沉机构和服务。

（三）传统方式与金融科技相结合

随着大数据、物联网、区块链和人工智能等技术在金融业普及和应用，金融科技的优势日益显现，普惠金融服务也不例外，以至于数字普惠金融成为2016年G20杭州峰会的重要议题，并将直接推动中国和其他成员国普惠金融的发展。国内网络银行、手机银行、微信银行等各种电子服务渠道，以及移动支付、网络借贷和众筹融资等新型的金融服务模式直接促进了普惠金融的发展，使得我国的数字普惠金融发展水平处于世界前列。

与此同时，传统的依赖营业网点的金融服务模式仍然具有自身的优势，对推广普惠金融服务有着特殊的意义，尤其是在农村地区在未来仍然具有不可替代的优势。正因为如此，多个国际组织将人均拥有的机构网点数量作为衡量普惠金融发展水平的重要指标。

为完善我国农村地区金融服务网络，中国银监会积极引导国有大型银行和邮储银行等机构向县域和乡镇下沉网点的同时，加快组建县域法人金融机构（农村商业银行和村镇银行），努力实现"乡乡有机构，村村有服务，乡镇一级基本实现银行物理网点"的目标。此外，中国人民银行在全国范围内开展了"助农取款服务"，实现了银行卡助农取款服务在全国范围内农村乡镇、行政村的基本覆盖，满足农村各项支农补贴资金、老年人生活补贴、养老金领取及各类日常小额的取现和余额查询需求，实现农村居民小额取款"不出村、零收费、无风险"，最大限度地解决了偏远地区农村居民支取现金难的问题。

（四）债权融资与股权融资相结合

如何解决小微企业融资难、融资贵、融资慢的难题，是普惠金融的重要课题。理论上，小微企业在通过正规渠道解决融资问题时可以选择债权融资和股权融资，二者各有优劣。由于我国的金融结构仍然以银行为主体，融资方式以银行借贷的债权融资为主，决定了银行信贷仍然是小微企业融资的重要来源。因此，有关部门出台了大量促进银行对小微企业信贷支持的政策（如前所述，包括货币政策、财税政策、监管政策），小微企业贷款连续多年保持"三个不低于"，让广大小微企业及其业主也享受到金融服务的雨露甘霖。此外，还支持符合条件的企业发行企业债券，以及小微企业增信集合债券、集合票据、集合信托和短期融资券等，专门用于支持小微企业发展。

但也要注意到，处于初创阶段的小微企业都面临着信用记录不全、缺乏合格抵质押物品的困难，难以达到银行机构信贷准入门槛，很容易被拒之门外。对此，除了采取完善征信、建立风险分担和增信体制以外，还鼓励符合条件的小微企业通过股权融资的方式获得资金。一是设立小微企业创业投资引导基金，吸引社会资本设立创业投资企业，主要投资于小微企业；鼓励新兴产业创投计划参股创业投资企业，进一步加大对战略性新兴产业和高技术产业领域小微企业的投资力度。二是鼓励小微企业利用全国中小企业股份转让系统在资本市场直接融资。三是开展投贷联动试点，通过"股权＋债权"的模式支持科创型企业发展。

（五）先行先试与全面推广相结合

创新是发展的动力，也是新时代中国特色社会理论的五大发展理念之一。在创新过程中为了最大限度规避风险和积累经验，通过小范围试点后再全面推广是通行做法。特别是对于我国幅员辽阔、各地发展水平参差不齐的实际，通过各地开展试点更有利于激发创造性和主动性，确保改革措施的针对性和可行性。普惠金融的发展同样要遵循创新的发展理念，按照先试点后推广的原则进行。在普惠金融领域，多项重要改革措施都体现了先行先试与全面推广相结合的原则。

一是农村信用合作机构的改革。2003 年 6 月《国务院关于印发深化农村信用社改革试点方案的通知》的下发开启了新一轮农村信用合作机构改革试点的序幕。首批试点地区包括吉林、山东、江苏、浙江、陕西、重庆、贵州和江西 8 省市。改革试点主要有三方面内容：农村信用社产权制度、农村信用社管理体制以及国家帮扶信用社。2004 年 8 月底，又将北京、天津等 21 个省市区纳入试点范围。2007 年 8 月，随着最后一家省级合作社的正式挂牌，我国新的农村信用社经营管理体制框架已经在全国范围内建立起来。

二是农村银行业金融机构的培育。2006 年以来，中国银监会对农村地区银行业金融机构准入政策本着积极、稳妥原则，按照"先试点，后推开；先中西部，后内地；先努力解决服务空白问题，后解决竞争不充分问题"的原则和步骤，在总结经验的基础上，完善办法，稳步推开。首批试点选择在四川、青海、甘肃、内蒙古、吉林、湖北 6 省（自治区）的农村地区开展。试点内容包括：放开准入资本范围、调低注册资本、调整投资人资格、放宽业务准入条件与范围、调整董（理）事及高级管理人员准入资格、调整新设法人机构或分支机构的审批权限、简化公司治理要求等。

三是普惠金融服务模式的创新。为完善科技金融服务模式，支持科创企业发展，引导银行业金融机构加大创新力度，中国银监会选择了首批包括武汉东湖国家自主创新示范区在内的 5 家国家级自主创新示范区，以及包括汉口银行在内的 10 家银行机构开展投贷联动试点。试点主要目标是推动银行业金融机构基于科创企业成长周期前移金融服务，为种子期、初创期、成长期的科创企业提供资金支持，有效增加科创企业金融供给总量，优化金融供给结构，探索推动银行业金融机构业务创新发展。为鼓励各地开展普惠金融服务创新，各地纷纷结合本地实际积极探索新的服务模式，并适时在全国范围推广。例如，"双基联动""银税互动""银税保互动""网格服务""政银保合作"等普惠金融服务好的做法。尤其是金融服务网格化战略下的"网格服务"模式已经成为全国普惠金融的湖北样本，具体有关内容将在本书的后续章节作详细介绍。

四是综合性普惠金融改革的试点。中国人民银行和中国银监会等部门先后联合有关地方政府开展了普惠金融综合改革试点，探索以改革促进县域发展、创新金融支持扶贫和"三农"模式，为全国普惠金融改革探路。例如，2016 年 12 月，中国人民银行、中国银监会联合有关部门和河南省人民政府印发《河南省兰考县普惠金融改革试验区总体方案》，坚持新发展理念，注重落实县域普惠金融发展的"最后一公里"，提出用 5 年左右时间把兰考县建设成为全国普惠金融改革先行区、创新示范区、运行安全区。2017 年 7 月，中国银监会、中国保监会、河北省人民政府联合印发《创建阜平县普惠金融示范县方案》，深入推进普惠金融发展，充分激发金融支持贫困地区脱贫攻坚的内生动力。此前，中国银监会和中国保监会、甘肃省人民政府联合下发了临洮县、和政县普惠金融试点实施方案，旨在着力增加普惠金融服务和产品供给，提高金融服务的覆盖面和可得性。

【专栏 2－7】

《河南省兰考县普惠金融改革试验区总体方案》印发

为深入贯彻落实《中华人民共和国国民经济和社会发展第十三个五年规划纲要》《中共中央国务院关于打赢脱贫攻坚战的决定》《推进普惠金融发展规划（2016—2020 年）》等重要文件精神，支持兰考县探索以改革促进县域发展、创新金融支持扶贫和"三农"模式，经国务院同意，中国人民银行、银监会联合有关部门和河南省人民政府印发《河南省兰考县普惠金融改革试验区总体方案》（以下简称《方案》）。

《方案》包括十个方面、二十七项主要措施。一是完善县域普惠金融服务体系，包括更好发挥银行业机构作用、规范发展新型金融服务组织、完善风险管理和分担补偿体系。二是强化精准扶贫金融服务，包括创新金融扶贫产品和服务模式、完善精准扶贫配套措施。三是优化新型城镇化金融服务，包括创新投融资机制、深化涉农和小微企业金融服务创新、支持农民工市民化。四是充分利用多层次资本市场，包括培育发展股权融资、债务融资。五是大力发展农村保险市场，包括扩大农业保险覆盖范围、创新推广各类涉农保险。六是深化农村支付服务环境建设，包括设立农村金融综合服务站、普及移动支付业务。七是强化要素服务平台建设，包括搭建信用信息平台、完善农村产权交易服务平台、推广动产质押融资服务平台、建立一网通金融服务平台。八是强化配套政策支持，包括加强财税政策扶持、强化货币政策工具支持、实施差异化监管政策。九是加强金融消费权益保护，包括健全金融消费权益保护工作机制、提高金融知识宣传教育的普及性和针对性。十是建立工作保障机制，包括加强组织领导、宣传引导和考核监督。

根据国务院要求，人民银行、银监会将会同有关部门加强与河南省人民政府的沟通协调，共同指导兰考县做好相关工作，确保试验区各项改革措施依法合规实施、稳妥有序推进。

资料来源：中国经济网，http：//www.ce.cn，2016－12－28。

第三章　湖北普惠金融制度变迁的逻辑起点

丘也闻有国有家者，不患寡而患不均，不患贫而患不安。盖均无贫，和无寡，安无倾。

——《论语·季氏》

城与乡，不能截然分开；城与乡，同等重要；城与乡，应当有机结合在一起，如果问城市与乡村哪一个更重要的话，应当说自然环境比人工环境更重要。

——美国城市理论家　芒福德

党的十九大指出，新时代我国社会主要矛盾是人民日益增长的美好生活需要和不平衡不充分的发展之间的矛盾。近年来，湖北经济社会发展取得了长足进步，但经济金融发展中的不平衡不充分问题依然存在，陷入了低效率的路径依赖，亟须通过发展普惠金融实现制度变迁，不断满足人民群众对美好生活的向往。当前，中部崛起、长江经济带、自贸区、投贷联动等国家发展战略相继实施，为普惠金融发展提供了政策支撑；小微企业、"三农"、县域经济、战略性新兴产业需求日益旺盛，为普惠金融发展构筑了"长尾"市场；湖北银行业改革发展持续深化，为普惠金融发展带来了内生动力，从而构成了湖北普惠金融制度变迁的逻辑起点。

第一节　国家战略和政策赋予的历史性机遇

近年来，中部崛起、长江经济带、武汉城市圈科技金融改革、投贷联动等一系列国家战略和政策的实施为湖北经济建设发展赋予了历史性机遇，为湖北省加快推进"建成支点、走在前列"提供了新动能，也为普惠金融的制度变迁释放了"改革红利"。政府部门作为"第一行动集团"提出了一系列关于经济金融创新的顶层设计、法规框架和制度方案，将引领作为"第二行动集团"的银行业金融机构实施制度创新，提升普惠金融服务的质量和效率。

一、中部崛起战略

2004 年的十届全国人大二次会议上，温家宝总理提出了"促进中部地区崛起"的战略方针，旨在促进山西、河南、湖北、湖南、安徽、江西中部六省共同崛起，实现经济发展水平显著提高、可持续发展能力明显提升、和谐社会建设取得新进展的目标。2013 年 7 月，习近平总书记考察湖北时指出，要"努力把湖北建设成为中部地区崛起重要战略支点，争取在转变经济发展方式上走在全国前列。"2016 年 12 月，国务院批复同意《促进中部地区崛起"十三五"规划》，明确了"十三五"时期实施中部崛起的路线图。2017 年10 月，习近平总书记在十九大报告中强调，要实施区域协调发展战略，发挥优势推动中部地区崛起，建立更加有效的区域协调发展新机制。中部崛起战略的实施标志着湖北进入了新的发展战略机遇期，为普惠金融制度变迁营造了良好环境。

一是中部经济增长极得以构建。俗话说"得中原者得天下"，中部地区历来是中国富庶繁华之地，也是兵家必争的战略要地。"九省通衢"的湖北地处中部地区的中心，具有承东启西、连南接北的区位优势，便于东引西进，南拓北击。同时，也恰属沿海高经济梯度向西部低经济梯度之间的过渡地带，产业基础良好，科教实力雄厚，配套能力强，具有中部经济增长极的发展潜力。《促进中部地区崛起"十三五"规划》提出，到 2020 年，要实现中部地区全面建成小康社会，地区总体经济实力稳步提升，发展质量和效益明显提高，新型城镇化步伐加快，常住人口城镇化率达到 58% 左右，户籍人口城镇化率达到 43% 左右，服务业增加值比重达到 47% 以上。区域性整体贫困得到解决，现行标准下贫困人口全部脱贫。在构建新的经济增长极的过程中，传统产业改造、科技创新、新型城镇化、精准扶贫等新兴增长点将产生大量的金融需求，为发展普惠金融带来了广阔的发展空间。

二是金融创新活力得到激发。《促进中部地区崛起"十三五"规划》提出，要把体制改革和科技创新作为根本动力，以改革激发市场和社会活力，以创新推动产业结构优化升级，推动中部地区新旧动能转换。通过实施中部崛起战略，将释放更多的改革红利，带动金融服务机制创新、产品创新和服务创新。例如，在支持大众创业、万众创新中，可支持符合条件的银行业金融机构开展投贷联动试点，满足科技创新企业金融需求；在支持湖北老工业基地改造中，可大力发展融资租赁、专利保险等多功能、多层次的金融服务；在支持城乡统筹发展中，可探索"两权"抵押贷款、无还本续贷等创新产品，创新信贷机制，提高审批效率，发挥普惠金融普及性、包容性、便捷性的服务优势。

三是金融机构体系得到完善。《促进中部地区崛起"十三五"规划》指出，要稳妥有序发展金融业，鼓励各类金融机构在中部地区设立机构总部、地区总部、分支机构，规范要素交易市场、新型投融资等平台建设。中部崛起战略的实施将为湖北打造区域金融中心带来新机遇，培育和吸引新型金融业态机构集聚，推动构建多层次、广覆盖、有差异的金融服务体系。

二、长江经济带和中游城市群发展规划实施

长江中游城市群是以武汉城市圈、环长株潭城市群、环鄱阳湖城市群为主体形成的特大型城市群，规划范围包括湖北武汉、黄石、鄂州、黄冈、孝感等13座城市，以及湖南、江西部分城市，国土面积约31.7万平方公里，2014年实现地区生产总值近7.12万亿元，占全国GDP总量的9.57%。该城市群是长江经济带的重要组成部分，也是实施中部崛起战略、全面深化改革开放和推进新型城镇化建设的重点区域，在我国区域发展格局中占有举足轻重的地位。①

2011年4月、7月，湖北省党政代表团分别考察湖南和江西，倡议共同构建长江中游城市群；2012年，三省政府签订《加快构建长江中游城市群战略合作框架协议》；2013年2月，长沙、合肥、南昌、武汉四省会城市达成《武汉共识》，将联手打造以长江中游城市群为依托的中国经济增长"第四极"。同年4月，长江中游城市群首次亮相博鳌亚洲论坛。2014年，四省会再次发布《长沙宣言》，约定共同建设具有国际竞争力的特大城市群；2015年3月，《长江中游城市群发展规划》经国务院批复正式实施，这是《国家新型城镇化规划（2014—2020年）》出台后，国家批复的首个跨区域城市群规划。长江中游城市群正式定位为中国经济发展新增长极、中西部新型城镇化先行区、内陆开放合作示范区和"两型"社会建设引领区。

该规划的实施为长江中游城市群提升开发开放水平、增强整体实力和竞争力创造了良好条件。一是强化了武汉、长沙、南昌的中心城市地位，加快了武汉迈向国家中心城市的步伐。三城在交通、旅游、产业以及多项民生项目领域中开展合作，在逐步拉进空间距离的同时，也给三市乃至三省居民带来多项优惠。二是打造交通运输产业链，带动沿线经济发展。《长江中游城市群发展规划》提出"依托沿江、沪昆和京广、京九、二广等重点轴线"，二广发展轴向南延伸，是北部湾经济区；向北延伸，则是中原城市群、关中城市

_____

① 资料来源：国家发展和改革委员会：《长江中游城市群发展规划》。

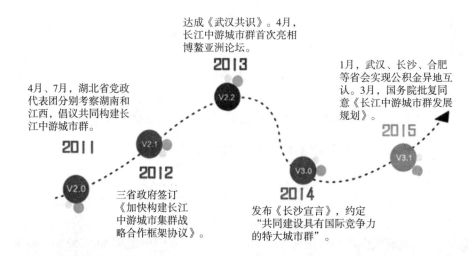

资料来源:湖北省人民政府网站,www.hubei.gov.cn。

图 3-1 长江中游城市群上升为国家战略大事记

群,是"一带一路"战略的重要平台。这就使襄阳、宜昌两个省域副中心城市,以及"宜荆荆"迎来了全新发展机遇,辐射范围甚至远超过去提的长江中游城市群。2017 年 9 月 21 日,武(汉)九(江)客运专线的全线贯通,把湖北境内的武石城际铁路与江西境内的昌九城际铁路串联一起,连接沪昆高铁等线路,一同构筑起武汉城市圈、环鄱阳湖城市群、长株潭城市群间的"铁三角"格局,使长江中游城市群正式迈入"两小时经济圈"。三是加强生态文明建设,带动绿色产业发展。2017 年 10 月,党的十九大报告明确指出,要以共抓大保护、不搞大开发为导向推动长江经济带发展。因此,长江中游城市群的发展应坚持生态优先,使绿水青山产生巨大的经济效益、社会效益、生态效益,使母亲河永葆生机活力。有关部门可以采取环境保护"一票否决制",建立并完善主要污染物排污权交易制度,政府绿色采购制度等措施,助推湖北与湖南、江西打造中国绿心,走绿色、生态文明之路。①

为充分发挥全省银行业金融机构在支持湖北长江中游城市群发展中的重要作用,自觉融入国家战略,实现和地方经济发展的良性互动,湖北银监局于 2015 年 7 月印发了《关于银行业支持湖北长江中游城市群发展的指导意见》,明确了"一中心三创新六支持"的总体部署,即推动长江中游城市群区域金融中心建设,坚持制度创新、组织创新和服务创新,引领银行业支持城

---

① 资料来源:刘卫.图解长江中游城市群发展规划[EB/OL].(2015-04-08).湖北省人民政府网站,www.hubei.gov.cn。

襄阳、"宜荆荆"迎来新机遇

规划提出"依托沿江、沪昆和京广、京九、二广等重点轴线"、让襄阳、宜昌两个省域副中心城市，以及"宜荆荆"城市群迎来了全新发展机遇，比过去提的长江中游城市群辐射范围更大。二广发展轴向南延伸，是北部湾经济区；向北延伸，则是中原城市群、关中城市群，是"一带一路"战略的重要平台。

三省携手打造中国绿心

创新体制机制，加强生态文明制度建设。实行环境保护"一票否决制"。建立并完善主要污染物排污权交易制度，推进政府绿色采购制度。将环境准则纳入采购模式，带动绿色产业的发展。

武汉加快迈向国家中心城市

《长江中游城市群发展规划》强化武汉、长沙、南昌的中心城市地位，武汉要发挥好这一作用，进一步巩固中国中部中心城市的地位，并为建设国家中心城市打下基础。武汉、长沙、南昌3市在所构建的"朋友圈"内，促成了交通、旅游、产业以及多项民生项目的合作，在逐步拉近"空间距离"的同时，也给三市乃至三省居民带来多项优惠。

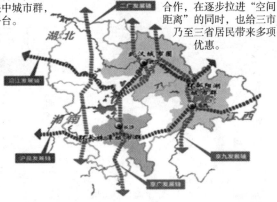

资料来源：湖北省人民政府网站，www. hubei. gov. cn。

图 3 - 2　湖北新机遇、新突破

乡统筹协调发展、支持基础设施互联互通、支持重点产业快速发展、支持生态文明共建、支持公共服务共享、支持深化全方位开放合作，加大对长江经济带重大任务、重点项目、重要产业的金融支持，发挥对湖北经济发展的骨干支撑作用。

三、自由贸易试验区设立

2016 年 8 月，党中央、国务院决定在辽宁、浙江、河南、湖北、重庆、四川、陕西 7 个省份设立全国第三批自贸区。湖北自贸试验区占地面积 120 平方公里，涵盖武汉、宜昌、襄阳三地，其中武汉片区 70 平方公里（含武汉东湖综合保税区 5. 41 平方公里），襄阳片区 21. 99 平方公里（含襄阳保税物流中心［B 型］0. 281 平方公里），宜昌片区 27. 97 平方公里。按区域布局划分，武汉片区重点发展新一代信息技术、生命健康、智能制造等战略性新兴产业和国际商贸、金融服务、现代物流等现代服务业；襄阳片区重点发展高端装备制造、新能源汽车、大数据、云计算等产业；宜昌片区重点发展先进制造、生物医药、新材料等高新产业及研发设计、总部经济、电子商务等现代服务业。整片区域被定位为高端产业集聚、创新创业活跃、金融服务完善、监管高效便捷、辐射带动作用突出的高水平、高标准自由贸易园区。[①]

图 3 - 3　湖北自贸试验区图解

作为新时期中国推进改革和提高开放型经济水平的"试验田",新设立自贸区会产生"弯道超越"效应。弯道超越,原是赛车场上的术语,就是要在拐弯处超越对手,竞相发展的地区,如同在赛车场上飞驰的一辆辆赛车,弯道之处,一些人习惯性降速慢行,而高明的赛车手却能够看清路面、打稳方向、加踩油门,在弯道实现超越,领跑对手。对湖北来说,设立自贸区就是发展的"弯道",要做高明的赛手,善作善成,人无我有,人有我新,实现弯道超越目标。而金融的改革往往是创新的核心和基础,这就为发展普惠金融提供了创新体制机制的更广阔的平台和制度环境。

为全力支持自贸区建设,配合政策落地,湖北银监局成立了领导小组,大力推动构建创新引领、开放包容的"1+ X"自贸区监管制度体系[②],制定

---

① 资料来源:中国(湖北)自由贸易试验区网站,http://www. china - hbftz. gov. cn/index. html。

② 即关于湖北银行业自贸区改革创新工作的总体性政策文件。X 则涵盖自贸区行政许可管理制度、自贸区业务创新包容制度、自贸区银行业非现场信息监测体系、自贸区银行业风险评估制度四项制度,结合湖北自贸区银行业务及监管工作运行实际,不断衍生和延伸,充分激发市场活力与监管活力。

了自贸区银行业改革创新工作的意见、自贸区银行业务创新包容机制、简化自贸区银行业金融机构和高管准入方式实施细则等一系列制度。随着金融环境不断优化，湖北自贸区的金融集聚效应逐步显现，各银行业机构在功能定位、机制创新、产品研发和客户储备等方面实现了新突破。

一是降低"隐性"壁垒，提升普惠金融服务可得性。大力推动自贸区体制机制创新，缓解自贸区企业特别是科技型中小企业融资难、融资贵问题。例如，为发展科技金融，自贸区着力推广"六个专项"模式，其中包括设立专营机构、建立专营机制、推出专项信贷产品、制定科技企业直接融资专项措施、搭建信息信用专业平台、构建专门监管政策等。同时，自贸区努力推动更多符合条件的科技型企业在交易所、"新三板"和区域性股权交易市场上市、挂牌融资，鼓励上市公司建立市值管理制度，并通过增发、配股、发行公司债等方式开展再融资，以促进金融市场间的深度融合。

二是增强服务功能，提升普惠金融服务便利度。自贸区银行业机构乘上政策"东风"，主动拥抱变革，大胆开展金融工具创新。首先是创新债权性金融工具。从贷款额度、期限、定价、还款方式、担保方式等维度创新产品，积极探索开发知识产权、商标权抵质押、动产融资、年审贷等新品种，积极开展贴现、转贴现、并购贷款等业务，支持自贸区高新技术企业发展、企业贸易结算和"走出去"需求。例如，工商银行三峡宜昌自贸区支行为小企业提供"票据池网上质押贷款"等创新业务产品。汉口银行打造贸易融资、投融资和资产管理三大核心业务平台，整合跨境通产品、供应链业务、跨境人民币业务产品形成"自贸通"品牌。其次是创新股权性金融工具。探索"商行＋投行"业务，积极发展股权融资业务。积极探索 PE 股权融资、PPP 融资等新模式，支持长江经济带和东湖高新区重点项目建设。最后是创新混合性金融工具。包括探索"股权＋债权"模式，开展投贷联动、资产证券化、债转股、可转换贷款等创新业务。例如，中国银行湖北省分行积极开展投贷联动，为园区企业开办跨境结算、跨境并购、海外代付、中银科技贷等 30 余种业务。建设银行积极探索"股加债"模式，设立了 120 亿元有限合伙制基金和 120 亿元契约型基金，支持宝武（武钢）集团"去杠杆"。同时，还可依托自贸区平台，搭建信贷资产流转交易平台，扩大信贷资产证券化业务试点，盘活存量资产，提高资产质量和流动性。

三是完善机构体系，提升普惠金融服务覆盖面。一方面，积极推进金融机构外延式扩张。自贸区将着力培育和吸引新型金融业态机构集聚，引入新资源，发挥新功能，构建多层次、广覆盖、有差异的金融服务体系。例如，积极探索鼓励和支持符合条件的发起人在自贸区内设立银行和非银行金融机构；支持符合条件的金融机构设立分支机构或专营机构，并将现有物理网点升级为分行；允许具备条件的民间资本依法发起设立金融机构。总而言之，让金融机构的品种多元化、差异化、专业化、渠道化，既相互竞争又相互协作，产生协同效应。另一方面，加快金融基础设施建设。湖北自贸区可积极推进跨境支付结算系统建设，探索支持自贸区内银行和支付机构、托管机构与境外银行和支付机构开展跨境支付合作，积极发展跨境电子商务，完善相应的海关监管、检验检疫、退税、物流等支撑系统，为中小企业提供通关、融资、退税等便利的金融服务。自贸区金融改革以贸易和投融资便利化为导向，在自贸区平等、自由和竞争的经营环境下，传统金融服务与新兴技术相互碰撞和融合，为金融机构转型发展带来活力，也将推动金融市场规模的倍增。

【专栏 3 – 1】

湖北自贸区总体方案获批　19 项改革试验随之启动

长江汤汤，汉水泱泱，江汉交汇，四方辐辏。在武汉，拉出了全国第一根光纤；在襄阳，新能源汽车驶向海内外；在宜昌，江水发电点亮近半个中国。今天，这三地将挂牌设立全国第三批、内地首批自由贸易试验区。

昨日，国务院新闻办公室召开新闻发布会宣布，国务院已批复湖北自贸区并印发总体方案。方案提出，由武汉、襄阳、宜昌三片区组成湖北自贸区，共占地 119.96 平方公里，将以制度创新为核心，启动加快政府职能转变、深化投资领域改革等六大类 19 项改革试验，努力建设成为中部有序承接产业转移示范区、战略性新兴产业和高技术产业集聚区、全面改革开放试验田和内陆对外开放新高地。

同时公布的，还有辽宁、浙江、河南、重庆、四川、陕西 6 省市自贸区方案。

湖北省副省长童道驰在新闻发布会上介绍，湖北自贸区将着重在推进创新驱动发展、促进长江经济带产业转型升级，以及中部地区崛起等方面，努力取得一些可复制、可推广的成果，走出一条路子来。

回望百年前，汉口开埠，江汉设关，散发阵阵茶香的货轮启运欧美，20 家汉口企业参加巴拿马万国博览会，外贸"驾乎津门，直追沪上"，成为"东方芝加哥"。

江水奔流，不舍昼夜。如今，汉新欧列车每周至少一班，跨越亚欧大陆，送去光纤光缆等高新技术产品；烽火科技等本土企业布局全球 130 余个国家和地区；254 家世界500 强企业落户荆楚……通江达海的湖北，在对外开放的洪流中异军突起。

昨日，记者探访了挂牌前的湖北自贸区。在武汉片区的光谷公共服务中心，14 个"马上办"服务窗口已准备就绪；在襄阳、宜昌片区，不少企业老板闻讯前来咨询。"自贸区运营后，我们公司生产的激光脱毛仪成本将降低10% 以上。"武汉洛芙科技公司总经理杨林高兴地说，激光脱毛仪核心元器件多数是进口，产品对外出口也较多，"一进一出"之间，一年将省下近百万元的关税。"这盒松露巧克力只要24 元，在网上买得29 元呢！"在光谷保税展示交易中心，武昌市民曾令帅兴奋地说。自贸区挂牌后，投资海外资本市场、享受外资医院服务、找外资旅行社开启"说走就走"的旅行……都将成为现实。

湖北省社科院副院长秦尊文认为，湖北自贸区将助推湖北"以开放促改革"，打造一个国际化、法治化、市场化的营商环境，引领中部崛起和长江经济带建设，以更加积极的姿态融入全球价值链。

资料来源：刘鹏，陈俊旺，刘利鹏. 湖北自贸区总体方案获批，19 项改革试验随之启动［N］. 楚天都市报，2017 - 04 - 01.

四、投贷联动试点

投贷联动是指银行业金融机构通过"信贷投放"与"股权投资"相结合，实现科创企业信贷风险和收益的匹配，为科创企业提供资金支持的融资模式。2016 年4 月，银监会、科技部、人民银行三部委联合发布《关于支持银行业金融机构加大创新力度开展科创企业投贷联动试点的指导意见》，标志着投贷联动试点工作正式启动，武汉东湖高新区和国家开发银行、中国银行、汉口银行获得首批试点资格。湖北银监局积极推动试点工作顺利开展，协助省市政府制定了投贷联动试点方案和风险补偿细则，推动政府成立了风险补偿基金。2016 年10 月，武汉市人民政府印发了《关于支持试点银行开展投贷联动业务的意见》。2017 年6 月，湖北省金融体制改革领导小组公布《金融机构投贷联动试点工作方案》，明确了银行的创新业务模式、内部制度、风险分担机制以及监管架构等。

投贷联动试点的落地推进，将推动银行业机构实现从服务理念、服务产品到体制机制的全方位创新，为普惠金融制度变迁提供了新机遇、新空间。银行业金融机构通过开展投贷联动试点，采用"债权 + 股权"的服务模式，与风投机构、中介机构、政府科技部门等合作，将信贷投入"传统动能"与股权投资"新兴动能"有机结合，用投资收益抵补信贷风险，用"大数法则"颠覆"正态分布",能够解决风险收益不对等和投资功能缺失的瓶颈,缓解中小型科技企业融资难、融资贵的问题。主要将实现以下三方面的创新。

一是服务理念创新。通过开展投贷联动业务,能够推动银行业机构转变经营理念,将信贷文化由春播秋收的"农耕文化"升级为精确打猎的"狩猎文化",推进信贷结构调整,矫正资金配置扭曲,缓解初创期、成长期企业融资难题,支持"四新经济"发展。

二是组织体系创新。投贷联动试点将推动银行业机构调整优化组织架构,推进子公司制、事业部、专营部门制等改革,打破"部门墙",摒弃"业务段",实现专业化经营,提高服务效率。例如,中国银行湖北省分行将武昌藏龙岛支行以及光谷恒大华府支行改造为投贷联动专业化机构,并撮合成立了湖北首家投贷子公司——武汉中赢科技创业投资基金管理有限公司。同时,在全行建立了以投贷联动联席会为平台的业务架构体系,形成了"1+2+N"的联动模式,即一个中心、两个团队、N个科技专营支行。

二是服务模式创新。银行业机构可积极探索认股期权、可转换贷款等创新产品,采取先投后贷、先贷后投、投贷并行等联动方式,支持初创期、成长期科技创新企业金融需求。例如,汉口银行积极推广选择权贷款、"科技信贷风险池"等产品,并推出"百舸千帆"行动计划,与东湖高新区管委会开展优质项目跟踪推介、互助基金计划、科技企业孵化等方面的合作,支持东湖高新区内的"131"重点行业及客户。截至2017年第二季度末,湖北省内三家试点银行先后与34家内外部投资公司开展合作,支持科创企业83户,投贷联动贷款余额4.52亿元,同比增加97.24%,对应投资总额25.24亿元,同比增长21.90%。中国银行与东湖高新技术开发区签订了1000亿元的战略合作协议,约定将其中不低于50%的信贷资金用于对东湖地区五大产业的支持。

三是配套机制创新。试点银行联合科技机构组建投贷联动专家库,推动地方政府建立业务评审专家库和专门机构。目前,中国银行湖北省分行已聘请80多位专家学者和企业家,联合武汉市科技局组建投贷联动专家库,使试点工作获得更丰富、更专业化的智力支持。同时,在人员招聘上强化专业人才培养,提升队伍专业服务能力。

【专栏3-2】

创新全周期金融服务,打造投贷联动武汉模式

一、解放思想,树立全方位创新发展理念

银行业应正确认识投贷联动试点。一方面,试点是为了顺应新经济发展

的需要。银行业是金融支持新经济发展的主力军，科技创新和产业化离不开银行业的有力支持。试点是实施金融供给侧改革，提升银行业服务科创企业金融供给能力的一项重大探索。另一方面，试点需要银行业进行全方位变革。投贷联动不仅意味着增加一种新的盈利模式或者新的金融产品，而是对银行发展战略、经营理念、风控思维的一次全面革新，需要对组织架构、运营机制、业务定位、风险管控等全面调整。

监管部门应站在提升银行业服务实体经济能力的高度引领投贷联动试点。一方面，要树立鼓励创新的监管理念。鼓励符合科创企业发展、科技产业需要的金融创新，对创新实行尽职免责。另一方面，要守住风险底线。建立严格的风险隔离制度，防止投资子公司的股权投资损失向专营机构乃至整个银行集团传导。

二、集聚合力，顺利推进试点工作

（一）找准业务发展定位

试点银行要围绕湖北产业发展战略开展试点，根据辖内特色、优势产业，设计投贷联动服务方案；要围绕初创期、成长期企业开展业务，重点支持产业发展和市场前景较好、科技含量较高的科创企业；要围绕自身优势和定位开展业务，逐步打造特色业务、核心品牌和核心竞争力。

（二）促进投贷良性互动

推动投贷风险文化融合，融合信贷文化与投行文化在企业风险评估、项目决策标准等方面的差异，制定科学的项目筛查标准和审核程序；促进投贷信息有效互动，在客户评价、产品创新、营销推广等方面进行信息交流与合作；合理分配投贷业务之间收益与风险，促进投贷协同发展；科学设计考核机制，协调投贷人员之间激励约束机制上的差异，兼顾效率与公平。

（三）构建严密的风险防控网

试点银行应充分发挥董事会在风险防控中的组织领导作用，确保投贷联动业务布局稳健、管理制度和风控体系严密；严格专营机构与投资子公司的风险隔离措施，在机构、资金、人员和集中度管理等方面建立严格的"防火墙"制度；加强业务风险的监测评估，确定试点退出的触发条件和机制，制定完备的退出程序。

（四）完善风险分担与处置机制

政府部门应加快落实投贷联动风险分担机制。科学制定风险分担实施细则，明确补偿条件、补偿方式、补偿流程，为试点工作实质推进创造条件。简化补偿方式和流程；充分发挥政府在处置和化解风险中的重要作用。建立专门的科技信贷风险处置小组，帮助银行维护金融债权，打击逃废债。

（五）推动构建投贷联动信息平台

构建统一的科创企业信用信息数据库。整合工商、税务、司法、科技成果认定、知识产权登记、征信等相关信息，搭建科创企业征信平台；构建统一的投贷联动综合信息服务平台，为信息交流与合作提供便捷渠道。

（六）加快完善市场体系建设

推动中介服务机构发展。政府推动组建科创企业信用评级机构及专业的科技担保公司；积极支持技术转移、检验检测认证、科技咨询、技术评估、知识产权服务等中介机构的发展，形成若干科技服务产业集群；加快建设区域性知识产权流转平台、股权交易平台、科技成果交易平台，为科技信贷提供便捷的退出通道。

（七）构建宽严相济的日常监管体系

允许试点银行在做好可行性研究的基础上，先行先试、因地制宜、因企施策，在产品和服务创新方面拥有更多灵活度；严格审查、评估管理制度和风控体系。对试点银行机制建设的有效性、风险管控能力和风险承受能力、业务风险状况、业务合规性开展定期评估并采取有针对性的监管措施。

三、奋发有为，探索科技金融武汉模式

试点启动只是投贷联动"万里长征"迈出的第一步。各试点银行应以此为契机，抢抓机遇、主动作为，将业务重点从企业成熟期拓展到企业发展的不同阶段，创新量身定做的"全周期"金融产品和服务，打造具有武汉特色的投贷联动服务模式。

"武汉模式"应体现全周期服务特色。一是全周期资金支持。在企业初创期，发挥投贷联动优势，满足企业急速膨胀的融资需求和稳定控制权的期望；在企业成长期，除资产负债业务外，积极提供结算、担保、咨询顾问等中间业务，满足企业可持续发展的融资需求；在企业成熟期，除间接融资外，积极提供资产管理、投资银行、债券承销等综合化金融服务；在退出期，除传统的贷款清收和不良核销外，提供多样化资产处置渠道。二是全周期业务发展支持。紧跟科技创新和产业发展新趋势，协助企业开展技术革新、人才培养，配套提供研发资金、并购贷款等产品和服务；帮助企业拓展市场，为企业介绍业务合作伙伴、对接政府采购项目、协助拓展海内外市场等。三是全周期经营管理支持。密切关注企业经营状况，参与企业经营目标实现的全过程；定期对企业进行健康诊断、提供管理培训、介绍管理人才等，帮助企业改进管理、健全财务制度、完善法人治理，提升企业经营管理能力。

资料来源：赖秀福.创新全周期金融服务，打造投贷联动武汉模式［N］.湖北日报，2016－11－03.

五、武汉城市圈科技金融改革

2015 年,《武汉城市圈科技金融改革创新专项方案》(以下简称《方案》)获批,标志着武汉城市圈成为全国首个科技金融改革创新试验区。按照《方案》规划,到 2020 年,东湖国家自主创新示范区(中国光谷)将初步建成实现股权资本化、智力资本化的资本聚集区,能够有效支持科技成果转化,实现高新技术产业化,以及产学研协同发展,为我国深化科技金融领域改革创新探索可复制、可推广的新模式和新路径。湖北银监局研究起草了《湖北银行业推动科技金融改革创新的指导意见》,明确了"三共"①"四为"②"五创新"③的工作思路和举措,对辖内科技金融改革创新作出全面规划部署,并代武汉市政府起草《科技金融风险分担管理暂行办法》,探索提出了"五种模式"④。

此次金融改革主要围绕创新和融合两个关键要素展开,对推动武汉城市圈内九大城市实行金融同城化管理,实现金融服务一体化具有重要意义,也为湖北省普惠金融探索实践提供了突破口。具体而言,主要包括以下几个方面。

一是深化科技金融产品服务创新。引导金融机构根据科技型企业特点大力创新金融产品和服务,为不同发展阶段企业提供全生命周期的金融服务,切实缓解企业融资难、融资贵问题。例如,引导金融机构合规开发跨机构、跨市场、跨领域的金融产品和业务,探索开展投贷联动模式、银保联动贷款、选择权贷款和科技型企业股权化直投业务。

二是完善科技金融组织体系。通过政策支持和环境优化,引进和新设更多服务科技金融改革创新的金融机构,培育新兴金融业态,对科技金融专营机构实施差别化的信贷管理制度和考核机制,不断增加科技金融供给的有效性。例如,鼓励金融机构在武汉设立全国性或区域性金融后台运行与服务机构,建设金融服务业高端集聚功能区,推进武汉全国性金融后台服务中心建设,构建金融后台服务大数据和信息共享平台。

三是营造科技与金融融合发展环境。一方面,完善配套支持政策。通过

---

① 银行业机构与科技型企业共同成长、共担风险、共享成果。
② 形成以科技为支撑、以企业为载体、以产业为纽带、以创新为驱动,银行业金融机构广泛参与,各类市场主体与区域经济繁荣共生的良性局面。
③ 创新科技金融发展环境、运作机制、组织体系、产品与服务模式、监管工作机制。
④ 银政联动补偿风险、银企联动缓释风险、银政保联动转移风险、银创联动共担风险、银担联动分散风险。

科技与金融的有效融合，围绕产业链部署创新链，围绕创新链部署融资链。例如，设立中小微企业贷款风险补偿基金，对知识产权质押项目提供重点支持，综合运用科技发展基金、风险补偿、创投资金、贷款贴息以及财政资金后补贴等多种形式，引导和带动社会资本参与科技创新，推动建立以企业为主体、市场为导向、产学研相结合的技术创新体系。另一方面，完善金融市场体系。加快建立知识产权交易流转市场，大力发展知识产权质押融资。支持湖北碳排放权交易中心开展碳排放权质押贷款试点，探索发行碳资产债券和信托产品，建立污染物排放权交易市场等。打造科技型企业全链条股权融资链，加快推进科技保险发展。①

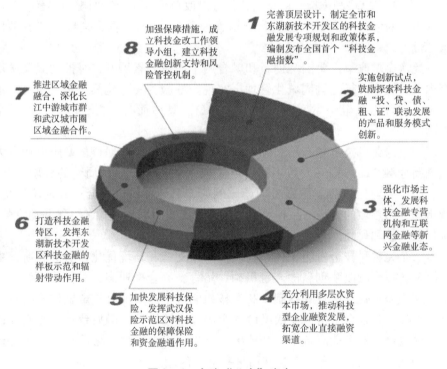

图 3 - 4　金改"八大"亮点

①　蔡桂圆 . 武汉城市圈科技金融改革创新专项方案解读［EB/OL］.（2015 - 08 - 03）. 湖北省人民政府网站，www. hubei. gov. cn.

第二节　湖北经济社会和金融发展的非均衡状态

当前，湖北省经济社会发展呈现明显的二元经济结构，主要体现为城乡之间、产业之间以及企业之间的非均衡发展。而在二元经济结构的金融抑制下，金融供给也呈现不均衡的状态，陷入了低效率的路径依赖，亟须对症下药，通过发展普惠金融实现制度变迁，引领经济金融向均衡状态转变。

一、均衡与非均衡发展理论综述

区域经济发展差异一直是西方区域经济学研究的重点，也是世界各国经济发展过程中面临的普遍性问题。区域经济发展过程中的均衡与非均衡犹如矛盾统一体，相互交替，不断推动区域系统从低层次向高层次演化。为给湖北经济社会和金融的均衡发展提供理论支撑，有必要对区域经济差异理论进行深入了解、研究。

（一）非均衡发展理论

1. 刘易斯的二元结构理论

1954 年，刘易斯在《曼彻斯特学报》上发表论文《劳动力无限供给下的经济发展》，提出了著名的"二元经济"概念及模型。他认为在发展中国家存在两种不同性质的部门，一个是以现代化方式为特征的工业化部门，另一个是以传统方式为特征的农业部门。两大部门在五个方面存在较大差异：一是资本运用差异。现代部门使用再生产性资本，而传统部门则不然。二是生产方式差异。现代部门采用机器大工业进行生产，而传统部门采用手工劳动。三是生产规模差异。现代部门生产规模往往较大，而传统部门规模则较小。四是生产率差异。现代部门遵循规模报酬递增规律，而传统部门受土地规模报酬递减规律的约束。五是收入水平差异。现代部门生产率较高，因此收入水平较高，其中产出的一部分可以用于积累和扩大再生产，而传统部门恰巧相反，产出仅够维持生存。

在刘易斯看来，传统部门的劳动力无限供给构成了二元经济的内在特征，二元经济发展的核心问题是传统部门的劳动力向现代部门的转移问题，即农村劳动力向城市转移的问题。一方面，现代工业通过不断发展，取得资本积累，吸引农村的剩余劳动力向其转移，实现自身规模扩张，产业结构进一步调整，城市化水平得到有效提高；另一方面，现代部门在持续扩张的过程中，向传统部门劳动力提供就业机会、传递先进技术、推广机器设备，这将推进传统部门的改造升级，最终实现经济由"二元"向"一元"转变。刘易斯的二元结构理论揭示了传统农业部门与现代工业部门的内在发展联系，主张"工业主导论"，并指出这种联系不是静态的相互割裂的，而是动态相联系的。但是，该理论忽视了农业的作用，没有认识到农业由于生产率的提高而出现剩余产品才是农村中剩余劳动力向城市流动的先决条件。同时，他还忽视了发展中国家存在的严重的农业隐性失业问题。

2. 佩鲁的增长极理论

1955 年，法国经济学家弗朗索瓦·佩鲁在《略论"增长极"的概念》一文中正式提出了"增长极"（Polarized Growth）这一术语，并在 1961 年出版的《二十世纪的经济》一书中对增长极理论进行了全面阐释。他认为，如果把发生支配效应的经济空间看作力场，那么位于这个力场中的推进性力量就可以描述为增长极。增长极是围绕工业部门而组织的有活力的高度联合的一组产业，它不仅能迅速增长，而且能通过乘数效应推动其他部门的增长。因此，经济增长并不是同时均匀地分布在一个领域的每一个点上，而是以不同强度首先出现在一些增长点或增长极上，这些增长点或增长极通过多种渠道向外扩散，最终对整体经济产生影响。

该理论指出，要把有限的资源投入到发展潜力大、规模经济高和投资效益明显的少数部门，以此同周围区域形成势差，再通过市场机制的传导力量引导整个区域发展。城市，尤其是中心城市应依托自身优势，成为一个地区经济与金融的中心，形成极化效应和扩散效应，发挥辐射带动作用，产生城市化趋同。由此可见，增长极理论的实质在于区域发展的非均衡，偏向以城市作为发展重点，通过城市发展带动农村发展。

"增长极"的概念提出后，迅速在学术界引起了热议。1957 年，以法国地理学家布代维尔为代表的学者们将增长极的概念引入地理空间，提出了"增长中心"这一空间概念。1966 年，布代维尔将增长极定义为"在城市区配置的不断扩大的工业综合体，并在其影响范围内引导经济活动的进一步发展"。这样，增长极就有了两个明确的内涵：一是作为经济空间上的某种推动型产业；二是作为地理空间上的产生集聚的城镇，即增长中心。人们对增长的研究主要围绕部门增长极（推动型产业）和空间增长中心（集聚城镇）两条主线展开。增长极理论在发展中国家产生了较为广泛的影响力，不少国家依据这一理论来制定区域发展规划，安排投资布局和工业分布，建立区域经济特区等。①

———————————

① 何雄浪. 区域经济差异理论的发展及其启示 [J]. 北京科技大学学报，2004，22（2）：23 - 28.

（二）均衡发展理论

1. 拉尼斯和费景汉二元经济结构理论

1964年，拉尼斯和费景汉提出了新的二元经济结构理论，并指出了刘易斯二元经济理论的不足之处，揭示了现代工业部门的发展与传统农业部门发展关系。

该理论认为，现代经济发展过程可分为三个阶段。第一阶段中，经济中存在着隐蔽性失业，即相当一部分劳动力的边际生产率为零或接近于零，因而劳动力是无限供给的。当这部分劳动能力转移完毕，经济发展就进入了第二阶段。第二阶段中，工业部门开始吸收那些边际生产率低于农业部门平均产量的劳动力。由于这部分劳动力的边际产量为正值，当他们转移出去以后，农业总产量就会下降，经济中开始出现农产品特别是粮食的短缺，工业、农业之间的贸易条件变得有利于农业部门，工业部门的工资水平开始上升。第三阶段，当农业中全部的剩余劳动力都被吸收到工业部门就业以后，经济就进入了商业化过程，农业开始资本主义化，农业和工业中的工资水平都由其边际生产率决定。而农业剩余的增长和农业劳动生产率的提高才是农业生产力向非农业生产力转移的先决条件。因此，要使经济结构由二元向一元转变，必须保证农业的迅速增长，并使其足以满足非农劳动力对产品的需求消费，二元结构转化的关键在于工农业的平衡发展。

2. 罗森斯坦—罗丹的"平衡增长"理论

20世纪40年代初，英籍奥地利著名经济学家罗森斯坦—罗丹提出了以"大推进"为核心的平衡增长理论。该理论认为，发展中国家要从根本上解决贫穷落后问题，关键在于实现工业化，而资本形成是立足点，也是经济发展的核心。"大推进"就是在各个工业部门间进行全面的大规模投资，尤其是要对相互补充的产业部门同时进行投资，以冲破市场容量狭小的限制，通过投资诱导来获得"外部经济效应"。这样，一方面可以创造出互为需求的市场，以克服需求不足的问题；另一方面，这种全面投资可以通过分工协作，减少单个企业不必要的费用，降低生产成本，为提高储蓄和再投资创造条件。

罗森斯坦—罗丹从主张走工业化道路入手，分析了资本稀缺对经济发展的障碍，强调了资本供给和投资的不可分性，指出了"大推进"式的投资是实现经济发展的必然途径，并规定了"同比率"投资和"同比率"增长的条件，为发展中国家制定了一条条件严格、道路狭窄的经济增长路线，对经济发展战略的研究具有重要启示作用①。但是，绝大多数发展中国家由于储蓄不

---

① 何雄浪. 区域经济差异理论的发展及其启示 [J]. 北京科技大学学报，2004，22（2）：23－28.

足、外汇稀缺，很难形成同时大规模投资的能力，即使有足够的资金来源，在生产要素供给没有保证的情况下，必然会引起通货膨胀。

（三）城乡一体化发展理论

1. 霍华德的田园城市理论

田园城市理论是较早的论述城乡一体化发展思想的西方经济学说理论。1898 年，霍华德出版《明天：一条引向真正改革的和平道路》，四年后，该书再版，更名为《明日的田园城市》，倡导"用城乡一体的新社会结构形态来取代城乡对立的旧社会形态"。田园城市是指为了健康生活而设计的城市，其规模不超过实际社会生活的需要，周边为农村地带。土地完全实行公共所有或委托给社区。农业与工业融合，农村与城市融合，居民生活在协调理想的环境中。正如霍华德所描述，"城市和乡村都各有其优点和相应缺点，而城市—乡村则避免了二者的缺点，城市和乡村必须成婚，这种愉快的结合将迸发出新的希望，新的生活，新的文明。"①

从广义上讲，霍华德的田园城市理论并不是单纯形式上的或图面上的城市规划，而是一种对社会的改革，不仅包括城市与周边农村之间的关系，也包括对影响城市发展的各有机体方面的规划及安排，从而解决城乡发展失衡、大城市过度扩张导致的环境污染、交通堵塞等一系列问题。该理论因其前瞻性思维和创新的理念，被城市规划界称为"现代城市规划的开端"。

2. 岸根卓郎的"城乡融合设计"理论

日本学者岸根卓郎提出"城乡融合设计"的概念，试图通过建立起超越城市、农村界限的"人类经营空间"，来达到构建"与自然交融的社会"，即"城乡融合的社会"的目的。他强调，应通过实现城乡融合去改造农村，而不是依靠城市的"侵入"，同时指出农村具有保全生态系统、涵养水资源、经济功能等多方面的重要作用，呼吁人们不再轻视农村地区的价值。

3. 麦吉的"Desakota"理论

20 世纪 50 年代以来，伴随着明显加快的工业化和城市化进程，许多国家中心城市的空间范围急剧扩张，在城市边缘出现了规模庞大的城乡交接地带；由于交通基础设施的建设，过去相对独立的城市个体之间开始了日益频繁的往来，城市之间的交通通道逐渐衍生出新的产业链。城乡交接地带和具有类似功能的交通通道是城乡之间经济要素流动和重新配置的结果，这种特殊的空间形态既非城市，也非农村，但又同时兼顾两者特点，被学者称为"灰色区域"。20 世纪 80 年代中期，加拿大学者麦吉针对这种新型空间结构提出了

———————————

① 埃比尼泽·霍华德. 明日的田园城市 [M]. 上海：商务印书馆，2000.

Desakota 理论，描述的是在同一地域上同时发生的具有城市与农村双重属性的产物，使城市和乡村的概念在这一区域变得模糊。它们一般出现在人口密集地区，处于大城市之间的交通走廊地带，借助于城乡间的相互作用，带动了劳动密集的工业、服务业和其他非农产业的增长，实现了居民在职业活动、生活方式等方面的转变。该理论着重于探讨城乡之间相互依赖、相互影响的双向交流引起的地域空间变化，为亚洲许多国家的城市化研究提供了新路径。

4. 芒福德的城乡发展观

美国城市理论家芒福德在其著作《城市发展史》中指出："城与乡，不能截然分开；城与乡，同等重要；城与乡，应当有机结合在一起，如果问城市与乡村哪一个更重要的话，应当说自然环境比人工环境更重要。"① 芒福德主张通过分散权利来建造许多"新的城市中心"，形成一个更大的区域统一体，再通过现有城市，把这种"区域统一体"的发展模式复制到更多社区，促使区域经济得到整体发展。这不仅可以在一定程度上改善城乡发展之间的失衡状态，也能使任一地区的居民平等地享受到城市生活的便利之处。此外，还可以有效避免特大城市造成的一系列困扰。

二、湖北经济社会和金融发展的非均衡状况

当前，湖北的二元经济结构集中表现为"三个不均衡"，即城乡发展不均衡、产业发展不均衡、企业发展不均衡。在二元经济结构的金融抑制下，金融供给也呈现城市金融与农村金融、大中金融与小微金融、垄断金融与竞争金融、传统金融与创新金融、债权金融与股权金融、表内金融与表外金融、实体金融与虚拟金融、中资金融与外资金融等十个方面的非均衡状态，发展路径亟待优化。

（一）经济发展存在"不均衡"

1. 城乡发展不均衡

（1）城市之间经济发展水平差距较大。从国民生产总值来看，根据湖北省统计局数据，2012 年全省生产总值为 22250.16 亿元，同比增长 11.3%。其中，武汉地区生产总值 8003.82 亿元，占比 35.97%；宜昌市 2508.89 亿元，占比 11.28%，襄阳市 2501.96 亿元，占比 11.24%；荆州、黄冈、孝感、荆门、黄石等五市跨过 1000 亿元关口，占比为 4% 至 5%。其余地区均未达到 1000 亿元，排名最后的神农架地区，2012 年生产总值仅为 16.81 亿元，占全省的比重为 0.076%（见图 3 - 5）。

---

① 刘易斯·芒福德. 城市发展史：起源、演变与前景 [M]. 倪文彦，等译. 北京：中国建筑工业出版社，1989.

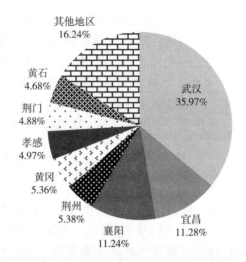

资料来源：湖北省统计局网站，www.stats‒hb.gov.cn。

图 3‒5　2012 年湖北省各地市生产总值占比

表 3‒1　　　　　　　　　　2012 年湖北省各地市经济情况

地区生产总值排名	地级市	2012 年地区生产总值（亿元）	2011 年常住人口（万人）	人均地区生产总值（元）	人均地区生产总值（美元）	人均地区生产总值排名
1	武汉	8003.82	1002	79878.44	12708.37	1
2	宜昌	2508.89	406.85	61666.22	9810.87	2
3	襄阳	2501.96	552.72	45266.32	7201.71	5
4	荆州	1196.02	570.4	20968.09	3335.95	15
5	黄冈	1192.88	621.04	19207.78	3055.89	16
6	孝感	1105.16	482.49	22905.35	3644.16	13
7	荆门	1085.26	297.99	36419.34	5794.18	8
8	黄石	1040.95	243.46	42756.51	6802.40	6
9	十堰	955.68	334.81	28543.95	4541.24	10
10	咸宁	760.99	246.79	30835.53	4905.82	9
11	随州	590.52	216.99	27214.16	4329.67	11
12	鄂州	560.39	105.1	53319.70	8482.97	3
13	恩施	482.19	329.74	14623.34	2326.52	17
14	仙桃	444.2	118.26	37561.31	5975.87	7
15	潜江	441.76	94.83	46584.41	7411.41	4
16	天门	321.22	136.9	23463.84	3733.01	12
17	神农架	16.81	7.63	22031.45	3505.12	14

资料来源：湖北省统计局网站，www.stats‒hb.gov.cn。

表 3－1 表明，"一主两副"区域中的武汉、宜昌、襄阳三个城市鹤立鸡群，尤其是武汉市，地区生产总值占全省的比重超过三分之一，在金融资源方面更是占据绝对优势，"一极独大"的发展态势明显。但是，武汉腹地整体带动能力偏弱，次级城市培育能力不足。武汉城市圈九城市中，仅武汉与鄂州地区之间有连绵发展的态势，而武汉与咸宁、天门、仙桃、潜江、孝感等地尚未出现空间一体、紧密联系的发展格局。城市圈第二梯队城市断层明显，第三梯队多属于规模小、农业比重大、经济实力弱的区域。

（2）县域之间经济发展水平差距较大。根据《2012 年湖北省县域经济发展考核评价报告》，共计有 80 个县（市、区）被纳入年度县域经济工作考核范围。其中，县级市 24 个，县 40 个，参照县级管理的区 16 个。结合各县（市、区）主体功能区划分、产业基础、区位条件和资源禀赋等发展实际，该批县（市、区）被划分为三类：Ⅰ类县（市、区）20 个，即国家和省重点开发区域所在县（市、区）以及宜昌市夷陵区；Ⅱ类县（市、区）40 个，分布在全省 13 个市州和直管市；Ⅲ类县（市、区）20 个，主要分布在鄂西、鄂西北山区。虽然近年来湖北省县域经济整体实力稳步提升，县域发展环境不断改善，发展动力持续增强，但是，县域经济依然在诸多方面存在发展失衡。

一是县域之间人均收入水平差异明显（见表 3－2）。2012 年度，Ⅰ类县（市、区）人均生产总值为 47464 元，跨过人均 7000 美元关口，人均地方公共财政预算收入 2514.2 元，农民人均纯收入 9871.8 元，分别是县域平均水平的 1.55 倍、1.64 倍和 1.29 倍；Ⅱ类县（市、区）人均生产总值为 25787 元，人均地方公共财政预算收入 1194.6 元，农民人均纯收入 7426.5 元，分别是县域平均水平的 84.1%、78.1% 和 96.9%；Ⅲ类县（市、区）人均生产总值为 15570 元，人均地方公共财政预算收入 776.7 元，农民人均纯收入 5388.6 元，分别是全省县域平均水平的 50.8%、50.8% 和 70.3%。

表 3－2　　　　　　　2012 年湖北省县（市、区）人均民生指标

	人均生产总值（元）	人均地方公共 财政预算收入（元）	农民人均纯收入 （元）
全省县域平均水平	30679	1529.6	7666.1
Ⅰ类县（市、区）	47464	2514.2	9871.8
Ⅱ类县（市、区）	25787	1194.6	7426.5
Ⅲ类县（市、区）	15570	776.7	5388.6

资料来源：湖北省统计局网站，www.stats-hb.gov.cn。

二是县域经济的产业比例失衡。2012 年，湖北 I 类县（市、区）三次产业比例为 15. 0:56. 2:28. 8，第二、第三产业比重合计达 85%，高出全省县域平均水平 4. 3 个百分点。工业化水平较高，规模工业增加值占生产总值的比重为 50. 3%，高于全省县域平均水平 3. 4 个百分点；II 类县（市、区）三次产业比例 21. 1:47. 9:31. 1，第二、第三产业比重合计达 79%，低于全省县域平均水平 1. 7 个百分点。规模工业增加值占生产总值的比重为 42%，低于全省县域平均水平 4. 9 个百分点；III 类县（市、区）三次产业比例为 32. 8:33. 4:33. 8，第一产业比重相较于前两类县明显升高，第二、第三产业比重合计为 67. 2%。工业化水平较低，规模工业增加值占生产总值的比重为 21. 1%，低于全省县域平均水平 25. 8 个百分点。数据表明，湖北省的县域产业结构不均衡，农业占比较小。工业发展速度较快，但是 III 类县工业发展速度相较于其他两类县，仍有一定差距。全省县域经济中，第三产业整体发展速度较为缓慢。

三是部分县域经济的产业效益不突出。湖北省大部分县域特色明显，资源丰富，经济优势和市场潜力大，如恩施硒产业、罗田黑山羊、秭归脐橙等均已被打造成为优质的农产品品牌，但是部分地区特色资源利用效率不高，资源耗费多、产业链条短、产业化经营能力不强，导致当地潜在的比较优势未能充分挖掘。如江汉平原的水产产业、宜昌的生态茶园产业、黄冈的药材种植业等，普遍存在经营效益差、效率不高、特色不明显的问题。许多欠发达县由于工业化进程缓慢，经济增长处于停滞状态，严重制约了地区经济发展水平的快速提升。

2. 产业发展不均衡

一是第一产业发展滞后，负面影响因素较多。根据湖北省统计局数据，"十二五"期间，省内第一产业贡献率一直维持在 5% 左右，农业增加值对全省国民生产总值的拉动较小。从农业生产水平看，湖北是农业大省，农产品总量大、品种多，但是许多地区尚未具备与农业现代化发展相适应的现代管理体系，在进行农业生产决策与管理、加工与销售等方面存在薄弱环节；从农业内部结构看，种植业比重较大，林、牧、渔业比重相对较小，且种植业又以粮食作物为主，这种产业结构无疑是单一的。此外，农业基础薄弱，抗御自然灾害的能力不强，农民文化水平普遍较低等原因都严重制约了第一产业的发展。

二是第三产业增速缓慢，呈结构性缺陷。2012 年至 2015 年间，湖北省第三产业增加值占全省生产总值增量的比重分别为 35. 8%、39. 6%、42. 6%、47. 9%，上涨幅度并不明显，并且多是物流服务业、商务服务业、仓储业等传统的劳动密集型行业，经营方式落后、技术含量低、发展空间小。同时，其较低的技术门槛使得劳动力市场趋于饱和，就业形势更为严峻。然而，具有"高技术、高成长、高增值"特征的信息、软件、通信等新兴行业则竞争力不足，在很大程度上对湖北省第三产业的发展壮大造成了影响。

三是产业转型升级压力较大，缺乏优势产业支撑。当前，我国经济进入新常态，正面临增长速度换挡、发展方式转变、经济结构调整、增长动力转换的新形势，而湖北省产业发展需求收缩与产能过剩之间的矛盾依然突出，新旧增长动能接续不力，企业生产经营困难等问题仍较普遍。2016年湖北省政府工作报告中就明确指出，全省亿元以上新开工项目明显减少，投资资金不到位情况时有发生，在汽车、石化、钢铁等传统产业拉动作用减弱的情况下，新兴产业尚未形成足够拉动力。值得关注的是，虽然湖北长江经济带工业基础雄厚，自然资源丰富，钢铁、冶金、建材、纺织等产业已具备一定实力，但尚未形成能对全省经济起支撑和带动作用的支柱产业。部分地区盲目发展本地经济，没有结合当地实际情况，导致企业规模化、集约化程度不高，而且各城市产业之间缺乏有效合作，产业链条短，且有向武汉市集聚的趋势，产业分工和空间开发的重点与优先区域不明确，缺乏统一协调和整体联动，因此，难以形成在全国范围内具有影响力和知名度的品牌产业集群。

3. 企业发展不均衡

一方面，大型企业占据发展优势。湖北作为老工业基地，新中国成立以后培育了一批大型、特大型企业。如中国宝武钢铁集团有限公司、东风汽车集团股份有限公司、葛洲坝集团有限公司、三环集团、烽火科技等。该批大型企业在规模、技术、人力等方面占据绝对优势，是湖北省推进富民强省的重要力量。以武汉钢铁集团为例，武钢是新中国成立后兴建的第一家特大型钢铁联合企业，于1955年开始建设，1958年9月13日建成投产。2016年9月，宝钢集团与武钢集团实施联合重组，组建"中国宝武钢铁集团有限公司"，业务主要涉及钢铁、贸易物流与深加工、金融、资源利用与新材料、城市建设与环保等。当年实现钢产量5840万吨，营业收入3096.2亿元，利润同比大幅增长，远超国内同期行业平均利润增长水平。在2017年《财富》世界500强排行榜中，中国宝武钢铁集团以营业收入46606.2百万美元、利润442.8百万美元排名第204位，位列全球钢铁企业第二。

另一方面，小微企业有待培育壮大。湖北中小企业的多元化格局已基本形成，虽然小微企业数量众多，但个体资产少、规模小、资源有限，难以与大型企业抗衡。根据湖北省第三次全国经济普查数据，目前全省第二、第三产业的小微企业法人单位已达29.24万户，占全部企业法人户数的95.5%。其中，位居前三位的行业是：工业6.45万户，占全部企业法人户数的

21.1%；零售业 6.12 万户，占全部企业法人户数的 20.0%；批发业 5.53 万个，占全部企业法人户数的 18.1%。但是，小微企业法人单位资产总计 42921.99 亿元，仅占全部企业法人单位资产总量的 30.2%。

（二）金融发展存在"不均衡"

1. 城市金融与农村金融发展不均衡

一是城市和县域信贷资金供给不平衡。农村资金大量向大中城市流动，信贷资金向大中城市集中，甚至扎堆，导致城市资金过剩，农村普遍存在金融有效供给不足、县域信贷投放渠道不畅等问题，存贷比和满足率较低。2009 年 6 月末，全省有 70% 的存款资源和 82% 的贷款资源集中在大中城市，其中又有 50% 的存款资源和 63% 的贷款资源集中在武汉市；广大的县域存贷款资源仅占到 30% 和 18%。同期，全省县域金融机构存贷比仅为 38.7%，比全省平均水平低 27.1 个百分点，其中，存贷比在 30% 以下的县占 33.9%，存贷比在 30%~50% 之间的县占 51.6%，存贷比超过 50% 的县仅占 14.5%（见表 3-3）。

表 3-3　　　　2009 年上半年湖北省县域、武汉市、全省存贷情况

| | 存款余额（亿元） | 比年初 | | 贷款余额（亿元） | 比年初 | | 存贷比（%） | 比年初（%） | 新增存贷比（%） |
		增加额（亿元）	增长（%）		增加额（亿元）	增长（%）			
县　域	5022.2	699.4	16.2	1941.5	340.3	21.3	38.7	1.6	48.7
武汉市	8273.6	1875.0	29.3	6895.6	1433.0	26.2	83.3	-2.0	76.4
全　省	16609.6	3029.0	22.3	10926.1	2171.0	24.8	65.8	1.3	71.7

资料来源：湖北银监局监管统计报表。

同时，值得注意的是，一些商业银行县域机构的存贷比不足 50%，有的甚至变为专门的存款机构。例如，邮储银行资产业务发展过慢，从农村吸收的大量资金无法留在当地使用。据统计，邮储银行自 2007 年开展贷款业务以来，到 2009 年 6 月末，各项贷款余额仅为 3144.2 亿元，而各项存款余额却由 2007 年初的 17218.7 亿元增加到 2009 年 6 月末的 24069.4 亿元，增加 6850.7 亿元，是贷款的 2.2 倍。农村资金外流，导致城市信贷资源相对过剩，而农村信贷资金严重不足。

二是城市与县域机构布局不平衡。城市机构众多，农村机构萎缩，资源配置呈现"马太效应"。受经济资本管理效益约束和风险约束的影响，商业银行在机构设置的选择上，往往偏好于选择城市和经济发展较为发达的地区，而对农村和经济欠发达地区则选择逐步退出的方式，使机构在地区分布上呈

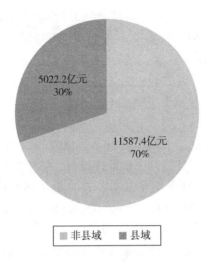

图 3 - 6 2009 年 6 月末湖北省县域、非县域存款情况

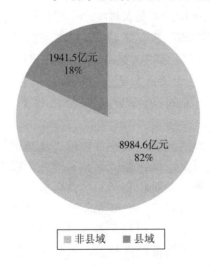

资料来源：湖北银监局监管统计报表。

图 3 - 7 2009 年 6 月末湖北省县域、非县域贷款情况

现出向城市和发达地区集中的倾向。例如，湖北省武汉、襄樊、黄石、宜昌等相对发达地区的四家国有商业银行机构网点 5 年间虽然减少了 494 个，但由于有股份制银行和外资银行的进入，该地区银行机构总数下降不多，而欠发达地区的国有银行机构 5 年间则锐减了 993 个，几乎近一半的机构退出了市场，在县市级国有商业银行退出的速度更是惊人，一些国有商业银行在某些较为贫困的县市甚至全部退出。传统农村信用社因商业化经营和案件防控压力，大规模撤销处于最基层、与农民接触最密切的信用分社和代办站，而相应的新型农村金融机构发展缓慢，在很多县域还没有突破，县域金融机构逐步萎缩，导致当地居民难以享受到基本的金融服务，欠发达地区的经济发展和国家新农村建设方针的顺利实施受到了影响。

三是县域信贷投放领域不平衡。一些银行机构热衷于房地产项目、基础设施项目和政府背景项目，对农村中小企业、专业大户以及民生消费贷款产生了一定的挤出效应，形成了城市公共基础设施建设项目与县域中小企业信贷支持失衡。据对某省国有银行、政策性银行、股份制银行、省联社等23家银行机构的调查，截至2009年6月末，这些机构向政府融资平台贷款余额1721.5亿元，比年初增加570.7亿元，增长49.6%，高于其各项贷款增幅23.3个百分点，余额占其贷款总额的17.1%；对小企业贷款余额1197亿元，比年初增加211亿元，余额和增加额仅占全部贷款余额和新增贷款的10.2%和9.7%。对个体工商户和农户的抽样调查显示，65.7%有贷款需求，满足率只有19.2%。同时，据统计，湖北农村中小金融机构的农户贷款户数由2011年末的959495户降至290920户，降幅30.32%。在欠发达县域较多的黄冈市，涉农贷款占各项贷款余额的比重由2010年的81.75%降至2013年末的40.12%，降幅过半，房地产贷款余额占全部贷款余额的比重则由2010年的2.78%上升至2013年末的26.08%，占全市银行业房地产贷款余额的36.15%。

四是县域金融产品创新力度不平衡。目前，县域围绕现代农业派生出的生产供给、食品储藏、保鲜、精深加工等相关产业，以市场为导向，以农业为基础，通过区域化布局、专业化生产、社会化服务和农工贸一体化的新型经营方式达到快速发展。据调查，单户资金需求一般在50万~100万元，主要用于购置设备和扩大再生产。但是，由于县域信贷产品创新滞后，金融机构主要办理的仍是房地产和设备抵押贷款、农户小额信用贷款和个人消费贷款等传统信贷业务，新型的仓储抵押贷款、应收款抵押贷款和专利权、商标权、农村土地经营承包权、林权、水域、荒山、荒坡等抵质押贷款没有大范围或还没有开展，金融服务功能和服务手段很难适应县域新型经济发展的需要，难以满足新兴经营方式和经济组织的资金需求。

【专栏 3 -3】

欠发达地区经济资本管理"失灵"与帕累托改进

近几年，通过实施经济资本管理，我国主要商业银行整体风险管理水平得以迅速提高，风险资产结构逐渐趋于优化，但由于我国区域金融和经济发展的不平衡性，经济资本管理机制在欠发达地区出现"市场失灵"现象。一方面，经济资本管理机制在欠发达地区商业银行执行力度明显减弱；另一方面，造成欠发达地区金融资源配置不当，一定程度上阻碍了欠发达地区经济发展，对此，必须尽快进行"帕累托改进"。

一、经济资本管理机制在欠发达地区出现"市场失灵"

为减少资本占用和实现较高的经济资本回报率，商业银行普遍将资金投放到高回报、低风险的发达地区，减少低回报、高风险的欠发达地区资金投入，资金、贷款和机构向发达地区聚集趋势明显，加剧了"市场失灵"下的"麦克米伦缺口"现象。

"麦克米伦缺口"现象一：信贷资金进一步向发达地区倾斜。实行经济资本管理后，商业银行贷款明显表现出对大项目、大型优质客户、中心城市的偏好，在争揽大型优质客户上的"羊群效应"明显，经济发达地区成为各商业银行贷款的追逐对象。我国经济欠发达地区以中小企业居多，但由于没有大客户和大项目作支撑，往往难以取得银行的贷款支持，信贷资金向发达地区集中的趋势越来越明显。以湖北省为例，2006 年末，四家国有商业银行在武汉、襄樊、黄石、宜昌四个较发达地区贷款余额达 1892.96 亿元，占其在全省贷款的 72.26%，而其他众多欠发达地区仅占 27.74%，且呈逐年下降态势（见表 C3 - 3 - 1）。

表 C3 - 3 - 1　　　　　湖北省四家国有商业银行信贷投放对比表

年份 项目	2002	2003	2004	2005	2006
贷款总额（亿元）	2467.31	2759.69	2718.65	2409.65	2619.77
发达地区贷款余额（亿元）	1684.18	1928.44	1932.64	1721.23	1892.96
占贷款总额比（%）	68.26	69.87	71.09	71.43	72.26
欠发达地区贷款余额（亿元）	783.13	831.25	786.01	688.42	726.81
占贷款总额比（%）	31.74	30.13	28.91	28.57	27.74

从银行客户结构看，2006 年末，湖北省主要银行机构[①]投入到武汉、襄樊、黄石、宜昌四个地区单笔 5000 万元及以上的大额贷款余额为 2689.15 亿元，占全省主要银行机构大额贷款投放的 87.61%。2006 年末，全省主要银

---

① 湖北省主要银行机构指四大国有商业银行、政策性银行湖北省分行和各股份制商业银行武汉分行。

行机构小企业贷款余额为 591.59 亿元，仅占全省主要银行机构贷款总额的 10.56%，且从 2004 年起占比逐年递减（见表 C3 – 3 – 2），从一个侧面反映了中小企业居多的欠发达地区融资困境。

表 C3 – 3 – 2　　　　　湖北省主要银行机构小企业贷款份额变动表

年份 项目	2006	2005	2004
贷款总额（亿元）	5599.57	4930.13	4494.75
小企业贷款余额（亿元）	591.59	546.75	533.24
小企业贷款占比（%）	10.56	11.09	11.86%

"麦克米伦缺口"现象二：欠发达地区资金流失严重。大多数欠发达地区商业银行由于不愿承担资本投入的低价值回报或负价值回报的风险，往往将资金存放到上级行，造成欠发达地区资金流失严重，资金进一步向发达地区集中。如 2006 年末，湖北省欠发达地区四家国有商业银行上存资金达到 665.19 亿元，占期末存款余额的比例为 36.1%，较 2002 年上升 9.5 个百分点，期末存贷比为 39.54%，较 2002 年下降 21.99 个百分点，较省内发达地区低 30.11 个百分点。

"麦克米伦缺口"现象三：欠发达地区银行机构网点进一步收缩。受经济资本管理效益约束和风险约束的影响，商业银行在机构设置的选择上，往往偏好于选择城市和经济发展较为发达的地区，而对农村和经济欠发达地区选择逐步退出的方式，使机构在地区分布上呈现出进一步向城市和发达地区集中的倾向。国有商业银行在农村和经济欠发达地区的退出速度明显加快，特别是欠发达地区的偏远农村，广大农村和农民根本享受不到基本的金融服务，农村和欠发达地区经济发展的金融基础正在逐步丧失。

二、欠发达地区商业银行实行经济资本管理的"帕累托改进"模型

经济资本管理主要由经济资本计量、分配和考核三个部分组成，在地区经济发展不平衡的现实条件下，商业银行在对欠发达地市分行进行经济资本分配和考核时应当给予一定的倾斜，促进经济资本管理的全面落实和行际协调发展。

（一）对地市分行经济资本预算分配模型的改进

设某地市分行年度经济资本预算增加额为 EC，信贷产品经济资本综合分配系数为 8%，上年贷款余额为 L，某地市分行贷款增长率为 LR，全省贷款增长率为 $LR1$，当地地区生产总值增长率为 $GDPR$。

1. 基本改进模型

当商业银行意识到拓展欠发达地区信贷市场和中小企业客户业务对于分

散地区、客户集中风险，增加盈利的重要性，外部监管部门也要求商业银行对欠发达地区保持一定信贷投入时，按信贷增长幅度等于当地地区生产总值增长幅度的最低要求，则

$$LR = GDPR$$
$$EC = LR \times L \times 8\% = GDPR \times L \times 8\%$$

由此，该行信贷增长幅度基本跟上了当地经济增长幅度，一定程度上缓解了区域经济、金融发展不够协调的矛盾。

2. 优化模型

从全国和湖北省近几年经济增长与贷款增长的关系及总体趋势看，除个别年份受不良贷款剥离影响外，随着经济的发展，经济增长率每提高1个百分点，同样需要更多的银行贷款来支撑，因此，要求金融机构贷款增长率稍高于经济增长率。在这种情况下，要实现区域间经济、金融协调发展，要求欠发达地区贷款增长率最低必须高于当地地区生产总值增长率，最高可小于或等于全省金融机构贷款增长率，即

$$LR1 \geqslant LR \geqslant GDPR$$

设某欠发达地市分行贷款增长率高于当地地区生产总值增长率 X 个百分点，即 $LR = DPR + X$，则

$$EC = LR \times L \times 8\% = （GDPR + X）\times L \times 8\%$$

由此，该行信贷增长幅度基本跟上了全省信贷增长幅度，并超过当地经济增长，基本能够实现区域经济、金融协调发展。

3. 模型实证校验

在经营实践中，由于旧的经济资本分配路径依赖，部分欠发达地区信贷增长幅度依然低于当地生产总值增长幅度，加剧了行际发展不平衡。如某市2006年生产总值为404.2亿元，较上年增长11.1%，但某行在该市的二级分行信贷增长率仅为9.13%，低于该市生产总值增长率，进一步拉大了该地市经营行与发达地区的差距。

当经济资本与生产总值增长率挂钩后，按基本改进模型测算，该行经济资本增加了0.18亿元，多增加了0.03亿元，贷款增加了2.31亿元，多增加了0.42亿元，"市场失灵"得到一定程度的纠正，"麦克米伦缺口"得到一定程度的修补，提高了该行金融资源配置能力和发展后劲。如按优化模型测算，效果更为显著。

（二）对地市分行经济资本考核模型的改进

目前，主要商业银行一级分行在按经济增加值和风险调整后经济资本回报率进行绩效考核时，没有考虑各地区经济发展不平衡导致的经济资本回报

率差异，造成欠发达地区地市分行经济增加值偏低。因此有必要根据地区经济发展水平和资本回报水平设置调节系数，实行差别化的经济资本期望回报率考核政策。

设经济增加值为 EVA，风险调整后经济资本实际回报率为 RR，风险调整后经济资本期望回报率为 HR，经济资本为 EC，收入为 R，成本为 C，预期损失为 EL。

在统一的经济资本期望回报率考核情况下，地市分行经济增加值计算模型如下：

$$EVA = (R - C - EL) - HR \times EC = (RR - HR) \times EC$$

1. 改进模型

根据不同地区银行内部风险调整后经济资本实际回报率水平，设置调节系数。如设调节系数为 LC，则地市分行经济增加值计算改进模型如下：

$$EVA1 = (R - C - EL) - LC \times HR \times EC = (RR - LC \times HR) \times EC$$

考虑到欠发达地区由于风险调整后经济资本实际回报率较低，其 LC 宜设为 $LC < 1$，具体数值根据其风险调整后经济资本实际回报率设定，发达地区由于风险调整后经济资本实际回报率较高，其 LC 宜按 $LC = 1$ 设置。

2. 优化模型

根据不同地区整体经济发达程度，设置调节系数。为便于操作，我们引入地区人均生产总值指标作为判断地区发达程度的参考系，并将地市人均生产总值与全省人均生产总值之比作为调节系数。如某地市人均生产总值指标大于或等于全省人均生产总值指标，其调节系数等于1。设地市人均生产总值与全省人均生产总值之比为 X，则

$$1 \geqslant X = \frac{某地市人均生产总值}{全省人均生产总值}$$

则地市分行经济增加值计算优化模型为

$$EVA1 = (RR - [某地市人均生产总值 \div 全省人均生产总值] \times HR) \times EC$$

3. 模型实证校验

根据上述思路，我们对 2006 年某行湖北省辖内部分二级分行经济资本管理绩效考核结果分别进行了实证校验。实证结果显示，在没有设置地区调节系数的情况下，荆州、咸宁等经济欠发达地区二级分行在资本回报率较低的地区进行经营，但仍按较发达的武汉、黄石、襄樊等地区同样的经济资本回报率考核，并分配各项费用，一定程度上挫伤了欠发达地区经营行的工作积极性。设置地区调节系数后，虽然武汉、襄樊等地区经济增加值仍然最多，

但承认并考虑了不同地区经济资本回报率的差异，欠发达地区经营行经济增加值和各项费用有一定增加，将有助于促进地区之间平衡、协调发展。

此外，设置风险调整后经济资本期望回报率地区调节系数还可以提高欠发达地区经营行贷款定价的竞争力，缓解"劣币驱逐良币"现象。

设贷款价格为 IR，贷款金额为 LA，在实施经济资本管理的情况下，贷款定价模型为

$$IR = （C + EL + HR \times EC + EVA）/LA$$

由于欠发达地区经济资本回报率一般较低，如果在贷款定价模型中使用与发达地区相同的经济资本期望回报率（HR），必须提高贷款定价才能产生正的经济增加值，否则就难以在信贷审批过程中通过。但是，如果提高贷款定价，则又可能在同业信贷竞争中落败，各项业务更难以发展。在此情况下，如果设置风险调整后经济资本期望回报率地区调节系数，则其贷款定价模型为

$$IR1 = （C + EL + LC \times HR \times EC + EVA）/LA$$

由于欠发达地区调节系数 $LC < 1$，则 $IR1 < IR$

由此，必将增强欠发达地区经营行信贷定价的竞争能力。

资料来源：阙方平. 银行经济资本管理在欠发达地区存在的问题［J］. 中国金融，2008（19）：65 - 66.

2. 大中金融与小微金融发展不均衡

突出表现为投放领域不平衡，银行业金融机构热衷于傍大款、垒大户，基础设施及大型企业集团贷款过剩，中小企业信贷不足，小微企业金融服务存在巨大的"麦克米伦缺口"。截至 2012 年末，湖北省大中型企业贷款余额9451.97 亿元，占企业贷款余额的比重达 70.29%，小微企业贷款余额3995.48 亿元，占企业贷款余额的比重仅为 29.71%。按金融机构类型划分，小微企业贷款占比最高的为国有商业银行，占比 30.99%，其次为股份制商业银行及城市商业银行，占比 22.63%。但是，值得注意的是，国有商业银行企业贷款余额合计占全省总量的比重已超四成。政策性银行（含国家开发银行）同样存在类似问题，其小微企业贷款仅占 12.84%，而企业贷款余额占全省总量的 19.34%。数据表明，政策性银行和国有商业银行将更多的贷款投入到了大中型企业，在对小微企业的融资支持方面没有充分发挥引领带动作用。另据对个体工商户和农户的抽样调查显示，65.7% 有贷款需求，满足率只有 19.2%。

在我国特定的发展阶段和金融体制下，小微企业融资难、融资贵的问题

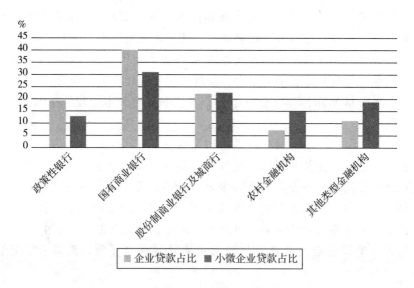

资料来源：湖北银监局监管统计报表。

图 3 - 8　2012 年末湖北省各类型企业贷款占比

尤为明显。在融资难方面，根据西南财经大学发布的《中国小微企业发展报告 2014》，截至 2014 年 6 月末，在全国约 5800 万家小微企业中，25.8% 的小微企业有正规借贷需求。然而在这些企业中，只有 46% 的企业获得银行贷款，11.6% 的企业申请被拒，还有 42.4% 未申请。这表明当前小微企业信贷可获得性偏低，供需错配的现象较为严重。在融资贵方面，2015 年审计署抽查了 9 个省部分商业银行和 141 户小微企业发现，小微企业融资成本普遍偏高。在样本中的 30 户企业 84 笔贷款中，46 笔承担了利息成本之外的其他费用，个别企业从商业银行贷款当年的实际成本高达 12.5%，从小额贷款公司取得的贷款综合成本更是高达 30%。

究其原因，我国小微企业发展普遍存在"三信缺失"的问题。一是缺信心。市场对小微企业健康成长缺乏信心。二是缺信息。银行与小微企业之间存在信息不对称问题，银行难以掌握小微企业真实经营状况，而小微企业对银行信贷政策、产品、业务办理流程等信息了解不及时、不深入。三是缺信用。金融机构信用额度较为紧张，普遍面临流动性压力。同时，小微企业缺乏合格抵质押物，信用增信手段欠缺，导致申请贷款时障碍重重。此外，由于市场机制不健全等原因，除了直接融资成本（包括贷款利率及其上浮部分），小微企业往往还需要负担大量的间接融资成本（包括增信成本、寻租成本和大型企业拖欠中小企业债务形成的"挤占成本"等），甚至产生利润和利息"倒挂"现象，严重加剧了经营负担。

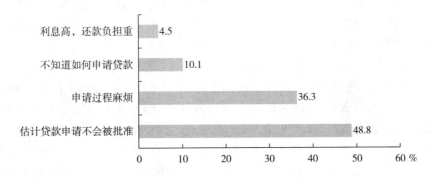

资料来源：西南财经大学：《中国小微企业发展报告2014》。

图3-9 小微企业需要贷款而未申请的主要原因

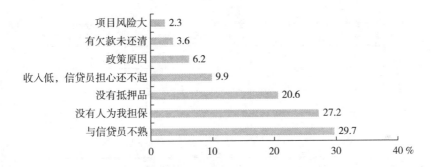

资料来源：西南财经大学：《中国小微企业发展报告2014》。

图3-10 小微企业申请贷款被拒绝的原因

3. 垄断金融与竞争金融发展不均衡

突出表现为市场竞争度不够。近年来，银行业改革开放不断深入，市场化程度有所提升，但从总体上看，我国还存在着一定的金融抑制现象，金融体系呈现明显的二元结构，即以国有商业银行为主导的银行体系与发展滞后的民间金融机构，金融市场的广度和深度都需要进一步拓展。银行业仍然是一个准垄断性行业，民间资本进入金融领域还面临很多困难和障碍，金融市场的广度和深度都需要进一步拓展。从银行业发展情况来看，在2011年英国《银行家》杂志的全球前1000家银行排名中，我国有101家银行上榜，位居全球第三。表面上看，银行业风景这边独好，业绩光鲜亮丽，但很大程度上是靠垄断地位、靠行政保护、靠利差收入取得的，国外银行的利差一般为1%左右，而我国长期维持在3%以上，这种盈利模式在充分竞争和利率市场化的条件下是不可持续的。尤其是近年来，随着银行对大项目、大客户的激烈争夺，贷款向大客户高度集中，银行议价能力下降，加剧了息差收窄。以农业银行湖北省分行为例，2009年第一季度该行累计发放法人实体贷款183亿元。其中利率下浮的贷款金额54.3亿元，占30%；执行基准利率的贷款金额94.9亿元，占52%；利率上浮的贷款金额33.6亿元，仅占18%。

连续降息和银行贷款议价能力的下降，银行业机构的净息差也从2006年起的连续扩大到2009年以来的缩小。2006年至2008年，全国银行业金融机构净息差分别为2.5个、2.9个、3个百分点，到2009年上半年净息差缩小为2.29个百分点，比2008年大幅收窄0.71个百分点。净息差大幅收窄，给银行经营带来巨大压力。2009年上半年，银行天量贷款并没有带来利润大增，全国银行业金融机构新增贷款7.7万亿元，增长24.1%，但利息净收入同比下降7.7%，税后利润同比下降8.6%。

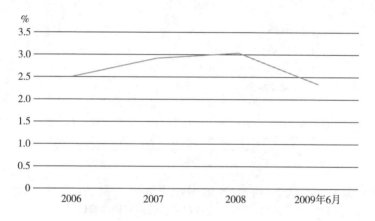

资料来源：湖北银监局监管统计报表。

图3-11　2006—2009年全国金融机构净息差变化情况

当前，利率市场化改革深入推进，金融脱媒现象日益明显，消费者偏好更趋多元，在这种发展大趋势下，银行业将面临一个全新的市场化竞争环境。未来如何根据市场环境明确自身定位、根据风险偏好确定客户群体、根据外部变化完善风险管控机制和程序等，是银行业必须面对的紧迫而现实的挑战。同时，公司治理改革也是任重道远，迫切需要银行业做功课、练内功、打基础。

4. 传统金融与创新金融发展不均衡

突出表现为银行业发展创新不足。美国次贷危机的原因是创新过度，而在我国更多的是创新不足。目前在银行业务结构中，传统的"存、贷、汇"

业务仍然占据主导地位，国外银行业的中间业务收入一般都占到40%左右甚至更高，而湖北银行业83%的收入还来源于净利息收入。银行业创新性的金融产品、金融服务、交易工具、信贷方式还比较滞后，创新业务仍然陷入低水平的"路径依赖"。一是"伪创新"较多。一些所谓同业创新实际是为逃避"贷款规模"，绕开风险监管指标，冲时点，拉存款，虚增中间业务收入。这些"创新"是在原有业务结构上做拆分，围绕各种指标做文字和数字游戏。二是低水平创新较多。目前银行创新重点放在简单易学的外在形式创新上，技术含量不高，内容较肤浅，结构单一。这些创新是对原有产品、流程的一种完善，没有实质性的变革和突破，缺乏技术含量。三是同质化创新较多。一些银行仍然存在贪大求全的问题，在"人有我也有"的思想下，一些创新缺乏科学论证和市场评估，形成银行业务全流程、各环节的同质化创新。例如，多家银行开发了政银企协同投放的产品"助保贷""政银集合贷"等。面对日益多元化、多层次的"三农"、战略性新兴产业、小微企业等金融服务需求，银行业的配套服务还未及时跟上，"量身定做"的特色化创新产品较少。

5. 债权金融与股权金融发展不均衡

突出表现为银行业经营理念落后。2012年前后，湖北银行业仍基本上靠以贷款为主的债权业务包打天下，虽然也有部分银行努力尝试股权业务，但还没有形成气候。而广大小微企业特别是科技型企业存在"高风险、轻资产、无抵押"的特征，由于贷款收益和风险不对称、信贷机制和"三性"原则不匹配、投融资目标与约束激励不相容、难以达到银行授信门槛。从长远来看，探索发展"债权＋股权"的服务模式，对破解小微企业融资难贵的瓶颈，完善银行服务功能、扩大客户基础、改善收入结构具有重大意义。因此，银行业亟须积极探索投贷联动创新模式，将信贷投入"传统动能"与股权投资"新兴动能"有机结合，用投贷联动代替单一贷款，用投资收益抵补信贷风险，用"大数法则"颠覆"正态分布"，构建金融服务"生态圈"，为银行自身发展赢得源源不断的客户群体，打开金融服务新局面。

6. 正规金融与民间金融发展不均衡

突出表现为体制内金融活力不足，体制外金融迅猛扩张。在正常的金融市场中，一般都是以正规金融为主，民间金融起辅助补充作用，但近年来，由于金融体制扭曲和货币政策收紧，正规金融出现很多不完善、不到位的地方，而民间金融由于机制灵活、方便快捷的特点在市场上日趋活跃，在部分地区甚至大行其道，取代了正规金融的地位，两者间的反差和矛盾日益突出。据估计，湖北省民间借贷约为2000亿元，占银行贷款余额的13%，规模扩张较快,利率不断攀升。有的民间融资披上了"互联网+"的外衣,与非法集资风险交织,潜在风险更具传染性,涉案范围更具广泛性,极易影响经济社会稳定。特别是部分不良网贷平台采取虚假宣传和欺骗手段推广非法"校园贷",诱导学生过度消费,甚至陷入"高利贷""裸条"陷阱,成为危害社会稳定的"毒瘤"。湖北省教育厅对全省高校不良借贷情况进行排查发现,共有16个市(州)的106所高校存在"校园贷"问题,参与学生3960人,涉及金额3807万元,平均年化利率高达36.72%。为此,要"开正门、堵偏门",引导正规金融理性应对民间金融的冲击,大力改进信贷体制机制,积极创新产品,开发针对大学生等社会群体多样化需求的金融产品,更好地适应市场需求。

7. 表内金融与表外金融发展不均衡

突出表现为监管套利。表内金融是银行生存发展的根基,而表外金融则是银行战略转型的必由之路,两者应并行不悖、齐头并进。湖北银行业在巩固做实表内业务的同时,积极拓展理财等表外业务,但其中也不乏打着金融创新旗号,实际上充当隐匿信贷资产、逃避并表监管、从事监管套利、勾连影子银行的工具。截至2012年末,湖北省银行业表外资产总计6663.7亿元,比2010末增长42.22%,远高于各项贷款增速,表外业务增长迅猛。全省理财产品市场呈现爆发式增长,仅2010年银行机构就发售理财产品11423只(期);募集资金4444.3亿元,同比大幅上升276%,其中普遍存在违规高息揽储、调节监管指标、腾挪贷款规模等问题,甚至有的将募集资金投向限制性领域。同时,同业业务呈现快速膨胀趋势。2010年到2013年期间,湖北法人机构同业资产、同业负债年均增幅分别为33.9%、27.4%,这说明当前银行表外业务发展亟须加强规范和引导,要真正按照实体经济和客户需求去探索有效的发展模式。

8. 资产金融与负债金融发展不均衡

突出表现为产品结构单一。截至2012年末,湖北省银行业资产总额3.58万亿元,负债总额3.48万亿元,分别同比增长18.93%、18.9%,2008—2012年年均增速分别达21.43%和21.4%,呈现总量高速增长趋势。但是,资产负债结构仍然较为单一,业务结构存在不合理、不协调问题。截至2012年末,全省银行业存款占负债业务的81.29%,贷款占资产业务的53.2%。不少银行机构对资产金融和负债金融的认识都很片面和狭隘,有的将负债业务简单等同于存款,一哄而上,高息揽存;有的将资产业务直接等同于贷款,粗放扩张,盲目放贷,业务趋于单一化、初级化、可复制化,没有形成特色品牌和核心竞争力。同时,银行业流动性管理能力亟待提升,资产负债期限

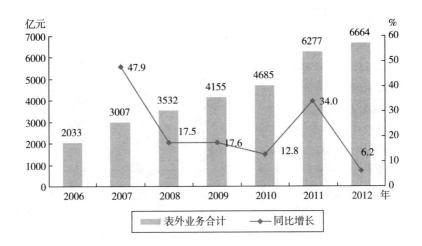

资料来源：湖北银监局监管统计报表。

图3-12　湖北银行业表外业务发展情况

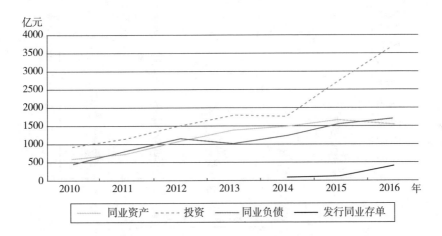

资料来源：湖北银监局监管统计报表。

图3-13　湖北法人银行同业业务走势

结构不合理，短存长贷、资本不足、流动性紧张等现象时有发生。例如，部分中小银行存款活期化和贷款中长期化呈"剪刀差"趋势，同业及理财短期资金对接长期投资，刚性兑付和期限错配严重，极易导致表外理财流动性风险向表内传导。对此，银行业不仅需要加强资产金融和负债金融的双边主动管理，实现两者的合理匹配，还要加强金融创新和精细化管理，不断拓展业务领域和范围，提升服务功能。

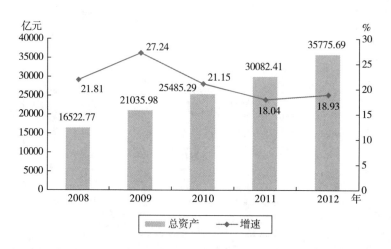

资料来源：湖北银监局监管统计报表。

图 3 - 14　2008—2012 年湖北银行业总资产情况

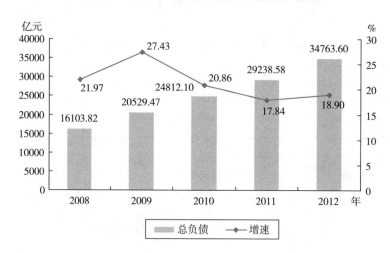

资料来源：湖北银监局监管统计报表。

图 3 - 15　2008—2012 年湖北银行业总负债情况

9. 实体金融与虚拟金融发展不均衡

突出表现为资金流向背离服务本质。虚拟金融不能脱离实体金融发展，这是国际金融危机的一条重要教训。湖北省金融运行中存在一定的关系失调和背离倾向：一方面，"三农"、小微企业、高新产业等领域的融资需求得不到有效满足，实体金融功能存在弱化趋势；另一方面，银行业出现表内业务表外化、贷款业务投资化、同业业务套利化的现象。一些中小银行大搞"同业存单→同业理财→委外投资→债券配置"的游戏，银行资金通过各种途径变相进入股票、债券、期货、房地产等市场，形成资金空转、以钱炒钱，不仅拉长了进入实体经济的链条，抬高了企业融资成本，也积累了较大的金融风险，值得高度关注和警惕。银行业本质上是服务业，核心功能是服务实体经济，与实体经济"合则两利、分则两害"。未来银行业发展必须扎根立足于实体经济发展，切实提高对重点领域和薄弱环节的金融服务能力，不能搞过度创新、过度投机，防止虚拟金融自我循环、过度膨胀。

10. 中资金融与外资金融发展不均衡

突出表现为国际化步伐缓慢。金融发展应坚持"走出去"、"请进来"，因势利导，为我所用，实现国内金融与国际金融的良性互动、和谐发展，但目前湖北省的状况是中资金融发展势头良好，而外资金融发展则相对滞后。虽然湖北省外资银行数量在中部地区横向比较位居第一，但历史纵向比较落差较大，鼎盛时期武汉有外资银行 30 多家，是当时全国四大金融中心之一，而 2012 年湖北外资银行仅 7 家。此外，相对于中资银行机构，外资银行普遍存在业务发展滞后、市场拓展困难、客户结构单一、本土化进程较为缓慢等问题；而地方金融机构主要局限于省内发展，国际化程度较低。全省中资金融和外资金融存在明显的不协调，区域性金融中心建设还有很长的路要走。

【专栏 3－4】

我国银行业应从数量扩张转向瘦身提质

长期以来，我国银行业机构普遍存在着"规模情结"和"速度冲动"。规模的盲目扩张并不必然带来发展质量的提升和短板的补齐，却往往导致风险的积累和成本的上升，提高金融效率已成为我国银行业发展的关键。

非理性发展：银行业数量型扩张

截至 2016 年末，我国银行业总资产、总负债较 2010 年末分别增长140.0%、136.2%，整体规模大幅上升。即便从 2014 年开始我国经济步入新常态，银行业资产增速有所放缓，2014 年、2015 年、2016 年 3 年末资产同比增速也分别达 13.6%、15.5%、15.8%，均高于国际同业水平。

资产增速较快，投资业务尤为突出。截至 2016 年末，我国银行业总资产达 232.3 万亿元，2010 年到 2016 年期间年均增幅达 16.0%。其中贷款余额达112.1 万亿元，同期年均增幅为 14.1%，在总资产中占比 48.3%，较 2010 年末下降 5.2 个百分点，基本保持稳定；湖北法人机构其他投资业务余额2001.3 亿元，同期年均增幅高达 59.8%，高出总资产年均增幅 37.2 个百分点,在总资产中占 15.3%,反映近年来部分银行大量通过同业渠道提供本质为贷款的融资,但在应收账款类投资等投资科目下核算。

负债增速较快,同业存单尤为突出。截至 2016 年末,我国银行业总负债达 214.8 万亿元,2010 年到 2016 年期间年均增幅达 15.7%。从 2014 年开始,湖北法人机构陆续发行同业存单,业务余额 419.4 亿元,年均增幅高达 113.3%,高出总负债年均增幅 98.1 个百分点。同业存单主要由缺乏资金的中小股份制银行和城市商业银行发行,由资金充裕的大型银行和农合机构购买。反映了部分中小法人机构对同业资金依赖程度的加深。

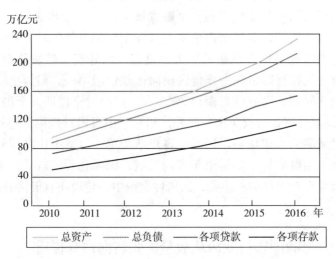

资料来源:2016 年中国银监会年报。

图 C3-4-1 我国银行业资产、负债走势图

表外业务增长迅猛,同业业务波动较大。截至 2016 年末,湖北省银行业表外资产总计达 3.1 万亿元,较 2010 末增长了近 3 倍,2010 年到 2016 年期间年均增幅达 25.9%,远高于各项贷款增速;2010 年到 2013 年期间,湖北法人机构同业资产、同业负债年均增幅分别为 33.9%、27.4%,2014 年监管部门规范商业银行同业业务治理政策出台后,2014 年到 2016 年期间年均增幅仅分别为 2.4%、16.1%,同业业务过快膨胀的趋势基本得到遏制。

利润前高后低,杠杆水平整体上升。2016 年,湖北省银行业完成利润 570.6 亿元。其中 2010 年到 2013 年期间年均增幅为 23.9%,2014 年到 2016 年期间年均增幅为 -0.9%,2016 年末表内外资产合计/所有者权益比值为 52.5 倍,较 2010 年末上升 5.6 倍。2014 年至 2016 年盈利增长乏力,部分年份甚至出现负增长,说明银行业数量型扩张经营模式已经难以为继。

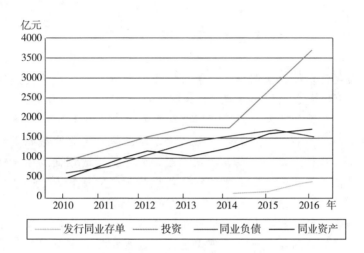

资料来源：湖北银监局监管统计报表。

图 C3 - 4 - 2　湖北法人银行同业业务走势图

非理性发展的后遗症：银行业效率严重漏损

从资金配置效率看，普惠金融滞后。在理念上，部分银行机构基于"二八定律"而非"长尾理论"的经营理念，热衷于服务高净值客户，社会薄弱环节和弱势群体常常被排斥于正规金融体系之外。在技术上，由于普惠金融服务群体的弱质性，银行机构往往矫枉过正、墨守成规，不善于用大数据、大数法则解决普惠金融的风险问题。在体制上，部分银行习惯于服务大集团、大企业、大项目，产品、制度和服务模式没有很好地与普惠金融需求相对接。如 2016 年，人民银行统计的 798 个贫困县银行业的平均存贷比仅为 54%，低于全国平均水平 18.1 个百分点。银行机构在县域吸收的存款没有很好地用于当地"三农"和小微企业发展，而是输送到大城市，严重影响了经济的协调和可持续发展。

从企业融资效率看，交易成本偏高。交易成本理论认为，特定的制度必须提高经济效率，否则旧的制度将会被新的制度所取代，也就是说交易成本可以判别制度效率的高低。截至 2016 年末，我国 M_2 达 150.0 万亿元，M_2 与 GDP 之比居世界前列，市场流动性不可谓不充裕，但企业"融资难、融资贵"问题仍然广泛存在。根据中国财政科学研究院《降成本：2017 年的调查与分析》，虽然降成本的客观政策成效已经显现，但认为依然存在"融资难、融资贵"的企业数量占比达到了 56.3%。进一步考察融资贵的主要源头，有84.1% 的企业认为利息费用高是导致融资贵的主要原因，26.9% 的人认为金融机构非利息收费高，反映资金供需双方对接效率不高，形成了高流动性下高利率的困局。

改进路径：银行业亟须瘦身提质

金融发展不在于单一的数量扩张，而必须是质性发展与量性发展，以及自身发展与经济发展的协调统一。要抑制银行业脱离实体经济发展需要的无序扩张，提高信贷资金的配置效率，维护银行业体系的安全稳定。

数量监管，强制缩表。监管部门有必要根据商业银行风险状况，继续引导银行业实施"双降"。在资产负债总量方面，降低同业业务和表外业务占比，切实遏制银行业资金空转、脱实向虚、无序扩张的倾向。在具体贷款结构方面，降低担保贷款占比，引导银行业机构加强对借款人第一还款来源的审查，抑制其盲目根据第二还款来源发放贷款的做法。

质量监管，脱虚向实。引导银行业机构通过真正的金融创新，不断提高服务实体经济的内涵发展水平。理念上，应该围绕提升服务实体经济的效率开展创新，而不能在虚拟经济中搞自我创新、自我循环、自我膨胀。方向上，应以服务经济结构转型升级、产业向中高端发展、深化普惠金融为目标，而不能以规避监管、隐匿风险为目的。行为上，要以资产端创新为核心，积极探索投贷联动、并购贷款、市场化债转股、资产证券化等方式服务各类企业。重点上，要以小微企业、"三农"领域和精准扶贫为主攻方向，补齐金融服务的短板。机制上，要建立纠错惩戒和激励推广积分机制，及时叫停各种形式的伪创新和非良性创新，总结推广确有实效的新业务产品和新服务模式。

资料来源：阙方平. 我国银行业应从数量扩张转向瘦身提质 [J]. 中国银行业，2017（11）.

第三节　湖北金融发展的"长尾"市场基础

当前，小微企业、"三农"、县域经济、战略性新兴产业、居民消费等新兴需求日益旺盛，为普惠金融发展构筑了深厚的"长尾"市场。银行业金融机构应积极转变经营理念，创新服务方式，通过探索普惠金融模式，不断丰富金融市场层次和产品服务，深入挖掘"长尾"市场这片广阔的"蓝海"，推动经济金融由非均衡向均衡发展转变，不断满足人民群众对美好生活的向往。可以说，湖北发展普惠金融大有可为。

一、"长尾"市场相关理论基础

（一）"长尾"理论

美国人克里斯·安德森 2004 年提出了长尾理论，他认为，需求较小但数量众多的产品所占据的市场份额可以和那些热销的头部产品所占据的市场份额相匹敌。

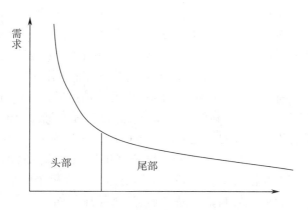

图 3 - 16　安德森长尾理论曲线

长尾理论颠覆了传统的"二八定律"，即 20% 的产品会带来 80% 的利润。过去人们只关注需求较大的热门产品，如果用分布曲线来描绘，人们大多只关注曲线的"头部"，忽视曲线"尾部"。在市场竞争日益激烈的经济社会中，传统需求曲线的头部所代表的畅销产品市场已趋于饱和，而代表冷门产品的长尾部分将会成为给企业带来利润的利基①产品。如果以下三个条件满足，长尾市场就能实现。第一，冷门的利基产品数量要远远大于头部的畅销产品；第二，基于互联网技术的广泛应用，搜索引擎技术全面渗透，消费者能够低成本地获取符合自身需求的产品，即利基产品的获取成本和交易成本要处于超低水平；第三，虽然每一种冷门利基产品市场份额较低，销量较少，但是当市场所有利基产品聚合起来，将共同形成一个可与头部畅销产品相抗衡的大市场。②

长期以来，我国金融体系形成的外延式、粗放式发展模式和盈利方式决定了金融机构往往更热衷于服务特大型、大型企业、高净值人群等组成的"头部市场"，20% 的"头部市场"客户就能够为银行提供 80% 的利润。但是，随着我国经济发展进入新常态，这种"重资本、轻长尾"的传统发展方式亟待转变。从国家战略层面来看，习近平总书记在十九大报告中明确指出，要深化金融体制改革，增强金融服务实体经济能力，提高直接融资比重，促

---

①　利基：更窄地确定某些群体，这是一个小市场并且它的需要没有被服务好，这种有利的市场位置西方学者称为"Niche"，通常译作"利基"。

②　陆岷峰，吴建平. 互联网金融契合普惠金融发展研究——基于长尾理论指导下的视角分析 [J]. 西部金融，2016 (11).

进多层次资本市场健康发展。拓展长尾市场、做好长尾市场客户群体的金融服务，对金融支持实体经济发展，防止资金脱实向虚，无疑具有重要的现实意义。从经济发展形势来看，国家货币政策逐渐转向稳健中性，叠加经济下行期的信贷需求不足，银行业日益面临"资金荒"和"资产荒"并存的压力。这就需要银行业转变发展理念和方式，深耕细作"长尾市场"，寻找新的业务突破口。麦肯锡在调研我国 40 家银行后指出：从行业投放来说，在 20 个主要行业中，有 8 个对公行业没有创造价值，零售贷款组合占 40 家银行贷款的 30%，但创造的经济利润高达 2797 亿元，资本回报（RAROC）高达 29.1%，是银行资产配置的优化方向。可以说，在当前数字经济等新兴产业蓬勃发展的背景下，高度碎片化的金融长尾市场通过信息技术整合和汇集，虽然单个客户能够为银行提供的利润微不足道，但当单个微小的利润与无穷大的市场相乘，所形成的利基产品将具有广阔的盈利空间。那些被银行长期忽略的小微企业、"三农"等庞大的金融市场，蕴藏着无限商机，恰恰是银行业长期稳固的客户基础和利润源泉。

（二）"需求追随"和"供给领先"理论

1966 年，美国经济学家休·帕特里克在他的论文《不发达国家的金融发展和经济增长》中首次提出了金融发展与经济增长之间的两种模式。一是"需求追随"模式。认为随着经济的增长，经济主体会产生对金融服务的需求，推动金融体系不断改革完善。另一种是"供给领先"模式。认为金融机构对资产、负债以及相关金融服务的供给先于经济主体的需求，强调金融服务的供给方对于经济的促进作用。

多年来，我国金融机构在许多业务领域中践行"供给领先"模式，但是，该种金融运行模式不可避免地会产生一系列问题，在一定程度上导致金融发展不均衡。例如，在农村地区，就存在着分工不合理、产品结构单一、客户集中度高、支农力度弱、可持续发展能力不足等问题；小微企业则面临融资成本较高、融资渠道狭窄、信贷产品针对性不足、收益与风险不对称等难点。因此，在未来的金融体制改革中，"供给领先"模式应逐步向"需求追随"模式转变。将农村金融、小微金融划分为不同层次的需求主体后，针对各类经济主体提供个性化产品和服务，由此构建多层次的金融体系。

二、湖北金融发展的"长尾"基础

随着经济结构调整和产业升级，小微企业、"三农"、战略性新兴产业、居民消费等成为新兴的"长尾"市场。过去，银行业机构主要采取"供给领先"的金融发展模式，难以适应"长尾市场"多元化、多层次的金融需求。

未来，湖北金融发展应实行"需求追随"模式，针对长尾市场需求提供个性化、特色化的普惠金融服务。

（一）小微企业

当前，我国小微企业正处于蓬勃发展时期。2016 年 1—8 月，湖北省 3957 家规模以上服务业企业中，小微企业达 2938 家，占全部企业的比重为 74.2%，共实现营业收入 765.21 亿元，同比增长 13.0%，超过全省规模以上服务业平均增速 1.6 个百分点。分地区看，小微企业数占比最大的地区为宜昌市，占全部服务业企业的 84.6%；其次是襄阳市，占比为 83.1%。分行业看，商务服务业中小微企业达 689 家，占该行业全部单位数的 94.4%，实现营业收入 290.51 亿元，占该行业总营业收入的 76.4%。① 截至 2017 年第一季度末，武汉新登记的小微企业为 1.28 万户，达新开办企业数量的八成以上。武汉市小微企业达 31.65 万户，占比 85.08%。小微企业已在国民经济发展中扮演着重要角色，对实体经济发展的推动作用不可估量。加强改进小微金融事关保民生、保就业、保稳定的大局，对银行业培育新的利润增长点、调整优化信贷结构、防范系统性风险也具有重要意义。从长远来看，更是银行业错位竞争、差异发展、形成核心竞争力的必然选择。随着大数据时代的来临，小微企业对金融产品"饥渴式"的需求也进一步加大了其能够成为银行"长尾客户"重点目标群的可能性，小微金融市场"蓝海"亟须被金融机构重视和开拓。面对小微企业"长尾市场"的新需求，可采取"十大新举措"。

一是转变思维。必须要树立大数据思维。大数据思维的核心要义主要有五个方面。第一，颠覆自我。必须颠覆自我，才能成就未来。余额宝的推出实际上就是在颠覆自我，过去钱是赚给自己的，大数据时代是要帮客户赚钱。第二，信息对称。第三，廉价交易。第四，关注长尾。银行未来的客户主要就是这些"长尾"客户，就是占比百分之八九十的这些中小企业客户，第五，合作共赢。在大数据时代必须关注深受客户欢迎的五大商业模式：为客户赚钱（类似于余额宝）、为客户省钱、为客户节约时间、为客户增加影响力、为客户创造需求，在创造需求的过程中，实质上银行在提供"供给"，也意味着银行在赚钱。

二是机构下沉。银行机构要进乡村、进社区。例如，美国的富国银行市场价值已经超过了工商银行，实际上它是从社区银行做起，然后做大做强的，它的业务也是三大块：社区银行业务、批发业务和理财。社区银行业务就是

① 湖北省小微服务业企业成长较快［EB/OL］.（2016 – 10 – 17）. 中华人民共和国国家发展和改革委员会网站，www.ndrc.gov.cn.

专门为所谓的中小企业客户（大银行认为是边缘客户，也就是长尾客户）服务，它的收入的50%就是靠长尾客户。银行要服务"三农"，贴近小微，服务民生事业发展，为社区居民提供一站式、一揽子、综合化金融服务。

三是权力下放。现在的商业银行从总行到分行、到地市支行、再到县市的支行，链条过长导致信息出现漏损。如果要解决信息漏损问题，唯一的方法就是下放权力，把信贷权力下放，做到权力和信息是对称的、权力和责任是对称的。要进一步科学合理地划分信贷管理权限，减少中间环节，减少信息漏损，提高工作效率和服务质量。

四是准入放宽。要善于运用银行掌握的大数据资源，提炼小微企业的"软信息"，降低小微企业信贷准入的"硬门槛"。

五是名单储备。很多银行强调名单管理，实际上名单管理中很重要的一点就是名单储备。要通过数据集中和数据分析，找到一批将来很有可能成为长尾客户的小微企业，建立潜在客户名单，在准确分析客户需求的基础上开展有针对性的营销。

六是风险分摊。任何时候金融业都是有风险的。要推动银证保、担保和政府开展合作。合作的过程就是风险分摊的过程、是一个利益共担的过程。要进一步完善小微企业信贷奖励考核、贷款风险补偿机制。开展"助保贷"，分摊风险。有序引导社会资金进入融资性担保业，尽快建立完善再担保制度，提高担保公司的信用等级和担保能力、放大倍数。

七是资金回流。银行业要建立资金回流机制，进一步提高县域存贷比，从根本上解决城乡金融资源配置不合理问题。要对欠发达地区经济资本管理模型进行优化，在经济资本的分配和考核环节引入调节系数，实现资金回流。

八是金融创新。核心是必须要回归到围绕实体经济发展来进行创新。之所以在2008年爆发了国际金融危机，就是因为此前世界范围内的金融创新主要集中于虚拟经济领域，而对实体经济有所忽视。因此，要通过理念创新、服务创新、产品创新、渠道创新，为小微企业提供全方位基础服务和针对性服务，推动金融服务"脱实向虚"。

九是活用政策。要吃透活用国家和监管部门鼓励支持小微企业发展、鼓励小微企业金融服务的各项优惠政策，如不良贷款核销、风险资本计量等，切实增强服务小微企业的积极性和主动性。

十是监管激励。提高小微企业贷款不良率的容忍度，对支农支小的社区银行和农村中小金融机构在行政许可审批等方面提供优惠的监管政策。

（二）"三农"发展

党的十九大提出了实施乡村振兴战略的重大决策部署，将其作为建设现代化经济体系的六大内容和决胜全面建成小康社会的七大战略之一。2013年12月，习近平总书记在中央城镇化工作会议上提出："让居民望得见山、看得见水、记得住乡愁"，勾勒出乡村振兴的美丽蓝图。2018年中央"一号文件"——《中共中央国务院关于实施乡村振兴战略的意见》，对乡村振兴战略进行了全面布局。乡村振兴战略是新农村建设的"升级版"，涵盖了产业兴旺、生态宜居、乡风文明、治理有效、生活富裕等各方面。中央"一号文件"对实施乡村振兴战略明确提出了"三步走"目标任务：到2020年乡村振兴取得重要进展，制度框架和政策体系基本形成；到2035年乡村振兴取得决定性进展，农业农村现代化基本实现；到2050年乡村全面振兴，农业强、农村美、农民富全面实现。实施乡村振兴战略离不开金融血液的支持。中央"一号文件"指出，要"健全适合农业农村特点的农村金融体系，把更多金融资源配置到农村经济社会发展的重点领域和薄弱环节，更好满足乡村振兴多样化金融需求"。这为发展普惠金融带来了广阔的市场空间和难得的战略机遇，金融服务乡村振兴战略大有可为。

湖北作为农业大省，一直以来不断推进农业向产业化、规模化发展，出台了一系列支持农业农村农民发展的政策。从2009年开始实施"四个一批"工程，即通过5年时间在全省范围内形成一批在全国同行业有竞争力的农产品加工龙头企业、一批在全国有影响力的知名品牌、一批销售收入过50亿元的农产品加工园区、一批农产品加工销售收入过100亿元的县市，到2012年6月第十次党代会明确提出"推动农业产业化总体水平进入全国前列"的重大战略目标，再到2013年2月省政府发布《关于进一步支持农业产业化龙头企业发展的意见》，为湖北建设农业强省、加快发展现代农业奠定了坚实基础。2018年初，武汉市强力推进"三乡工程"，即"市民下乡、能人回乡、企业兴乡"，积极探索与脱贫攻坚相结合的新举措，推动"市民享受、村民受益、农村变美、农业变强、城乡一体"，为新时代构建产业兴旺、生态宜居、乡风文明、治理有效、生活富裕的新农村积极探索经验。

随着国家乡村振兴战略逐步实施落地，资本、资金、资源等将加速回流农村，进一步激发农村活力、创新动力和竞争能力，"三农"市场将更加广阔和成熟。一是生产领域的机遇。"产业兴旺"是乡村振兴的核心，加快推进农业农村现代化，不仅要农业现代化，还要农村现代化，意味着农村中农业和非农产业都将加快发展。农村一二三产业深度融合、特色产业兴起等，都将为金融机构提升金融供给创造条件。二是生活领域的机遇。按照"生活富裕"要求，乡村贫困现象将最终消除，城乡融合发展，居民教育、医疗、养老等公共服务将得到加强。金融机构依托社保、医保等渠道提供金融服务有了更大空间。三是生态领域的机遇。按照"生态宜居"的要求,乡村的水电路气网等基础设施建设将明显加快,农村生态环保投入加大。美丽乡村建设将使金融机构在基础设施、特色小镇、田园综合体等方面有更多的服务领域和客户对象。

为乡村振兴战略提供有效的金融服务,是银行业金融机构义不容辞的责任。银行业金融机构服务乡村振兴战略,要抢抓机遇,围绕乡村"新政策、新模式、新业态、新主体、新要素、新动能"积极开展产品、服务和渠道创新。一是做"新政策"的对接者。乡村振兴战略提出后,各级政府都将出台政策措施。金融机构要成立专门的团队对接,抢抓政策机遇,从源头做好对接,抓紧出台对接乡村振兴战略的意见。二是做"新模式"的先行者。针对农业农村基础设施建设、公共服务等项目的资金需求和乡村渠道金融需要,研究创新金融服务模式。三是做"新业态"的引领者。及时梳理农村各类新兴业态,积极支持市民、能人、企业等返乡创业。按照"一村一镇一品"的思路,针对农村一二三产业融合、田园综合体、休闲农庄等新业态出台单独信贷政策,积极主动地在金融服务新业态上发挥引领作用。四是做"新主体"的支撑者。要形成各具特色、相互补充的农村金融服务体系,支持各类农村主体发展。例如,开发性、政策性银行要当好战略服务"顶梁柱",支持农村基础设施建设和粮棉油收购;大型银行要当好综合服务"领头羊",支持农业龙头企业、专业合作社和县域支柱产业发展;地方法人机构要当好本土服务"主力军",支持家庭农场、种养大户等农村新型经营主体发展。五是做"新要素"的激活者。总结推广农村土地承包经营权抵押贷款经验。跟进国家农村改革政策落地,及时研究农村集体产权改革、农村宅基地、农民住房财产权、土地增减挂钩政策等实施情况,前瞻性创新金融产品,抢抓农业农村改革红利。六是做"新动能"的推进者。加快推进农村金融服务网络的线上线下一体化建设,根据市场需求及时创新产品,对接乡村振兴战略的各个关键环节,助力农业农村发展动能转换。

【专栏 3 – 5】

湖北省农信联社"十大工程"助推乡村振兴

2018 年 1 月 23 日,湖北省农信联社三届社员大会一次会议通过《关于贯彻党的十九大精神 服务乡村振兴战略的决定》,提出实施金融支持美丽乡村建设、新型农村经营主体壮大、精准扶贫精准脱贫等"十大工程",为全省实施乡村振兴战略提供强有力的金融支撑。

一是实施金融支持美丽乡村建设工程。按照生态兴农、质量强农的目标，立足乡村资源禀赋特点，创新开发金融产品，加大对乡村基础设施建设、特色小城镇建设、涉农生态农业发展的金融支持，积极服务"荆楚名优品"创建工程。

二是实施金融支持新型农村经营主体壮大工程。加强新型农村经营主体客户对接建档，通过信贷支持、金融服务、组建信用共同体、整合客户资源等举措，力争与70%以上的新型农村经营主体建立业务合作关系，帮助新型农业经营主体打造具有文化底蕴、地域特征的特色农产品品牌，提高市场占有率。

三是实施金融支持农民专业合作社服务提升工程。全面加强银社对接，实行差异信贷政策，重点支持大中专毕业生、新型职业农民、务工经商返乡人员领办农民合作社以及支持农民合作社发展农产品加工、销售，承担政府涉农项目，参与乡村建设。

四是实施金融培育乡村龙头企业领军工程。紧跟"企业兴乡"的步伐，以打造优势产业链为抓手，将信贷资金向一批投资开发型、龙头带动型、村企共建型、对口扶贫型等优势特色产业领军型龙头企业倾斜。力争用3年时间，与乡村龙头企业建立合作关系达到80%以上，有信贷需求且符合贷款条件的龙头企业信贷需求满足率达到100%，贷款余额年均增长30%以上。

五是实施金融支持乡村能人兴业和农民工返乡创业工程。主动对接乡村能人、妇女、能工巧匠、返乡农民工等乡村创业兴业人群，开展创新创业扶持活动。围绕全省农业科技"五个一"行动，对重大科研项目、重点学科和重点科研基地，积极提供综合金融服务，推动包括返乡创新创业大学生在内的农业科技人才队伍建设，更好地服务"三农"发展。

六是实施金融支持乡村"互联网+"工程。以"智慧银行"建设为引领，加快乡村自助银行建设和自助设备投放，加大推广电子银行产品，加速线上金融服务平台建设，提升乡村电子化金融服务水平。紧扣政府"招商引资引进一批、依托企业发展一批、培育新型经营主体催生一批、加盟平台拓展一批、政府引导扶持一批"的思路，积极跟进农村电商工程，支持农村电商主体做大做强。

七是实施金融支持乡村文化复兴和旅游开发工程。开展"文化+金融"的融合创新，支持乡土文化资源保护，推进乡村诚信文化建设。支持区位优势明显的城乡便利村，发展休闲农业、乡村旅游、养老康复、民宿经济等产业；支持历史文化资源丰富的民俗文化村，发展民俗旅游；支持合理利用古村古镇、民族村寨、乡村景观资源发展旅游的企业，发展乡村旅游、网红小镇、文化创意等特色产业。

八是实施金融支持乡村产权改革工程。紧紧围绕乡村产权改革,针对乡村土地、房屋、水域滩涂、林权等财产权利,探索创新信贷产品,解决借款难、担保难等问题,激活农村沉睡资本。

九是实施普惠金融服务网格化工程。建好、健全网格服务工作站和惠农金融服务站,统筹结合"农商行+网格+乡村电商""农商行+网格+合作社""农商行+网格+现代农业"等模式,强化网格的金融服务功能和信息收集功能,真正实现"小网格大金融"布局。

十是实施金融支持精准扶贫精准脱贫工程。以全省9个深度贫困县和500多个深度贫困村作为金融精准扶贫的主攻方向,按照宜农则农、宜商则商、宜游则游的思路,助推深度贫困地区加快发展。确保金融扶贫服务实现"三个100%",加大扶贫小额信贷投放。大力推进金融扶智、扶志行动,增强金融精准扶贫的实效性和可持续性。

资料来源:肖敏,陈德成.省农信联社"十大工程"助推乡村振兴[N].湖北日报,2018-01-27.

(三) 县域经济

虽然湖北县域经济尚不发达,但正处于制度变迁的"前夜",蕴含着巨大潜力。根据《2015年湖北省县域经济发展报告》,截至2015年末,湖北省县域生产总值占全省比重已达60%。从县域经济的发展质量来看,规模以上工业增加值占县域生产总值的比重超四成,工业主导地位日渐稳固。同时,县域高新技术产业发展较快,2015年该产业增加2340亿元,占县域生产总值的比重达12.5%,同比增长1.2个百分点。县域百亿元产业集群为53个,较2010年增加了44个。此外,县域财政状况也有明显改善,地方一般公共预算收入过10亿元的县市区由2010年的8个增至46个,过30亿元的由1个增至11个;从县域经济的发展动力来看,湖北县域规模以上工业企业达13217家,同期净增981家,稻花香、宜城襄大农牧、福星集团等一批企业成功跻身"湖北民营百强",枝江三宁化工、江夏通用汽车等重大项目顺利落地,一批极具竞争优势的产业项目正在建设中。2016年,面对国家经济下行压力和湖北特大洪涝灾害的双重考验,一批"排头兵"县市区表现顽强,综合实力不断增强。国民生产总值超500亿元的县市区已达10个,大冶、枣阳、宜都跻身全国"百强县"。县域经济的不断发展亟须银行业金融机构加大支持力度,注入金融活水。

为补齐县域金融短板,引导金融资源回流县域,湖北大力推动县域经济发展，实施县域金融工程。该项工作受到了各方的高度关注和重视，被省委全面深化改革领导小组列为重大改革项目之一，其中包括开展农村承包土地经营权和农民住房财产权抵押贷款试点，推动县域优质企业在多层次资本市场上市、挂牌，实施农村金融全覆盖和金融服务网格化工程，完善金融信用市县考评机制等工作内容。省政府办公厅印发了《全面推进县域金融工程方案》，指出要运用金融工程的原理和方法，充分发挥政府和市场"两只手"的作用，形成由银行间接融资"一轮驱动"转变为依靠货币市场、资本市场、保险市场和民间金融市场多轮驱动的格局。结合当地实际情况，有效配置金融资源和防范金融风险，促进地方经济可持续发展。同时，对2016年至2020年期间县域金融的供给情况提出了具体要求和激励约束措施。例如，工行、农行、中行、建行等国有银行、邮储银行、省农信联社、湖北银行的县域贷款比每年需提高2～3个百分点，地方法人金融机构县域贷存比低于70%的，需在当地每年提升贷存比3个百分点以上。对此，银行业金融机构应积极抢抓县域金融工程建设的良好机遇，加大县域信贷投入，完善金融服务体系，着力下沉机构网点，创新服务产品，大力挖掘县域经济的"蓝海"市场。

【专栏3-6】

增加县域金融供给　促进县域跨越发展

在金融新常态下，银行业面临贷款增速回稳、存贷利差收窄、社会融资方式转变、不良贷款反弹、监管"宽进严管"的形势，县域将成为银行业转型发展的主战场，县域金融体制机制改革加速势在必行。

一、县域金融即将迎来制度创新的五大红利

制度创新是指在现有的生产和生活环境条件下，通过创设更能有效激励人们行为的制度、规范体系来实现社会的持续发展和变革的创新。在新常态下，全面深化改革必然伴随着一系列的制度创新，这将给县域金融带来巨大的制度红利。

农村产权制度改革的资本化红利。在农村金融发展过程中，一方面是需求旺盛，另一方面是供给不足。搭建双方对接的"桥梁"，核心是解决农村财产资本化的问题。2014年11月，中共中央、国务院发布了《关于引导农村土地经营权有序流转、发展农业适度规模经营的意见》，赋予了农民更多的财产权利，将加快农民财产资本化的进程，极大缓解抵质押物缺乏的融资瓶颈，对银行业特别是农村金融机构而言，蕴含着金融创新的无限潜力。

农业经营制度改革的发展红利。随着工业化、新型城镇化和农业现代化

的加速发展，国家出台了《关于促进家庭农场发展的指导意见》等系列扶持政策，农业经营体系正由家庭承包分散经营向规模化、专业化、集约化生产转变，专业合作社、家庭农场、农业产业化龙头企业等新型经营组织不断涌现。上述改革在提高农业生产效率的同时，也使得金融需求呈现规模化、长期化、多元化的趋势，为银行信贷投放提供了扎实有效的载体和依托。

收入分配制度改革的消费红利。完善农村社保体系，健全农产品价格保护和农业补贴制度，让农民分享土地增值收益，缩小城乡收入差距，是收入分配制度改革的重要内容。目前，城镇居民人均收入与农村居民人均收入之比已从 2008 年的 3.3 倍下降到 2014 年的 2.9 倍。改革将有助于形成"橄榄型"收入分配格局，提高农民消费支出比例。住房、汽车等高端消费品大量进入农民家庭，教育、医疗等领域消费需求不断增长，将拓展县域金融需求的范围和种类。

户籍制度改革的城镇化红利。我国城镇化率由 1978 年的 17.9% 提高到 2014 年的 54.8%，正处于城镇化的加速期。但是，我国长期实行城乡二元户籍制度，在很大程度上固化了城乡利益失衡格局，制约了农业转移人口市民化。2014 年 7 月，国务院《关于进一步推进户籍制度改革的意见》正式公布，将逐步放开户籍限制，放宽城市落户条件，扩大基本公共服务覆盖面，进一步加快城镇化进程，提高城镇化质量，也将带来大量的中小城镇开发和农村基础设施建设等项目融资需求。

农村金融制度改革的供给扩大红利。从农村金融服务的供给角度看，农业发展银行改革实施总体方案获批，获得"返税"式注资，将进一步充实粮棉油收储和农业农村基础设施建设资金来源；农村信用社改革组建农村商业银行迈入收官阶段，化解风险、健全治理、创新机制，将进一步提高其支农支小的服务能力。2015 年 4 月，中共中央、国务院发布《关于深化供销合作社综合改革的决定》，允许符合条件的供销社企业依法试点发起设立中小型银行，将进一步缓解农民融资难问题。

二、县域金融仍然面临制度变迁的三大阻力

爱德华·肖和罗纳德·麦金农分析了金融抑制的背景因素，如利率管制、高比例的存款准备金要求和信贷配额等。受各方面制约因素影响，目前我国县域金融发展虽然取得长足进步，但也还面临着不少瓶颈，县域金融市场资源配置效率仍然不高，金融抑制现象明显。

文化不适应。金融机构基于"二八定律"而非"长尾理论"的经营理念，热衷于服务高净值客户，县域金融需求群体常常被排斥于正规金融体系之外。同时，由于"三农"金融服务群体的弱质性，金融机构往往矫枉过正、

因噎废食，不会用大数法则和分散投资原理解决风险问题。在这种文化导向下，金融机构普遍缺少主动服务县域的理念，内生驱动力和主观自觉性不强，停留在被动响应政策号召的状态。

资源不均衡。与城市金融相比，银行业在县域金融上配置的资源相对不足。从银行网点看，县域银行网点以农村合作金融机构和邮储银行为主，普遍存在覆盖率低、竞争不充分、金融供给不足的问题，尤其是广大农村地区仅有部分基础性金融服务，可利用的金融资源极其有限；从内部资源配置看，各机构对县域分支机构资源配置的水平远低于大城市，人员、电子化设备等资源仅能保证开展基本业务。

信息不对称。信息是银行和客户之间沟通的桥梁。然而，目前基层金融主体之间还存在着无形的信息鸿沟，容易产生道德风险和逆向选择问题。作为银行，由于"三农"、小微客户往往缺乏财务类"硬信息"，但收集更能反映其信用状况的"软信息"又面临成本高、效率低等问题；作为客户，受信息分散和个体知识面局限，对银行信贷产品和现代服务方式不甚了解。

资料来源：阙方平．增加县域金融供给 促进县域跨越发展 [J]．中国农村金融，2015（11）：25－27．

（四）战略性新兴产业

当前，湖北供给侧结构性改革深入推进，创新驱动发展战略全面实施，战略性新兴产业正迅速崛起。战略性新兴产业是指以重大技术突破和重大发展需求为基础，对经济社会全局和长远发展具有重大引领带动作用的产业。该产业以其知识技术密集、物质资源消耗少、成长潜力大、综合效益好的优势成为世界主要国家抢占新一轮经济和科技发展的制高点。

美国政府2009年、2011年两次发布国家创新战略，并公布《重振美国制造业框架》，促进新兴技术和产业发展。欧盟面向2020年提出"创新型联盟"战略，明确把发展知识与创新经济、绿色经济和高就业经济，实现智慧型、可持续和包容性增长，作为建设欧洲社会市场经济的三大战略优先任务。日本政府通过了"日本产业再生修正案"，提出"生物产业立国"战略，力图打造成全球第一个低碳社会。印度、俄罗斯等新兴经济体也努力通过科技进步和技术创新实现赶超。[①] 在我国，发展战略性新兴产业也受到了国家的高度重视。

2010年10月，国务院发布了《关于加快培育和发展战略性新兴产业的决

---

① 省政府办公厅．《湖北省战略性新兴产业发展"十二五"规划》，2012－05－09．

定》，提出了加快培育和发展战略性新兴产业的目标、重点任务和重大措施，明确现阶段要重点培育和发展节能环保、新一代信息技术、生物、高端装备制造、新能源、新材料和新能源汽车七大产业，并将加快培育和发展战略性新兴产业作为我国新时期经济社会发展的重大战略任务。随后，湖北省印发了《关于加快培育战略性新兴产业的若干意见》（鄂发〔2010〕15 号）、《战略性新兴产业"十二五"规划》（鄂政发〔2012〕40 号）等文件，对推进湖北产业优化升级、转变经济发展方式提出了具体要求。2016 年 12 月，国务院又印发了《"十三五"国家战略性新兴产业规划》。根据规划，到 2020 年，战略性新兴产业增加值占国内生产总值比重要由 2015 年的 8% 达到 15%，同时要形成新一代信息技术、高端制造、生物、绿色低碳、数字创意五个产值规模 10 万亿元级的新支柱，并在更广领域形成大批跨界融合的新增长点，平均每年带动新增就业 100 万人以上。

在各方努力下，湖北战略性新兴产业近年来取得了令人瞩目的成就。从行业整体规模来看，2016 年，高新技术产业增加值占全省国民生产总值的比重达到 17.3%，4 年提升 4 个百分点，科技进步对经济增长的贡献率提升至 56.65%，高新企业数量位居中部第一。[①] 2017 年 1—7 月，代表先进制造的高技术类产业增长明显，装备制造业增加值增长 13.4%，快于整体工业 5.4 个百分点。省政府重点监测的 300 户企业中，战略性新兴产业企业产值增长 25.9%，快于整体工业 11.6 个百分点。从创新科技成果来看，一项项"湖北创造"已代表中国参与世界经济竞争，走向全球科技舞台。例如，"中国光谷"在光纤通信、激光、光电系统、光电材料及器件等领域，研发出一大批处于国际先进和国内领先水平的科技成果。其光纤光缆生产规模全球第一，制造了世界近半光纤；武汉大学卫星定位技术，使我国卫星定位精度进入"厘米时代"；时速超过 350 公里的中国高铁成为新"四大发明"之一，而位于武汉的中铁第四勘察设计院设计了中国一半、世界三分之一的高铁；2017年 5 月首飞成功的国产大型客机 C919 中的 100 多个零部件由湖北制造。

湖北的战略性新兴产业有着广阔的发展前景，而在其成长壮大过程中，亟须金融机构的大力支持。金融机构应将支持战略性新兴产业作为支持实体经济的基本着力点，打造服务战略性新兴产业的产品体系。优先支持优势产业、企业集群以及重点项目建设，在有效防范金融风险的前提下，提供多层次、全方位的金融服务。例如，重点关注新一代信息技术中的移动互联及智能终端、集成电路及新型显示；生物产业中的生物医药、生物制造；高端装

---

① 韩炜林，廖志慧，吴文娟. 扬帆乘东风，转型楚天阔［N］. 湖北日报，2017 - 10 - 11.

备制造中的智能制造装备、智能轨道交通装备、海洋工程装备及高技术船舶、航空航天装备、北斗卫星导航；新材料中的新型非金属功能材料；节能环保中的资源循环利用；新能源中的清洁能源；新能源汽车中的电动汽车等。

（五）居民消费

1943年，美国心理学家马斯洛在《人类动机理论》一书中提出了著名的马斯洛需求层次理论。他将人类需求分为生理需求、安全需求、社交需求、尊重需求和自我需求五种，认为人类需求像阶梯一样从低到高排列，当低层次需求得到满足后，高层次需求就会产生。当前，我国人民群众消费观念由"吃穿住用行"向"学乐康安美"（学习需求、快乐需求、健康需求、安全需求、美丽需求）转变，就与该理论相吻合。消费观念的转变进一步培育出新的金融业态，移动支付、"无现金"社会、共享经济、"无人超市"、低碳生活等关键词开始引领社会发展新模式，全方位地改变了人民生活。但是，银行业金融机构配套的金融服务还没有跟上，便利群众生活的创新产品还远远不够，这就直接导致人民群众生产生活的新趋势与金融服务的适应性之间产生了矛盾。从宏观层面来说，也正是我国社会"人民日益增长的美好生活的需要和不平衡不充分的发展之间的矛盾"在金融领域中的表现之一。

未来，我国消费金融市场极有可能呈现出消费群体年轻化、普惠化，消费场景小额化、分散化，科技驱动越发重要等特征。因此，银行业要主动适应消费升级的需要，打开消费金融蓝海市场，积极探索契合居民消费方式的适应性产品和服务模式，实现金融供给与居民日益丰富的金融需求之间的精准对接。

一方面，运用金融科技提高"获客"和"活客"能力，为消费者提供更加便捷、有效的服务。例如，2014年，平安集团组建了自己的人工智能实验室团队，开始研究算法和核心技术应用。目前，其开发的人脸识别技术能够对用户进行远程身份认证，用户只需根据系统提示，完成指定动作识别，即可进行 APP 解锁、刷脸支付以及刷脸贷款等。此外，人脸识别不仅能够在银行特定区域进行整体监控、识别可疑人员，有效提升物理网点安全性，还能准确记忆 VIP 客户，有助于进一步推进客户分层服务体系建设。经检测，平安人脸识别技术的精准度在很多测试条件下已达到99%以上。2015年，交通银行整合了包括语音识别（ASR）、语音合成（TTS）、自然语言理解（NLU）等多项顶尖技术，成功打造出国内第一款真正"能听会说、能思考、会判断"的智慧型服务机器人"娇娇"，引发业界广泛关注。作为实体机器人，"娇娇"能够与顾客进行语音交流、分流客户、介绍银行业务等，其专业的服务能力、丰富的知识储备、风趣的问答方式赢得了用户的一致好评。2016年，浦发银行推出线上资产配置服务平台——"财智机器人",开创了国内商业银行在该领域应用的先河。"财智机器人"利用大数据分析技术,为客户实现"资产健康一键诊断""产品组合一键下单""客户经理一键呼叫""投资榜单与历史投资一目了然",并且能够实现银行理财、基金、贵金属等跨产品类别的组合产品推荐和交易。同年,招商银行也推出了"摩羯智投"程序,根据客户风险偏好和投资需求,提供"一键购买"、风险预警、调仓提示等智能服务。

另一方面,以"社区银行"为突破口和着力点,拓展市场边际效益,发展普惠金融。"社区银行"的概念起源于美国,主要是指在社区内,按照市场化原则自助设立、独立运营的小规模银行业分支机构,以金融产品为平台和介质,形成社区居民、银行、物业、周边商户等多方的利益链条,以培育生活共同体为纽带,力求实现多方主体的互动与共赢。目前资产已达 1.3 万亿美元,市值位居全球首位的美国富国银行就是社区银行发展的典范。富国银行拥有近 7000 家社区银行,专注为社区居民和年销售收入 2000 万美元以下的小微企业主提供包括储蓄业务、融资业务、资产管理等在内的金融服务。近十年来,这种直接将金融服务下沉到社区一线,采取与社区居民面对面沟通,迅速而精准地获取客户信息、响应客户需求的方式为富国银行提供了五成以上的利润。正是通过此类渠道建设,富国银行为超过三分之一的美国家庭提供金融服务。仅社区银行物理网点,就创造了每分钟提供金融服务万余人次,每年对 55 亿人次进行营销的惊人纪录。

2013 年,我国开始出现社区银行。短短几年时间,社区银行已成为社会关注的热点,越来越多的金融机构对建立、发展社区银行表现出浓厚兴趣。2014 年,民生银行持牌营业社区网点 743 家,浦发银行 300 家,光大银行 481 家。湖北省本地城市商业银行也对社区银行运营模式进行了积极探索。2013 年,在武汉南湖社区,汉口银行第一家社区银行玫瑰湾社区支行正式对外开业,首次推出了"邻里金融"的社区银行服务模式。例如,"36588"特色服务,全年 365 天早 8 点至晚 8 点提供柜台服务;为社区儿童提供游乐场所;为老年人提供免费血压计、医药箱等便民设施。同时,还为社区居民定期组织文艺汇演、健康讲座、理财讲座等系列活动,丰富居民的业余生活。

社区银行服务社区居民,社区居民繁荣社区经济,良性循环、互为推动,在一定程度上既能使邻里单元重新找回其活力和精神,也能为银行业金融机构带去新的利润增长点。

此外,在严控风险的前提下,大力发展消费金融、严格落实差异化房贷政策等都能从不同层面满足居民个性化金融需求。

第四节 湖北银行业改革发展阶段的必然趋势

一、当前湖北银行业发展面临的新形势

（一）利率市场化改革进入"深水区"

当前，金融改革的核心目标就是实现金融要素价格的市场化，充分发挥金融在优化资源配置中的作用。利率市场化改革是我国金融领域最核心的改革之一。1993 年，党的十四届三中全会提出了利率市场化改革的基本设想。从 1996年开始，银行间拆借市场利率、债券回购和现券交易利率的先后放开，开启了利率市场化改革的大幕。十八届三中全会以来，利率市场化进程明显加快。人民银行于 2013 年 7 月彻底取消贷款利率管制。2015 年 10 月 24 日起，央行不再对金融机构设置存款利率浮动上限，这是利率市场化改革的"里程碑"事件，标志着利率管制的基本放开，商业银行拥有了自主定价的能力。在此基础上，我国将进一步深入推进利率市场化改革，不断健全市场化的利率形成、调控和传导机制，增强中央银行利率调控能力，提高常备借贷便利（SLF）、中期借贷便利（MLF）和央行逆回购等操作效率，有效发挥利率走廊上限作用。

表 3－4　　　　　　　利率市场化改革大事记

时间	事件	意义
1993 年	党的十四大《关于金融体制改革的决定》提出利率改革长远目标	利率市场化的提出及奠基
	党的十四届三中全会提出"中央银行按照资金供求状况及时调整基准利率，并允许商业银行存贷款利率在规定幅度内自由浮动"	
1996 年	放开银行间同业拆借利率	实现银行间市场利率市场化
1997 年	放开银行间债券回购利率	
1998 年	国家开发银行在银行间债券市场首次进行市场化发债	实现政策性金融债发行利率市场化
1999 年	政策性金融债、国债发行采用市场招标形式	实现国债利率发行市场化
	批准中资商业银行法人对中资保险公司法人由双方协商确定利率的大额定期存款；企业债券利率允许上浮30%～40%（中央），40%（地方）	存款利率改革的初步尝试

续表

时间	事件	意义
1998—1999 年	人民银行连续三次扩大金融机构贷款利率浮动幅度	扩大商业银行自主定价权及贷款利率市场化程度
2000 年	9 月，放开外币贷款利率和 300 万美元（含 300 万美元）以上的大额外币存款利率	积极推进境内外币利率市场化
2002 年	3 月，统一了中、外资金融机构外币利率管理政策	
	7 月，放开了英镑、瑞士法郎和加拿大元的外币小额存款利率管理，由商业银行自主确定	
	11 月，对美元、日元、港元、欧元小额存款利率实行上限管理	
2003 年	商业银行、农村信用社可以开办邮政储蓄协议存款	存款利率改革推进
	党的十六大报告提出"稳步推进利率市场化改革，优化金融资源配置。"十六届三中全会明确"稳步推进利率市场化，建立健全由市场供求决定的利率形成机制。"	稳步推进利率市场化改革
2004 年	1 月，扩大金融机构贷款利率浮动区间	扩大商业银行自主定价权，提高贷款利率市场化程度
	10 月，上调金融机构存贷款基准利率并放宽人民币贷款利率浮动区间和允许人民币存款利率下浮	有利于金融机构提高定价能力，防范金融风险
2007 年	人民银行推出上海银行间同业拆放利率（Shibor）	培育货币市场基准利率体系
2012 年	下调人民币存贷款基准利率并调整利率浮动区间	扩大商业银行自主定价权
2013 年	全面放开金融机构贷款利率管制	实现贷款利率的市场化定价
	市场利率定价自律机制成立会议提出：建立市场利率定价自律机制；开展贷款基础利率报价工作；推进同业存单发行与交易	金融机构货币、信贷等金融市场利率进行自律管理；为金融机构信贷产品市场化定价提供参考
	10 月 25 日，贷款基础利率（简称 LPR）集中报价和发布机制正式运行	完善金融市场基准利率体系，指导信贷市场产品定价
2014 年	扩大存款利率浮动上限至 1.2 倍	

续表

时间	事件	意义
2015 年	扩大存款利率浮动上限至 1.5 倍	
	10 月 24 日，对商业银行和农村合作金融机构等不再设置存款利率浮动上限	标志着中国利率市场化改革基本完成

资料来源：刘金山，何炜. 我国利率市场化进程测度：观照发达国家［EB/OL］. （2016 – 10 – 8）. 中国经济学人微信公众号. 李国辉，周琰. 利率市场化那些事儿［N］. 金融时报，2016 – 03 – 12.

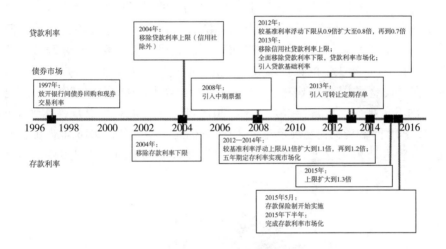

资料来源：法兴银行资产研究中心。

图 3 – 17　利率市场化时间轴

利率市场化改革的全面推进，从根本上改变着商业银行的整体生态环境，对商业银行依靠利差的传统经营方式造成了巨大的"冲击波"。利率市场化改革之前，长期的利率管制使以国有大型银行为代表的商业银行具有稳定的存贷利差收入，降低了银行筹资成本，保障了银行利润。而随着利率市场化深入推进，利差收窄，盈利能力下降，"躺着赚钱"的时代一去不复返，传统盈利模式难以为继。例如，湖北辖内商业银行的净息差已由 2014 年末的 2.7% 逐步下降至 2017 年第一季度的 2%。利率市场化将利率的决定权交给货币市场，根据市场供求水平由市场主体共同决定利率。在完全竞争市场，所有市场参与者都是利率的接受者。利率的差异化经营导致商业银行面临着直接价格竞争，银行揽储"压力山大"，为了吸引客户争相打起"价格战"。

（二）市场主体多元导致"双脱媒"

随着市场主体日益多元化，互联网金融蓬勃发展，市场竞争加剧，银行业面临资产端和负债端"双脱媒"的严峻形势。

在资产端方面，P2P 等非金融机构广泛介入融资活动，融资渠道多元化挤压了贷款需求，不少企业客户转而选择股票、债券、债务融资工具等直接融资方式，贷款议价"话语权"减弱，加之经济下行期的信贷需求下降，银行日益面临"资产荒"的压力。从社会融资结构来看，银行贷款在社会融资规模总量中的占比由 2002 年末的 92% 下降到 2013 年的 51%；企业债券及股票在社会融资规模中的比例由 2002 年末的近 5% 上升到 2013 年的 12%[①]。

在负债端方面，移动支付颠覆了传统支付模式，支付宝被称为"新四大发明"之一，"余额宝"等新型理财丰富了投资选择，导致存款大量流失，储蓄显著分流。传统银行业柜台服务存在排队时间长、服务态度不佳、效率低等弊端，而通过功能齐全的手机 APP 可以一键完成支付结算、转账服务、理财等金融服务，"指尖上的银行"成为新的发展趋势，实体银行网点需求日渐减少。在居民金融资产结构中，银行存款的比例从 2002 年的 80% 降低至 2013 年的不足 60%。麦肯锡报告显示，2016 年中国互联网理财规模达到 2.6 万亿元，P2P 网络贷款交易规模超过 2.06 万亿元。据统计，2016 年，我国电子支付金额达 2500 万亿元，其中网上支付规模 2085 万亿元，占比 84%；移

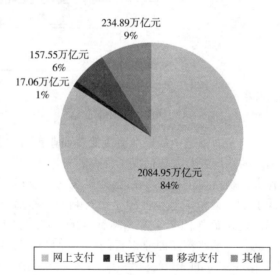

资料来源：中商产业研究院.2017 年中国移动支付行业市场前景研究报告［EB/OL］.（2017 - 10 - 16）. 商情数据微信公众号.

图 3 - 18　2016 年银行业金融机构电子支付构成

---

① 李振江.适应双脱媒加快双转型［J］.中国金融，2015（2）：41 - 42.

动支付 158 万亿元，占比 6%。随着用户支付习惯逐步从 PC 端向移动端迁移，第三方移动支付迅速崛起，支付宝与财付通两大巨头地位逐步确立，截至 2017 年末，我国使用网上支付的用户规模达到 5.31 亿人，较年初增加 5661 万人，年增长率 11.9%。

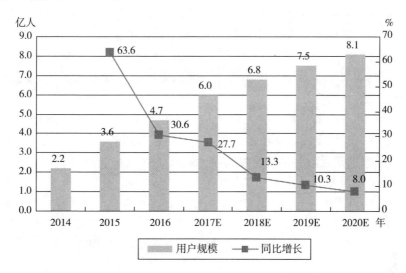

资料来源：中商产业研究院.2017 年中国移动支付行业市场前景研究报告 ［EB/OL］.（2017 － 10 －16）.商情数据微信公众号.

图 3 – 19 2014—2020 年中国移动支付用户规模统计及预测

【专栏 3 –7】

如果银行零售不甘于成为提供支持服务的"后台"，就必须重新审视客户体验问题

在银行和新金融的支付战场中，获客从来都不是最难的事，真正的挑战在于留住用户、在于保持用户的活跃度。从目前的形势来看，即使用户选择在银行开户，但依旧会选择支付宝等产品进行支付、理财，银行依旧难逃被管道化的结局。而存在于用户之争表象之下的是场景之争、产品之争，谁可以为用户提供更多的应用场景，谁的产品可以切实便利地解决用户的需求，谁才能够真正获得用户。与深谙产品之道的互联网公司相比，传统银行的用户体验始终饱受诟病。如果银行不甘于成为提供支持服务的"后台"，就必须重新审视自己的体验问题。

一、银行押注零售业务、用户体验成核心要务

随着新金融企业在各个垂直细分领域的崛起，尤其是几个提供综合性服

务的新金融巨头的壮大,传统银行安身立命的存、贷、汇业务都受到了猛烈冲击。根据麦肯锡 2017 年 7 月发布的一份报告显示,截至 2016 年,中国互联网理财规模达到 2.6 万亿元人民币、P2P 网络贷款交易规模超过 2.06 万亿元人民币、第三方支付 + 移动支付交易规模超过 105 万亿元人民币。尽管我们不能断言这些用户和交易全部来自银行市场,但是分流了传统银行的一部分业务却是事实,更重要的是,这股新金融的力量在未来势必只会越来越壮大。就像前面说过的,如果银行不甘于成为只能为新金融企业提供支持服务的"后台",想要留住甚至吸引更多用户,尤其是越来越年轻的群体,就必须重新审视自己的体验问题。

银行当然不想退居幕后。无论是从全球银行市场,还是国内银行业的发展状况来看,利润下滑、业绩承压都是摆在眼前的问题。数据显示,2013 年,我国 17 家上市银行的利润增速为 12.8%;这个数字在 2014 年降至 7.7%,到 2016 年进一步降低至 3.2%。为了逆转这样的疲态,零售业务成为许多银行发力的重点。150 年来从未做过个人消费业务的高盛银行从 2015 年开始押注零售业务,国内包括兴业银行、平安银行等在内的诸多银行都在积极向零售转型。以平安银行为例,零售业务营业收入占比达到 40%,利润总额占比达 64%。

银行需要牢牢抓住用户才能保持增长,可是押注零售也并没有那么容易。传统增长手段包括并购整合、产能提升和网点布局优化,但欧美等成熟市场经验表明,这些简单粗暴的传统增长手段已难以维系进一步的显著增长。国内的市场状况可能更为典型,不久前,微众银行与腾讯 CDC(用户研究与体验设计部)联合 28 家银行共同展开了一次用户体验调查活动,包括大中型银行、城市商业银行、农村商业银行等在内的不同类型银行均参与其中。

可以说,没有用户体验,就没有零售业务。

二、着眼于全局的反馈与优化

很多人提起办理银行业务都很头疼,有意思的是,大多数人都说不出到底是哪个环节最让他们烦躁,不过却能讲出很多故事,比如柜员的一个不友善的眼神,或者是打开 APP 之后觉得操作太复杂。银行工作人员谈到用户体验的问题时,也觉得很委屈:明明已经做过问卷调查,也很努力改善用户体验了,为什么用户还是很难满意?

这在很大程度上来源于银行与客户都在"以点概面"。一方面,很多银行对于用户体验优化的可能局限于自己的体系内部,比如用户界面(UI)的交互、客服的满意程度等,而缺乏对于行业趋势的整体把控。可是如果在整体方向上出现失误,那么某个点再优化也是徒劳。

比如，在用户对于定制化、个性化有着更高要求的今天，如果不能做到精准营销，给一个有理财需求用户反复拨打贷款电话，那么贷款体验做得再极致也是徒劳的。

另一方面，银行的内部体系中，用户的体验涉及非常多环节，在其中每一个环节都出现一点点瑕疵，最后都可能造成令人失望的结果。也就相当于，如果每个环节都只能做到90%，在多个环节之后就只剩下不及格的成绩。

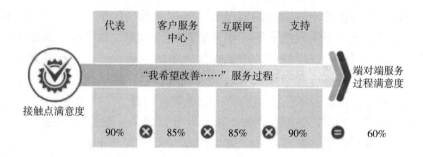

资料来源：麦肯锡：《中国银行业转型与创新系列白皮书》。

图 C3 – 7 – 1　个人接触点可能运行良好—但总体体验依旧较差

用户可能因为某个点或者某个过程的体验而给出整体差评，而银行想要提升整体的用户体验，就必须对于前、中、后台进行全流程的优化。否则，一个贷款产品的服务其他体验都很好，最后却因为财务核算效率问题影响了用户体验，也就抹杀了其他的全部价值。

当然，跳出自己的视角来看用户体验问题也只是银行改善用户体验的第一步。前述微众银行发起的用户调查显示，银行能够优化用户体验，至少还要做到三点：

一是用户的深耕——识别差异化需求，提供差异化的产品和服务。

二是服务的深耕——简单便捷、重视细节是银行服务提升的方向。更加简单便捷地使用产品和服务已成为用户的核心需求之一，而简单便捷包括容易理解、操作无障碍、花费时间和精力少。

三是品牌的深耕——市场同质化严重，提升银行品牌影响力，加强与用户的情感联系。

三、体验之争，核心仍是技术

从本质上说，银行是否愿意提升体验是态度问题，最终能提升到什么程度还是取决于技术能力。今年以来，五大金融科技巨头与传统大行携手，在各个方面达成合作，让很多人看到了这些传统大行求变的决心。另外，从前些年国外异军突起的直销银行，到近两年国内迅速发展的民营银行，几乎无一例外都在强调自己的科技属性。

资料来源：馨金融［EB/OL］（2017 – 10 – 15）. 微信公众号愉见财经.

（三）传统发展模式导致"非理性"

传统银行习惯于"贷长、贷大、贷集中"的发展模式，导致国有企业、上市公司、优质民营企业成为金融机构竞相追逐的"香饽饽"。为争抢市场份额，银行在明知企业不缺资金的情况下，争相降低授信条件，给予企业较高的授信额度，造成个体理性下的"集体非理性"行为，对企业一拥而上、一哄而散，多头授信、过度授信、重复担保等情况频频发生，将导致企业风险积聚爆发，不仅对银行业造成巨大的信用风险，也导致了地方金融生态环境恶化，影响经济金融健康持续发展和社会稳定。因此，"拼规模""垒大户"的传统发展模式将难以为继。例如，2012 年 9 月以来，湖北宜昌的三峡全通、江重机械、联邦电缆、长江高科、德凌铜业五家重点企业先后陷入生产经营困境，成为重点大额企业集团风险客户。其中，三峡全通是一家以生产超薄涂镀板为主要业务的大型中外合资企业，某大型国有银行对其发放贷款后，其他银行也纷纷"眼红"，抱着"搭便车"的心理一拥而上，争相给予授信，结果反而助长了企业盲目扩大生产的冲动，项目缺乏科学规划，原本企业发展只需要两条生产线，却上线了四条生产线，造成了产能过剩。2012 年 9 月，由于产品需求市场萎缩、债务结构不合理、财务成本过高等原因，三峡全通企业停产，企业资金链断裂，银行贷款信用风险集中爆发。据统计，三峡全通授信银行业机构多达 19 家，其中湖北地区贷款 47.9 亿元，广西、广东等地的异地银行贷款 31.5 亿元，多头授信加上信息不对称，难以及时预警风险，导致全部形成不良。

二、湖北银行业改革发展的六大趋势

习近平总书记在十九大报告中强调指出："深化金融体制改革，增强金融服务实体经济能力。"银行业改革亟须打破自身无序扩张的"路径依赖"，内外兼修，瘦身提质，深耕细作普惠金融的"长尾市场"，提高信贷资金的配置效率，提升服务实体经济质效，实现质性发展与量性发展，以及自身发展与经济发展的协调统一，为全面建成小康社会贡献更大的力量。

（一）从"规模化"向"轻型化"转变

过去，银行信贷投放偏爱"高大上"（即高收入人群、大型企业和向城市上行）。未来，银行业要转变发展理念和方式，摒弃"求快求大"的发展模式，积极拓展"低小下"金融服务（低收入人群、小微企业、向县域和农村下沉），着力打造"五轻银行"。一是打造"轻资本、重长尾"的银行。积极发展中间业务、零售业务以及"三农"、小微企业金融服务，培育新的业务"增长极"。发挥资本管理对业务转型的引导作用，建立健全资本治理、资本约束、资本配置、资本补充、资本监督的"五项机制"，从高资本消耗的规模扩张模式转向资本节约的内涵发展模式。二是打造"轻抵押、重信用"的银行。更加关注借款人的还款意愿和还款能力，而不以抵质押品的有无作为贷款审批的主要依据，对"有能力、有意愿、无不良嗜好"的借款人发放信用贷款。三是打造"轻内部人、重消费者及员工利益"的银行。逐步消除"内部人控制"现象，从促进社会公平正义和社会和谐的高度，更多关注消费者权益保护，持续完善消费者权益保护机制，增强消费者信心，提升品牌价值。四是打造"轻税负、重偏好调节"的银行。大力发展税费更低的"三农"、小微和高科技企业贷款业务，加大对金融薄弱地区的网点布局，以智慧建设投入增加增值税抵扣，减轻税收负担，提高盈利水平。五是打造"轻成本、重普惠包容"的银行。持续降低市场交易费用，积极创新普惠金融发展模式，为社会和公众提供低成本的金融产品和服务，甚至免费跨界的服务，重视发展普惠金融，有效履行社会职责。

（二）从"虚拟化"向"实体化"转变

实体经济是金融的根基，金融是实体经济的血脉，为实体经济服务是金融立业之本。发展普惠金融是银行业支持实体经济的重要内容。银行业要坚持回归本源、专注主业、脱虚向实，优化金融资源配置，不断提高普惠金融服务效率，提升服务实体经济的内涵发展水平。在理念上，要围绕提升服务实体经济的效率开展创新，而不能在虚拟经济中搞自我创新、自我循环、自我膨胀。在方向上，应以服务供给侧结构性改革为主线，以服务经济结构转型升级、产业向中高端发展、深化普惠金融为目标，不能以规避监管、隐匿风险为目的。在行为上，要以资产端创新为核心，按照风险可控、商业可持续原则，积极探索投贷联动、并购贷款、市场化债转股、资产证券化等方式服务各类企业，避免各类空转套利行为。在重点上，要以小微企业、"三农"、县域领域和精准扶贫为主攻方向，补齐金融服务的短板。要着力缩短融资链条，降低融资成本，切实解决小微企业、"三农"融资难、融资贵问题。机制上，要积极探索普惠金融事业部制、投贷联动专营子公司、专业支行、专营部门等组织创新，加强专业人才培养，健全业务激励约束机制，提高服务质量和水平。

（三）从"同质化"向"特色化"转变

当前，银行业同质化经营造成了恶性竞争，不利于长期稳健发展。银行业要科学制定发展战略，立足自身资源禀赋，细分市场、细分客户，从同质化竞争转变为特色化经营、差异化发展，通过服务县域、服务"三农"、服务小微企业打造特色品牌。具体来说，政策性银行要当好战略性服务的"顶梁柱"，准确把握职能定位，加大对重点领域和薄弱环节的金融支持。大型银行要当好综合性服务的"领头羊"，深入推进普惠金融事业部制改革，按照"五专"① 要求深化体制机制创新，实行差别化考核评价办法和支持政策，充分发挥普惠金融的引领示范作用。股份制银行要当好特色化服务的"探索者"，明确市场定位和经营特色，积极探索战略转型和模式创新，提升精细化服务水平。中小法人银行要当好本土化服务的"主力军"，坚持做精、做优、做强的发展理念，下沉经营重心，服务地方经济，打造特色银行。非银行机构要回归本源，服务实体，创新发展，管控风险，突出核心主业，发挥功能优势，满足普惠群体多元化多层次的金融需求。外资银行要深度融入本地市场，为小微企业、金融消费者等普惠群体提供特色化、本土化服务，积极支持双向开放。

（四）从"粗放化"向"靶向化"转变

过去银行业经营方式粗放，金融服务水平不高，金融产品的深度和广度难以满足"三农"、小微企业等多元化的需求。对此，要积极转变服务理念，深度挖掘客户需求，从"粗放化"向"靶向化"服务转变，切实缓解小微企业、"三农"的"融资难、融资贵"问题，推动普惠金融长足发展。一方面，要创新产品和服务模式。瞄准"三农"、小微企业等"长尾市场"，利用物联网、大数据、移动支付等技术，创新金融产品和服务方式，精准满足客户多元化、个性化、定制化的需求，提供量体裁衣、量身定做的金融服务，提高服务可获得性、便利度和满意度。例如，通过对客户风险偏好、产品需求、社会关系、社会、文化等因素的大数据分析，给每个客户绘制金融服务的专属"基因谱"，有针对性地提供产品和服务。另一方面，要提高精准定价能力。利用大数据、物联网技术，全面深入挖掘客户信息，提高对接效率和审贷速度，实现精准定价和有效风控，避免盲目"一浮到顶"，切实减轻融资负担。

（五）从"单一化"向"综合化"转变

银行业要转变以存贷汇为主的业务结构，牢固树立"大资管"理念，通过多种产品工具打造一揽子、一站式金融服务，稳步构建综合化业务体系。

---

① 专门的综合服务机制、专门的统计核算机制、专门的风险管理机制、专门的资源配置机制、专门的考核评价机制。

要积极合规开展理财、结算代理、投资银行、票据承兑、信用证、商业保理等中间业务，同时要利用专业优势对企业成长中的公司治理、战略规划、市场开发、税务筹划、财务管理等提供智力支持，定期对企业进行"健康诊断"，为企业经营管理出谋划策，做到融资与融智相结合，打造"资金支持—业务发展支持—经营管理支持"的全方位、立体化服务模式，为小微企业成长壮大和科技产业、"三农"发展提供全方位支持。

（六）从"传统化"向"智能化"转变

当前，银行进入 BANK3.0 时代，银行业要运用大数据、云计算、人工智能等新兴科技，创新金融产品和服务，打造智慧银行、物联网金融、场景化服务等新业态，创新金融产品和服务方式，拓展普惠金融服务的广度和深度。例如，利用物联网的智能仓储、感知芯片、追溯体系等技术，可实现汽车消费金融和保险的动产质押监管。利用区块链、移动支付技术，可实现指纹辨识支付、人脸、虹膜识别支付，推动"感知支付"新时代的来临。利用云计算、人工智能技术，能开发智能理财工具，优化整合庞大的客户交易数据，使用多个实时信息源，通过特定算法自动输出并执行何时买何种股票的交易策略，在提高交易速度、预测精确度、降低交易成本方面比人工理财更胜一筹，为客户提供更加精准的智能投顾服务。借助物联网平台，可打造小型化、专业化的智慧网点，通过智能预约号处理、人脸图像识别、智能机器人等智能设备的广泛应用，用户可通过智能设备实时办理业务，将降低柜面人工服务压力，提高服务效率，大大减少排队时间。银行可通过网点的转型升级，探索建立集客户体验与交互、产品创新与展示为一体的综合化创新体验中心，提升金融产品与服务的客户体验度。

第四章 湖北普惠金融制度变迁的演进路径

双基联动、网格服务、马背银行、夜市银行、微信银行等金融服务产品和方式，不仅代表了中国普惠金融发展的水平，也为国际普惠金融发展提供了中国范式和案例。

——郭树清

由于农村金融服务具有较为显著的外部性效应，单纯依靠市场调节无法达到均衡状态，合理的制度安排更加凸显其重要性。本章按照历史脉络还原了2008年至2014年湖北普惠金融制度变迁的历程。首先，2008年至2010年是需求阶段，主要制度安排包括消灭金融空白乡镇、搭建银企对接平台等基础性工作；其次，2010年至2013年是初级阶段，主要制度安排包括全面推进"三个全覆盖"、三大工程和信贷缺口收敛工程，不断完善银行服务体系；最后，2013年至2015年是中级阶段，主要制度安排是基层银行组织和基层党组织合作的"双基双赢"模式，充分发挥农村基层组织的信息和中介作用。通过这些制度安排，湖北省普惠金融取得了跨越式发展，不仅实现了"县域双法人"和"银行网点乡镇全覆盖"，还把金融服务送到行政村，实现了基础金融服务的"足不出村"。

第一节 湖北普惠金融发展的需求阶段

中国银监会成立以来，一直非常重视发展普惠金融工作。2004年湖北银监局成立，鉴于当时全省金融基础设施严重不足的现状，湖北银监局先后提出消灭金融空白乡镇、搭建大行小企俱乐部、信贷资金回流等一系列工作安排，引导更多金融资源流向农村地区和中小微企业。

一、全面消灭银行网点"空白乡镇"

（一）制度变迁的历史背景

在现代社会中，金融服务已经成为群众生产生活的基本需求。但是，由于20世纪末农业银行全面撤出乡镇，农村地区运营高成本和金融竞争不充分问题，21世纪初，全国范围内还存在很多偏远乡镇没有银行机构网点，给当地农民生产生活造成极大困难，也不利于农村经济社会发展。

据统计，截至2009年9月末，全国尚有2945个乡镇没有金融服务网点，占乡镇总数的7.7%，个别偏远山区乡镇网点覆盖率不足五成。由于农村地区金融服务缺失，不少农民为领取种粮直补款等各种补助金，往往要花费一天的时间，跋山涉水往返几十里山路，不仅路途花费大，而且存在安全隐患，如果没有"第一行动集团"的推动，鉴于成本压力，银行机构短期内不会主动填补金融空白。为此，2009年10月16日，中国银监会在贵州省召开全国金融机构空白乡镇金融服务工作推进会议，要求着力推进金融机构空白乡镇金融服务创新，力争用三年左右时间实现全国乡镇基础性金融服务全覆盖。

（二）主要制度安排

中国银监会会议召开后，湖北银监局迅速行动，将这项工作作为全年的重点工作之一，制定了以"五个坚持"为统领的工作安排。

1. 坚持市场化运作与履行社会责任相结合。要求辖内银行机构认真贯彻落实科学发展观，坚持以人为本，遵循市场原则，讲究社会责任，以提供优势高效金融服务为天职，切实增强广大群众特别是偏远地区农民享受金融服务的公平性，更好支持城乡二元经济结构转化，支持我国经济社会持续协调健康发展，要在成本核算和承担社会责任之间做到适度平衡，努力实现"保本微利"，各级监管部门也要充分尊重银行机构独立市场主体的地位，注重运用正向激励手段引导。

2. 坚持标准化网点建设与多种简易便民服务形式相结合，注重金融服务的有效覆盖。既要充分挖掘和发挥已有网点机构的功能，又要积极提供多种形式的简易便民服务。对于能够达到商业可持续要求的，要通过设立标准化的营业网点、引入新型农村金融机构等方式，积极提供贷款、代理保险、理财中高端金融服务；对于短期内难以达到商业可持续要求的，也可以走坚持贴近"三农"、灵活便捷、运行安全、服务高效的道路，重点围绕提高服务可得性，通过设立简易营业网点、开展定时定点服务、布设物理机具等灵活方式，积极提供存、贷、汇以及代收代付等基础性金融服务。

3. 坚持经营机制创新与产品服务创新相结合，注重提高金融服务的精细化水平。各乡镇金融机构网点要大力推进金融服务的精细化建设，坚持以市场为导向、需求为基础，努力探索易于被当地老百姓所理解、接受和方便使用的金融产品和服务方式。按照低平台、短流程、高效率、能控险的原则，大力推进组织架构和业务流程改造，科学下放业务权限，完善激励约束机制，充分调动基层员工拓展"三农"金融业务的内在积极性。

4. 坚持强化便民服务与严格风险管控相结合，确保新增网点健康安全稳健运行。不能因为强调便民服务而无视风险管控要求，也不能机械执行风险管控要求而忽视便民服务。要求各银行业金融机构认真落实业务数据同步灾备或限时录入灾备要求，科学设定营业场所，做好安全保卫工作。把案件专项治理工作取得的丰富经验充分运用到对新设营业网点或便民服务点的风险管控上，认真落实人员配备和履职评价、现金和重要空白凭证管理、业务抽查复核、定期轮岗、突查等制度要求，切实防范案件风险。

5. 坚持监管政策引领与充分发挥地方作用相结合，探索合力解决"三农"金融服务难题的有效途径。完善支持金融机构空白乡镇金融服务创新的监管正向激励政策，对申请设立新型农村金融机构或设立机构网点实施绿色通道。协调推动各级地方政府在网点选址、通讯通道、营业用房、费用补差、税收优惠和减免、安全保卫、消防要求等方面提供政策支持。同时，依靠地方政府，把信用户、信用村、信用乡（镇）评价制度摆到突出位置加以推广，积极协调当地有关部门严厉打击逃废银行业金融机构债务行为，大力培育信用意识，建设诚信乡镇，并广泛开展"送金融知识"下乡活动，帮助农村金融消费者提高金融风险意识和使用现代金融服务的能力。

（三）制度绩效

2010 年 9 月末，湖北省实现了辖内乡镇金融机构和金融服务的"双覆盖"，比中国银监会要求时限提前 2 年，是全国较早完成任务的 10 个省份之一，得到了中国银监会和省政府的高度赞誉，时任湖北省政府分管副省长对这项工作专门作出批示，《湖北日报》和新华网上也进行了相关报道。

消除金融空白乡镇工作标志着农村金融服务均等化建设取得了重大突破，受到广大农民群众的热烈拥护，得到社会各界的普遍好评。首先是群众得到便利服务，很好解决了农民小额现金存取难、粮补资金兑付难、农副产品交易结算难等民生问题。其次是乡村经济获得推力，伴随工作推进偏远地区的农户能够接触到更多的金融知识，申请贷款更加方便，激发了农户贷款的积极性，而金融机构在当地有了营业网点，也愿意更多地发放贷款，这些乡镇的信贷总量在较短时间内有了大幅增长，金融助推经济社会发展的效应逐步显现。最后是实现了互惠共赢，金融机构主动深入偏远农村提供金融服务，很好地改善了在农民心目中的形象，密切了与当地政府的联系，产生了良好的品牌形象和社会影响，进一步巩固了自身在农村金融市场的地位。

当然，消灭金融空白乡镇只是普惠金融的第一步，破解城乡金融二元化结构难题仍然面临多重困难和严峻挑战，问题最终解决仍然需要多方面付出不懈努力。在空白乡镇被物理消灭后，湖北银监局继续引导辖内金融机构再接再厉、稳扎稳打，推动农村金融服务质量进入新阶段。一方面，继续加强对新设机构网点的监管，定期组织人员对其服务状况和服务覆盖的有效性进行明察暗访，及时了解掌握当地企业和居民对金融服务的合理化建议，督促金融机构进一步加强和改进金融服务。另一方面，严把准入关，禁止以各种形式撤并农村机构网点，引导和鼓励各类金融机构加大在中心乡镇、特色乡镇和新农村社区、中心村的网点布局力度。

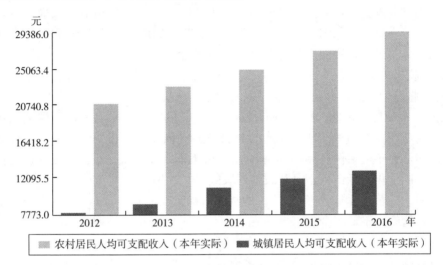

图 4 - 1　湖北省居民人均可支配收入①

二、实施"信贷资金回流工程"

(一) 制度变迁的历史背景

湖北省县域经济不发达，长期存在金融抑制问题，突出表现在县域存贷比持续偏低，大量的农村资金被商业银行"输送到"大中城市特别是武汉这一全省唯一特大城市，对县域经济发展造成极大困扰。2009 年 6 月末，湖北省县域存贷比仅为 38.7%，比全省平均存贷比低了 27 个百分点，县域经济中最具活力的小微企业处于资金严重干涸状态，农户贷款难度也越来越大，农村金融发展亟待破题。

从 2010 年开始，湖北银监局组织推动全省农合机构、村镇银行、贷款公

---

① 湖北省统计局网站，www.stats-hb.gov.cn。

司持续开展"信贷资金回流工程"。该措施旨在从体制、机制入手，引导农村中小金融机构资金回流县域、回流农村，扭转全省涉农地区存贷比偏低、支农信贷服务不足的局面。

（二）主要制度安排

1. 紧抓薄弱机构，分阶段科学选点。在实施"信贷资金回流工程"的过程中，湖北银监局根据全省实际，紧盯重难点和薄弱环节，分阶段科学遴选"信贷资金回流工程"参与机构。2010 年，专注于支农服务的基础——乡镇，选取能够办理贷款业务且主要分布在乡镇的 100 家农村中小金融机构（主要是乡镇分支机构）。2011 年，着力于薄弱环节，选取存贷比低于 50% 或支农信贷服务不足、发展能力弱的 38 家农村中小金融机构。2012 年，全面覆盖县域，选取 99 家县域法人机构和 7 家县域分支机构（武汉农村商业银行县域支行），将参与范围扩大至全部县域农村中小金融机构。

2. 不断优化指标，科学确定目标任务。"信贷资金回流工程"的考核指标由县域经营指标和县域金融产品与服务方式创新两个板块组成，同时根据中国银监会年度工作目标、"信贷资金回流工程"年度工作重点和参与机构特点，不断优化指标体系，提升激励约束效果。2010 年，着重引导分支机构扎根乡镇，经营指标是"三个三"，即贷款增幅实现三个不低于 [不低于当地生产总值增幅，不低于全省（或所在市、县、区）贷款平均增幅，不低于其上级行贷款增幅]。涉农贷款实现三个高于（涉农贷款的增幅高于贷款增幅、涉农贷款的增量和占比高于上年）。经营绩效出现三个明显提高（贷款收息率、存贷比、贷款回收率明显提高）。2011 年，着重提升农村金融服务薄弱地区的支农信贷供给，经营指标的重点是存贷款比例、贷款客户数和涉农贷款占比。2012 年，着重考核金融支持县域实体经济情况，经营指标的重点调整为涉农、科技金融、小微企业贷款"两个不低于"（增量不低于上年和增速不低于各项贷款平均增速）完成情况。

3. 持续强化考评，建立动态考核问责机制。农村中小金融机构立足"三农"，扎根县域不仅是国家政策的要求，也是实现自身发展的需要。为此，湖北银监局采取"三挂钩"方式（与新业务准入等市场准入事项挂钩、与现场检查挂钩、督促行业管理部门与绩效考评挂钩），推动引导全省农村中小金融机构大力实施"资金回流工程"。严格执行按季通报考核，及时实施有效督促，对完成工作任务落后的机构，视不同情况有选择地采取一项或多项特别监管的"七个限制"措施（限制增加工资、限制发放奖金、限制高档消费、限制股东分红、限制高管提拔、限制新业务市场准入、限制新机构准入）。

（三）制度绩效

通过开展"资金回流工程"，全省农村中小金融机构逐步建立了与农村发展相适应的科学信贷制度和信贷的良性增长机制，持续改善了金融服务质量，有效提升了农村金融服务均等化和均衡化水平，切实扭转了部分县域金融支农弱化趋势。截至2012年末，存贷比、涉农贷款占比等各项农村金融统计数据取得大幅度进步。

1. 存贷比明显提高。由2010年末的48.5%上升至52.7%。

2. 涉农贷款占比明显提高。由2010年末的86.1%提高到90.4%。

3. 信贷辐射面明显扩大。全部贷款客户28.4万户，比2010年末净增2.8万户，增长10.8%，其中，农户贷款客户数为26.5万户，比年初增加3.4万户，增长14.5%。

4. 金融产品明显增多。信用共同体贷款、产业链贷款、新居乐贷款、新农村住房贷款、农村青年创业贷款、自主循环系列贷款等几十种贷款新品得到全面推广。其中，"融城富业贷""金纽带农村专业合作组织贷款""金梧桐创业贷款"等13个信贷产品分别获得银行业协会、金融产品博览会金奖。

5. 农村金融需求得到更好对接。受理贷款申请的实际贷款率达到63%，农业生产、农村消费、农村种养大户、农村专业组织、涉农龙头企业等重点领域的资金需求得到有效满足。

6. 金融服务质量明显改善。金融服务的廉洁性、主动性、快捷性、公正性和普遍性得到有效提高；ATM和POS机等金融机具覆盖密度增大；代发工资、粮补、征地补偿、家电下乡补贴，代收水电费、国地税费等便民服务全面铺开。

三、组建"大行小企金融服务俱乐部"

（一）制度变迁的历史背景

湖北银监局2009年调研发现，全省银行机构存在四大"结构性"失衡问题，其中最为突出的就是"中小企业信贷失衡"，在工行、农行、中行、建行、交行中，信贷投向呈现出向中心城市、大企业、大项目集中的特点，而中小企业获得的信贷支持明显弱化。2009年，湖北省内五大行中小企业贷款增速低于各项贷款平均增速7.3个百分点，中小企业贷款占比仅为25.3%，并且呈现下滑趋势；如果仅统计小型和微型企业，这一问题将更为严重。

产生这种现象有多方面的原因，其中很重要的一项是经营理念和历史惯性，"第一行动集团"推动可以有效解决这一矛盾，特别是搭建银企合作平台，让五大行和小微企业直接对话，可以有效解决信息不对称问题，提升对小微企业的支持力度和服务效率。

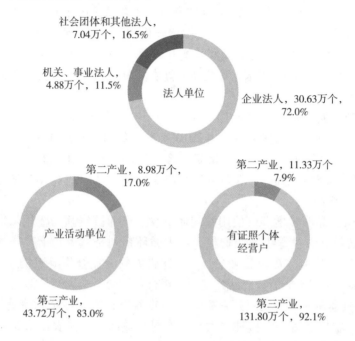

图4-2　湖北省个体经营户数结构情况①

（二）主要制度安排

1. 完善组织架构，构建一个服务平台。通过搭建平台、监管推动、银行支持、企业唱戏、多方协助，共同促进俱乐部这一平台的良好运转，切实解决中小企业尤其是优质中小企业融资问题。

俱乐部组成：银行层面，包括五家大型银行省分行、省分行中小企业部（一级部）、小企业专营支行；企业层面，包括借款的中小企业和信用担保机构；服务层面，包括监管部门、银行业协会和地方中小企业局。

俱乐部体制：该俱乐部是为改进中小企业信贷服务而联合发起的新型的跨行业准自律组织，实行会员制，会员同为平等的民事权利义务的主体。全体会员遵循法律、法规和银监部门的有关规定及俱乐部工作规则，都应遵循诚实守信、自愿协商、自愿认贷、互惠互利，并按授信比例或按协议约定享受权益和承担风险的原则，实行利益共享，风险共担。俱乐部可提供"一对

---

① 资料来源：湖北省第三次全国经济普查主要数据公报。

一"或"多对一"的授信服务。

2. 立足信息共享，创建两类企业名单。第一类是优质企业名单。确定优质企业名单时，重点把握三个方面：一是筛选程序。由专业协会、地方中小企业局推荐或企业自荐，五大银行按其内部信用评级标准筛选出拟支持的中小企业名单，重点支持"双百"企业和成长型中小企业。二是筛选标准。以优质为标准，在行业定位上，选择行业潜力大、企业经营和财务状况良好、有较大发展潜力的客户，主要选择制造行业、建筑安装、批发和零售、交通运输仓储和物流、租赁和商务服务等行业中的优质中小企业。三是支持重点。重点支持为知名外资企业和大型企业集团配套的上下游产业链上的中小企业群体，具有区域特色及优势"产业族群"中的龙头中小企业和经营历史一般在 2 年以上、成长性好主营收入和净利润年均增长 20% 以上、产品具有较高科技含量、发展前景良好的中小企业。

第二类是不良企业名单。为净化俱乐部的运行环境，确保俱乐部的良性运转，控制银行信贷资产风险，对恶意不偿还、逃废银行债务的中小企业，建立不良企业名单制度。不良对象包括两类，一类是因经营不佳而无法偿还银行贷款的，银行可视其具体情况决定是否载入不良信用记录，即轻度惩治；另一类是恶意不偿还或逃废银行债务的，银行向银行业协会申请同业制裁并从俱乐部剔除，即重度惩治。

3. 降低融资成本，实施三类激励措施。鉴于进入俱乐部的中小企业经营状况良好、信用等级高（均为 A 级以上），担保公司信用担保能力强，俱乐部鼓励银行会员按照"收益覆盖风险"原则，在以下三个方面对企业会员予以激励，降低优质中小企业的融资成本。

一是定价激励。对信用评级为 AA 级、AAA 级或能相对等同于这两个级别的企业会员，建议银行会员原则上不上浮利率，对 AAA 级企业会员可适当提供利率优惠；建议对 A 级企业会员的利率上浮原则上确定上限，如 20%。

二是抵押激励。对信用评级为 AA 级、AAA 级或能相对等同于这两个级别的企业会员，建议银行会员原则上不要求企业提供抵押；对 A 级企业会员，建议可视其实际情况适当提供抵押。

三是担保激励。对信用评级为 AA 级、AAA 级或能相对等同于这两个级别的企业会员，建议银行会员原则上不要求企业提供担保；对 A 级企业会员，建议银行会员可要求信用担保公司（经招标入围的优质信用担保公司）或俱乐部内其他成员提供担保或者联保，但总担保费率规定上限，如 2%。

4. 适时开展创新，实现四大根本突破。一是重塑信用服务理念。按照"尤努斯信用理论"，引导商业银行突破有关中小企业风险的理念误区，即普遍认为中小企业风险大，树立中小企业尤其是优质中小企业属安全领域的新的风险管理理念，在银行本属高风险行业这个前提下向优质中小企业这种新的低风险领域提供信贷服务。

二是创新信贷服务方式。目前，银行对中小企业的信贷服务方式都比较单一，基本上都是简单的利率上浮＋抵押形式。通过成立俱乐部，促使银行在对优质中小企业的信贷服务上有所突破：成立俱乐部本身就是一种服务方式的突破；在定价方面，推动银行对优质中小企业实施优惠或控制上浮水平；在担保方面，推动银行对优质中小企业免除担保，并探索联合担保方式；在信贷方式上，推动银行对部分优质规模大的中小企业实施联合贷款，共享信息，降低风险；在贷款支付上，探索通过贷款人受托支付对贷款资金的支付进行管理和控制。

三是新增授信服务品种。目前，银行向中小企业提供的授信服务品种比较单一，基本上就限定在贷款、贴现和全额质押承兑汇票。通过成立俱乐部，推动银行在授信服务品种上除了上述单一业务外，在其他授信品种方面有所突破：对优质中小企业，加大部分保证金票据承兑业务，支持实体经济发展；根据中小企业经营特点，适时提供贸易融资、保理等融资业务，拓宽企业融资方式；结合中小企业生产进度尤其是进销环节，适当开展贷款承诺、保函、信用证等表外授信业务。

四是取消准入退出限制。从各行信贷政策看，对中小企业信贷准入条件相对大型企业而言更为苛刻，通过成立俱乐部，首先促使银行在信贷客户准入门槛方面有所突破，即突破"对中小企业非抵押、担保尤其是非抵押不贷"的准入限制，推动更多的优质中小企业进入银行的信贷视野；在信贷客户退出方面，除了银行根据内部信贷政策调整主动收缩信贷客户外，鼓励银行根据《中国银监会关于做好银行业金融机构中小企业和涉农不良贷款处置工作的通知》和《财政部关于中小企业和涉农不良贷款呆账核销有关问题的通知》要求，适时核销中小企业不良贷款，拓宽信贷客户退出渠道。

（三）制度绩效

大行小企金融服务俱乐部设立以来，在优化改进服务理念、服务方式、服务品种和信贷客户门槛准入与退出四个方面作用明显，在促进大型银行与小企业信息共享和降低小企业融资成本、缓解小企业融资困难、加强银企合作、优化信用环境等方面发挥了积极作用。

俱乐部成立第一年，就很好地发挥了桥梁作用，授信会员52家，授信余额51457万元，并且贷款质量明显优于中小企业贷款质量平均水平，对企业、政府和银行来说，实现了"三赢"。一是有效缓解中小企业的融资困境，促进民生稳定，通过成立俱乐部，将优质中小企业和担保公司纳入俱乐部会员管理，各银行会员对借款企业会员采取降低利率上浮水平甚至优惠利率、不要求提供抵押等方式，解决优质中小企业融资难题，确保企业的正常经营和民生稳定。二是有力推进地方经济的结构调整，提高发展质量，通过俱乐部这一融资平台，各银行会员可以按照地方经济结构调整政策及信贷政策要求，不断加大资金投入，促进中小企业做大做强，确保地方经济发展总量和质量的提高。三是提升银行可持续发展能力，通过成立俱乐部，逐步扭转银行过于将资金投向大企业、大项目、大城市的求大倾向，按照商业可持续原则和"六项机制"要求，不断加大对中小企业尤其是优质中小企业的扶持和培育力度，提高银行的可持续发展能力。

四、推动农业银行湖北省分行"三农金融事业部"改革

（一）制度变迁的历史背景

1996 年，农业银行与各地农村信用社脱离行政隶属关系，经营重心开始逐步转向城市。之后，农业银行逐步调整信贷政策，把县域支行的信贷审批权限逐步上收，信贷支持县域和农村地区经济发展的功能被削弱。农业银行全面退出农村市场后，农村地区的银行网点严重匮乏，超过半数的乡镇地区成为农村信用社一家"独唱"，或与邮储银行"二人转"，而邮储银行大都只有储蓄或少量的小额信贷功能，城乡二元化的金融形势仍然较为严峻。

为充分利用农业银行在县域的资金、网络和专业等方面的优势，发挥在农村金融中的骨干和支柱作用，更好地为"三农"和县域经济服务，按照国务院统一部署，2008 年起，农业银行启动"农村金融发展计划"，在全国范围内开展"三农金融事业部改革试点"，对"三农"和县域业务实行事业部制管理模式。

为推动农业银行"三农金融事业部"改革切实起到"创新机制、服务三农"的效果，2009 年 5 月，中国银监会印发《中国农业银行三农金融事业部制改革与监管指引》，对三农金融事业部的组织架构和治理机制等作出规定。中国银监会专门就一家银行内部事业部改革专门制定监管指引，可见监管部门对这项工作的重视。在中国银监会的这份文件中，对三农金融事业部涉及支行的不良贷款率、拨备覆盖率、成本收入比、资产回报率等给予了差异化的监管"优惠"。湖北省是农业银行首批开展"三农金融事业部"改革的 8 个试点省份之一，湖北银监局利用这一政策机遇，根据中国银监会、农业银行深化三农金融事业部制改革工作思路和对三农金融事业部的"六个单独"管理要求以及湖北三农金融生态特色，督导农业银行湖北省分行多措并举推动

"三农金融事业部"改革的有序开展。

（二）主要制度安排

1. 组织架构。2010 年，农业银行湖北省分行进一步明确三农金融事业部客户营销、维护和管理事权的划分，原则上以地域为界，注册地或居住地在县域的客户由三农金融事业部管理。三农金融事业部主要对县域机构的客户和业务行使管理职能，对县域支行网点改造、电子渠道建设、科技建设、人员培训等方面，具有协助相关专业部门办理职责。为充分发挥农业银行的系统优势与功能，结算与现金管理、银行卡、电子银行等产品部门，按原有模式为三农金融部分支机构提供服务。在 IT 服务、产品研发、人力资源、审计内控、运营管理等后台领域，三农金融事业部与其他业务条线共享全行系统性的支持与服务。根据"三级督导、一级经营"的组织管理架构，三农金融事业分部将在增设三农信贷管理部、设立专业科室、配备专职人员等方面做实事业部组织架构。

三农金融事业部的工作重点在"县支行"，为此，湖北农业银行编制"县支行金融生态图"，包括"一个深入""两个综合梳理"和"三个闪亮展示"。"一个深入"就是要深入调研。"两个综合梳理"就是一方面梳理县域当地的经济特色、资源优势、金融需求；另一方面梳理"1＋8"客户资源（即存款客户和 8 个重点领域客户）。"三个闪亮展示"就是一方面在深入调研的基础上，将 1 年、3 年、5 年发展规划科学有效地展现出来；一方面是对"一县域一特色""一行业一路径""一企业一对策"到底做什么、怎么做进行有益探索；另一方面各县支行可以采取文字、图表、音像等不同展现方式传达给大众，提高服务"三农"社会影响力。

2. 政策支持。2010 年，在农业银行总行三农信贷政策总体框架内，农业银行湖北省分行实行"短、平、快"的运作模式，推进三农金融事业部改革。包括在"1234"重点县支行设立信贷管理部，并派驻独立审批人，缩短信贷业务决策链条；对钟祥等 9 家重点行下放部分信贷产品的调查、审查、审批权限及超权限业务授信项下用信审批权，缩短信贷流程，下沉决策重心；落实信贷平行作业试点工作。

在资源投资方面，加大设备、人才、资金等投资，确保县支行三农服务效率；在制度保障方面，落实三农信贷产品停复牌制度，做到风险可控；在组织知识更新方面，通过实行统一资格考试加强三农客户经理业务知识学习，提高金融服务水平。

3. 激励约束。农业银行湖北省分行根据《县域支行业务发展考核实施方案》内容，按季度对全省 69 家县域支行实行百分制考核，对考核排名靠前的行，按照《2010 年重点县域支行三农绩效工资及战略费用分配方案》规定，予以奖励。

此外，对"1234"重点县支行建设予以重点支持，在战略费用、绩效工资上进行倾斜，在三农金融服务上出成效、出亮点。同时，农业银行湖北省分行领导班子对 12 家重点行进行挂点督导。

（三）制度绩效

通过三农金融事业部制改革试点，农业银行湖北省分行在农村地区金融服务的经营决策权进一步增加，各类交易费用和组织成本也明显降低，服务县域和"三农"的能力不断增强。

一方面，农村金融设施配置大大增强。在 295 个农村网点设立了三农服务专区，增加网点自助机具和智能设备配置，点均自助机具 5.3 台，全省各类自助设备超过 6000 多台，在未设网点安装自助银行，加上物理网点，覆盖了全省 85% 以上的乡镇；强化网点人员配备，提高直接服务客户人员占比，网点对公和个人客户经理、产品经理、大堂经理等人员占比达到了 50% 以上。

另一方面，农村金融服务水平有效提升。农业银行湖北省分行开发出了多款惠及民生、服务大众的"好产品"。三峡分行成功开发了以支持家庭消费为主的"E 卡付"、以家庭理财为主的"E 卡利"；以家庭融资为主的"E 卡贷"。为中小微企业量身定做了"助力贷"，以政府部门"助保金"为担保，对纳入"中小企业池"的企业或农村新型经营主体发放贷款。专门服务村级超市和县域批发商的资金结算、电子商务需求的"E 农管家"，助力构建集电商、金融、缴费、消费于一体的"三农"互联网金融生态圈，实现了全省 69 个县市的业务范围全覆盖。实行产品收费减免优惠，推出新农保、新农合专用惠农卡享受全免优惠（卡年费，开卡工本费、小额账户管理费、对账拆工本费、省内异地存款手续费全免）。农村地区金融产品多样化需求得到有效满足，改善了服务"三农"的金融生态环境。此外，农村金融垄断格局被逐渐打破，农村地区偏高的金融产品价格开始松动，贷款平均利率有所降低。

三农金融事业部制改革对整个农村金融体系也具有极强的外部效应，对于推动社会主义新农村建设提供了重要的金融支持。"三农"金融市场的制度供给不足和制度需求过剩之间的矛盾得到缓解，服务"三农"的外部性问题得到初步解决。

五、送金融知识下乡

（一）制度变迁的历史背景

农民是金融知识最缺乏的群体，金融知识的匮乏，导致农村地区信用环境改善步伐很缓慢，是制约农村金融和经济发展的重要因素。

大部分农民对银行的认识仅停留在传统的存、取款上，对小额农贷、个人理财、一卡通等金融服务品种知之甚少。一些先富起来的农民为盲目追求高额利息回报，违规发放"高利贷"，成为影响农村社会稳定的隐患，也制约了农村经济社会发展。针对农村地区的调查问卷结果更为全面地反映了这一问题。首先，在金融词汇方面，对高利贷、信用卡、支票、股票这一类常用金融术语表示了解的受访群众超过50%，而对网银、基金、质押、汇票、贵金属交易、外汇、期货这类术语了解的人数均未超过10%。在有关假币鉴别的问题上，64%的人表示只会1~2种鉴别假币的方法，甚至有4%的人表示不会鉴别假币，可以看出，很多农户认为金融离自己很遥远，对于金融的概念模糊，缺乏基本的金融常识。其次，金融法规知识严重缺乏，金融风险意识淡薄。在问及借贷过程中如何防止借贷纠纷时，有近半数的人选择了"无措施"，而广为农村居民接受的防范措施为口头约定与打欠条，这说明农村居民对金融法规知识的掌握运用及金融风险意识的培养存在较大欠缺。最后，关于金融知识学习问题，有24%的人有强烈的愿望去了解和学习相关的金融法规知识，37%的人觉得有一点了解就可以，28%的人表示无所谓的态度，而11%的人选择不希望。可见，大多数农户都缺少了解金融及相关法律知识的欲望。农民大多倾向于自给自足和轻不言债，这在一定程度上制约了农民主动获取外生金融知识的机会。从保护农村居民合法金融权益及促进农村金融发展的角度出发，帮助农民树立风险意识及普及金融法规知识是非常必要的。

为此，中国银监会从2007年起，在全国部署开展"送金融知识下乡"活动，把工作着眼点放在加强农村地区的金融知识普及、提升农村金融服务水平，服务农村青年创业就业，缓解农村小微企业"融资难、融资贵"等问题上，在推进过程中牢牢扎根县域、紧紧服务"三农"，不游离、不变调，这一工作一直持续至今，对提升农民金融素养、优化农村信用环境发挥了重要作用。

（二）主要制度安排

2007年3月，中国银监会在湖北省黄冈市红安县启动全国银行业"送金融知识下乡"活动。2009年，中国银监会、团中央印发《关于实施农村青年创业小额贷款的指导意见》，明确在"送金融知识下乡"活动中重点推动农村青年创业小额贷款等金融产品。2010年，团中央、中国银监会联合印发《关于合力推进"送金融知识下乡"活动的指导意见》，将金融机构的专业优势与共青团的组织优势更为有机结合起来，进一步推进了这项工作的深入开展。

中央金融团工委联合中国银行业协会印发《"送金融知识下乡"宣传服务站管理办法（试行）》，面向县乡一线银行业金融机构网点开展"送金融知识下乡"宣传服务站创建。2013 年，"送金融知识下乡"活动进一步深化。中国银监会主席尚福林同志在人民日报发表《践行群众路线 深化"送金融知识下乡" 着力提升"三农"金融服务水平》署名文章。2013 年下半年，中央金融团工委举办全国推进会议，并根据农村、农民最集中的知识需求，制作发放 7 集"三农"金融知识专题宣传片，以简明生动的形式回应当前农村金融普遍存在的热点难点问题，在全国县域以下 10 万多个银行业基层网点滚动播放。2014 年，中央金融团工委在深入调研的基础上，针对"送金融知识下乡"工作，设计金融广播站、金融电视汇、金融服务站、金融阅览室、金融大讲堂、金融微讯通六项工作载体，通过现场活动、实际阵地、媒体合作、新媒体运用等各种新颖平台，推进金融知识普及教育多层次渗透农民日常生产生活。

　　随着农村社会经济的发展，送金融知识下乡的载体和重点也要不断升级。在金融知识宣讲上，要注重从基础知识普及逐步向服务产品推介、消费者权益保护、金融风险防范等方面转换。在金融服务方面，要注重从基础支付结算等方面逐步向支持创业就业、扶持农业龙头企业发展等方面倾斜。在金融支持类型上，要注重从单一的银行业机构向银证保各类机构提供综合支持方向发展。要强化抓手，进一步增强工作的实效性。要根据农村青年的特点，注重运用好"线上"与"线下"载体的结合，注重通过互联网、微信公众号、手机 APP 等新媒体工作抓手，推动金融知识普教育更快速地渗透农民日常生产生活。强化返乡创业金融服务，在全国 1000 个以上的县建立"农村青年创业金融服务站"，为农村青年创业提供更加全面专业的金融信息服务和金融产品支持。要创新机制，进一步扩大工作的覆盖面。运用好"银团合作"的机制，将共青团的组织网络优势转换为"送金融知识下乡"活动的有效覆盖。继续深化金融知识下乡宣传服务站创建，加强对工作先进单位和个人的激励考核。要特别注重探索与权威媒体、新媒体的合作机制，从质上扩大活动受众的覆盖面。要遵循规律，进一步形成工作深化的合力。要调动各方积极性形成合力，必须遵循农村金融服务、青年创业就业和金融机构发展的规律，特别是要尊重市场规律，既不能不顾实际、拔苗助长，也不能照搬照套、搞"一刀切"。各地要结合实际，遵循本地经济金融发展水平和"三农"的特点，科学安排工作内容，分类型、分层次开展工作。

　　（三）制度绩效

　　"送金融知识下乡"活动开展十年来，全国各地开展了丰富多彩的宣传活动，覆盖了所有农村地区，有效地促进了农民金融知识水平的提升。中国银监会印制了《农民金融知识简明实用手册》《农村青年创业小额贷款知识问答》等多类宣传册，并组织在全国农村地区发放。全国银行业一线经营网点累计创建"送金融知识下乡宣传服务站"2957 家。仅 2014 年以来，全国各地举办集中宣传咨询活动超过 14 万场次，接受农民群众咨询 9000 多万人次，发放金融知识书籍、宣传材料、知识光盘 9067 万件，创建全国级"送金融知识下乡宣传服务站"3073 家，帮助建设农村金融阅览室 26508 个，与电视台、广播电台合作设立金融知识宣传栏目 2439 个，建立微博、微信等新媒体金融知识宣传平台 5528 个，发放农村青年创业小额贷款超过千亿元。

【专栏 4 - 1】

3 万亿元缺口！农村金融遍地拦路虎

中国社科院 2016 年发布的《"三农"互联网金融蓝皮书》显示，自 2014 年起，我国"三农"金融缺口超过 3 万亿元。为了补足缺口，在人民银行推行普惠金融，中央一号文件大篇幅论述农村金融创新的背景下，农村金融得以快速发展。

但据《经济》记者了解，在信用贷款方面，目前只有 27% 的农户能从正规渠道获得贷款，40% 以上有金融需求的农户难以获得贷款。基于此，市场始终有疑问，近年来，国家也制定出台了多部文件，重点提升金融服务"三农"的能力和水平，但为何贷款难、贷款贵问题始终没有得到有效解决？

一、正规军未能弥补缺口

目前，我国新型农业的经济需求在不断变化，在经营主体大量涌现，规模化、集约化、设施化发展都需要大量资金投入的同时，单笔贷款的需求规模出现了量级上的倍增，迫切希望金融体系助推农业产业转型升级。据央行统计，目前在中国 2000 多个县的涉农贷款金额是 14.6 万亿元，相比上年增长 24.9%，高于各项贷款平均增速 8.8 个百分点。

谈及近 10 年我国农村金融改革的变化，业内人士一致认为，最显而易见的就是农村金融基础设施的迅速改善。"在农村末端渗透的支付结算、提现存款的服务基础设施满足了现在的农户需求。"国务院发展研究中心农村经济研究部第一研究室主任程郁向《经济》记者表示，这个变化背后的政策助力，是人民银行推动的机构服务网点下沉、设立服务点的补贴，和银监会允许成立村镇银行、贷款公司和农村资金互助社三种新型农村金融机构，以及开展小额贷款公司试点。

但希望金融 CEO 陈兴垚认为，虽然现在智能手机的普及在逐步完善农村金融基础设施建设，但贷款难的问题依旧是痛点。

"首先，目前农民获得融资的主流金融机构是以邮政储蓄银行和农村信用社为主，但这些银行在县域级以下也很少有经营网点，导致农民很难获得与机构接触。其次，农村信用社虽然负责'三农'存款、放款，但覆盖量比较分散，信用征信数据比较少，农民也没有抵押物，单体需求、风险偏大、投资又高，导致农民贷款申请时间较长，甚至 1 个月才能申请下来。"陈兴垚向《经济》记者表示。

的确，我国农村土地产权关系的复杂性、土地经营的分散性以及土地产权交易的受限性，决定了农村土地产权抵押贷款的发展无法完全依靠市场机制来实现。那么农村有效抵押资产缺乏，与金融机构基于资产抵押的信贷供给机制之间的矛盾，使得农村金融发展陷入了难以破除的制度僵局。

一位放贷从业者也向《经济》记者抱怨，在农村放出 6 万元的贷款跟银行放出 600 万元的贷款所耗费的工作量几乎一样。

放贷慢、人情关系复杂，难以真正满足农户贷款难和融资难的痛点需求，反而为互联网金融公司留下了巨大的市场空间。

资本都是趋利的。随着国家越来越重视新农村的建设，从定向降准、支农再贷款、扶贫贴息贷款到农户小额贷款的税收优惠政策，让资本市场看到了农村金融正在成为互联网金融的风口。越来越多的互联网金融公司将眼光从竞争激烈的一线城市移开，阿里、京东、苏宁等各大巨头纷纷高调布局农村金融市场。

根据企鹅智酷初步测算，仅占农地面积 1/3 的耕地流转，就能为互联网金融创造每年 2000 亿元以上的抵押贷款市场，机械化扩张将在未来 5 年提供另一个千亿级的农机市场需求。

同时，农村合作金融协会秘书长孙占全告诉《经济》记者，过往的传统金融收益只能是货币，不可能收取农民的农产品。但是互联网金融平台上投资人所要获取的收益，除了货币和收回本金之外，还可以有很多种选择，可以要货币，也可以要农产品，甚至连本金都不需要，全部都要农产品，比如优质大米和土鸡蛋等。"收益多样化的方式可以减少中间环节，满足投资者和融资者的需求。同时也可以根据产业特点，制定不同的还款周期和还款方式。"

虽然农村金融市场前景一片良好，但陈兴垚并不认为农村金融是一片"蓝海"。"通过对农村观察发现，随着消费升级，农民的生产生活水平在逐步地提高，这是信贷企业的一个机会。可是农民消费水平有限，企业想在这方面赚快钱几乎不可能。"陈兴垚说，要想抢占农村市场，就要先与农民建立紧密联系。

二、6.7 亿人口无征信

而陈兴垚所说的与农民建立紧密联系，也是目前打通农村金融最难的一步。

"因为在中国农村，不可逆转的情况是，农民是中国征信最薄弱的环节。他们缺乏央行征信，有些人甚至没有银行卡；他们互联网化程度较低，可参考的风控数据太少。"孙占全感慨，面对农民这个群体，城市里的风控模型几乎全部失效。

人民银行早前发布的《中国农村金融服务报告（2014）》指出，农村金融服务存在三大问题：金融体系上不能有效支持现代农业发展；多层次农村金融体系仍有待健全；农业保险覆盖面和保障水平仍有待提高。

的确，对于所有布局农村金融的平台而言，现存的征信系统中几乎都缺乏有效的乡村个人借贷信息。央行征信系统号称覆盖 8 亿人，但真正与银行有信贷关系的人群仅为 3 亿人，而据《经济》记者了解，目前农村人口约有 6.7 亿人，而乡村征信群体和这 3 亿人之间的交集几乎很小。

"如果仅从金融机构建设的角度看，农村金融组织的框架结构已基本建立，但从建立完善的农村金融体系的角度看，目前还远远不够。"陈兴垚说，城镇人口使用信用卡、支付宝、微信支付等信用支付产品，能够方便建立起个人的征信体系。而农村用户收入水平普遍较低，信用卡、支付宝、微信支付等移动支付产品使用情况也随之较低，这就意味着农村征信体系的建立在现阶段的一个难题是：互联网农村金融平台在审核放贷方面，必须对农户的信用情况进行较为深入的了解才能够确保风险最低，这就需要投入较大的精力来解决这个问题，并且还需要建立非常严格的风险防控体系和制度。

陈兴垚坦言，每个农村地区都有差异化，每个农户情况又各异，以及农村本身的生产和生活之间存在不确定性和风险，造成互联网金融平台为搭建信用评估系统需要垫付巨额的成本。

也正因为征信难，以农村金融为重要业务或撮合涉农贷款金额在千万元人民币以上的 114 家 P2P 网贷平台，目前已经有 50 家倒闭或转型。

三、非法金融活动盯上农村

同时，在农村互联网金融火热的时候，前方传来噩耗。投资渠道少又缺乏理财知识的农村居民，成了不法分子的"盘中餐"，农村金融环境受到污染。

中国消费者协会副秘书长栗元广表示，由于农村地理位置偏远、农民文化水平相对较低、信息不对称等原因，农村防范金融诈骗形势较城市更加复杂。比如河北邢台隆尧县三地农民专业合作社非法集资 80 多亿元，波及 16 个省市；河南一个国家扶贫开发重点县的 16 个乡里，有 14 个乡都被"伪P2P"、非法集资"洗劫"，其中一个村被骗 800 多万元。

当孙占全与《经济》记者谈论农村金融乱象时，他还讲述了这样一个案例：他曾经在重庆发现有一家投资咨询公司，专门为外地农民培训如何注册公司、高利吸引资金、卷到钱后跑路的内容，进行非法集资。"那么这些人接受培训后再次回到农村，很可能同样会重演卷到钱就跑路的把戏。"

而农村为何会成为非法集资和金融诈骗的高发地？沐金农创始人王曾表示，一方面与互联网金融的高速发展有关，特别是那些披着互联网金融外衣、打着 P2P 幌子的伪金融正迅速蔓延。这些"低门槛"的非法集资行为以及赤裸裸的骗钱跑路现象，扰乱了农村金融秩序，给不少农民带来巨大损失；另一方面，最近几年，随着农村经济快速发展、城镇化步伐不断加快以及农村医疗保险逐步建立，不少农民手中的储蓄正快速积累。但农村投资渠道狭窄，正规金融体系并不发达，农民的理财需求很容易被一些许诺高收益的非法集资诱导。

对于农村出现的非法金融活动，孙占全表示："目前还处于监管空白，不出问题，就没人管。"

今年的中央一号文件，首次提出要严厉打击农村非法集资和金融诈骗，积极推动农村金融立法，可谓是及时雨。王曾认为，今年农村金融的发展重点将集中在严防系统性风险、有效识别"好"与"坏"的互联网金融机构、推动互联网技术在传统金融机构的利用、积极推动传统金融机构下沉至县域等方面。

四、破解"拦路虎"

面对 6.7 亿"零征信人群"开展金融活动着实困难，但农民的金融体系服务不健全，其只能压抑农民的生产需求。

而市场玩家们也在这混乱局面中嗅到商机，想尽一切办法，拿出应对机制，在该领域占据一席之地。

《经济》记者了解多家互联网金融平台发现，其对农村金融风险控制主要有几种方式：

第一，供应链金融产品。陈兴垚表示，这类企业会常年通过上游的核心企业，获取农户的交易数据，比如在肥料厂，可以看到借款人近 3 年拉料的付款记录，根据记录，金融平台合理地评估其资金需求和业务的稳定性，有利于对农民贷款的风险设定授信。

第二，以农民的养殖能力为判断依据。比如说养鸡的成活率，或者最后盈利的状况。

第三，运用大数据风控中心，通过金融平台积累自己的内部数据和外部数据，包括是否有多方借款，是否有法院执行信息，包括征信数据等。

与此同时，随着农村土地制度改革的深入，全国许多地方开展农村土地承包经营权抵押贷款试点，一些地区农民合作社与基层农村金融机构合作开展农民互助担保贷款等，这些创新的担保方式在一定程度上也解决了金融机构服务"三农"的困难。程郁补充说："试点农村信用社与村里建设审贷小组，帮助农村信用社了解村民信息，然后根据信息进行评级，决定是否放款。这样的机制会大大降低金融机构的服务成本，比如在福建的沙县，村里审贷小组会集中批量化办理贷款业务，提高效率。"

程郁在接受《经济》记者采访时一再强调"基层"的重要性。她认为，我国农村金融发展的症结在于缺少服务于"三农"的"草根"金融机构，需要大力发展植根于基层、服务于基层的农村金融组织。在发展过程中，应注意使这样的机构始终服务于"三农"，而不能随着规模的扩大而脱离"三农"。

"比如，村镇银行在一些地方发挥了很好的支农作用，为了扩大村镇银行本身的经济效益和社会效益，可以允许村镇银行以连锁的经营方式和扁平化的组织方式，扩大在农村的营业地域范围。扩大规模，但不应进城，不应该增加机构层级，以促使其始终服务'三农'。"陈兴垚总结称。

资料来源：于佳乐，经济杂志——经济网，http：//cj. sina. com. cn/article/detail/1700827801/342272，2017 年 8 月 1 日。

第二节　湖北普惠金融发展的初始阶段

竞争机制是市场经济运作的灵魂，农村金融抑制的根本原因在于竞争不充分，特别是竞争主体的缺失。为此，湖北银监局推动农村商业银行县域全覆盖、村镇银行县域全覆盖、电话银行行政村全覆盖"三个全覆盖"工程，积极贯彻落实中国银监会"三大工程"，启动大型国有银行"信贷收敛工程"，通过增加农村金融机构和提升农村金融服务两个方面，促成农村地区构建相互补充、竞争有序的金融发展新格局。

一、全面推进"三个全覆盖工程"

农村金融是我国金融体系的重要组成部分，是支持服务"三农"的重要力量。近年来，中国银监会一直将提升农村金融服务水平，构建多层次、多样化、适度竞争的农村金融服务体系作为助发展、惠民生、促公平的重要工作，积极采取有效措施，加强和改进农村金融服务。

湖北银监局在认真落实中国银监会和中央农村工作会议精神的同时，紧密结合湖北经济发展实际，在2009—2011年三年持续推动农村信用社产权改革、积极引进村镇银行、提倡产品和服务创新等一系列工作的基础上，2012年初提出开展三年内（2012—2014年）实现"三个全覆盖"工程（农村商业银行县域全覆盖、村镇银行县域全覆盖和电话银行行政村全覆盖）的目标，在县域形成"双法人"的市场竞争格局，让农村享受"足不出村"的基础金融服务。

"三个全覆盖"工程的内涵是以建立现代金融企业制度为目标，努力实现农村商业银行三年内县域一级全覆盖；以加快解决农村金融抑制的问题，努力实现村镇银行三年内县域一级全覆盖；以提升农村金融服务便利度为目标，努力实现电话银行三年内乡村一级全覆盖。

（一）农村商业银行县域全覆盖

1. 制度变迁的历史背景

农村信用社伴随着新中国的成立而诞生，也伴随着共和国的成长而成长，服务对象是农民，服务区域在农村，服务目标是为了促进地方经济的发展和社会的稳定，在不同的历史时期，都为我国的农业和农村经济以及农村社会稳定作出了较大的贡献。

随着经济社会的发展，特别是计划经济转向市场经济和改革开放，农村信用社也一直在金融改革的浪潮中发展前行。20世纪末，农村信用社受经济环境波及，再加上自身管理薄弱，出现了大规模"坏账"，呈现"技术破产"状况，进入21世纪以来，农村信用社进入快速变革期，从湖北情况看，总体上经历了三个阶段：

（1）酝酿部署阶段（2002年至2004年8月）：顶层设计，国务院和中国银监会开始启动农村信用社改革。2003年，在四大国有商业银行股份制改革方案基本确定以后，国务院着手实施农村信用社改革。同年6月，下发《关于印发深化农村信用社改革试点方案的通知》（国发〔2003〕15号），主要内容包括：一是实行县级联社统一法人改革，明晰产权关系，完善法人治理结构；二是改革管理体制，将信用社的管理交由省级政府负责。从2003年8月开始，中国银监会全面启动深化农村信用社改革试点工作。首先选择了吉林、重庆等8个省（市）开展试点，后扩大试点到21个省（自治区、直辖市）。2004年8月，国务院召开深化农村信用社改革试点工作会议，把湖北省纳入第二批改革试点省份。

（2）第一次改革阶段（2004年9月至2005年7月）：成立湖北省联社，完成管理体制改革。2004年9月，湖北省委、省政府成立农村信用社改革工作领导小组，制定《湖北省深化农村信用社改革实施方案》。2005年7月28日，湖北省农村信用社联合社成立，标志着"国家宏观调控、加强监管，省级政府依法管理、落实责任，信用社自我约束、自担风险"的监督管理体制正式确立。

（3）第二次改革阶段（2005年8月至2008年底）：落实国家扶持政策，完成县级联社统一法人改革。2003年中国人民银行印发了《农村信用社改革试点专项中央票据操作办法》和《农村信用社改革试点专项借款管理办法》，上述为二选一方案，湖北省选择了第二种方式，也就是使用专项中央票据用于置换农村信用社不良贷款和历年挂账亏损，以2002年末金融监管统计数据为基准，共置换77亿元历史包袱。2007年，湖北完成县级农村信用联社统一法人改革，农村信用社以县为单位，面向社会公开募股，成立社员大会、理事会、监事会。

历史的车轮进入21世纪的第二个十年。随着邮政储蓄银行和村镇银行的建立以及国有商业银行在农村地区机构的恢复，打破了农村信用社在农村金融市场的垄断，农村金融市场的多元化趋势越来越明显，同时，农村金融还面临利率市场化、金融脱媒、存款保险制度、监管趋严化等诸多挑战。此外，农村信用社沉重的历史包袱并没有得到完全解决，个别农村信用社仍然"资不抵债"，体制机制陈旧落后、发展活力停滞不前。因此，加快组建农村商业银行步伐，加快推进农村信用社股份制改革，建立现代企业制度刻不容缓。

2. 主要制度安排

农村信用社产权改革难度很大，主要体现在：一是机构数量多、情况千差万别，当时全省共有79家农村信用社，分布在17个市州（包括省直管县市），既有基础较好、条件成熟的机构，也有资不抵债、积极性不高的机构，没有"包治百病"的药方；二是地方政府的认识不统一，有些县市政府认为农村信用社是企业，应该自负盈亏，还有一些政府地方财政捉襟见肘、心有余而力不足；三是部分农村信用社的认识也不到位，一些高管认为改制后"权力会受到限制"，一些入股社员也存在"股份被稀释"的顾虑。在这种形势下，湖北银监局深入调研分析问题，抓住几个主要矛盾和矛盾的主要方面，采取了一系列科学可行措施，取得了非常好的效果。具体来说，主要包括五个方面。

（1）实行"一社一策"。逐个农村信用社制定切实可行的改革方案，报属地监管部门和湖北银监局同意后正式施行。

（2）实施"二个挂钩"。将改革工作推进与各分局中心工作挂钩；将改革工作完成情况与各分局工作绩效挂钩。

（3）落实"三个严格"。一是严格组建标准，确保政府支持的真实性、有效性、合规性；二是严格属地监管，加大问责力度，充分调动各分局、直管办推动、指导农村信用社改制工作积极性，通过组建一个专班，组织一次培训，建立一个督导组，确保改制工作的有效推进；三是严格考核评价，加强激励措施，建立各分局对农村信用社改制工作进度、工作程序、工作时效、组建标准、组建审核、组建规范的全面考核评价机制，通过按月督导，按季通报，按申报机构评判质量，提高工作效率。

（4）坚持"四个不动摇"。即坚持县域法人地位不动摇，坚持服务"三农"市场定位不动摇，坚持"找市长""找市场"不动摇（即取得政府的全力支持，获得土地等优质资产来置换不良，并在加快优质资产变现中发挥重要作用；另外，通过引进市场投资者，采取投资者购买的方式"卖出"历史包袱），坚持资产置换真实变现不动摇，实现改革与发展同步推进。

（5）借助"五大力量"。

政府发动。一是领导重视。改革初期，时任省委书记、省长、分管省长等领导同志多次主持会议听取农村信用社有关情况的汇报，把农村信用社产权改革列为全省经济金融工作的重点。省委、省政府领导的重视带动了各级党委政府对农村信用社工作的关注，把支持农村信用社产权改革写进《政府工作报告》，全力支持改革。二是统一思想。2009年3月23日，时任省长主持召开省政府常务会议，提出全省农村信用社产权改革必须以股份制为基础，要求各级政府帮助农村信用社化解历史包袱，为农村信用社指明了改革方向。三是会议发动。省委、省政府先后召开19次重要会议，研究部署农村信用社工作。2009年至2011年4月，在改革推动最困难时期，省领导先后40余次作出批示，5次到省联社现场办公，10余次深入基层信用社，6次主持召开专题会议，帮助农村信用社解决产权改革中的困难。四是强制清收。全国第一个由省级政府牵头，采取经济、行政、法律手段，大规模清收国家公职人员和行政事业单位拖欠农村信用社贷款，共清收不良贷款13.5亿元，占拖欠总额的90%以上。

监管推动。一是制定改革规划，突出重点推动。各级监管部门成立了改革领导小组和改革专班，负责改革总体推动和协调。通过摸清底数，测算全省农村信用社资金缺口状况，明确实现3年（2009—2011年）组建30家左右农村银行机构的总体工作目标。后根据改革进展情况，又制定了"2012—

2014 年三年规划目标",实现农村信用社三年内县域一级全部改制成农村商业银行,这也是湖北银监局实施"三个全覆盖"工程(即实现农村商业银行、村镇银行县域全覆盖,电话银行村村全覆盖)的重要内容之一。改革中突出"四大"改革重点,即坚持组建新标准不降低,真实化解历史包袱,加快困难联社改革步伐和改革进度服从质量。二是坚持既找"市长"又找市场的原则,有形之手与无形之手相结合。积极主动加强与各级政府的沟通协调,最终达成共识,各级政府成为推动改革的主力,大大加快了农村信用社产权改革的速度。同时引导机构通过各种方式,积极向社会各界广泛征集发起人,充分利用民间资本的优势,通过引入优质股东和战略投资者等市场运作模式,建立有效的公司治理架构,转换经营理念和机制。三是采取"抓两头、带中间"的方法,明确改革路径。激励风险存量较小、经营条件较好的信用社以改革促发展,集中监管资源督导高风险信用社以改革促化险,带动发展水平处于中间的农村信用社加快改革步伐。实施"四个一"风险化解路径。确定"以改革促化险、以化险促发展"的风险化解路径,即"发展增加一块、改革消化一块、节支弥补一块、清收盘活一块"。自 2009 年启动第二轮改革至 2014 年末,累计实现利润 196 亿元,用于消化历年亏损 58 亿元,增提拨备 137 亿元。四是强化监管引领,约束与激励相容。对高风险机构严格实行限制增加工资、限制发放奖金、限制高档消费等"七项限制";对推动改革不力的机构,采取约见谈话、撤换高管等监管措施,通过监管约束,引导农村信用社增强实施产权改革的内生动力。湖北银监局将分局和监管办完成农村信用社改革情况列入年度工作重要考核内容之一,督导其制定改革计划,倒排时间表,分片督办,困难联社逐家上门督办,严格按时落实改革规划。

政策拉动。一是政府出台的政策。湖北省委、省政府先后下发了《关于支持农村信用社改革发展的意见》(鄂政办发〔2004〕80 号)、《关于清收国家公职人员拖欠农村信用社贷款的通知》(鄂办发〔2004〕48 号)、《湖北省深化农村信用社改革试点方案》(鄂政发〔2005〕4 号)、《关于清收盘活农村信用社不良资产的通知》(鄂政发〔2006〕6 号)、《关于加快农村信用社改革和发展的意见》(鄂政发〔2005〕20 号)等一系列重要文件,出台大量优惠政策,支持农村信用社改革发展。在财税政策方面,从 2004 年 1 月 1 日起至 2006 年 12 月 31 日,对农村信用社一律暂免征企业所得税;从 2004 年 1 月 1 日起,对农村信用社按 3% 的税率征收营业税,2004 年已多征收的税款实行退库;2005 年至 2009 年,在五年内对农村信用社应缴房产税、土地使用税、车船使用税等税实行困难性免征;自 2005 年至 2009 年,在五年内对农村信用社免收机构变更登记费、物价调节基金、土地闲置费等有关费用。要求各部门在办理农村信用社各种证照、税费时给予减免、优惠措施；对县域金融机构当年涉农贷款平均余额同比增长超过15%的部分，按2%的比例给予奖励等。全省各级政府减免农村信用社税收共36亿元。在资金支持方面，全国首创由省级政府将农村信用社上缴的营业税全额返还，成立专项风险防范金，帮助农村信用社化解历史包袱。农村信用社享受2%营业税优惠政策后，其余的3%营业税及附加，从2005年开始，在历史包袱未全部消化完之前，由各市州、县（市）财政根据所属地区农村信用社从事金融保险业务按3%税率缴纳的营业税及附加数额，分级建立农村信用社风险防范金，用于处置农村信用社的风险。实施中视具体情况给予农村信用社500万元或1000万元的资金支持，全省共返还风险防范金9.4亿元；地方政府在财力有限的前提下，拿出优质资产置换全省农村信用社不良资产85亿元，占化解历史包袱总量的25%；2005年和2006年，省财政每年安排6000万元的资金，用于帮助亏损信用社达到专项票据兑付条件。在优化环境方面，取消一切限制到农村信用社开户存款的歧视性政策，帮助农村信用社组织涉农资金；严禁对农村信用社乱摊派和乱收费，严禁干预农村信用社的正常经营管理；积极帮助农村信用社推荐优质支农项目；依法制裁逃废农村信用社债务的行为等。二是监管部门出台的政策。2010年，湖北银监局出台了《农村信用社风险化解考核评价实施意见》，根据全省农村信用社实际情况，制定三年达标升级计划，督促改制机构达到组建农村商业银行标准；适当提高拟改革的农村信用社不良贷款容忍度；为提高审批效率，监管部门制定了农村信用社产权改革操作手册，提前介入产权改革，边改革边审查，简化审批手续，成立审核专班，采取集中审核方式，提高审核效率。三是人民银行出台的政策。人民银行对农合机构执行差别化存款准备金政策，农合机构执行的存款准备金率比其他银行均要低；对于资产规模小、涉农贷款比例高的农村银行机构其存款准备金率再降1个百分点；落实县域法人金融机构新增存款用于当地贷款比例考核激励政策，对经考核达标的机构，执行低于同类金融机构正常标准1个百分点的存款准备金率；将支农再贷款利率定为低于流动性再贷款利率的水平。

多方联动。一是决策与执行联动。省委、省政府成立了改革工作领导小组，各市（州）、县（市）也相应成立了工作领导小组，地方政府主要领导挂帅，开展巡回指导和督办；改革期间，湖北银监局加强与中国银监会的沟通汇报，及时了解政策变动情况，汇报改革进度，做到政策执行到位，把好市场准入关口，同时督导分局和直管办制定改革计划，倒排时间表，分片督办，困难联社逐家上门督办，严格按时落实改革规划。二是监管者与被监管者联动。改革初期，部分农村信用社存在"不理解、不支持、怕担责"的想法和"畏难"情绪，改革进展一度滞后。湖北银监局通过各种会议等渠道传达精神，纠正认识误区，多次积极主动沟通，促使监管部门和机构双方的思想认识保持高度一致，形成了全省一盘棋、上下一条心支持农村信用社改革工作的良好局面。三是系统上下联动。湖北省联社班子成员分片包点，深入困难联社现场督导，协助解决增资扩股、资产处置变现等难题，每月督办改革进度；各市、县联社加强向省联社的沟通汇报，积极争取各级党委政府的政策支持，落实各项改革措施。四是新老股东的联动。在改革中，为较好完成股金募集工作，全省积极清理资格股，引进符合准入条件的优质新股东，同时注重维护老股东的利益，共同推动农村信用社改革。

市场撬动。一是溢价发行。改革初期，基本采取的是原价发行募集股本，一方面不良资产等历史包袱化解压力大，另一方面老股东也不满意。为推动改革，根据中介机构的资产评估结果，要求农村信用社按照市场方式，从2010年开始实行股金溢价发行，并考虑农村和城区机构的区别，规定改革初期农村机构按照不低于1:1.18、城区机构不低于1:1.38的比例溢价发行，到2013年不低于1:1.5，到2014年末最高达到了1:2，大大加快了改革速度。二是选择符合条件的股东。改革初期，为能募集到股本，股东只要达到准入条件能给钱就行，完全是被动选择。改革后期，由于农村信用社社会影响力提高，主动选择股东的能力增强，更加偏重于选择有涉农背景、管理较好的企业作为股东，优化股东结构。三是引进战略投资者。对部分条件较好的农村信用社除财务投资外，还尝试通过引进战略投资者，引入外部人才，提高管理水平，培植优质客户。

3. 制度绩效

2009年9月，武汉农村商业银行开业，成为全国首家副省级省会城市的农村商业银行，2014年末，全省77家农村商业银行全部获批开业，历史包袱得到彻底化解，发展活力得到充分迸发。通过产权改革，进一步明晰了产权关系，消化了历史包袱，全面确立股份制产权制度，重塑了法人治理，从根本上化解了农村信用社系统性风险。具体来说，取得了五个方面的历史性成就。

（1）从传统合作制走向现代股份制。改革前，湖北省农村信用社是传统的合作制典型代表，存在社员对农村信用社的所有权难以体现、产权关系模糊、所有者缺位、无法自担风险、社员代表大会形同虚设、股金不稳定等弊端，体现在经营方面：一是各项经营指标严重落后。2002年末，全省农村信用社实收资本仅为11.34亿元，所有者权益为−54.94亿元，净利润−6.41亿元，资本充足率−38.94%，全省95%的农村信用社资本充足率未达标。二是亏损面大。在全省 1265 个信用社中，亏损信用社 810 个，占 64%。三是内部管理混乱，经营风险和案件风险比较突出，资不抵债的法人机构数量多、占比高，各类违规屡禁不止。改革后，对资格股进行了全面清理和清退，共清理 32.54 亿元资格股；面向社会吸纳股东 11.85 万户，募集股金 237 亿元，其中民间资本投资入股 227 亿元，占 95%，有效地根治了股权分散、股金不稳、所有者缺位等问题，建立了现代公司治理制度，完善了"三会一层"相关议事规则和工作机制，构建了"三会一层"相互协调和制衡的治理机制。

（2）从问题银行走向标杆银行。改革前，2002 年末，全省农村信用社处于技术性破产阶段，业务发展缓慢、历史包袱重、资产质量差、经营亏损严重、市场份额小、社会认可度低：一是资产质量差。2002 年末，全省农村信用社不良贷款余额 139 亿元，不良贷款率 49%；二是包袱沉重。历年亏损91.34 亿元，比 1996 年行社脱钩时增加 83 亿元，年均亏损 15 亿元，累计亏损占全省农村信用社存款总额的 19%；三是资不抵债。账面所有者权益 – 55亿元，资本净额 –104.72 亿元，资不抵债金额 109.4 亿元，有 1175 个农村信用社资不抵债，占信用社总数的 86.5%。改革后，全省农合机构面貌发生了巨大变化，实现了从问题银行向标杆银行的转变，主要反映在以下六大标杆银行衡量指标的变化：一是资本充足率。2014 年末（14.13%，新口径）较2002 年（–38.94%）提高了 53.07 个百分点。二是不良贷款率。2014 年末（1.71%）较 2002 年（49.07%）下降了 47.36 个百分点。三是拨备覆盖率。2014 年末（262.68%）较 2002 年（2.73%）提高了 259.95 个百分点。四是资产利润率。2014 年末（1.04%）较 2002 年（–0.4%）提高了 1.44 个百分点。五是资本利润率。2014 年末（14.85%）较 2002 年（–5.8%）提高了 20.65 个百分点。六是成本收入比。2014 年末（38.66%）较 2002 年（189.8%）下降了 151.14 个百分点。改革后，全省农合机构的主要风险指标均达到了良好银行水平，迈进全国农村信用社第一方阵，好于全国平均水平。

（3）从市场追随者走向市场领导者。改革前，湖北作为中部地区农业大省，农村经济金融占据重要地位。虽然农村信用社长期承担支农任务，但由于改革前包袱沉重和管理落后，处于自身难保的境况，更谈不上对实体经济的有效支持：一是市场竞争力弱。2002 年末，全省农村信用社资产总量872.43 亿元，各项存款余额 479.79 亿元，各项贷款余额 279.70 亿元，在全省银行业机构中仅分别排第 6 位、第 4 位和第 7 位。二是信贷投放能力弱，2003 年末和 2004 年末涉农贷款仅占贷款总额的 50% 和 47%。改革后，农村信用社服务实体经济能力得到全面提升，成为农村金融的主力军：一是市场份额上升较快。在全省银行业金融中的市场份额由 2002 年的 9.55% 上升到

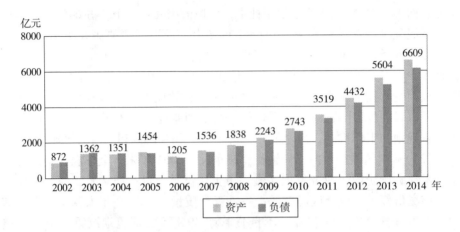

图4-3　湖北省内农村商业银行资产负债增长趋势图

2014年的13.69%，提升4.14个百分点。2014年末，77家县市行社中，45家存款在当地排名第一，占比58%；61家贷款在当地排名第一，占比79%。二是资产规模突飞猛进。2014年末，资产总额6609.2亿元，是2002年的7.58倍；负债总额6134.3亿元，是2002年的6.6倍。2005年扭转了连续11年亏损局面，13年来累计盈利303.35亿元。三是支农主力军地位日益重要。2014年末，涉农贷款余额2468亿元，占全省银行业的35.3%，是2002年末的11倍；农户贷款余额763亿元，占全省银行业的57.05%，是2002年的7.61倍；小微贷款余额1479亿元，占全省银行业的31.61%。四是信贷投放能力提升较快。2014年末，全省农合机构贷款余额3087.2亿元，是2002年末的11倍。五是普惠金融覆盖面迅速扩大。全省1653个营业网点有73%在县域及以下，29900多名员工中80%在基层营业网点；在异地设立分支行4家，发起设立村镇银行25家填补农村金融空白；建设自助网点1715个，布设自助机具1796台，是全省唯一服务范围覆盖所有乡镇和村组的金融机构，承担了全省3万个行政村的金融服务；负责全省12万户农户的粮食直补、农资综合补贴、良种补贴、退耕还林补贴及社会养老资金、民政抚恤资金、新农合医疗资金的发放。六是农村金融产品创新水平大幅提升。农村金融产品基本实现了"一县一品"，创新信贷产品260多个，其中"金梧桐创业贷款""金纽带农村专业合作组织贷款"等金融产品获得全国农村信用社金融产品博览会创新奖。

（4）从松散无序走向协同有序。改革前，农村信用社整体管理呈现无序状态：一是法人多难以管理。2002年末，全省农村信用社共有法人机构1358

个，其中 8 个市（地）联社，87 个县（市）联社，1263 个乡镇联社，大多数法人机构集中在县（市）以下乡镇，管理难度很大。二是管理体制不顺。各层级之间为大法人管小法人模式，管理比较混乱，且行业管理和监管职能均在人民银行，一个内设职能部门负责全省农村信用社行业管理，行业管理很弱。三是制度不统一。各个法人独立制定自己的规章制度，各自为政，分散执行，制度执行力差。四是抗风险能力弱。法人机构规模小且分散，总体抗风险能力较差。改革后，将行业管理职能归到省联社，理顺了行业管理和监管的界限，管理体系从无序走向有序：一是统一了法人。湖北省将乡镇法人归并到县（市）法人，做实了县域法人主体，减少了管理层级。二是完善了公司治理。建立了股东大会、董事会、监事会和经营管理层"三会一层"架构，股东参与管理的意识明显增强，监督渠道更加畅通。三是规范了内部管理。出台领导干部"五严禁"、员工"六不准"、信贷管理"十不贷"等禁令，进行了大刀阔斧的整顿。2005 年，对全省农村信用社 2.6 万多名员工改固定用工为合同用工，撤销 137 个代办站，解聘 4700 多名代办员和农户联络员，清退 2600 多名临时用工。四是开发了统一的综合信息系统。2006 年，综合业务系统上线运行，发行了银联福卡。2007 年，实现跨行全国通存通兑。电子银行业务从无到有，全面普及电话银行、手机银行、短信银行、网络银行、银行卡。五是强化了省联社的服务职能。通过打造"银政对话、联合营销、产品研发、信息科技、区域审计、富余资金融通、职业教育、后勤服务"八大平台完善省联社行业治理；启动全面风险管理建设，加强风险管控；撤销市州办事处，建立五大区域审计中心，强化审计监督；加强农村信用社案防管理，连续 6 年开展案件专项治理工作。

（5）从社会负担走向社会红利。改革前，农村信用社处于社会"边缘化"境地：一是自身负担重。2004 年及以前连续 11 年亏损，最多的一年亏损 22 亿元，2004 年全国农村信用社只有 5 个省份亏损，湖北是其中之一。二是高风险社多。2009 年湖北省有 34 家高风险社，占全省农村信用社的 43%。三是服务水平低。服务水平跟不上社会变化，未开通全国联行、全国银行汇票业务、异地存款通存通兑业务，大部分地市连同城存款通兑业务也没有开通。四是社会形象差。农村信用社的负面消息较多，社会公信力差，广大人民群众对农村信用社的认可度低，员工对自己的认可度也很差，甚至羞于承认自己是农村信用社员工。改革后，随着自身实力的不断提升，对社会贡献度不断加大，社会形象大为改观，主要表现在：一是改革红利。全省农村信用社 340 亿元的历史包袱全部消化，轻装上阵，其中，地方政府优质资产置换 85 亿元，发起人出资购买不良资产 83 亿元，人民银行专项央行票据消化

77 亿元，农村信用社通过自身盈利消化 51 亿元，各级政府减免税收 36 亿元，省政府划拨风险防范金 8 亿元。二是服务红利。累计发放的农户贷款占全省银行业机构的 70% 以上，小微企业贷款占 30% 以上，90% 的县级行社贷款市场份额在当地银行机构中排名第一。三是税收红利。改革十年，农村信用社累计缴纳税收 131 亿元。2014 年，全省农村信用社年纳税额已突破 40 亿元。全省 77 家行（社）成为当地纳税大户，成为当地金融企业第一税收来源和支持地方经济发展第一资源。四是就业红利。十年来，全省农村信用社新招员工 1 万多人，直接提供大量就业岗位。五是品牌红利。湖北省联社被中华全国总工会授予"全国五一劳动奖状"；2009 年至 2012 年，省政府连续四年授予省联社"支持湖北经济发展突出贡献奖"；2010 年，武汉农村商业银行被中国企业联合会授予"中国服务企业 500 强"称号；2013 年，在英国《银行家》杂志全球银行 1000 强中武汉农村商业银行排名 583 位，比 2009 年度进步 305 名。

（二）村镇银行县域全覆盖

1. 制度变迁的历史背景

2006 年 10 月，一直在国际上享有"小额信贷之父""穷人银行家"美誉的穆罕默德·尤努斯教授以其在孟加拉国创立的世界上第一家乡村银行——格莱珉银行获得诺贝尔和平奖。30 年前他曾把 27 美元借给 42 名赤贫的孟加拉国农村妇女，不久建立起孟加拉乡村银行，至今已形成一个有 1200 个分行、遍及 4.6 万多个村庄的银行系统，使 400 多万孟加拉国农村的贫困人口脱贫致富。我国农村金融机构数量少，竞争不充分，一些大型银行存在"浮在农村"的问题，这些大机构就像抽水机，把水泵放在农村，把资金从农村抽到城市。正是为了解决这一问题，借鉴格莱珉银行成功模式，2006 年 12 月 20 日，中国银监会出台《关于调整放宽农村地区银行业金融机构准入政策　更好支持社会主义新农村建设的若干意见》，提出培育发展村镇银行的战略，目的就是要矫正和转变金融资源配置现状，引导更多资金支持"三农"。这是中国农村金融政策的重大突破，正是在这样的背景下，全国各地村镇银行如雨后春笋般应运而生。湖北有幸成为全国村镇银行试点的六个省份之一。

2. 主要制度安排

村镇银行是新兴金融业态，虽然有整体的制度框架，但许多工作还是在实践探索中不断完善，湖北银监局在培育村镇银行过程中，坚持"四大理念"，确保不忘初心、砥砺前行：一是始终坚持普惠金融的发展理念。村镇银行因农而生、因农而长，县域和农村是最适宜的生长土壤。要身有乡土气息，胸有民生情怀，下伸网点，下沉服务，聚焦"三农"、小微企业、农民工返乡创业、精准扶贫等薄弱领域，把普惠金融进行到底。二是始终坚持因地制宜的创新理念。村镇银行自身就是制度创新的产物，在县域和农村市场竞争越来越激烈的情况下，村镇银行要开疆拓土、有所作为，唯一的出路就是创新。创新是村镇银行发展永不枯竭的动力。三是始终坚持小额分散的风控理念。村镇银行不能把鸡蛋放在一个篮子里，要坚持小机构、小规模，专注于小企业、小农户，扎得了根，干得了事，做深、做细、做实县域和农村市场，确保风险总体可控。四是始终坚持科学有效的监管理念。十年来，村镇银行发展一步一个脚印、一年一个台阶，离不开监管部门的精心呵护。着眼于村镇银行的长治久安，积极探索前瞻性、针对性、差异化的监管方式手段，不断把脉问诊，及时开药治病，引领和推动村镇银行走上科学发展道路。具体来说，包括以下八个方面。

（1）注重顶层设计。始终坚持村镇银行发展要步步为营、稳扎稳打，为其绘制"路线图"、订立"时间表"。2009 年，制定了《湖北省新型农村金融机构试点发展规划（2009—2011 年）》，提出三年内在全省设立 35 家村镇银行。期间，共成立村镇银行 28 家，分支机构 9 家，机构数量居全国前列。2012 年中国银监会对村镇银行准入政策进行了调整，湖北银监局制定了《湖北省农村中小金融机构"三个全覆盖"工程实施意见》，提出用 3 年左右的时间实现村镇银行在 65 个县的全覆盖。经过努力，这些目标都已完成，证明了当初的规划设计是科学合理、切实可行的。

（2）坚持制度先行。"路线图"确定以后，接下来要划定"行车道"，确保村镇银行在制度轨道内运行。十年间，始终坚持建章立制、规矩先行，先后下发了《关于进一步加强村镇银行业务管理的通知》《关于加强村镇银行公司治理的指导意见的通知》《关于进一步促进村镇银行健康发展的指导意见》等一系列制度文件，覆盖村镇银行市场定位、贷款制度、内部控制、主发起行履职、利润分配等各个方面，扎起一个严密无缝的制度"笼子"。

（3）加强监管引导。一是把好准入关。在引进村镇银行时，主要精力放在发起人的资质遴选，确保其有资格、有能力、有意愿把村镇银行办好。同时，遵循市场化运作原则，监管部门只提供政策咨询和业务指导，不搞成"婚姻介绍所"。二是把好经营关。为引导村镇银行服务"三农"，注重用好监管"指挥棒"，对涉农贷款进度、不良贷款率、流动性覆盖比率、盈利性等相关指标，进行综合排名和按季通报，防止其经营方向跑偏。三是把好政策关。根据中国银监会规定五年内不考核村镇银行存贷比监管指标的规定，坚持把好的政策用好用足，对新成立村镇银行存贷比高于 75% 的 18 家机构，均未列入监管考核范畴。目的是"让子弹多飞一会儿"！

（4）强化政策扶持。村镇银行的苗壮成长需要"阳光雨露"。湖北银监局主动向省政府汇报沟通，加强与各级政府的沟通协调，推动地方政府、财政、税务等部门落实村镇银行各项扶持政策。例如，湖北省政府 2008 年 9 月下发了《省人民政府办公厅关于支持村镇银行发展的通知》（鄂政办函〔2008〕69 号），规定从 2008 年至 2012 年，村镇银行比照农村信用社的税收优惠政策执行，即享受 2% 营业税优惠政策，按 3% 缴纳营业税及附加。省政府出台的该项优惠政策后被中央采用，推广到全国执行。湖北省部分县市也出台了一些激励措施，如对新设立的村镇银行给予一定开办费用，比照招商引资给予一定奖励，或在房租上给予一定补贴，有的还在财政存款上给予一定倾斜。

（5）提升特色普惠。村镇银行如何打通基层服务的"最后一公里"？针对这一难题，湖北银监局组织村镇银行实施"金融服务网格化"战略，借助政府网格化信息管理平台，将社区和乡村的综治网格重新划分成金融网格，实现"横向到边，纵向到底"的网格全覆盖，并在获取海量"大数据"信息的基础上开展"量体裁衣"的金融服务。2016 年末，全省村镇银行已建立普惠金融网格化工作站 834 个，授信金额 33.05 亿元，发放贷款 29.98 亿元，惠及普惠群体 3.07 万户。相关网格化扶贫的做法被国务院《扶贫信息》推介，新华社《国内动态清样》也作了宣传推广，湖北省委书记蒋超良也进行了肯定批示。中国银监会年初工作会议也明确拟在全国推广实施。

（6）全面覆盖县域。始终将县域作为村镇银行培育发展的主战场，鼓励向金融服务不充分的乡镇延伸网点，力争开业满 2 年以上村镇银行实现下辖重点乡镇 50% 以上的网点覆盖。2016 年，湖北省新增村镇银行 14 家，其中 10 家分支机构设在乡镇。村镇银行存贷比 78%，实现了"取之于农、用之于农"，达到了"筑渠引水"的目的，形成了县域适度竞争的农村商业银行和村镇银行"双法人"格局。

（7）狠抓风控升级。风险防控事关村镇银行培育工作的成败。湖北银监局积极创新监管方式方法，打造村镇银行风控"升级版"。2016 年，组织召开全省第一届村镇银行联动监管会和高管人员培训班，力图引起村镇银行对风险防控的高度重视，使审慎经营理念深入人心。同时，指导湖北省银行业协会搭建一个专门为村镇银行服务的平台——湖北省村镇银行工作委员会，组织 22 家村镇银行主发起行签订流动性支持协议，推动村镇银行抱团取暖、和衷共济。

（8）重在长治久安。村镇银行不求"麻雀虽小、五脏俱全"，而是要根据自身实际，建立形式灵活、运行科学、治理有效的公司治理和内控管理模式，既做到大股东监督到位，又适当照顾中小股东和相关者利益，既实现内控审慎制衡全覆盖，又能及时响应小微客户短频快服务需求。同时，突出资本约束，"有多大的本钱做多大的事"，各项业务发展综合考虑资本、收益与风险的动态平衡。2016 年末，全省新型农村金融机构加权平均资本充足率 21.6%，比全省法人银行平均水平高出近 10 个百分点，不良贷款率、拨备覆盖率等各项主要监管指标均达到良好银行标准。

3. 制度绩效

截至 2016 年末，湖北已组建新型农村金融机构 145 家，其中法人机构村镇银行 66 家（含 2 家批筹）、贷款公司 2 家，分支机构 77 家。2016 年末，全省新型农村金融机构资产规模达到 287.28 亿元，其中，各项贷款余额 153.2 亿元，比年初增长 26.6%，比同期全省农村中小金融机构贷款平均增速高 10.02 个百分点；总负债 250.9 亿元，其中，各项存款余额 196.52 亿元，比年初增长 34.2%，比同期全省农村中小金融机构存款平均增速高 17.99 个百分点；实现利润总额 2.52 亿元；主要监管指标符合监管要求，风险总体可控。

经过十年的发展，村镇银行已在荆楚大地遍地开花、硕果累累，在全国创下了"八个第一"的辉煌：湖北仙桃北农商村镇银行是全国第一家由商业银行跨区域发起设立的村镇银行；湖北随州曾都汇丰村镇银行是全国第一家由外资银行发起设立的村镇银行，同时也是全国第一家办理外汇业务的村镇银行；湖北汉川农银村镇银行是全国第一家由国有大型银行发起设立的村镇银行；湖北荆州公安花旗贷款有限责任公司是全国第一家由外资银行发起设立的贷款公司；湖北省政府下发的《关于支持村镇银行发展的通知》是全国第一份以省政府正式文件明确给予村镇银行税费优惠的文件；湖北仙桃北农商村镇银行发行的"凤凰卡"是全国第一家由村镇银行发行的银行卡；湖北省 8 家村镇银行在全国率先被吸收为湖北省银行业协会理事会会员。村镇银行走过的十年征程，是湖北县域和"三农"蓬勃发展的折射，也是湖北农村金融改革壮阔图景的缩影。

十年风雨兼程，十年砥砺奋进，小机构实现了大发展。集中体现在"四大巨变"：

一是从"星星之火"到"燎原之势"的巨变。经过各方努力，目前全省共设立新型农村金融机构 145 家，已覆盖全省所有县市，成为全国首批实现村镇银行县域全覆盖的 9 个省市之一。在应对激烈的市场竞争过程中，村镇银行充分利用自身"船小好掉头"的优势，扬长避短，积极创新，因地制宜开发出适合当地特色的产品，赢得客户广泛欢迎和好评，将广袤无垠的农村变为星火燎原的"根据地"。

二是从"下乡掘金"到"致富帮手"的巨变。村镇银行成立之初，发起行和股东的初衷是想发掘农村市场的"金矿"，但在十年来的发展过程中，村镇银行逐渐深入田间地头、服务千家万户，致力于帮助农村"旧貌换新颜"、支持农业"鸟枪换炮"、带动农民发家致富，因此成为农民兄弟贴心的、可信赖的银行，"朋友圈"越来越大，"点赞量"也越来越高。如蕲春中银富登村镇银行2015年、2016年连续两年，被县政府授予"税收贡献考核优胜单位"；2015年恩施常农商村镇银行在第八届中国村镇银行发展论坛上，荣获"全国百强村镇银行"称号。

三是从"政府推动"到"市场引领"的巨变。村镇银行作为"新生儿"，在蹒跚学步的时候需要扶一把，长大了就要学会自力更生。在发展初期，为促进村镇银行稳健发展，监管部门要求其股东主要由国有银行等银行机构担任，并积极向地方政府争取政策支持。随着村镇银行发展的日益成熟，湖北银监局鼓励发起行按市场化原则调整股权比例，提高民间资本持股比例。在2014年后组建的村镇银行中，大多数主发起行的持股比例设定在35%左右，民间资本占比56%，对完善公司治理、防范金融风险、拓展特色服务提供了强有力的支持。

四是从"步履蹒跚"到"蹄疾步稳"的巨变。全省新型农村金融机构的各项业务发展迅速，总体规模不断增大。2016年末，新型农村金融机构总资产287.3亿元，比2008年末的8.3亿元增长了35倍，翻了五番多，支持"三农"和小微企业能力持续提升。在资产规模迅速扩张的同时，抵御风险能力也明显增强，经营稳健性不断提升。截至2016年末，全省新型农村金融机构加权平均资本充足率21.57%、核心一级资本充足率20.96%、不良贷款率1.67%、拨备覆盖率211.54%、流动性比率73.74%。各项主要监管指标已达到良好银行标准。

（三）电话银行行政村全覆盖

1. 制度变迁的时代背景

发展普惠金融是党和国家对金融服务"三农"、实体经济提出的明确要求，在银行网点乡镇全覆盖后，如何更进一步，把最基本的金融服务送到"村头"，成为普惠金融发展的新目标。随着农村地区电话业务的普及，通过电话技术实现金融交易在技术上并不难实现。为此，自2012年以来，湖北银监局认真组织、积极推动，通过广泛布设金融电子机具、加大自助服务终端的推广应用，大力推广电话、手机等声讯设备和通讯网络为载体的电话银行服务逐步构建起高效率、低成本、广覆盖的农村金融服务网络，很大程度上缓解了农村取现、结算、融资、信息服务等诸多难题，便民、富民成效明显。

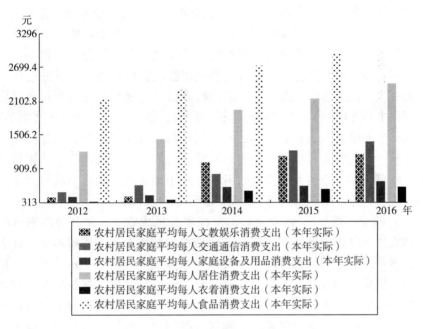

图4-4 湖北农村居民家庭消费支出情况

2. 主要制度安排

（1）突出三个"细化"，促进推动工作全面展开：一是细化责任，在推动电话银行全覆盖的工作中，各分局、直管办和涉农金融机构均成立了领导小组和工作专班，建立了多层级的组织体系，落实电话银行推进工作的责任。二是细化方案，通过制定详细的实施方案，使电话银行全覆盖工作有据可依、有序推进。三是细化措施，各分局、直管办督导金融机构制根据农村地区的不同地域情况，分别制定推进工作的具体措施。

（2）五项举措促落实，多管齐下改善农村金融服务。一是抓政府，各地监管部门主动向当地政府部门汇报，争取政府支持。通过将"三大工程"纳入政府工作规划，并在乡镇街道的年度考核中增加助农取现、电话银行全覆盖的工作内容，利用政府的公信力和执行力，实现了将地区政府的政绩考核与农村便民金融服务的有效对接。二是抓协调，引导金融机构加强与电信、移动等通信部门的沟通协调，签署了向县域转账电话使用的特约商户提供优惠资费套餐和免收布放在乡、镇、村转账电话的资费，使助农服务点减少费用，提高助农服务积极性。三是抓制度，建立分层包片责任推进制度。要求涉农金融机构实行领导包片、分支机构包镇、员工包村包户的分层责任制度，不让电话银行的推进工作留"空白"。四是抓宣传，通过设专刊、开专栏，开展"三进七有"活动，推动电话银行布放。部分分局在银行监管上开办"三个全覆盖"专刊，并在内网上开辟专栏，进行"三个全覆盖"工程的宣传报道和学习交流。农业银行黄冈分行还在全市县域农村开展了"三进七有"活动，即在大力推进惠农卡进村、电子银行进村（主要目标是每个行政村要安装一部以上转账电话），产品宣传进村的同时，做到每个村配套地有宣传栏、有信息员、有服务点、有联络员、有代理项目、有典型客户、有好口碑。五是抓考核。通过建立考核评价制度，督导辖内涉农金融机构将电话银行全覆盖的工作目标和任务纳入工作绩效考核，并于年底由上级行对农村金融服务点进行检查评分，根据布放效果的好坏给予相应奖惩。

（3）四个"督导"、重点突破，便民服务见成效。一是督导涉农金融机构制作农村金融服务路线图，指导各金融机构按图布点、按图落实，并引导农户按示意图中公布的银行网点和转账电话办理业务。二是科学选点，指导涉农金融机构在布点上首先选择具有示范效应的行政村，将乡村有一定文化基础的村干部、退休教师、个体经商户、有学生的农户等较为集中的村列为电话银行首先布设的重点对象，发挥这一群体对金融知识接受快、有正面宣传效应的引导性作用。三是分类督导。根据不同地域、不同银行的差异特征，制定不同的分类推进措施。对覆盖率较低的农村地区，采取分时段，下达覆盖率完成指标，强力推进；在机构网点的布局上，根据涉农金融机构网点设置情况，将各银行的布设区域进行划分，如邮储银行把布设重点放在乡镇，农业银行和农村商业银行在已有网点基础上把布设重点放在农村，以发挥三家银行的协同作用，推进电话银行覆盖工作的完成。四是建立台账，监测转账电话布放进度和效果，并实行周统计、月巡查、季通报制度，强力推进电话银行全覆盖的落实。

3. 制度绩效

截至2014年末，湖北省2.55万个行政村布设8.2万部转账电话，实现了"行政村全覆盖"，全年完成交易940万笔，电话银行功能也不断得到拓展，基本打通农村金融服务"最后一公里"，大幅节约了农村金融交易成本，得到农村群众的一致好评。同时，农村商业银行借助这一服务民生平台，增强了业务渗透性，巩固了农村金融市场，实现了服务群众和自身发展的"双赢"。

【专栏 4-2】

湖北电话银行——"卡乐付"自助结算终端简介

一、产品简介

2010 年 8 月以来，全省农合机构面向企业及个体工商户推出了一款集消费、转账、助农取款、查询等功能于一体的新型"离柜金融"服务——"卡乐付"自助结算终端业务，具有功能完善、实时到账、费用优惠、安全方便、简便易用等优点。

二、产品特点

1. 功能完善

全国各家银行"银联"借记卡持卡人可通过终端办理查询、消费交易。商户可通过终端向国内各家银行的个人账户或对公账户汇款，可通过终端查询和打印本机交易明细，并可办理工资代发等业务。

2. 实时到账

除对公收款账户非工作时间消费收款需要下个工作日入账以外，其他消费收款和转账汇款均可实时入账。

3. 费用优惠

推广期内全国农村信用社（农村合作银行、农村商业银行）借记卡持卡人通过自助结算终端办理的消费收款以及与农村信用社银行卡之间的转账汇款，均免收手续费，其他消费和汇款的手续费可享受打折优惠。

4. 安全方便

免去奔波于各家商业银行柜台排队转账的烦恼，提供便捷的电子支付结算服务，避免烦琐的现金交易和假币风险。

5. 简便易用

终端配备液晶显示屏，功能菜单简洁；设备自带微型打印机；支持外接密码键盘；具有汉字手写功能和修改功能；操作简便，易于掌握。

6. 助农取款

助农取款业务是通过湖北省农村信用社在金融服务空白乡村选择指定的助农取款服务站布放自助结算终端设备，向借记卡持卡人提供取款、转账和余额查询等服务。此项业务目前正在积极准备向人民银行武汉分行申报开办此项业务的相关材料，一旦人民银行批准此项业务的开办，将马上开始进行业务布点，力争在三年内覆盖全省所有乡村，填补农村金融服务空白，为农民提供方便快捷的金融服务。

三、卡乐付产品的成效

1. 巩固农村信用社的农村市场地位

农村信用社是服务"三农"的主力军,是县域经济的领航者,占有绝大部分农村金融市场。在县域金融市场,农村信用社的存款规模、机构规模、人员规模均处于主导地位。通过卡乐付业务的开办,可以进一步稳固农村信用社在农村金融市场的市场地位,为农村信用社各项业务的发展打下坚实的基础。

2. 增强农村信用社市场竞争力

卡乐付业务不仅能提高农村信用社电子银行业务的发展水平,改善农村信用社银行卡受理环境,优化特约商户的服务内容和方式,还能给农村信用社的发展提供了能有效扩大市场份额的竞争工具和创造了全新的经济增长点。

3. 吸纳他行存款效果突出

卡乐付自助结算终端是银行柜台的延伸,通过该终端特约商户可以在自己的办公场所方便地操作收款、汇款、查询等银行业务,为特约商户破解了资金收付的难题,为商户提供了便捷高效的银行服务,特约商户不再需要为办理银行业务而往返银行网点。这样,农村信用社账户将逐渐成为商户日常的主要结算账户,他行的闲散资金也将慢慢汇集并稳定在农村信用社账户内,无形中为农村信用社吸纳了大量的存款。2011 年卡乐付终端吸纳他行资金数额逐月呈增长趋势,累计吸纳他行存款 33.43 亿元,相当于每台已发生了交易的机具为联社贡献新增存款 24.7 万元。

4. 稳定和提供客户忠诚度

农信银自助结算业务不仅给商户收款、付款提供了便捷、实惠、高效的服务,更有强大的衍生功能,如综合查询、代发工资、代理转账等。设计者更是从商户的操作习惯出发进行终端造型、操作界面和操作流程的设计,尽可能满足商户的各项需求。商户一旦安装了自助结算终端,便不再需要往返银行网点办理业务了,逐步对自助结算终端产生了依赖,逐步增强了对农村信用社的信任。为了商户结算的方便性和经济性,商户还将不断要求其上下游客户安装自助结算终端,这不仅有利于该项业务的持续发展,还将进一步提升农村信用社在客户心目中的形象和地位,进一步培育农村信用社客户的忠诚度。

四、产品现状和发展规划

2010 年 8 月卡乐付——农信银自助结算业务在湖北各联社全面启动推广,截至 2011 年 12 月底,累计装机 13559 台,在全国各省级联社中排名第二。交易金额累计达 99.8 亿元,手续费收入累计已达 34.9 万元。

资料来源:湖北银监局 2012 年调研报告。

二、贯彻落实中国银监会"三大工程"

（一）制度变迁的历史背景

农村中小金融机构按照党中央、国务院的要求，加快改革发展，在促进农业增产、农民增收和农村经济发展中发挥了重要作用。截至2012年初，农村中小金融机构涉农贷款余额占银行业的33%，农户贷款余额占银行业的77%，县域机构网点占银行业的60%，在解决金融机构空白乡镇问题上贡献率高达76%。但由于多方面原因，农村金融仍然是我国金融体系中最薄弱环节，不少地区结构性和区域性"贷款难"问题仍然比较普遍。经过30多年的改革发展，我国农村经济已步入由传统农业向现代农业转变、农村经济结构加速调整、城镇化建设深入推进和各项产业协调发展的重要时期，农村金融服务需求因此产生重大变化，呈现出多元化和多层次的特征。原来单一的信贷需求正在转变为包括存款、贷款、结算、理财、代理等多样化的服务需求；原来围绕传统农业生产为主体的资金需求正在转变为扩大再生产、消费、教育等结构性资金需求；原来单纯寻求金融服务正在转变为对金融知识、金融产品、市场信息等综合化信息需求。这些变化给做好新时期农村金融服务工作提出了更高的要求和更新的期待。

在深刻剖析形势后，2012年6月12日，中国银监会在福建泉州召开全国农村中小金融机构（包括农村商业银行、农村合作银行、农村信用社和村镇银行等农村中小金融机构）支持"三农"科学发展现场会，全面启动实施"金融服务进村入社区""阳光信贷"和"富民惠农金融创新"三大工程，要求全国农村中小金融机构认真贯彻中央关于"稳增长""调结构""惠民生"的要求，主动了解农村经济发展新趋势，主动适应农村经济结构调整的新变化，下沉服务重心，提升服务能力，以更大的决心、更强的力度、更有效的措施，扎实做好"三大工程"，全面做好农村金融服务工作。

（二）主要制度安排

实施"三大工程"就是要通过推动服务网络多元化、手段多样化，使金融服务触角延伸到乡村、社区，贴近到农户；通过全面实行信贷过程公开化管理，提高信贷业务透明度，提升贷款公平性和可得性；通过建立全面的创新体系，顺应市场变化和"三农"需求，开发"量体裁衣"式的金融服务产品，提高客户需求满足度。同时，实施"三大工程"也是农村中小金融机构积极应对市场挑战、提升核心竞争力的内在要求，通过推进"三大工程"可以深化与"三农"紧密互动、互惠共荣的关系，在支持"三农"科学发展的同时提高客户满意度、贡献度和忠诚度。

　　中国银监会部署农村中小金融机构全面实施"金融服务进村入社区、阳光信贷和富民惠农金融创新"三大工程后,湖北银监局快速响应,结合湖北实际专题研究贯彻落实意见,提出以"改革、发展、稳定"三个根本为总揽,以"三覆盖一提高"为主线,紧紧围绕"十个一",扎实推进"三大工程"。

　　1. 树立一种理念,提升金融"富民惠农"自觉性。通过文件、会议、培训等多种形式,督促农村中小金融机构充分认识"三大工程"的重大意义,秉持金融为民思想,以富民惠农为出发点,把落实"三大工程"作为发展之基和内在要求,牢固树立"三真理念",即对"三农"事业真正做到投入"真情实感",拿出"真金白银",切实"真抓实干",把"三大工程"打造成为真正的民心工程、民享工程、民生工程。

　　2. 紧扣一个中心,确保"三大工程"统筹推进。坚持以"改革、发展、稳定"为中心,全面深化和细化"三大工程"各项推进措施。改革是根本大计,用改革的思维激活机制、制度活力,把改革作为推进"三大工程"的重要动力;发展是根本出路,通过实施"三大工程"优化支农金融服务,助推农村经济,激发自身经营活力;稳定是根本职责,积极适应农村需求变化,主动承担平抑经济波动的责任,为改革发展创造良好环境;实现"改革、发展、稳定"的科学平衡、协调统一。根据"三大工程"的内部逻辑关系,把推进农村信用社产权改革、培育壮大村镇银行和电话银行进村入社区作为全面下沉服务重心、提升农村金融服务的抓手,科学兼顾便民服务、金融创新和风险防范的关系,促进"三大工程"既"惠民富农",又"安全稳定"。

　　3. 明确一个定位,引导农村中小金融机构战略转型。中国银监会"三大工程"为农村中小金融机构指明了战略发展方向,湖北银监局将以此为契机,引导辖内农村中小金融机构从战略高度,充分认识实施"三大工程"的重要性和迫切性,把"三大工程"的本质要求融入发展战略,融入"立足三农、扎根县域"的市场定位,指导农村中小金融机构在实施"三大工程"中实现"三个提高",即提高战略定位科学性,加快战略转型;提高创新素质,增进科学发展能力;提高优质服务能力,打造人民满意的银行。以此促进从更高层次和更大范围上提升农村金融服务水平。

　　4. 强化一条主线,明确工作目标和监管举措。2012 年初,湖北银监局根据湖北实际和金融服务实体经济的要求,确定了"三覆盖一提高"的金融服务与监管目标,力争"三年内全面实现农村商业银行和村镇银行县域全覆盖,电话银行行政村全覆盖,县域存贷比每年提高 2～3 个百分点"。中国银监会启动"三大工程"后,湖北银监局对"三大工程"的要求逐项进行细致梳理,把既定监管目标与"三大工程"进行科学对接,提出以"三覆盖一提高"为主线全面推进"三大工程"的一揽子措施。

5. 出台一篇意见，拟定实施路径和保障措施。湖北银监局认真学习"三大工程"指导意见，在深入调查研究、广泛征求意见基础上，按照"目标清晰、路径明确、措施具体、实效明显、考评科学"的要求，出台了《关于落实农村金融服务"三大工程"的实施意见》（以下简称《意见》，见本节专栏），用"二十二条"的简明形式细化实施"三大工程"的工作路径和保障措施。《意见》既把"三大工程"视作为一个相互联系的有机整体，又狠抓各自工作侧重点，结合湖北省"三覆盖一提高"工作目标和"三农"金融服务中存在的薄弱环节，提出在"组织架构、业务流程、风险管理、考评激励"四个关键环节的改进要求，通过内外衔接、形式内容统一，为实施"三大工程"拟定清晰的路线图。

6. 召开一次会议，激发监管与金融机构双层活力。7月下旬，湖北银监局召集各银监分局、直管办和省联社、武农商、全省农村中小金融机构董（理）事长以及2011—2012年全辖支农先进单位个人代表共200余人齐聚湖北十堰，召开了为期三天的湖北省农村中小金融机构推进中国银监会"三大工程"工作会。时任局长邓智毅和副局长阚方平均做了重要讲话；湖北省农信联社理事长、武汉农村商业银行行长作为农村中小金融机构代表，分别就辖内机构如何推进中国银监会"三大工程"作了表态发言。会议统一了监管和金融机构的思想认识，营造了良好的联动氛围。

7. 开展一次培训，推广先进知识和良好做法。为更好地推动农村中小金融机构高管人员提高认识，把握工作重心，湖北银监局举办了全省农村中小金融机构董（理）事长培训班，结合"三大工程"的要求，由中国银监会合作部、湖北银监局领导和相关专家，分别讲授产权改革、风险防范、公司治理、发展战略等理论和政策，启发高管人员思维。并对11家先进单位和17个支农金融服务先进个人进行表彰，用"现身说法"的方式，推介产权改革、科技金融、支农服务等先进经验和良好做法。

8. 找准一个突破口，优先开展科技金融创新。湖北银监局抓住农业科技这一农业发展的关键点，拟定了《湖北省农村银行业金融机构涉农科技金融服务工作指导意见》，从战略导向、机制创建、组织架构优化、内部流程、考核评价等维度明确创新的原则、方法和路径。中国银监会启动"三大工程"后，湖北银监局将优先实施涉农科技金融战略作为金融创新的突破口，指导农村中小金融机构优先实施涉农科技金融战略，以此作为引导农村中小金融机构学习、移植、掌握创新方法，提升创新能力的"试验田"；并以涉农科技金融工作"六个增加一个高于"（涉农科技型企业、科技型农户、科技型专业合作社和高新技术企业的开户数、授信客户、表内外授信、信贷产品、其他个性化金融服务、担保抵押等风险缓释技术或方法显著增加，涉农科技金融贷款增幅高于全部贷款增幅），作为检验金融创新效果的标准。

9. 制定一项制度，强化"双层双线"考核。实施"三大工程"必须把科学的激励约束作为内生动力，为此，湖北银监局成立了推进"三大工程"领导小组，制定了《湖北省农村金融服务"三大工程"推进工作考核评价办法》，按照"简洁、有用"原则，实行"双层双线"考核评价："双层"实行"自我考核评价"和"外部复考复评"双层模式，由农村中小金融机构董（理）事会按照规定的考核评价内容先进行自我考评，再由省联社或属地监管部门进行外部复考复评。"双线"为既考核工作组织及进展等定性情况，又考核工作效果指标等定量情况；通过对 12 个定性指标、5 个定量指标的量化考核，把"三大工程"实施效果和员工薪酬绩效、高管提拔任用以及其他荣誉挂钩。对实施"三大工程"效果好的先进单位，监管部门优先受理和审核市场准入事项，减少现场检查频率，发挥差别监管的良好引领作用，适时推广先进典型和良好做法。

10. 营造一种"气场"，形成支农金融服务合力。2012 年 6 月开始，全省各级监管部门、省联社和农村中小金融机构将实施"三大工程"作为宣传重点，在全省范围内及时营造金融富民惠农的氛围，形成了强大的支农"气场"。新华社湖北分社、《湖北日报》、湖北电视台、《武汉晚报》、武汉电视台等省内主要媒体纷纷对湖北银监局推进中国银监会"三大工程"工作情况进行了深度采访报道，充分展示和全面提升了农村中小金融机构的服务形象，让广大"三农"客户了解到农村金融服务的新变化、新面貌，起到了良好的宣传效应。

【专栏 4 - 3】

"三大工程"的主要内涵

一、金融服务进村入社区工程

1. 完善机构网点布局。按照"布局合理，功能全面，疏密有度，竞争有序"的要求，统筹网点增设，持续加大乡镇及以下网点布设力度，对农村金融需求旺盛的行政村、自然村和中心社区优先增设机构网点。对于不具备设立标准化网点的村镇，在满足基本安全要求的前提下，可设立简易便民服务网点，适当放宽安全设施等级标准，灵活掌握营业时间或约定时间营业。

2. 丰富流动服务方式。对地处偏远、经济欠发达、不具备设立固定网点条件的乡镇及以下地区，在规范管理、确保安全的前提下，可由就近营业网点灵活采取流动服务车、马背银行、背包银行等多种形式，开展定时定点或流动服务，扩大服务范围。

3. 广泛布设金融电子机具。在经济发展状况较差、地处偏远，但人口相对密集的乡镇、行政村和中心社区积极尝试通过安装 ATM、POS 机方式，解决小额现金存取、转账、查询等方面的服务需求。

4. 加快自助服务终端推广力度。依托农户家庭、商户和农村社区等，不断加大金融自助服务终端安装力度，丰富金融自助服务终端服务功能，满足广大农户小额现金存取、自助缴费、转账、汇款等多种服务需求。

5. 提升银行卡营销和服务水平。不断挖掘、丰富银行卡功能，使银行卡逐步成为农民享受现代金融服务的良好载体。利用遍布城乡的渠道优势，向广大农民宣传银行卡知识，培养用卡习惯，发展特约商户，改善用卡环境，不断提高银行卡在农村地区的普及应用程度。

6. 加大现代支付结算渠道推广应用。完善电子银行系统功能，加大宣传推介力度，促进网上银行、手机银行、电话银行在农村地区的推广应用，使广大农民足不出户就能够及时、方便地办理各项金融业务，充分享受现代科技金融服务成果。

7. 加强银村（社区）合作。建立与村委会、社区服务中心的信息沟通与共享机制，不断延伸、拓宽服务范围，在基础信息收集、信用等级评定、金融业务推广以及基本业务受理等方面积极开展合作，充分发挥农村基层组织在金融服务中的桥梁作用，促进农村金融信息共享。

8. 丰富金融宣传服务内涵。高度重视对农村金融消费者的培训与教育，结合"送金融知识下乡"长效工作机制，通过设立宣传点、流动宣传车、志愿服务小分队等方式，利用平面媒体、广播电视、手机短信等多种渠道，广泛宣传普及存贷款、支付结算、银行卡、投资理财、抵制非法集资等多方面金融知识，帮助农户提高对现代金融服务的理解和接受能力、金融风险防范意识和信用意识。开展送资金、送信息、送金融知识服务，畅通与农民的长期沟通渠道，提高农业生产科技含量和市场风险防范能力，逐步优化农村金融生态环境。

二、阳光信贷工程

1. 推行公示制度。全面公开贷款条件、流程、利率、收费标准、办结时限和监督方式。

一是推进服务透明化，让客户对能否贷款、能贷多少、利率多高、如何办理、向谁投诉等心中有数。根据实际情况，在服务辖区的村部、乡镇集市等人群聚集地设立信贷承诺服务公示栏，向社会公开信贷业务服务承诺内容，扩大服务承诺知晓面。二是在官方网站和营业网点醒目位置向群众公开贷款种类、对象、条件、程序等，将信贷人员姓名、照片、联系方式、工作职责、服务范围等内容上墙。三是根据客户意愿和商业保密需要，将客户信用等级、授信额度等以手机短信、寄送信函等适当的形式告知农户，确保每个客户公开透明地接受信贷服务。

2. 开展社会评议。探索实施社会公开授信评议，解决金融机构与农户之间信息不对称问题。一是按照行政村（或自然村）组成授信评议小组，在调查的基础上，对所有建档农户开展信用评议工作。二是通过外部咨询村干部、向具有公信力的村民调查了解、实地走访等多种方式，对辖区农户进行深入广泛的摸底调查；在以我为主前提下，有选择地吸收威望高、人品好、情况熟并在当地有一定知名度和影响力的群众代表等参与授信评议。三是结合群众评议意见，确定客户授信范围和授信额度，并筛选出暂缓授信对象，实行名单式管理。

3. 实行阳光操作。将信贷业务的建档、营销、受理、调查、评级、授信、审批、放款等各个环节实行阳光化操作，保障信息的客观性和准确性。

一是在当地政府部门支持下，开展拉网式、广覆盖建档。二是可采取逐村连片受理申请方式，畅通贷款咨询、申请渠道，或在网点设立阳光信贷办贷大厅、信贷服务专门窗口等，指定专人负责解疑答惑，积极推行"首问负责制""一次性告知制""一站式服务"等服务方式，切实改变客户往返多次"跑"贷款的状况。三是统一审查农户授信档案的合规性和完整性，在信贷管理系统中锁定经阳光信贷授信的农户名单和金额，未经批准不得随意调整农户授信额度。在情况熟悉、个人信用良好的前提下，适当简化用信手续。

4. 承诺办理时限。对每一笔贷款申请，同意受理的应根据申请的贷款类别，从受理申请、贷前调查到贷中审查、审批、发放的每个环节均要合理确定办结时间，及时告知客户，提高办贷效率。不符合受理条件的要在限定的时间内通知申请人，并说明原因，做好记录备查。

5. 公开定价标准。根据公开透明、提高社会参与度的要求，公开贷款定价标准。

一是公开在办理贷款业务中应严格遵守的各项规定：不得以贷转存、不得存贷挂钩、不得以贷收费、不得浮利分费、不得借贷搭售、不得一浮到顶、不得转嫁成本。二是公开贷款利率定价方法，对不同的行业、资产负债率、担保方式以及综合贡献度设置利率浮动系数。三是公开优惠政策，根据信用程度、贷款用途、经济实力、行业、偿债能力等方面综合评分，对优秀客户实行差别扶持，享受利率优惠、额度放宽、手续简化等各种优惠政策。四是公开对特定对象减费让利的原则，明确界定小微企业、"三农"、弱势群体、社会公益等领域相关金融服务的优惠对象范围，公布优惠政策、优惠方式和具体优惠额度，切实体现扶小助弱的社会责任。

6. 强化社会监督。充分发挥社会监督作用，有效监督违规放贷、不作为行为，杜绝吃、拿、卡、要等不良行为。

一是结合当地实际，建立健全投诉受理和争议协调机制，在营业网点、村和乡镇集市等人群聚集地设立信贷监督箱，公布举报电话或网络投诉渠道，对客户投诉做到件件有回音、事事有答复。二是选聘符合条件的群众代表担任阳光信贷监督员，帮助开展舆情监督和宣传等工作。定期召开阳光信贷监督员座谈会，利用其密切联系群众的有利条件，广泛听取他们的意见和建议。三是充分发挥群众的知情作用，将信用观念差、有不良行为的人员剔除出授信名单，在筛选优秀信用客户时，也要广泛听取群众意见，接受群众监督。四是对于经群众举报查实不文明办贷、不廉洁办贷的，或未按贷款限时服务承诺办理业务的，按照规定严肃处理、追究责任。

三、富民惠农金融创新工程

1. 理念创新。农村中小金融机构要将富民惠农金融创新作为提升核心竞争力和履行社会责任的重要途径，不断创新和丰富服务"三农"和社区的经营理念。以专业化的经营、特色化的产品、差异化的服务、精细化的管理作为农村金融理念创新的基本原则。

2. 组织创新。按照"流程银行"要求构建以农村金融服务为核心的组织架构，建立健全跨部门、跨层级的良好信息沟通和紧密业务协作机制，鼓励通过专业支行或事业部方式，加强对区域支柱行业和特色产业的金融服务。

3. 产品创新。根据农村金融服务对象、行业特点、需求差异，细分客户群体，积极开发符合农村经济特点和农户消费习惯的金融产品。加强融资产品创新，满足不同客户的融资需求，科学运用微贷管理等先进技术，开发多样化有特色的农户、商户贷款产品，积极扩大小额信用贷款和联保贷款覆盖面，探索与银行卡授信相结合的小额信贷产品；创新涉农科技金融产品，切实加大对农业技术转移和成果转化的信贷支持；立足区域经济特点，围绕地方支柱行业、特色产业及其核心企业、产业集群开发产业链信贷产品，促进区域经济发展；开发促进农业产业化经营和农民专业合作社发展的信贷产品，促进农业规模化发展和产业升级；加快结算产品创新，根据农村金融客户的融资特点创新结算产品，开发适合农村客户需要的结算工具，提高农村客户结算效率，降低资金在途成本。

4. 担保方式创新。在有效防范信用风险的前提下，创新开办多种担保方式的涉农贷款业务，有效解决担保难问题。扩大抵押担保范围，鼓励法律法规不禁止、产权归属清晰的各类资产作为贷款抵质押物；要因地制宜灵活创新抵押、共同担保、产业链核心企业担保、专业担保机构担保、应收账款质押、商铺承租权质押、自然人保证、信用、联保和互保等贷款担保方式；积极鼓励以政府资金为主体设立的各类担保机构为涉农业务提供融资担保；加强与保险机构合作，探索开展涉农贷款保证保险业务等业务品种。在全面调查农户信用状况等"软信息"基础上，适当降低担保门槛和抵押贷款比重。

5. 商业模式创新。着力打造适应农村金融服务特点的商业模式，以全面满足"三农"客户需求、实现客户价值最大化为目标，整合内外部金融服务资源，探索"信贷工厂""金融管家"等不同形式，形成完整、高效、具有独特核心竞争力、可持续经营的运行系统，实现对农户、商户、农企的标准化、批量化、规模化的营销、服务和管理。

6. 业务流程创新。积极开展流程再造，合理配置审批权限，简化审批手续，实行限时审批，动态管理授信额度，建立透明高效的信贷流程。探索推行在线审批等方式，对专业化市场商户、农民专业合作社社员等风险特征类似的客户群体可以探索采用集中授信方式。

7. 服务渠道创新。拓宽授信业务申请渠道，利用通讯、网络、自助终端等科技手段广泛受理客户申请。鼓励有条件的农村中小金融机构推广农户贷款"一站式"服务，开办自助循环贷款业务。加快推进农村地区支付服务基础设施建设，积极探索电话银行、手机银行、网上银行等灵活、便捷的服务方式，逐步扩展服务功能，延伸服务范围。

8. 信用体系建设创新。完善区域信用评价体系，创新农户信息采集方式，建立农户信用信息共享机制。建立健全农户经济档案，全面记录农户贷款还款情况，加强各类信用信息的收集管理工作，引导增强农户信用意识，为开展产品服务创新打造良好外部信用环境。

资料来源：湖北银监局 2012 年调研报告。

（三）制度绩效

1. 信贷业务透明度有效提高

全省农村中小金融机构在总结前期工作经验的基础上，推动建立三项机制，巩固阳光信贷工程成果，打造和谐、阳光、绿色的信贷文化，不断提升信贷业务透明度。

（1）建立了贷款公示制。全面推行信贷公开，将各类信贷业务的贷款条件、办理流程、利率水平、收费标准等内容制作成宣传海报，张贴在各营业网点的醒目位置，让客户对能否贷款、能贷多少、利率多高、如何办理、向谁投诉等心中有数。全省农合机构的 2100 多个营业网点实现了信贷公开。

（2）建立了公开评议制。充分发挥农村市场的熟人效应，吸收当地威望高、人品好、情况熟且在当地有一定知名度和影响力的群众代表参与授信评议，拓宽信息来源渠道，有效降低信用风险。孝南区联社结合当地农村实际建立了农村信息员制度，聘请村干部或在当地有影响力的知名人士作为农村信息员，建立支农联系点，搭建农村信用社服务农户的桥梁。

（3）建立了社会监督制度。省联社通过门户网站、客服电话、聘请行风评议员等方式 24 小时接受社会监督。各市县行社指定专门部门、公布专线电话、安排专职人员处理客户投诉。各基层行社在营业网点的醒目处设立意见箱，公开投诉电话，明确处理部门，及时向客户反馈。通过建立全方位、立体化的监督机制，促进各行社进一步转变服务理念，提升服务水平。

2. 金融服务便利度得到提升

全省农村中小金融机构通过完善机构布局、优化结算渠道、强化村社合作和加强金融宣传，促进农村金融服务的可得性和便利度大幅提升。

（1）网点布局更加完善。在 2010 年实现乡镇基础性金融服务全覆盖的基础上进一步推动金融服务向下延伸，提升乡镇以下网点覆盖率。对于不具备设立标准化网点的村镇，通过设立简易便民服务网点、开展定时定点流动服务、布设卡乐付转账电话、设立信贷专员"110"热线等方式予以满足。

（2）电子银行推进有力。在农村地区大力推广电话银行、电信银行、个人网银、企业网银、卡乐付、福卡、ATM、银联直联 POS 机、福卡银联在线支付和支付宝卡通等农村信用社现有的 11 种电子银行产品。着重加快"卡乐付"（转账电话银行）的铺设力度，尽快完成全省所有重点行政村电话银行全覆盖，为农民提供不出村的金融服务。积极创造条件，稳步扩大网上银行、电话银行、手机银行及自助终端的使用范围，全面提升农村地区支付结算服务水平。

（3）银政合作取得进展。加强和乡镇、村组等基层党组织的合作，发挥基层党组织的政策优势、组织优势、信息优势和资源优势，破除信息壁垒，降低农村信用社贷款风险，优化地方信用环境，进一步促进贷款投放。

（4）农村金融认知水平不断提高。借助"万名信贷员进万村入万企""走千家、访百户""征信知识宣传月""小微企业宣传月"等活动平台向广大农民客户宣讲金融知识、农村信用社信贷政策、电子机具的使用方法。仅 2011 年下半年，湖北省联社就组织全辖农合机构开展各类送金融知识下乡活动 284 次，印发宣传画册（折页）500 多万份。

3. 农村金融创新力度增强

全省农村中小金融机构通过狠抓"五项创新"，持续满足农村市场多元化、多层次的金融服务需求，努力推动农民增收、农业增效。

（1）信贷产品大幅增加。各机构立足区域经济实际，围绕地方支柱行业、特色产业、核心企业和产业集群，按照"量身定做""一县一品"的思路不断加强金融创新，新开发了"农机浮动抵押贷款""林权抵押贷款""渔民乐信用贷款"等 77 个信贷产品，截至 2012 年末全省农村合作机构信贷产品已达到了 137 个，其中"金梧桐"创业贷款荣获全国"服务小微企业及三农十佳特优金融产品"称号。

（2）担保方式取得突破。积极探索将法律法规不禁止、产权归属清晰的农村集体房屋、土地等不动产，机器设备、产成品等农村资产都纳入担保品范围，仙桃市联社围绕水面承包经营权、农村经济合作社股权和农村企业集体土地用房做文章，采取股权质押、农房抵押等方式投放贷款 3630 万元，为"三农"、小微企业、科技金融等客户提供了优质、高效、全方位金融服务，受到了客户的好评。

（3）业务模式不断优化。充分利用科技平台，推动金融服务从传统的柜面模式向在线、网络模式转变。在农村地区大力推广卡乐付转账电话、电子银行、手机银行、电话银行、ATM、POS 机等现代科技服务方式，进一步畅通农村地区支付结算渠道，让农民足不出户就可以办理转账业务，在家门口就可以办理存取款。进一步加强系统建设，依托现有信贷风险系统开发信用评级模块，力争早日实现农户贷款在线审批、批量发放。

（4）服务方式更贴民心。深入推行包村服务"四个一"制度，坚持做到每村一个公示牌，每户一张支农联系卡，每名信贷员一本工作日志，每个支行每月一张监测表，确保每个村都有一名信贷员提供巡回金融服务，提高包村服务效率。推行"四专"服务制，即确定专业机构、公布服务专线、指定服务专员、建立专项服务卡，对客户开展各种形式的辅导，实现专业化和精细化的金融服务。郧西农村商业银行建立"阳光信贷联系卡"服务制度，安排专职人员解答客户的提问和来访，根据客户情况量身定做信贷品种，满足客户资金需求。

（5）管理架构更加完善。进一步深化县级行社改革，将各行社按照所在区域划分为城区社和农村社，在城区社设立金融超市、公司金融部、个人金融部等业务部门，利用农村信用社决策环节短、审批效率高的体制优势，加大对县域涉农企业、中小微企业、个体经营户、城镇居民的支持力度；各农村信用社发挥人熟、地熟、情况熟的先天优势，做好对传统农户、种养大户、农村个体工商户、农村专业合作组织的信贷支持。通过充分发挥农村信用社的比较优势，在县域农村市场形成完整、高效、具有独特核心竞争力、可持续经营的运营模式，巩固县域农村主流银行地位。

【专栏 4 - 4】

湖北银监局关于落实农村金融服务"三大工程"的实施意见

今年 6 月下旬，银监会启动农村"金融服务进村入社区、阳光信贷和富农惠农金融创新"三大工程（以下简称"三大工程"）。为推进全省农村中小金融机构全面实施"三大工程"，特提出如下意见，请遵照执行。

一、深刻认识农村金融服务"三大工程"的重大意义

（一）实施"三大工程"是贯彻落实党中央"三化同步"和年初全国金融工作会议精神的重大举措。

党的十七届五中全会提出在工业化、城镇化深入发展中同步推进农业现代化。2012 年全国金融工作会议提出"坚持金融服务实体经济的本质要求，从多方面采取措施，确保资金投向实体经济，有效解决实体经济融资难、融资贵问题"；要求银行业大力提升服务能力，扩大服务覆盖面，加大对薄弱领域的金融支持。各农村中小金融机构务必站在巩固党的执政基础、统筹城乡发展、推进新农村建设的战略高度，充分认识实施"三大工程"的重大意义，增强工作方向感和主动性。

（二）实施"三大工程"是支持经济结构调整和促进农村经济平稳较快发展的现实需要。

经过 30 多年的改革发展，农业已由传统农业向现代农业转变，农村经济进入结构调整和各项产业协调发展的重要时期。实施"三大工程"，就是引导农村中小金融机构下沉服务重心，加大金融创新，提高服务能力，支持"三农"在"扩内需、惠民生、稳增长"中发挥基础性作用。

（三）实施"三大工程"是农村中小金融机构应对市场挑战和提升核心竞争力的内在要求。

金融业归根结底是服务业。服务业的特点就是跟着客户走、跟着需求走。农村中小金融机构根在"三农"，希望在"三农"，未来在"三农"。实施"三大工程"就是要引领农村中小金融机构切实增强忧患意识，恪守"三农"市场定位，从战略、组织、机制、产品、服务和渠道等方面提高适应市场的能力，提高核心竞争力，始终坚持面向农村、面向社区，把农村这块阵地守好守牢，赢得"三农"，赢得未来。

二、深入推进金融服务进村入社区，全面实现"三个全覆盖"

（四）鼓励向下延伸服务机构，进一步健全服务网络和功能。

进一步充实、丰富、优化网点和功能布局。坚持以真实需求为导向，以真诚服务和商业可持续为基本价值取向，统筹物理机构下延、便民服务点和金融电子机具布设，做到形式多样，有机衔接。鼓励农村中小金融机构向下延伸，提高农村金融网点覆盖率，鼓励县市农合机构在规模较大的自然村设立营业机构，鼓励村镇银行在乡镇或规模较大的自然村设立营业机构；鼓励在农村居民集中居住地或城市社区通过流动服务或约定时间营业等多种方式满足多样化的金融需求。按照"布局合理、功能全面、竞争有序、商业可持续"的原则，实现机构网点和服务功能合理配置。乡镇金融机构不予撤销。

（五）不断优化法人治理，加快实现农村商业银行和村镇银行县域全覆盖。

继续实行"抓两头，带中间"策略。基础好、基本符合条件的，加快组建农村商业银行的进度；基础差、风险存量大的，抓紧政府、监管部门、行业管理部门三方协商，激活政府与市场两个支持，加快风险化解；暂时达不到组建农村商业银行条件的，按照"自我消化与政府、市场支持并重"原则，稳步化解存量风险；确保2014年底前将78家县市农合机构全部改制为农村商业银行。加大高风险农合机构产权改革力度，今年年底前全面消化高风险机构。鼓励和引导民间资本进入银行业，支持省内法人银行业金融机构作为主发起人规模化设立村镇银行，力争2014年底前实现村镇银行县域全覆盖。按照机制优先和功能全面的要求，不断优化法人治理，努力增强体制竞争力。

（六）全面提升支付结算便利度，优先实现电话银行乡村全覆盖。

鼓励农村中小金融机构利用面向社会公众开放的通信渠道或开放型专用网络，向农村地区全面提供电子银行服务。鼓励武汉农村商业银行、市州所在地农合机构和部分经济发展程度较高的县市农合机构在信息系统支持的条件下，积极开展网上银行业务；省联社要持续挖掘、丰富银行卡功能，使银行卡成为农民享受现代金融服务的良好载体；支持省联社整合系统资源，全面开办县市农合机构手机银行业务；鼓励省联社接受县市农合机构委托，实行电子设备授权集中采购，统一布设自助终端、ATM和POS机等；省联社要对全省自然村情况进行全面摸底，在此基础上，按照"统一布局、自担费用、保本微利"的原则，全面推广利用电话等声讯设备和电话网络开展的电话银行服务，力争2014年底实现电话银行乡村全覆盖；并根据县市经济基础条件和农合机构经营状况分别编制网上银行、电话银行、手机银行以及自助终端、

ATM 和 POS 机发展规划，加强信息科技系统建设，完善科技服务平台。鼓励省联社利用新一代核心业务系统帮助村镇银行提高电子化业务水平。

（七）广泛宣传金融知识，全方位激活农村金融需求。

农村中小金融机构要建立"送金融知识下乡"长效工作机制，广泛宣传存贷款、支付结算、银行卡、投资理财、抵制非法集资等方面金融知识，帮助广大农户知晓、运用各类农村金融服务与产品，充分享受现代科技金融服务成果。武汉农村商业银行在办好门户网站的同时，年内应在所有营业机构安装触摸查询一体机，向客户提供金融知识、业务品种查询服务。省联社要发挥行业管理优势，加大金融服务与产品的宣传推介力度，促进银行卡、网上银行、手机银行、电话银行等在农村地区的推广应用；年内升级优化省联社门户网站，省联社门户网站应总揽县市农合机构综合信息服务，开通县市农合机构专门栏目，并确保县市农合机构栏目能够公示主要业务品种、服务对象、办理流程、受理条件、经办人员及意见反馈等基本服务信息。鼓励县市农合机构和村镇银行开设门户网站，在营业网点安装触摸查询一体机，推广金融知识和金融服务。

三、深入推进阳光信贷工程，实现县域存贷比逐年提高

（八）优化信贷业务体系，夯实阳光信贷管理基础。

农村中小金融机构要按照"公开透明、规范高效、风险可控"的原则，对信贷管理制度、业务流程、信息系统等进行全方位优化，实现信贷过程公开化、透明化，确保信贷资金投向实体经济，确保"三农"客户有效信贷需求逐步得到充分满足。武汉农村商业银行年内完成授信管理系统及其子系统的全面升级工作。省联社今年年底之前，完成授信制度优化、流程再造、系统升级等工作。

（九）推行承诺公示制度，全面提高信贷业务透明度。

阳光信贷工程核心在于信贷业务全方位、全流程透明化。今年 8 月底之前，各农村中小金融机构要制定包括但不限于廉洁办贷、限时服务、主要业务品种、咨询渠道、授信程序和投诉处理等内容的"阳光服务"承诺，利用固定宣传牌在营业机构、村组（社区）公开，以此提高公信力，取信于民。本着"实用、实效"原则，选择利用网站、报刊、广播、视频广告、专栏、宣传手册、手机短信、触摸查询一体机等有效载体，向社会公开发布主要存、贷、汇、查（询）等主要业务品种，特别是要将各类授信业务的服务对象、贷款条件、流程、定价标准、期限、经办人员及其联系电话、办理时限、投诉处理及监督方式等及时、真实地向客户公开，年内全面实现营业网点业务手册、门户网站和声讯电话服务"三公开"，方便农村客户自主选择信贷

产品。

（十）开展社会评议，推动农村信用环境建设。

农村中小金融机构要采取多种方式，按照"公平、公正、公开"原则，探索开展公开授信评议，解决金融机构与农户之间信息不对称问题，有效防控信用风险。改进小额农户贷款管理，要在当地政府部门支持下，开展拉网式、广覆盖建档工作，有选择地吸收威望高、人品好、情况熟并在当地有一定知名度和影响力的群众代表参与授信评议，做实农户信用等级评定、授信、发证、年审工作。始终把"三农"客户作为重要资源，广泛动员"三农"客户，建立长期、稳固的客户基础，对按期还款、信用良好的借款人可采取利息返还、信用累积奖励等方式，正向激励农户讲信用，不断提高"三农"客户的满意度、贡献度、忠诚度，促进建立良好的农村信用环境。具体实施办法由省联社制定。

（十一）强化社会监督，促进信贷管理规范化。

农村中小金融机构应对信贷业务建档、营销、受理、调查、评级、授信、审批、放款等环节全面实行阳光操作，确保信息的客观性和准确性。积极推行"首问负责制""一次性告知制""一站式服务"等服务方式，提升信贷服务时效性。省联社、武汉农村商业银行、县市行社、村镇银行、贷款公司均要设立专门的投诉电话、意见箱、网站链接等接受社会公众的投诉和建议，并指定专门部门和人员负责处理并及时向投诉人反馈；农村中小金融机构应在职工代表或外部监事中各选择1~2名阳光信贷监督员，定期对授信管理工作进行监督评议。

（十二）增加县域信贷投放，引导信贷资金回流农村。

农村中小金融机构要恪守"平等透明、规范高效、互利互惠、风险可控"的原则，全面支持"三农"发展金融需求。县域农村中小金融机构要坚持以"三农"金融需求为主，以富民惠民为出发点，投入真情实感，拿出真金白银，切实真抓实干，科学配置信贷资金，努力增加对实体经济贷款；要对通过债券投资、贴现、同业存放、拆借等渠道"抽减"信贷资金进行自我约束，促进信贷资金回流实体经济、回流农村。广泛接触农村客户，加大对小微企业、涉农科技企业、科技型农户、科技型专业合作社社员以及农村居民的实际贷款支持。确保贷款客户数量显著增加，金融服务产品显著增加，涉农贷款增量和增速实现"两个不低于"。要将信贷资金回流效果作为检验实施阳光信贷工程的主要标准，强化指标约束，引导信贷资金回流县域、回流农村，确保县域存贷比每年提高2~3个百分点。

四、深入推进富民惠农金融创新工程，全面提升支农服务水平

（十三）明确创新目标，努力提升金融创新工作水平。

农村中小金融机构要制定以"三农"为中心的富民惠农金融创新战略，坚持以客户为中心，以农村金融需求为导向，积极创新"量体裁衣"式的金融产品和服务方式，持续满足多元化、多层次的农村金融需求，全面履行促进农业增产、农民增收和农村经济发展的社会责任。武汉农村商业银行要编制金融创新三年规划，明确创新方向、措施和目标，健全创新工作组织，落实金融创新责任。省联社要根据县市农合机构发展需要，制定金融创新推进工作办法，指导县市农合机构广泛开展金融创新活动。

（十四）创新组织体系，优化内部组织架构和员工素质。

农村中小金融机构要以满足客户需求为出发点，在平衡效率、风险和成本的前提下，按照"流程银行"的管理模式再造组织架构，积极引进吸收国内外先进成熟的业务管理技术和经验，全面梳理优化各业务条线管理制度；鼓励用专业支行或事业部方式，加强对区域支柱行业和特色产业的金融服务；科学运用微贷管理等先进技术，合理授权，简化手续，限时审批，动态管理授信额度；鼓励开展在线审批，对专业化市场商户、农民专业合作社社员等风险特征类似的客户群体实行集中授信，实现对农户、商户、农企的标准化、批量化、规模化的营销、服务和管理。农村商业银行可从大学生村官或当地优秀青年中招录一定数量群众口碑好、有责任感、具有一定文化素养、熟悉农村和社区的员工从事小微信贷授信工作，努力培养一批业务精良、品质优秀、事业心强的信贷队伍；对小额、零散授信业务，可根据实际需要，设置"信贷工程师"职位，全流程承担贷款调查、审查、管理、清收责任。

（十五）创新产品体系，全方位扩大农村金融交易。

农村中小金融机构既要敢于自主创新，也要善于引进移植，不拘一格创新金融产品。要根据农村客户的需求差异，细分客户群体，积极开发符合农村经济特点和农户消费习惯的"需求追随型"金融产品，以及刺激、引导农村金融消费的"供给领先型"金融产品。积极扩大小额信用贷款和联保贷款覆盖面，探索与银行卡授信相结合的小额信贷产品；创新涉农科技金融产品，切实加大对农业技术转移和成果转化的信贷支持；立足区域经济特点，围绕地方支柱行业、特色产业及其核心企业、产业集群开发产业链信贷产品；开发促进农业产业化经营和农民专业合作社发展的信贷产品，促进农业规模化发展和产业升级；根据农村客户的融资特点创新结算产品，开发适合农村客户需求的结算工具，提高农村客户结算效率；创新中间业务，大力拓展收费类和服务类资金归集业务；鼓励开办信用卡、财务顾问和理财等业务。省联

社要及时为县市行社提供全方位的金融创新业务指导以及 IT 系统支持，研发推广区域性的农村金融服务产品，并充分尊重县市行社个性化需求，帮助县市行社创新金融服务。

（十六）创新担保方式，切实缓解农村"贷款难"。

农村中小金融机构要在有效防范信用风险的前提下，创新开办多种担保方式的涉农贷款业务，积极解决担保难问题，充分增加农村信贷供给。扩大抵押担保范围，鼓励将法律法规不禁止、产权归属清晰的各类资产纳入贷款抵质押物范畴；因地制宜灵活创新抵押、共同担保、产业链核心企业担保、专业担保机构担保、应收账款质押、商铺承租权质押、自然人保证、信用、联保和互保等贷款担保方式；鼓励以政府资金为主体设立的各类担保机构为涉农业务提供融资担保；加强与保险机构合作，探索开展涉农贷款保证保险业务等业务品种。在全面调查农户信用状况等"软信息"基础上，鼓励降低担保门槛和抵押贷款比重。

（十七）创新制度体系和业务流程，充分激发内部活力。

以提高支农服务能力、健全风险管理机制为制度建设的最高目标，对现有制度体系进行全面改进。按照"梳理—规划—建设—提高"的路径，遵循"高风险长流程、低风险短流程"原则，建立差异化、专业化的制度体系和业务流程，做到每项业务和产品都有相应的制度规范和流程规定。武汉农村商业银行要全面清理现有各类业务制度和业务流程，年内完成制度效能评估和流程优化工作，制定覆盖各条线、各产品的基本制度和流程手册；其他农村中小金融机构也要全面检索制度盲点和流程缺陷，完善基本业务制度和各类业务流程规范。充分发挥法人机构管理半径短、信息传递快、决策时效高的优势，不断增进制度活力和业务流程的科学性，努力提升"软实力"。

（十八）强化风险管理，保障金融创新可持续。

农村中小金融机构要按照"确保风险可控"的基本要求，科学兼顾金融创新和风险防范的关系，坚持"内控先行、简便有效"原则，采取"人防＋技防"方式，创新风险管理技术方法，规避道德风险和操作风险。加强对创新产品和服务的前期论证和后续评估，落实风险管控措施，做好风险防范工作。新推出的金融创新产品和服务，必须事先制定相应的操作规程和内部管理制度，强化业务流程对风险的有效管控，有效制衡各种金融风险。

（十九）以涉农科技金融为突破口，务求取得金融创新实效。

继续落实"三支持一限制"，积极支持农业产业发展，努力将涉农科技金融打造成农村金融服务的亮丽"名片"。要优先实施涉农科技金融战略，通过开展科技金融创新，探索金融与农业科技相结合的有效模式与方法，科学总结创新方法，提升创新能力。今年，要以实现涉农科技金融"六个增加一个高于"（涉农科技型企业、科技型农户、科技型专业合作社和高新技术企业的开户数、授信客户、表内外授信、信贷产品、其他个性化金融服务、担保抵押等风险缓释技术或方法显著增加，涉农科技金融贷款增幅高于全部贷款增幅）作为检验金融创新效果的重要依据。通过组织涉农科技金融创新，积累创新经验。

五、加强组织领导，确保"三大工程"顺利实施

（二十）建立多层级组织体系，落实"三大工程"推进工作责任。

武汉农村商业银行要成立由主要负责同志任组长的"三大工程"实施领导小组，负责"三大工程"组织、实施、督办、评估工作。省联社负责指导各县市农合机构推进"三大工程"，应成立由主要负责人牵头负责，各相关业务部门参加的"三大工程"推进工作领导小组，组织制定全省农合机构"三大工程"实施规划，指导开展相关培训和经验交流。农村中小金融机构董（理）事会、经营管理层是落实"三大工程"的核心力量，必须把"三大工程"的核心理念和基本原则融会于心，变"要我做"为"我要做"，提高工作的能动性，重点从战略层面、制度层面、整体层面推进本机构落实"三大工程"，要制定切实可行的实施方案，分解、细化工作任务，把"三大工程"与日常经营管理紧密结合起来，作为一项连续性工作持续安排落实。今年8月底之前，各农村中小金融机构均应编制"三大工程"实施方案，明确本机构工作重点和推进路线图。

（二十一）实行科学考核评价，强化激励约束。

实行"双层双线"考核评价。"双层"即采用"自我考核评价"和"复考复评"双层模式，由武汉农村商业银行和其他农村中小金融机构董（理）事会按照规定的考核评价内容先进行自我考核评价；再由属地监管部门和省联社分别进行复考复评。"双线"即既考核工作组织及进展等定性情况，又考核工作效果指标等定量情况。考核评价结果与高管绩效薪酬、提拔任用和其他荣誉挂钩。各农村中小金融机构要根据湖北银监局"双层双线"考核评价的原则精神，完善激励约束机制，考核评价到分支机构、到业务条线、到岗位人员，把"三大工程"的推进落实情况和员工薪酬结合起来，增强做好工作的持续动力。

（二十二）开展正面宣传，提升农村中小金融机构服务形象。

各级监管部门、省联社、武汉农村商业银行和农村中小金融机构要把实施"三大工程"作为宣传工作的重点。紧密结合"三大工程"阶段性工作推进情况，适时推广先进典型和良好做法，利用当地主要媒体组织深度采访报道，集中组织一批积极正面、有影响力和宣传效应的宣传活动，充分展示农村中小金融机构金融服务形象；要善于发现"三大工程"推进过程中涌现的典型事例和先进人物，总结好的工作方法，在全省学习推广，通过"身边的先进"引导全员积极投身"三农"金融服务，树立良好的精神风貌。

资料来源：湖北银监局 2012 年工作资料。

三、实施"信贷缺口收敛工程"

（一）制度变迁的历史背景

湖北银监局历来重视普惠金融工作，并且进行了大量实践探索，取得了一定成效，但是县域普惠金融仍然存在许多短板，特别是国有大型银行"根"扎得不深，工作的主动性和积极性不高。2014 年中央一号文件和湖北省委一号文件继续聚焦"三农"，明确提出"强化商业金融对'三农'和县域小微企业的服务能力、扩大县域分支机构业务授权、不断提高存贷比和涉农贷款比例"。当时，湖北县域金融的主要问题包括：

1. 机构网点实现全覆盖，但县域市场竞争不足。

2013 年末，湖北省银行机构网点有 9168 个，在乡镇实现全覆盖，已组建新型农村金融机构村镇银行和贷款公司 76 家，县域覆盖率达 80%，在 2.5 万个行政村布设 6.9 万部转账电话，行政村覆盖率已达 100%，但农村市场竞争主体仍明显不足：主要是农业发展银行、农业银行和农合机构，而且农合机构仍是主要的贷款机构，特别是在乡镇，农合机构几乎"一统天下"，反映出农村金融市场竞争严重不足，在很大程度上削弱了银行提升服务功能、下移服务重心、创新服务产品的动力。

2. 县域信贷总量有所增加，但农林牧渔贷款增长乏力。

一些银行机构热衷于"傍大款""垒大户"，对农业、农户信贷服务不足。2013 年末，湖北省县域贷款余额 6233.90 亿元，比 2011 年增加 1794.44 亿元，增幅 40.42%，同期农林牧渔贷款余额稳定在 807 亿元左右，增幅仅为 0.25%。而且，同期农村信贷服务的主体——农村中小金融机构的农户贷款户数由 2011 年末的 959495 户降至 290920 户，降幅 30.32%。在欠发达县域较多的黄冈市，涉农贷款占各项贷款比重由 2010 年的 81.75% 降至 2013 年末的 40.12%，降幅过半，房地产贷款占全部贷款比重则由 2010 年的 2.78% 上升至 2013 年末的 26.08%，占全市银行业房地产贷款的 36.15%。

3. 县域存款持续快速增长，但信贷"麦克米伦缺口"难以收敛。

"十一五"以来湖北省县域存款年均增长 24% 左右，到 2013 年末，全省银行业县域存款达 12869.60 亿元，占全部存款总额的 39.11%，与此同时，受内外部种种因素制约，县域信贷投放渠道不畅，储蓄无法有效转化为投资，资金外流严重，日益形成资源配置的"马太效应"。到 2013 年末，全省县域贷款仅为 6233.90 亿元，占全部贷款总额的 28.46%，全省县域存贷比仅为 48.4%，低于全省平均水平 18.1 个百分点，近 1/3 的县域存贷比低于 35%，2014 年 3 月末全省县域存贷比较年初还下降了 2.2 个百分点。特别是欠发达县域的国有银行，存贷比较全省县域平均水平普遍低 20~38 个百分点，形成资金抽水机效应，加剧了欠发达县域发展失血局面。

【专栏 4-5】

中小企业的"麦克米伦缺口"

一、什么是"麦克米伦缺口"

"麦克米伦缺口"（Macmillan Gap）是指现代中小企业由于普遍存在着金融资源短缺，特别是长期融资由于金融资源供给不足而形成的巨大资金配置缺口。

在一国金融体制中，中小企业融资困难并不是现在、也不是我国独有的问题。其实，早在 70 年前人们对中小企业融资缺口的问题已有所认识。在 20 世纪 30 年代，世界经济危机大爆发时，英国政府为制定摆脱危机的措施，指派以麦克米伦爵士为首的"金融产业委员会"调查英国金融业和工商业。1931 年，该委员会在提交的报告中提出了著名的"麦克米伦缺口"的论断。报告认为，在英国中小企业发展过程中存在着资金缺口，对资金的需求高于金融体系愿意提供的数额。这种融资缺口又称为"信用配给不足"，其定义为"资金的供给方不愿意以中小企业所要求的条件提供资金"。自《麦克米伦报告》之后，世界银行组织的大量有关中小企业发展的调查报告，如 Bolton 报告（1971）、Wilson 委员会报告（1979）和 Aston 商学院报告（1991）等都证实许多国家中小企业普遍存在融资的缺口。

二、欧美国家的"麦克米伦缺口"

上述《麦克米伦报告》指出，在英国金融制度中，中小企业在筹措必需的长期资金时尽管有担保，但仍然存在融资难现象，建议政府采取一系列措施解决中小企业的融资问题，以拯救当前深重的经济危机。此后，人们将金融制度中存在的对中小企业融资壁垒现象称为"麦克米伦缺口"。"麦克米伦缺口"认为中小企业发展过程中存在着资金缺口，即资金的供给方不愿意以中小企业所要求的条件提供资金。后来金融学中的"信息非对称"理论对

"麦克米伦缺口"有过系统的论证。在金融体制中,"麦克米伦缺口"实质上是一种市场失灵,表现为"权益资本融资"和"债务资本融资"双缺口。虽然早在20世纪二三十年代,人们对于金融体系中存在着的中小企业融资壁垒问题就有所认识,西方国家也在着力组建相当数量的中小金融机构,完善了相应的金融体系,用来弥补"麦克米伦缺口",但时至今日,世界范围内的"麦克米伦缺口"依然大量存在,中小企业长期资金供给不足的现象并未得到根本性的改变。以美国为例,美国的中小企业融资结构大体如下:企业主自身储蓄占45%,亲友间融资13%,商业银行及其他金融机构的信贷融资占29%,由政府主导的中小企业管理局提供的直接贷款占1%,证券融资占4%。从这个融资结构中不难看出,美国中小企业的资金供给大部分来自家族成员内部,外源性融资较少。现实的情况是,美国中小企业要想获得银行及其他金融机构的信贷资金,必须比大企业多支付3~6个百分点的成本。即便如此,中小企业从商业信贷中获得的资金每家每年平均起来也不到100美元。相关的资料显示,欧洲其他国家的情况与美国相差无几。这表明,西方国家近年来由于金融业的发达、金融体系的完善,以及对中小企业融资的重视,"麦克米伦缺口"现象有所减弱,但并没有完全消失。"麦克米伦缺口"依然是一个全球性的问题。

三、中国的"麦克米伦缺口"

改革开放以前,在计划经济体制下,没有迹象表明中国存在"麦克米伦缺口"。随着经济体制改革的开展和深入,民营经济阵营不断壮大,"麦克米伦缺口"逐步显现。特别是1990年以来,在东南沿海经济较发达地区,中小企业成长迅猛,"麦克米伦缺口"才愈加明显,主要表现为:一是中小企业融资渠道狭窄,发展主要依靠自身积累,缺乏长期稳定的资金来源和融资渠道;二是商业银行和其他金融机构一般只向中小企业提供流动资金以及固定资产更新资金,绝少提供长期信贷,对创业之初的中小企业更是无人问津;三是亲友间借贷、职工内部集资以及民间借贷等非正规金融在中小企业融资中发挥重要作用,民间信用体系的欠缺致使金融风险无处不在;四是越往下融资渠道越狭窄,县级以下的以中小企业遭遇到的融资困难最为明显。为应对2008年国际金融危机,中央政府采取了一系列刺激经济的措施,其中之一就是加大货币供应量,新增贷款屡创新高,应当说金融市场的资金十分充裕。但绝大部分中小企业的融资困难并没有得到很好的解决,大量资金还是流向了大型企业和大中型项目工程,造成了数以百万计的中小企业嗷嗷待哺、而众多大企业钱花不完的奇特现象,"麦克米伦缺口"十分突出。

四、中国"麦克米伦缺口"的成因分析

造成"麦克米伦缺口"如此突出的原因，可以从如下两个方面加以分析。

一方面，从中国现行的金融体系和金融资源配置来看，中小企业融资困难并非市场选择，而是政府高度控制金融市场的结果。首先，现行金融体系从构建框架上就将中小企业金融服务拒之门外。以四大国有商业银行为主体，其他金融机构为补充的金融架构，自创建之初就严重忽视了中小企业金融服务，虽屡经调整仍难以降低身价为中小企业提供服务。央行公布的调查数据显示，中小企业融资需求在200万元人民币以下，就很难获得四大商业银行的支持。其次，商业银行层次、职能划分不清，造成中小企业金融服务无人问津。金融体制深化改革后，陆续组建城市信用合作社、股份制商业银行、信托公司等金融机构，初衷是不同类型的银行服务不同层次的经济实体，但其中的绝大多数弃中小企业而不顾，直奔国有大中型企业而去。许多商业银行更是追求现代化大银行目标，客观上也阻塞了中小企业的融资通道。最后，过于严厉的金融监管，阻断了金融资源向中小企业的配置。中国金融实行分业监管、高比例存款准备金率、信贷总规模控制、贷款发放标准苛刻，这些政策因素让金融机构与中小企业越来越远。简而言之，具有典型政府主导特征的金融体系，使得"麦克米伦缺口"呈现总体放大趋势，中小企业融资困境难以从这种体系中得到突破。

另一方面，中小企业融资困难，融资成本过高，存在一些技术层面的原因。第一，信息不对称。与相对成熟的大企业相比，中小企业的各项信息不是很透明，这是中小企业在现实环境中保持竞争优势的重要条件。对金融机构而言，中小企业还本付息能力主要由将来的盈利状况和现金流决定，而这些情况必须依靠企业的透明才能获取，在中小企业信息不透明的情况下，金融机构实际上处于信息不对称的弱势方，与其冒险，不如避开，结果就是中小企业融资困难。第二，金融机构的潜在损益不对等。如前所述，中小企业还本付息能力由盈利状况决定，如果企业发展不好，银行可能本利俱损；即使企业发展良好，银行也只能按事先约定的利息收取回报。银行潜在的最大损失可以是全部贷款，最大收益也就是利息。在潜在损益不对等的情况下，银行为中小企业服务的热情从一开始就不可能太高。第三，抵押物缺乏。银行为了弥补上述不对等，信贷时就会要求中小企业提供足够的抵押品。然而，中小企业实物资产少，普遍缺少抵押品，也极少有法人机构愿意为中小企业提供担保。加上担保手续烦琐，信用担保机构又缺乏统一的市场准入管理，致使中小企业融资活动难上加难。第四，金融机构信贷手段单一。为规避信贷风险，金融机构纷纷强化内控制度，但普遍缺乏开展信贷营销的技术手段

和激励机制，只是简单地采取以抵押担保为主的信贷配给手段，不注重培育有发展前景的中小企业，这在一定程度上加重了中小企业的融资困难。凡此种种，叠加构成了"麦克米伦缺口"，阻断了中小企业的融资渠道。

五、治理"麦克米伦缺口"的现实意义

客观地说，"麦克米伦缺口"的中国式治理，还略为粗糙，因而目前谈论其长远意义还为时尚早。但不可否认的是，治理已经初见成效，中国的"麦克米伦缺口"缩减明显。从这一点上来说，中国式治理的现实意义不容低估。

第一，"麦克米伦缺口"的中国式治理加速了中小企业的成长，促进了宏观经济的发展。全国 6000 万左右的中小企业贡献了 60% 以上的 GDP，提供了 75% 左右的就业机会，并且创造了 50% 左右的出口收入和财政税收。中小企业的宏观经济效益毋庸置疑，健康高速的经济增长，离不开中小企业的快速发展。一直以来，具备宏观经济效益的中小企业却在信贷市场处于相对劣势地位，中小企业所获信贷资金仅占银行贷款总量的 32%，与其经济贡献率相差甚远。"麦克米伦缺口"的中国式治理在初步解决了中小企业融资难题的同时，也为最终解决宏观经济效益和微观金融成本的冲突指明了方向。

第二，"麦克米伦缺口"的中国式治理有效地消除了"地下金融"的隐患。"地下金融"在中国尤其是江浙一带由来已久。非法集资、地下钱庄、"抬会""钱背"等，依赖非市场的社会关系，缺乏规范信贷合同，逃避金融监管部门督查，毫无引导和疏通机制，不但极易酿成金融灾难，还会引发社会风险。"麦克米伦缺口"的中国式治理，使得相当一部分地下金融交易转变为规范的存贷款业务，有效地排挤了非正规金融活动的运行，便利了社会信用总量的合理控制，有利于金融秩序和金融市场的规范，化解了政府对"地下金融"的担忧。近年来，"地下金融"总体呈下降趋势，私人钱庄基本消失，大规模"抬会"活动失去市场，这与民营商业银行吸纳了大量民间资金、中小企业融资得到银行有力支持是相呼应的。

第三，"麦克米伦缺口"的中国式治理迈出了中国金融业挑战世界性难题的步伐。"麦克米伦缺口"一直是世界性难题。从其被提出直至今天，全球范围内的众多金融机构都在为破解这一难题而不遗余力。当今世界无论是发达国家还是发展中国家，都有专门为中小企业服务的中小银行和金融机构。美国目前有 9000 多家地区性中小银行，连同由政府主导的中小企业局，以及互助储蓄银行、储蓄贷款协会、金融公司等民间金融机构，为中小企业提供金融服务。日本设有信贷协会、信用组合、互助银行、劳动银行等专门机构为中小企业提供信贷，在日本农村，还有由政府支持、具有合作社性质的农协金融信用补金制度、农业共济保险制度等。在孟加拉国、印度、尼泊尔、菲

律宾、印度尼西亚、泰国等发展中国家，都有众多农村小额信贷银行。被称为"穷人的银行家"的孟加拉国人尤努斯，1983 年创立了格莱珉银行，专注于向最穷苦的孟加拉国人提供小额贷款，获得巨大成功，并因此荣获 2006 年诺贝尔和平奖。"麦克米伦缺口"的中国式治理意味着中国金融业正式跨入了小金融服务行列，向世界性难题发起了挑战。

资料来源：MBA 智库百科——麦克米伦缺口，http：//wiki. mbalib. com/wiki/麦克米伦缺口。

（二）主要制度安排

在实施"信贷缺口收敛工程"中，湖北银监局坚持三项原则：一是普惠金融原则，以建立为社会所有阶层和群体提供有效服务的金融体系为目标，重点面向"三农"、小微企业和城乡中低收入居民，让他们能够平等、体面、有尊严地享受各项金融服务，特别是信贷服务。二是问题导向原则。深入分析欠发达县域金融服务，特别是信贷服务不足、存贷比偏低的各种原因，有针对性地提出解决措施。三是商业可持续原则。坚持市场化运作与政策扶持引导相结合，加强产品与服务的成本核算，实行保本微利，严格落实信贷管理制度和风险防范措施，严守风险底线，保证业务开展的商业可持续性。

具体来说，包括四个方面的内容：

1. 向下延伸机构。县域银行机构是做实金融服务的载体和平台，只有推动银行机构网点不断延伸，才能促进县域经济金融深度融合。各国有银行要优化农村地区网点布局，稳定现有县域网点，拓展乡镇服务网络，适度提高农村地区网点覆盖水平。要根据自身业务结构和特点，建立适应"三农"的专门机构和运营机制，创新推广专业支行和信贷工厂等服务模式。

2. 向下倾斜政策。各国有银行要开展基层信贷管理机制创新，改变县域信贷管得过死、考核过严的弊病，按照"金额可大可小、利率可高可低、期限可长可短、押品可有可无"的原则，将全新的"三农"和小微信贷文化融入到机制构建和流程再造中，打破等客上门、非押不贷、审批程序繁冗等的束缚，切实做到"三个进一步"：进一步下放信贷权限，适当扩大授信额度，与农业产业化生产和工业集群发展的规模相适应；进一步简化业务流程，对县域和"三农"开辟信贷绿色通道，实现贷款快受理、快审查、快投放；进一步改进不良贷款考核机制，根据"大数定律"，允许出现一定的不良贷款，给予一定容忍度，鼓励信贷人员积极发展新客户、增加新贷款。

3. 创新服务模式。各国有银行要创新金融产品和服务模式，积极探索土地承包权、宅基地使用权、林权、应收账款、仓单、存单等抵质押贷款，推行小企业联保、农户联保互保、农村专业合作组织担保等多种增信方式，增强信贷服务能力。近年来，湖北银监局推动农村中小金融机构探索开发了"双基双赢合作贷款"模式，充分利用基层党组织的信息优势、资源优势和组织优势，全程参与基层信贷机构贷款调查及贷后管理，推动其向农户及农村企业发放综合性贷款，从而有效解决"三农"信贷中抵押担保物缺乏和信息不对称等问题，缓解农村资金供给不足矛盾，促进县域和"三农"信贷投放，取得了良好效果，各国有银行可以借鉴参考。

4. 做大供给总量。县域发展首先需要与之相适应的金融总量支撑，需要保持信贷总量与经济总量均衡增长。近年来县域存贷比一直低于全省平均水平近 20 个百分点左右，说明促进县域储蓄向贷款转换还有很多工作要做。各国有银行在保持合理信贷投放总量的前提下，要继续坚持有扶有控、有保有压原则，积极调整信贷结构，将信贷资源向"三农"倾斜，突出加大对现代农业的金融支持，增强农村金融服务的针对性和有效性，持续加大对"三农"的信贷支持力度，力争实现欠发达县域贷款增速不低于贷款平均增速、增量不低于上年，全省县域存贷比每年提高 2~3 个百分点的目标。

（三）制度绩效

截至 2014 年末，全省 25 个欠发达县域国有银行贷款余额 568.57 亿元，比年初增加 144.69 亿元，增幅达 34.14%，比全省银行业县域贷款平均增幅高 18.56 个百分点，比全省国有银行贷款平均增幅高 20.95 个百分点。2014 年末，全省 25 个欠发达县域国有银行总体存贷比为 28.49%，较年初提高 4.72 个百分点，比全省银行业存贷比平均增幅高 1.92 个百分点，比全省国有银行存贷比平均增幅高 1.90 个百分点，比全省银行业县域存贷比平均增幅高 1.98 个百分点，扭转了部分支行长期存在的存贷比偏低、不提高甚至负增长的局面。具体来说，四大行皆有上升，其中工商银行和建设银行提高超过 5 个百分点；25 个县域国有银行存贷比都有所提高，其中有 3 个县存贷比提高超过 10 个百分点；92 家国有银行支行中，79 家支行实现达标，达标率为 85.87%。

第三节　湖北普惠金融发展的中级阶段

信息不对称是金融工作的主要障碍，农村金融的这一问题更为突出，同时这也启发提升农村金融最重要的突破口就是解决这一症结。目前我国农村仍处于"熟人社会"，普遍建立了较为完善的"两委"制度（村支部和村委会），以"两委"为核心的基层党组织对农村工作熟悉，对农民了解深入，并且承担带领村民创业致富的职责，也希望得到金融部门的关注和支持，基层金融单位和基层党组织具有共同需求，为此，2013 年初湖北银监局设计了"双基双赢"合作贷款模式，搭建平台、建立机制，让两者"同台共舞"，开辟农村金融的一片新天地。

一、制度变迁的历史背景

2010 年以来，湖北新型城镇化和农业产业化纵深发展，基层群众对扩大生产、改善生活、自主创业等方面的金融需求与日俱增。然而，群众在寻求金融支持时还横亘着"三大难题"：

一是信心维系难。农业"靠天吃饭"，自然风险和市场风险较高，而风险分散和补偿机制的缺失，导致县域和"三农"贷款难以实现商业可持续。例如，湖北省县域 76 家担保公司资本金合计只有 22.6 亿元，开展大规模担保业务实在力不从心。因此，涉农银行机构普遍存在着惧贷、惜贷心理，对县域和"三农"金融服务信心不足、积极性不高。

二是信息获取难。县域和"三农"贷款难，表面上是缺钱，实际上更多的是缺信息。基层群众对信贷产品和现代服务方式不甚了解，银行业机构由于网点撤并和上收，变得"高高在上"、不接地气，信息不对称就像一道无形的鸿沟，阻碍了基层金融主体对接。

三是信用评定难。银行信贷准入过于强调信用评级，如部分银行要求县域企业信用等级必须在 A 级（含）以上，而现实中农户和小微企业很难达到这些硬性"门槛"，以宅基地、土地经营承包权和林权等作为抵押又面临政策"瓶颈"。

2013 年 4 月 19 日，中央提出在全国党员中开展群众路线教育实践活动。要求全体党员干部牢记全心全意为人民服务的根本宗旨，教育引导党员干部牢固树立宗旨意识和马克思主义群众观点，切实改进工作作风，赢得人民群众信任和拥护，夯实党的执政基础。要着重提高做好新形势下群众工作的能力，保持党同人民群众的血肉联系，发挥党密切联系群众的优势，为推动经济持续健康发展、全面建成小康社会、实现中华民族伟大复兴的中国梦提供坚强保证。

"双基双赢"合作贷款模式正是在这一历史背景中应运而生的。

二、主要制度安排

对于破解基层金融服务的"难题"，湖北银监局在深入开展群众路线教育实践活动中找到了"灵感"：基层信贷机构有资金、技术和管理优势，而基层党组织有信息、资源和组织优势，如果能把两者有机结合、优势互补，以上问题也将迎刃而解。为此，湖北银监局制定了开发"双基双赢合作贷款"的指导意见，明确了基本原则、合作模式和保障机制，为实施"双基"合作拟定了清晰的路线图。

基层党组织是党在农村地区的政权机构，通过与基层信贷机构深度合作，发挥基层党组织的经济、金融管理职能和"领头雁"作用，将其职能嵌入基层信贷过程当中，探索解决农村金融服务信息不对称矛盾，建立支农服务新模式；充分挖掘农村信贷需求，拓展支农服务新市场；有力防范农村信贷风险，保障支农服务新成果；积极建设农村信用文化，营造支农服务新环境；继续巩固农村基层政权，稳定支农服务新局面。让基层党组织充当基层信贷机构的"信息员"，甚至是"准信贷员"，通过"信息共享、合力支农"，积极推广"双基双赢合作贷款"，使农村金融服务重心下沉到村组，以此破解农村金融服务难题，促进金融资源配置城乡均衡化，提升农村金融服务水平。

1. 因地制宜原则。基层党组织与基层信贷机构合作时要从实际出发，充分考虑地情、民情，针对不同地区的发展水平、资金需求和信用状况，探索高效、便捷、可持续的合作模式。

2. 市场导向原则。支农服务要遵循广覆盖、普惠制的市场化导向，基层信贷机构既要听取基层党组织的意见和建议，又要坚持商业化原则，自主审查和发放贷款。

3. 优先安排原则。对稳定发展农业生产、强化现代农业物质技术装备、提高农产品流通效率以及支持新型农业生产经营组织等方面的信贷需求要优先安排信贷资金。

4. 有偿服务原则。基层信贷组织应根据"三农"信贷业务量，按照一定比例提取营销费用，用于支付基层党组织提供相关业务信息的成本。

5. 务实创新原则。针对不同地区、不同行业、不同主体间融资需求差异，利用农村土地确权颁证的契机，探索扩大农户及涉农经济组织可用于担保的财产范围，积极创新操作性强、交易成本低、易于被当地农户及涉农经济组织接受的支农信贷产品和服务。

6. 风险可控原则。基层信贷机构应审慎处理支农便捷服务与风险防控的关系，严格落实信贷管理制度和风险防控措施，加强信贷人员的业务培训和行为管理，严守风险底线。

"双基双赢合作贷款"产品是指农村基层党组织全程参与基层信贷机构贷款调查及贷后管理，由基层信贷机构向农户及涉农经济组织发放的综合性贷款。

（一）产品贷款对象和用途

1. 贷款对象。"双基双赢合作贷款"产品的服务对象主要是农户及涉农经济组织，其中，涉农经济组织主要包括家庭农场、农民专业合作社、农村企业等符合银行准入要求的涉农经营主体。

2. 贷款用途。资金用途主要限于农村生产经营贷款、农户个人贷款。

（1）农村生产经营贷款是指农村基层信贷机构与基层党组织合作发放给农户、种养大户、家庭农场、农民专业合作社、农村企业等用于生产经营活动的贷款，包括农、林、牧、渔业生产经营贷款和其他生产经营贷款。

（2）农户个人贷款是指农村基层信贷机构与基层党组织合作发放给农户用于自身及家庭生活消费、大宗耐用品消费以及住房、医疗、子女教育等方面的贷款。

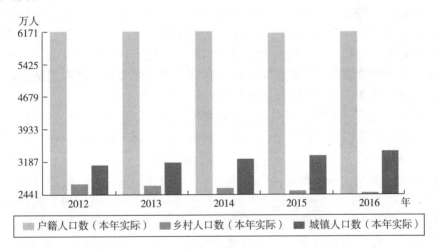

资料来源：湖北省统计局网站，www.stats-hb.gov.cn。

图 4-5　湖北省户籍人口变化情况

（二）产品的操作办法

该项贷款按照签订协议→建立村级信贷服务工作室→普查筛选→行政增信→调查授信→贷款审批→贷后管理的程序进行操作。

1. 签订协议。农村基层党组织与基层信贷机构签订共同合作做好信贷支农工作的框架协议，明确双方职责和义务，并相互监督履行支农职责。

2. 建立村级信贷服务工作室。根据各农村中小金融机构网点设置情况，按网点数量比例，由基层信贷机构与基层党组织依据联合信贷支农协议，共同建立村级信贷服务工作室，实行联合办公。各农村中小金融机构从年度预算中增加经费给基层信贷机构使用，主要作为基层党组织工作人员劳务费用和工作室日常经费。基层党组织与基层信贷机构共同研究辖区信贷投放和组织资金情况，现场向广大农民提供信贷政策咨询等服务，办理相关信贷发放手续。在村级信贷工作室中设立信贷服务公示墙和举报信箱，全面公开贷款种类、对象、条件和程序，将信贷人员姓名、照片、联系方式、工作职责和服务范围上墙，通过实行信贷过程公开化，提高信贷业务透明度，广泛宣传"三农"信贷优惠政策，特别是减费让利的优惠对象、优惠额度、申请条件和办理方式等，打造公开透明支农绿色通道，让金融服务"贴近基层、贴近农村、贴近农民"。

3. 普查筛选。基层党组织向基层信贷机构提供辖区内每年经济发展总体规划和贷款资金需求总体情况，介绍借款经济组织及农户。基层党组织应鼓励农户兴办多元化、多类型合作社，发挥农民专业合作社引领带动能力和市场竞争能力，基层信贷组织要把农民专业合作社纳入客户信用评定范围，与其他涉农客户主体同等对待，可以探索实行联合评定示范社机制，把示范社作为扶持重点。基层信贷机构制定辖区当年贷款投放计划；建立辖区农户及涉农经济组织贷款需求档案；对辖区内有贷款需求的农户及涉农经济组织基本情况进行普查，筛选出符合贷款条件的农户及涉农经济组织。

4. 行政增信。基层党组织利用行政资源优势，负责组织辖区内的农户及涉农经济组织交纳贷款联保基金，建立贷款担保机构，或者组织农户联保小组，为辖区内的农户及涉农经济组织提供贷款担保。

5. 调查授信。基层信贷机构在基层党组织的协助配合下，受理借款人贷款申请后，应履行尽职调查职责，对贷款申请内容和相关情况的真实性、准确性、完整性进行调查核实，对信用状况、风险、收益进行评价，形成调查评价意见。贷前调查应深入了解借款户收支、经营与信用情况，实地调查，与借款人及其家庭成员进行面谈，做好面谈记录。借助基层党组织的地缘优势、组织优势，准确了解借款人情况及经营风险，建立完善信用等级及授信额度动态评定制度，对借款人进行信用等级评定，并结合贷款项目风险情况初步确定授信额度、授信期限及贷款利率等。

6. 贷款审批。基层信贷机构按规定审贷程序对贷款进行审查审批，并将审查审批情况通报基层党组织，征求其意见，及时向农户及涉农经济组织发放贷款。对于金融信用环境较好、基层党组织可靠的地区，可探索基层党组织参与信贷审批试点，可考虑每年给予基层党组织一定的授信额度，让其推荐借款客户、参与贷款审批，以增加基层党组织在信贷审批发放中的话语权，充分调动其积极性，但对基层信贷机构审批否决的贷款，基层党组织不得要求放贷。对基层信贷组织审批通过的贷款，基层党组织若有不同意见，可以建议不予放贷。

7. 贷后管理。贷款发放后，基层党组织要组织人员经常深入所辖借款农户及涉农经济组织，了解和掌握其生产经营和贷款使用情况，协助对贷款资金进行监督，督促借款客户按期归还贷款本息。同时，基层党组织应协助做好信贷退出客户的政策宣传和解释工作。对于逾期贷款，基层党组织要充分利用行政优势进行催收，采取措施帮助保全信贷资产安全。

（三）保障措施

1. 组织保障机制。建立各级监管部门成立推广"双基双赢合作贷款"产品工作领导小组和办公室，负责组织领导、产品推广、协调服务和督促检查；相关农村中小金融机构成立领导小组和工作专班，分级向当地党委和政府汇报，积极争取当地党委和政府的支持，同时，负责"双基双赢合作贷款"产品的具体宣传推广工作，引导基层信贷机构与基层党组织深入合作开展信贷支农业务，强化业务指导、风险管控和监督检查。

2. 信息沟通机制。推动基层信贷机构与基层党组织合作建立双向畅通的信息沟通机制。基层信贷机构和基层党组织通过村级信贷服务工作室联合办公，实时互通信贷供需双方信息，使信贷资金供给与借款农户及涉农经济组织的生产经营资金需求有效对接。使违约信息通报常态化，规范农村金融市场秩序，促进良好信用文化的建立。基层信贷机构在基层党组织行政优势的协助下，通过组织会议、张榜公布、媒体通告等多种形式对辖区内的信贷违约的客户信息进行通报；对通报后仍然不归还贷款的客户，基层党组织协助基层信贷机构充分运用行政、法律等手段进行强制清收。各农村中小金融机构要及时向基层党组织宣传国家经济、金融政策，加强对基层党组织和基层信贷机构合作工作的指导；基层党组织和基层信贷机构要定期向上级党委政府、上级行（社）汇报工作进展、工作成效，特别是在推进过程中遇到的工作困难和意见、建议等，加强推进工作的横向交流和纵向指导。

3. 风险防控机制。在基层党组织的协助配合下，基层信贷机构可以建立"双基双赢合作贷款"产品风险预警系统，实时跟踪分析评估借款人履行借款合同约定内容的情况以及抵质押担保情况，及时发现借款人、担保人的潜在风险并发出预警风险提示。通过设立举报信箱等借款人保护制度，将信贷资金及时、全额发放到农户及涉农经济组织手中，不违背借款人意愿安排贷款，不附加任何贷款条件，切实维护借款人合法权益，防范各类道德风险。基层党组织应对所提供的农企、农民专业合作社、家庭农场、种养大户、农户等相关融资信息的真实性、准确性、时效性负责，将"双基双赢合作贷款"质量、贷款清收成效纳入信用乡镇评定范畴。对"双基双赢合作贷款"不良余额或不良笔数超过5%的行政村，基层信贷机构有权对该村"双基双赢合作贷款"进行叫停，直到不良率和不良笔数降到5%以内为止。在风险补偿方面，基层党组织一方面可以组织辖内的有关部门、企事业单位及农户共同出资建立"三农"信贷融资担保基金，为辖内的支农贷款提供担保，当贷款出现风险损失时，由担保基金进行补偿；另一方面，依托基层党组织，基层信贷机构可以积极与保险公司合作，引导贷款农户及涉农经济组织进行投保，当贷款出现风险损失时，用保险理赔资金先行补偿。

4. 激励考核机制。在全省建立推进"双基双赢合作贷款"产品的多条线考核机制。各农村中小金融机构要针对基层信贷机构制定专门的业绩考核和奖惩机制，省联社负责对基层农合机构的考核，新型农村金融机构由属地监管部门负责考核，其分支机构由法人负责考核。各农村中小金融机构对营销"双基双赢合作贷款"产品的分支机构及信贷人员实行正向激励，提取一定比例净收益奖励一线业务人员，并将"双基双赢合作贷款"产品推广情况纳入对分支机构的考核范围，考核指标包括新增存款、"双基双赢合作贷款"产品的贷款金额占存款比例、新增和存量授信户数、笔数和金额、贷款回收率、管理水平等。各农村中小金融机构对协助信贷管理的基层党组织工作人员每年按贷款发放、收回情况，在发放劳务费用的基础上给予一定比例的资金奖励。监管部门要将"双基双赢合作贷款"产品的推广纳入对各农村中小金融机构支农服务评价、监管评级和高管人员履职考核的重要内容。

5. 人员培训机制。各农村中小金融机构一方面要加强对信贷人员的金融知识、农业技术及政策等方面业务培训，促进一线信贷人员知识结构升级和业务能力提升；另一方面要积极牵头做好基层党组织人员的金融知识培训，定期组织基层党组织工作人员学习农村金融政策法规、金融基本知识、银行业风险管控制度等，使其了解掌握国家金融方针政策和银行基本业务，增强协助做好"三农"信贷业务的能力。此外，基层信贷机构与基层党组织要共同担负起农村金融知识的普及责任，定期组织由农户及涉农经济组织参加的金融知识、国家方针政策等培训，送金融知识及金融产品下乡，使广大"三农"客户群了解、掌握并运用金融知识和金融产品，促进企业经营稳健发展和农民生产生活水平的提高。有条件的地区、基层信贷机构与基层党组织要充分利用各类培训资源，加大专业大户、家庭农场经营者培训力度，提高他们的生产技能和经营管理水平，降低信贷风险。

三、制度绩效

2013年至2014年，湖北银监局推动全省1700家基层涉农银行机构稳妥试点"双基双赢"合作贷款，经过一年多时间，就取得明显成效，表现为"六大提升"。

（一）农村金融服务理念不断提升

"双基双赢"合作贷款模式最大的特点就是能集合基层党组织资源和优势，有效撮合农村各类信贷供需信息，解决交易各方的信息不对称问题，降低金融交易成本。在该模式下，各银行机构不再单纯以有没有土地、房地产、机器设备等抵押担保物作为信贷准入标准，而是将"金额可大可小、利率可高可低、期限可长可短、押品可有可无"三农信贷文化真正融入到了信贷管理中。"双基双赢"充分利用各种"软信息"，借助基层党员干部人熟、地熟、情况熟的优势采集各类信息，如黄石市部分试点地区，由村支部参与贷前调查和实施"星级文明户"评选，对被评为"十星文明户"的农户可直接发放信用贷款10万元，并在确保授信调查信息全面真实的基础上，简化"星级"信用户的授信程序。

（二）农村金融服务覆盖质效不断提升

截至2014年初，"双基双赢"合作贷款覆盖乡镇网点1617家，城区网点567家，拉动了"三农"和小微客户信贷投放，全省涉农银行机构"双基双赢"合作贷款授信超过40亿元，贷款余额35.24亿元，累计支持"三农"客户86216户，小微客户53248户。农户单笔贷款从受理到发放平均缩短了20个工作日，基本上足不出村就能够得到贷款支持，享受金融服务。如松滋市大河北村养殖户余某，承包了40亩鱼塘，每年鱼塘需投入15万元，有资金缺口5万元，由于该村地处偏远山区，信息闭塞，找不到门路贷款，所需资金均通过民间借贷解决。信贷工作室成立后，在村支部积极推荐下，他成为了第一批贷款户，很快得到了松滋农村商业银行信贷支持。试点村村民普遍反映，贷款找支部再也不跑冤枉路。

（三）农村金融产品与服务种类不断提升

以"双基双赢"合作贷款为基础，各地已形成和涌现出一批特色鲜明、针对性强、效果良好的农村金融服务产品，开发出"权易贷""镇带村贷款""家庭农场贷""路福通联保贷款"等20余种创新性信贷产品，多点开花的良好局面已经形成。结合农村改革契机，在基层党组织的支持下，各试点地区还不断盘活农村财产。如宜城市刘猴村的苗木大户付某，经村党组织推荐，当地联社调查，为该户量身定做了林权抵押贷款，一次性发放近百万元贷款扩大种植规模，扩种了香樟等名贵树种，预计产值近千万元。红安县采取"村党支部担保基金"放大1~5倍的方式，在不需任何抵押物的情况下，成功向蔬菜种植专业户王某发放首笔"双基双赢"合作贷款50万元，支持其承租流转土地百余亩，用于扩大蔬菜种植规模，率先实现了拥有家庭农场的梦想。

（四）农村金融风险防控实效不断提升

驻村信贷员利用与基层党员干部联合办公的契机，与基层"三农"群众加强联系，能掌握更多客户软信息，深入了解客户情况，建立了稳固的客户关系，夯实了涉农银行在农村市场上的经营管理和人脉基础，"三农"客户的忠诚度不断提升。在试点中，村干部主要做好"三监督"，即监督信贷员在提供金融服务时是否有吃拿卡要现象，监督贷款是否按规定用途使用，监督借款人是否及时还本付息并随时通报重大信息。在一定程度上，村干部的"三监督"有效防控了贷款的道德风险、操作风险及信用风险，为农村金融风险防控多筑了一道防线，提升了农村金融风险管控水平。

（五）基层党员干部和信贷员在群众中的威信不断提升

"双基双赢"合作贷款模式下，双方互派干部扎根村组联合办公，信贷员逐渐成为与农民联系最密切的群体之一，成为村级社会管理中重要一员，银行营销模式从"等客上门"逐步转变为"主动出击"，深入一线，走家串户，广泛接触和联系基层群众，为群众"雪中送炭"。如大冶泰隆村镇银行保安支行信贷员在先锋村建立工作室，主动向全村宣传极具特色的泰隆一本通、易农贷、生意贷等产品，帮助98户村民开户，并谈成了多笔贷款。通过"双基双赢"合作贷款模式，基层党员干部有了更多"用武之地"，他们参与贷款管理，提供农民资金需求信息，增加了为农民说话、办事、分忧的机会，让农民在金融助力下"发家致富"得实惠，有效提高了凝聚力和影响力，巩固了党的基层政权。

（六）农村金融知识普及程度不断提升

基层信贷机构选派信贷人员到试点村担任支书助理或村主任助理，当好"三员"，即宣传员、推销员和服务员，信贷人员服务基层群众的时间增多了，金融知识进村入户的深度和广度更大了。驻村信贷员定期为村民讲解金融新知识，并组织基层党组织工作人员学习金融政策法规，增强协助做好"三农"信贷业务的能力，共同担负起普及农村金融知识的义务。

【专栏 4-6】

银行机构"双基双赢"的典型做法

湖北省联社：一是搭建合作平台，推动业务开展。各行社与当地县委组织部联合发文，加强组织推动；基层行社与试点村签订协议，明确了双方的职责和义务；在试点村设立信贷工作室，与村党支部联合办公，打造普惠金融示范点。二是建立合作机制，提高服务效率。基层行社和村支部共同成立"双基双赢"合作贷款专营小组，深入田间地头开展金融宣传、业务咨询和信贷调查。在贷款保持独立审批权的情况下，积极参考基层党组织意见，提高办贷效率，平均一笔贷款审批时间缩短 2～3 个工作日，效率提高 50%。三是创新服务方式，加大扶持力度。为解决农村经营大户贷款需求问题，推行联保、基金担保等联合增信方式，先后推出了"行业协会＋农户""村委会＋农户""合作社＋农户""政府＋保险＋农户"等服务模式。四是实行共同管理，切实防控风险。贷款运行期间，村支部和基层行社每月对农户生产经营情况进行碰头，共同管理。贷款到期后，村支部协助清收。对清收效果好、贡献大的村支部，市县行社给予一定激励。探索了双基双赢合作贷款新模式。截至 2014 年第一季度，全省农合机构已与 3033 个基层党组织合作，授信"双基双赢"合作贷款 18.06 亿元，累计发放 9.46 亿元，支持了农户7020 户。

武汉农村商业银行：按照"选好一个试点、签订一份实用的合作协议书、建立一个有影响力的双基普惠合作服务工作站、聘任一位合作金融联络员"的标准流程，自上而下推进基层信贷机构与村组、社区、园区等基层党组织的全面合作，充分发挥合作对象"信息员""宣传员""营销员""准信贷员""清收员"的"五员作用"，充实服务力量、畅通信息渠道。截至 2014 年第一季度，该行已在 18 个合作区域建立起了"双基普惠联合金融服务工作站"，通过将助农取款便民服务点、金融知识宣传点、联合金融办公点"三点合一站"，行便民结算之实，扩信用建设之效，推联合办公之策，实现基层服务效能快步提升。现已完成合作区域 2 万户农户及百余户企业的逐户建档、11 个村组的逃废债信息核实公示工作，并通过联合调查的方式，为 63 户企业和个人发放"双基合作"贷款 11891 万元，推进了金融服务"进村塆、入社区"，营造了"穷也贷，富也贷，不讲信用不能贷"的诚信金融环境。

大冶泰隆村镇银行：推出三种市场定位模式，即以城区支行为代表的，服务居民和下岗职工的社区模式；以乡镇支行为代表的，服务种植业、养殖业以及农业专业合作社的村居模式；以支持城乡结合部失地农民工和个体工商户为主要服务对象的城乡结合部模式。目前，该行累计发放"双基双赢"合作贷款 583 笔，金额 1.01 亿元。浙江泰隆银行还专门研究湖北银监局"双基双赢"合作贷款做法，借鉴该模式支持小微企业和"三农"。

资料来源：湖北银监局 2014 年调研报告。

【专栏 4 -7】

"双基双赢"十个结合工作法

　　为进一步发展普惠金融,根据湖北银监局统一部署,襄阳银监分局创新"双基双赢"十结合工作法,推进"双基双赢"工作在基层落地生根,取得显著成效。截至 2014 年 9 月末,辖内 23 家银行设立了 259 个信贷工作室,发放贷款 191522 万元,支持"三农"及小微企业 6464 户,有效地缓解了"三农"和小微企业贷款难问题。

　　一是与群众路线教育实践活动相结合。襄阳银监分局结合党的群众路线教育实践活动,引导辖内银行将村级信贷工作室打造成为农村基层党组织、基层信贷机构密切联系群众的服务窗口。邮储银行南漳支行党委坚持"为农、惠农"服务,与王家坡、雷家巷等村委会签订合作协议,举办金融知识培训班,向农户讲授贷款操作流程,建立规模养殖户档案 209 户,组建联保小组 34 个,发放"双基双赢"合作贷款 103 笔,金额 710 万元,帮助当地农民发家致富。

　　二是与"三诚信"创建工程相结合。襄阳市政府与辖内银行开展"三农"贷款诚信乡镇、诚信村、诚信户创建活动,按照政府领导、部门配合、银行主抓、农户配合的协作机制,有组织推进创建活动,较好地改善了农村信用生态环境,营造了良好的信贷投放环境。市金融生态办已连续两年发文表彰市、县两级诚信乡镇 86 个、诚信村 456 个、诚信户 3500 户。农业银行襄阳市分行选择 49 个信用村建立信贷工作室,发放贷款 36429 万元,到期贷款现金收回率达 99.9%。

　　三是与金融服务进村入社区相结合。襄阳银监分局引导辖内银行立足乡村和城市社区,在村级建立信贷工作室 155 个,在社区建立信贷工作室 71 个,通过丰富服务功能,扩大金融服务覆盖面,满足居民金融服务需求。如宜城联社结合"双基双赢"工作,开展农村客户经理"进村入社区",城区客户经理"进街入市场"活动,发送服务联系卡,建立农户、经营大户、小微企业明细台账,建立信贷工作室 13 个,发放"双基双赢"合作贷款 8130 万元,支持了新型经营主体发展。

　　四是与"阳光信贷"相结合。各银行结合"双基双赢"工作,公开贷款种类、条件、定价、授信、流程和优惠政策,以及信贷人员、联系方式、服务承诺、执业守则和监督方式等,设立信贷服务公示栏,基层党组织派驻银行 32 人担任阳光信贷监督员。如枣阳中银富登村镇银行对 23 户农户累计发放"双基双赢"合作贷款 836.58 万元,该行贷款审批时间仅需 2 天,除利息之外，不收农户任何费用，节约成本返利于民，让农民足不出村就能享受实实在在的普惠金融服务。

五是与金融产品创新相结合。各银行根据"三农"和小微企业特点，积极创新低成本、可复制、易推广，量体裁衣式的产品和服务方式，推广农户贷款"一站式"服务和自助循环贷款业务，创新了"快易贷""欣农贷"、家庭农场"小巴士"快速贷等71个信贷产品，满足了"三农"和小微企业信贷需求。如老河口中银富登村镇银行与33个村委会建立"双基双赢"合作，共贷款45笔、金额500余万元。该行接受村委会认可的集体土地上厂房、自建房、机器设备和林权及农民宅基地上房产抵押，与客户、村委会共同签署准抵押三方协议，让农户资产转换为可供使用的资金。

六是与送金融知识下乡相结合。各银行结合"金融知识进万家"等活动，广泛开展"送资金、送信息、送金融知识"服务，依托"双基双赢"信贷工作室，以图书阅览室或宣传展示栏等形式，建立金融知识固定宣传点，满足消费者学习掌握金融知识的多样化需求。如枣阳中银富登村镇银行制作了30多幅墙体广告、印制了6000余份金融知识宣传资料，利用条幅、标语、墙报、电视字幕等介绍"双基双赢"合作贷款条件、流程，通过举办推介会、宣传讲座等宣传活动，让相关金融知识和政策进村入户。

七是与转账电话村村通相结合。各基层银行网点在信贷工作室安装转账电话，方便居民查询账户、小额取现、办理转账支付等业务，将基础金融服务向行政村进一步扩展，改善农村支付环境，提高了经济薄弱地区金融服务水平。截至8月底，三家主要涉农银行共布放转账电话6953部（台），覆盖全市2415个行政村，实现了行政村全覆盖。农业银行襄阳市分行推出了"转账电话＋信贷工作室"等多种服务；枣阳农村商业银行吴店支行在五口村设立转账电话，已办理业务200多笔，其中现金业务70多万元，便利农民就近办理小额现金存取、转账、查询等业务。

八是与政府职能部门相结合。各银行在乡村，与村委会合作，服务农户和新型农村经济体。在城市社区，与社区居委会合作，服务城镇居民和小微企业。与县（市）政务中心、农业局等部门合作，服务农业、小微企业。如宜城国开村镇银行与宜城市工商局及家庭农场协会签订合作协议，由工商局和家庭农场协会联合向该行推荐家庭农场客户，经该行贷前调查和审议后给予信贷支持，目前已累计为62户家庭农场发放"双基双赢"贷款近2000万元，创造农村就业岗位近200个。

九是与风险补偿机制建设相结合。为鼓励银行加大对涉农贷款投放及产品创新，襄阳市、县两级政府财政按1:2的出资比例设立风险补偿基金，即市级财政出资900万元，等额拨付到9个县（市、区），形成总额不低于2700万元的风险补偿基金。风险补偿基金分别在相关县市区涉农银行开立专户，实行封闭运行、动态管理、专款专用，并将"双基双赢"贷款损失列入风险补偿范围，对已确认的贷款损失，政府和银行各自承担贷款损失的50%，调动银行开展"双基双赢"工作的积极性。

十是与县域信贷缺口收敛工程相结合。襄阳银监分局结合"双基双赢"工作，引导辖内银行开展县域信贷缺口收敛工程。如建设银行谷城支行为全省25个县域信贷缺口较大的支行，该行结合"双基双赢"工作，与谷城县便民行政服务中心签订合作协议，发放"双基双赢"合作贷款13680万元，加强"三农"和小微企业服务，存贷比由年初的56.8%提升到70.1%。谷城中银富登村镇银行在魏家山村设立"双基双赢"合作贷款示范点，累计支持蛋鸡养殖户17户，贷款280万元，到期收回率达到98%以上，存贷比达到106%。

资料来源：湖北银监局2014年调研报告。

【专栏4-8】

"双基双赢"合作贷款模式标准化建设的20个基本标准

1. 墙体广告（户外宣传标语）（"推进'双基双赢'合作贷款，助推县域经济跨越发展"和"发展普惠金融，服务城乡居民"宣传标语）。

2. "双基双赢"户外宣传墙（包括但不仅限于"双基双赢"内容、意义等）。

3. 金融知识宣传（包括但不仅限于非法集资、民间借贷、基本金融知识等）。

4. 开展农户授信、评信的公示。

5. "双基双赢"合作贷款发放情况一览表。

6. 信贷工作室专门办公室及必要办公设备。

7. 统一悬挂"双基双赢"信贷工作室和"普惠金融工作站"招牌（建议尺寸和颜色）。

8. 一部电话银行及使用说明（提供包括咨询、小额转账、汇款、取现等金融服务）。

9. "双基双赢"宣传材料（包括但不仅限于信贷产品介绍）。

10. 信贷工作室办公流程和贷款利率公示。

11. 村委会和信贷人员姓名、联系电话和工作时间公示。

12. 村民信用档案（一户一档案，建档率100%）。

13. 村民信贷需求调查表。

14. 在信贷工作室附近挑选1~2家农业合作社，熟知"双基双赢"基本内容。

15. 挑选2~3名农户代表，要熟知"双基双赢"基本内容。

16. 挑选1~2名村委会代表，要熟知"双基双赢"基本内容。

17. 编制一本"双基双赢"制度汇编（包括但不仅限于合作协议、推荐表、操作流程、信用评级、审批、贷后、公示、考核、奖惩等制度）。

18. 当地监管部门和组织部门联合发文的文件。

19. 建立客户信贷档案，专人专夹保管。

20. 机构指定一名讲解人，熟知"双基双赢"内容和本行特点，且普通话标准。

资料来源：湖北银监局2014年工作资料。

第五章 湖北普惠金融制度变迁的高级形态

> 所谓"创新"是指建立一种新的生产函数，把一种从来没有过的关于生产要素和生产条件的"新组合"引入生产体系，从而实现创新。
>
> ——熊彼特

原则一：倡导利用数字技术推动普惠金融发展。

——《G20重要成果文件：数字普惠金融高级原则》

金融是经济发展的血脉，发展普惠金融是提升人民群众对金融服务获得感的重要途径。习近平总书记强调："发展普惠金融，目的就是要提升金融服务的覆盖率、可得性、满意度，满足人民群众日益增长的金融需求，特别是要让农民、小微企业、城镇低收入人群、贫困人群和残疾人、老年人等及时获取价格合理、便捷安全的金融服务。"2014年11月，赖秀福同志调任湖北银监局局长后，对湖北普惠金融发展情况开展了调研，发现还存在信息掌握不够全面、技术手段不够先进、服务渠道不够通畅、金融服务覆盖范围不够大、电子机具使用率不高等问题，导致融资成本较高，金融供需对接效率和服务便利性有待提高。针对这些问题，赖秀福同志进行了大量思考和论证，创新性提出在全省银行业实施"金融服务网格化"战略，通过借助政府网格化信息管理平台，在大数据分析的基础上提供有针对性的服务，实现"信息覆盖、精准定位、高效服务、责任到人"，打通基层金融服务"最后一公里"。2015年初，湖北银监局制定了工作方案和指导意见，并在黄冈市谢家小湾召开会议，正式启动了"金融服务网格化"战略，努力打造普惠金融的"升级版"。经过三年多的实践，"金融服务网格化"取得了良好成效，受到各方肯定，走出了一条银政合作金融创新之路，为普惠金融发展贡献了"湖北方案"。

第一节 金融服务网格化：普惠金融的高级形态

一、普惠金融高级形态产生的制度条件

（一）供求变化是普惠金融高级形态产生的内在要求

制度的功能主要是为经济组织（个人）的行为选择提供可以遵循的规范

和明确的结果预期，使其行为具有个人理性和社会理性的统一。但任何一项制度安排与制度选择都不是随意决定的，而是根据成本费用与收益分析权衡决策的，只有在预期收益大于预期成本的情况下，行动主体才会推动直至最终实现制度的变迁。新制度经济学理论认为，行动集团是推动制度变迁的主导性力量。普惠金融高级形态产生的制度条件之一就是行动集团在进行新的选择时，制度的需求与制度供给出现了变化，制度变迁的预期收益大于预期成本。

从 2005 年联合国在宣传小额信贷年期间首次提出普惠金融概念，到 2013 年党的十八届三中全会首次明确提出"发展普惠金融"，再到国务院出台普惠金融发展规划，普惠金融纳入我国"十三五"规划，普惠金融在我国得到大力发展，各地围绕普惠金融的公平性、便捷性、商业性及可获得性等特性开展了许多创新和实践。湖北银监局也紧紧围绕党中央、国务院和中国银监会关于发展普惠金融的要求，把发展普惠金融作为银行业支持实体经济发展的着力点，着力推动普惠金融的帕累托改进：2010 年，开展了"信贷资金回流工程"，从资金组织、存贷比、涉农贷款占比等方面细化考核实施差别监管，确保县域当年新增存款全部用于当地；2012 年，启动"三个全覆盖"工程，实现了三年内全省农村商业银行和村镇银行县域一级全覆盖，电话银行行政村一级全覆盖；2013 年，创新"双基双赢合作贷款"，推动基层党组织与基层信贷机构合作，服务普惠群体；2014 年，针对国有银行连续 3 年存贷比低于 40%，且在全省排序靠后的 25 个重点县域，开展了"信贷缺口收敛攻坚行动"，引导机构适当提高"三农"和小微企业不良贷款容忍度，加大信贷投放力度。这些举措有力地推动了湖北普惠金融的发展。但是，普惠金融制度供给依然存在较大不足，制度需求得不到有效满足，表现在：一是多元化金融服务供给体系初步形成，但是普惠群体的金融需求满足度仍然不高。湖北将向下延伸金融机构和金融服务作为普惠金融发展的重要抓手，大力推动在全省建立分层次的多元化金融服务供给体系：大型银行回归农村市场，增设县域网点；股份制银行和城市商业银行，做到"一个推进"，在市州全覆盖；政策性银行发挥资金优势，扶持产业化龙头企业，做大做强优势农业产业和农业品牌；邮储银行发挥机构网点优势，增加贫困地区信贷投放；地方法人机构继续通过改革提升支农支小实力，村镇银行积极发挥"鲶鱼效应"，2015 年，湖北已实现农村商业银行县域全覆盖、村镇银行县域全覆盖和电话银行行政村全覆盖"三个全覆盖"。与这些多层次的普惠金融组织体系形成鲜明对比的是，薄弱地区需求主体融资难现象依然存在。

二是基础金融服务覆盖面大幅提升，但是普惠金融最后一步路问题依然没有解决。2010 年湖北省实现了无空白乡镇金融机构和金融服务，2013 年又实现了电话银行村村全覆盖。至此，全省实现了镇、村两级基础金融服务的"双覆盖"，2015 年全省实现村镇银行和农村商业银行县域全覆盖。但是金融服务薄弱地区的需求主体，依然存在需要金融服务时找不到服务提供者的现象，金融服务最后一步路依然存在盲区。

三是金融产品服务方式创新日趋活跃，但是金融供给仍然不能及时满足普惠群体金融需求的变化。结合湖北实际，银行机构不断创新富民惠农金融产品和服务方式。例如，2006 年湖北襄阳南漳农村信用社率先开办了"林权"抵押贷款，2007 年，湖北省联社与省林业厅共同制定了《湖北省农村信用社森林资源资产抵押贷款管理暂行办法》。2009 年武汉农村商业银行发放了首笔 1000 万元农村土地经营权抵押贷款（将土地承包经营权中的土地经营权剥离出来），并促使武汉市政府成立了"农村综合产权交易所"，按规范、合法程序对农民土地进行确权，通过交易所进行登记、评估、处置，并办理抵押贷款。2013 年洪湖农村信用联社推出"水域滩涂经营权"抵押贷款。十堰郧西农村商业银行创新了金融异地跟随服务业务，让郧西籍农民工创业者，无论是在异地创业还是本地创业，从起步、发展、壮大到成功的各个环节都有信贷扶持。但是面对日益变化的普惠金融群体的需求，金融供给方依然不能及时调整产品和服务方式，普惠金融融资贵现象依旧存在。

普惠金融旧的制度供给成本不断上升，而制度安排的收益却停滞不前，供给与需求发生了深刻变化，旧的制度安排存在亟待改变的利润存在，行动集团在行为的效用最大化的驱使下，推动了普惠金融高级形态的产生。

（二）科技进步是普惠金融高级形态产生的重要外部条件

互联网、大数据、云计算、区块链技术的发展、金融科技的广泛应用等，是普惠金融发生制度变迁的重要外部条件。制度发展的不足使技术进步成果的积累和潜在的巨大市场不起作用，必将促使制度变迁的产生。以互联网技术为例，近几年，互联网金融横空出世，以其低成本、高效率、广覆盖的优势迅速搅动了整个传统金融市场，最具代表性的余额宝上线 18 天，注册用户达到 250 多万人，融入资金达到 66 亿元，短短几个月时间，成为国内规模最大的公募基金。从互联网金融产生并得到井喷发展的原因分析，除了互联网快速发展、网络技术不断革新为互联网金融提供了技术支持外，中国金融业存在着严重的制度和功能上的弊端也是互联网金融蓬勃发展的重要因素。具体来看，一方面来源于长期以来的金融压抑，我国传统的金融市场主要服务于政府基建和大型企业，小微企业和个人对金融的需求没有在金融市场上得到满足，而互联网金融通过大数据、云计算和移动通信的技术支持，帮助这些原来没有享受到金融服务的"长尾市场"的投融资问题得到了部分的舒缓。另一方面是金融政策红利的释放，传统的金融市场的准入门槛极高，且受到利率、资本充足率、贷存比等严格限制，而互联网新型的金融模式不受传统监管的约束。因此，互联网金融诞生之初，就受到各方人士的热捧，表现出强劲的生命力，得到爆炸式增长。

除了互联网技术外，大数据、云计算和区块链等技术中蕴含的"开放、协作、分享"的基因为金融服务网格化战略的推进提供了目标和方向，也是普惠金融高级形态产生的重要外部条件。

（三）制度缺陷是普惠金融高级形态产生的主要原因

制度缺陷是指制度和制度结构自身不健全而导致的欠缺性。旧的制度安排产生了严重的非均衡，人们对现存制度产生不满意状态，制度变迁的需求增强，出现了制度变迁的拐点。在正常情况下，只有在制度的效用大于其成本，同时选择该项制度的净收益最大化时，人们才会对这一制度产生满意感；反之，当一项制度的净收益小于零或在某种可供选择的制度中该项制度的净收益最小时，人们就要产生改变这一制度的动机和行为。这样就导致了制度的失衡，这也是普惠金融高级形态产生的内在原因。

从普惠金融的发展来看，国家发展普惠金融的环境不断优化，发展普惠金融的社会主体的需求也不断增多，而现实中，相对应的制度变迁存在滞后。党的十八届三中全会实现了农村土地产权制度的重大突破，如"赋予农民对承包地占有、使用、收益、流转及承包经营权抵押、担保权能""保障农户宅基地用益物权""建立农村产权流转交易市场"等，长期困扰"三农"贷款的抵押担保难题得到实质性缓解，为普惠金融特别是农村金融纵深推进提供了广阔的空间和舞台。湖北省政府制定了《省人民政府办公厅关于落实推进普惠金融发展规划（2016—2020年）的实施意见》（鄂政办发〔2017〕75号），为普惠金融发展营造了良好的政策环境。从监管部门到银行机构也建立了多层次的普惠金融服务推动机制，明确了"三农"、小微服务牵头部门和考核统筹机制，制定完善了消费者权益保护工作机制。金融知识宣传普及和金融消费者教育成为常态，每年定期开展"金融知识宣传服务月"和"送金融知识下乡"等活动，社会公众金融意识不断提升。银行业服务性收费和经营行为规范纳入日常监管框架和银行业合规经营自觉行为，大力发展普惠金融已成为银行业发展转型的重要方向。

旧的制度安排出现非均衡，普惠金融制度变迁的拐点随着这些外部环境的变化不断强化，普惠金融制度供给数量不足，制度供给主体的意愿和能力的不足。旧的普惠金融发展制度僵化，它作为一种公共规则与所有人的行为变化相比较，在其变化的速度上显然滞后于行为变化的节奏，急需与时俱进。

二、普惠金融高级形态产生的制度背景

2015 年，湖北银监局深入开展湖北普惠金融发展调研，发现与日益增长的"需求端"相比，金融"供给侧"还存在不匹配、不平衡、不适应等问题，部分地区尚未实现金融服务"最后一步路"，主要表现在以下几个方面。

（一）"三农"金融供给与需求不匹配

农村金融发展对于农村经济增长具有重要作用，而金融支持不够是导致我国农村经济发展滞后和农民收入增长缓慢的因素之一。随着农村经济的发展，农村金融需求发生了诸多新变化：一是大额化。农业专业合作组织和农村中小企业逐渐成为市场主体，"三农"经济已成为一种规模经济。大部分涉农银行反映，现在 43.5% 的农户贷款在 10 万元以上，过去受到普遍欢迎的农户小额贷款需求呈现下降趋势。二是长期化。工业化、农业产业化拉长了经营链条和经营周期，土地流转、农村基础设施和住房建设等金融需求导致贷款长期化趋势明显。三是多元化。近年来，农民对农药、化肥、种子等的生产性资金需求，逐渐向扩大再生产、自主创业、消费、教育、医疗等多元化资金需求过渡。据调查，有 31.7% 的农户借款主要用于消费。截至目前，全省城镇消费增长 12.2%，乡村消费增长 14%，同比加快 0.7 个百分点，乡村消费增速比城镇高出 1.8 个百分点。四是多样化。农民对金融产品的需求扩展到包括结算、理财、代理、基金、农业保险等多项产品。五是便利化。农民对 ATM、电话银行、网上银行等现代化服务方式的需求日益增加。面对这些需求变化，湖北省金融机构应对能力明显不足，农村地区金融供需矛盾比较突出。2013 年，全省银行业金融机构涉农贷款余额 5619.34 亿元，仅占各项贷款的 25.7%。湖北银监局在对 2014 年全省春耕生产资金需求（调研范围为农合机构客户）的调查中发现：以前金融扶持重点的传统农户和涉农龙头企业资金需求满足率相对较高，而农村新型经济体资金供需矛盾进一步扩大，特别是农村专业大户、家庭农场和农民合作社资金需求缺口均在 30% 以上，还有进一步扩大的趋势。调查显示，全省春耕生产总资金需求 537 亿元，比上年同期增加 70 亿元，增长 15%。其中：传统农户资金需求 69 亿元，同比增长 2.3%，筹措缺口率[①] 5%；涉农龙头企业资金需求 76.7 亿元，同比增长

---

① 筹措缺口率 =（春耕需求资金总金额 - 农合机构能提供的资金总量）/春耕需求资金总金额，其中，春耕需求资金总金额是在向基层农村信用社建立了经济档案的全部"三农"客户发放调查表基础上统计得出。

19.6%，筹措缺口率19%；小规模农户资金需求98亿元，同比增长13.8%，筹措缺口率21%；专业大户贷款资金需求198亿元，同比增长15.5%，筹措缺口率31%；家庭农场资金需求25.2亿元，同比增长26.3%，筹措缺口率39%；合作组织及其成员资金需求30.7亿元，同比增长31.6%，筹措缺口率41%。

（二）大中城市与县域金融发展不平衡

湖北省区域发展不平衡，城乡金融发展不协调，武汉、宜昌、襄阳"一主两副"3座城市经济、金融资源过度集中，而其他地区，特别是县域和农村地区普遍存在网点覆盖率低、金融供给不足、竞争不充分。2014年3月末，全省银行业金融机构县域存款达14385.2亿元，占全部存款总额的40.3%；而全省县域贷款余额6656.2亿元，仅占全省贷款余额的29%，县域存贷比也低于全省平均水平18个百分点，说明县域不缺资金，但由于受银行机构战略、内部机制、程序、创新等方面问题的影响，同时受制于抵押物不足、信用环境等外部因素制约，导致县域信贷投放渠道不畅，县域资金外流严重，金融对县域经济的信贷支持力度不够，湖北省县域经济发展较落后。

（三）小微企业发展与小微金融不适应

小微企业在发展经济、促进就业、改善民生等方面具有不可替代的作用，加强改进小微金融事关保民生、保就业、保稳定的大局，对银行业培育新的利润增长点、调整优化信贷结构、防范系统性风险也具有重要意义。经过发展，湖北省小微企业一是规模总量快速扩张，2013年，湖北省各类小微企业61.5万户，占全省企业数量的98.4%。二是创新能力不断增强，社会贡献日益突出。全省小微工业企业实现主营收入1.6万亿元，利润778亿元，税金327亿元，增幅比规模以上工业增幅分别高出19.1个、11.4个和23.5个百分点。小微企业参与全省政府采购占比达84%。湖北银监局通过有效监管引领，不断深化辖内小微金融服务体系创新，促进小微企业获得平等、便捷、可持续性的金融服务，取得了积极成效。截至2013年12月末，辖内小微企业贷款余额5751.55亿元，比年初增加1081.15亿元，增长23.15%，小微企业贷款增速超各项贷款增速8.14个百分点，超出上年全年增量288.15亿元。然而，与大型骨干企业比，小微企业整体实力仍然较弱，发展明显不足。在小微企业金融服务持续改善的大背景下，小微企业融资难、融资贵问题仍客观存在，主要表现在：一是与大中型企业相比，小微企业金融支持度不够。2013年，湖北省小企业贷款余额和新增贷款额仅分别占总量的15.3%和15.2%。3月末，全省大中型企业贷款余额占比超过七成，而小微企业贷款余额占比不足三成。二是小微金融覆盖率低。辖内法人机构小微企业申贷获得率尽管由年初的 89.06% 上升至 91.79%，全年提升 2.73 个百分点，但是辖内小微企业贷款覆盖率仅为 14.02%，而同期辖内银行机构综合金融覆盖率则为 87.17%。目前，湖北省已有各类小微企业 61.5 万户，占全省企业数量的 98.4%，但其中仅有不到 7% 的企业与银行发生借贷关系且持续成为社会关注的焦点。三是小微企业贷款成本较高。如对荆门等地调查，2013 年 12 月末，12691 户小微企业贷款客户中，融资成本低于 5% 的占比 13.4%，5%～10% 的占比 57.9%，10%～15% 的占比 21.01%，高于 15% 的占比 7.69%。

（四）城市社区中低收入群体金融服务满足度不高

伴随我国社会的发展和经济结构的变化，城市社会管理的重心向社区制转变，社区经济在整个经济生活中的地位和作用逐步显现出来。同时随着城市居民生活水平不断提升，金融需求也越来越大，金融意识不断提高，金融服务需求也发生了变化。

一是由单一的储蓄业务向包括储蓄、贷款、投资、保险、消费等综合需求发展，二是由低层次的传统储蓄存款业务向理财服务、投资顾问等高层次金融需求发展，三是居民由持有单一储蓄金融资产向持有股票、国债、基金等多种金融资产转化，四是由单一社区居民金融需求向社区居民和社区小企业的金融需求的转变。这些变化意味着社区金融服务需求的增长，而过去金融机构长期以来过于关注短期利益和眼前效益，在城镇的信贷投向主要为企业，较少关注普通市民和弱势群体。虽然近年来，银行调整战略逐渐将目光转向社区居民，但还处于探索阶段，针对城市社区中低收入群体的经营定位、金融产品、服务模式、管理模式、服务体系、考核机制等还不够完善，社区中低收入群体的金融满足度不高。一是惠及范围小。2014 年，武汉市共有 1500 多个社区，但是设立的包括社区支行、金融便利店等社区金融服务机构对社区的覆盖率不到 20%。二是城市中低收入居民和特殊人群的金融服务存在较多服务盲点。三是金融服务内容和手段跟不上社区金融需求的变化。有的银行推出的社区金融产品结构单一，与周围社区的融合度较低，无法满足社区金融个性化、多元化和综合化的特点。

【专栏 5－1】

农村"互联网＋金融"带来的冲击和挑战

总体上看，农村"互联网＋金融"仍处于发展初级阶段，不可避免带有新生事物的两面性。一方面，它对正规农村金融体系形成了有益补充，有利于建立多层次、广覆盖、差异化的农村金融体系；另一方面，它在发展中存在一些不规范、不完善之处，蕴藏的风险和挑战不容忽视。具体来看，农村"互联网＋金融"将产生"六大效应"。

第一，农村普惠金融的"长尾效应"。日前，中央深改小组审议通过了《推进普惠金融发展规划（2016—2020）》，强调要"提升金融服务的覆盖率、可得性、满足度，满足人民群众日益增长的金融需求"。由于多方面原因，目前农村地区普惠金融发展比较滞后。据调查，目前全国仅有27%的农户能够从正规渠道得到贷款；遇到资金困难时，76%的农户会选择向亲友借钱，非正规融资渠道成为农户筹资首选①。而"互联网＋金融"具有高效率、低成本、便捷性等优势，加上对大数据资源的整合、发掘及运用能力，能够较好解决农村普惠金融存在的"两高一低"（风险高、成本高、收益低）问题，覆盖传统金融机构无暇顾及的"尾部"市场，提供碎片化、低门槛的金融服务。以阿里巴巴为例，目前支付宝在农村活跃用户数超过6000万人，蚂蚁小贷为18万农村小微企业累计提供了1300多亿元的信贷资金，余额宝、招财宝为4000万农村理财用户创收40多亿元。可见，"互联网＋金融"已经为农村普惠金融展开了一幅现实图景。

第二，农村金融市场的"鲶鱼效应"。目前，农村金融基本上是"寡头垄断"的市场结构，金融机构和基础设施覆盖率低，市场竞争不充分，是导致"三农"和小微企业融资难、融资贵的重要原因。例如，农村金融网点和从业人员跟全国平均水平相比仍有4倍的差距，2014年末全国金融机构空白的乡镇还有1570个，金融服务的行政村覆盖率只有75.4%。而"互联网＋金融"借助全新渠道和技术优势，能使金融服务的触角延伸到农村乡镇、贫困人口和小微企业，给众多草根"用户"带去高效便捷的金融服务，成为农村金融市场的"搅局者"。以阿里巴巴为例，其10万个淘宝村级服务站一定程度将成为网商银行在农村的"分支行"，有贷款需求的农民可以直接去当地农村淘宝服务站，彻底远离信用社等农村金融机构。这种"鲶鱼效应"将迫使传统农村金融机构转变服务理念，延伸服务网络，提高服务水平，否则将在日益激烈的市场竞争中被淘汰出局。

第三，农村金融生态的"粉碎机效应"。"互联网＋金融"从根本上改变和颠覆了农村金融传统的发展理念、发展模式、发展机制，是一场全新的"创造性毁灭"。一是改变农村金融约束条件。大数据、云计算、物联网等降低了信息整合成本，打破了传统金融模式的时间、空间与成本约束，可以有

---

① 匡贤明．"十三五"：以农村互联网金融为突破　重塑农村金融新格局［J］．北方经济，2015（8）．

效地兼顾普惠性与商业性，使在传统约束条件下"无解"的农村金融有力破题。二是促进农村信息的资源化和要素化。通过互联网的"痕迹管理"，记录真实生产、交易和生活等情况，可以为农户和小微企业提供新的增信方式，极大突破了传统农村金融缺信息、缺信用的梗阻。以阿里巴巴为例，其旺农贷产品就是基于大数据的信用评估模型，通过互联网完成贷款的在线申请、在线审批、在线签约、在线放款，最快3分钟即可完成。从本质上讲，这是让信用等于财富，而不是用抵押物来担保财富！三是再造农村金融发展理念。"互联网＋金融"有利于现代金融文明在乡村社区的传播和普及，培育"平等、公开、共享、安全"的金融观，并进而影响和改变农民的市场观、消费观、价值观和发展观，堪称农村经济社会的"转基因工程"。

第四，农村金融风险的"蝴蝶效应"。"大金融"理论下的动态网络型传导机制如下：由于机构之间的交易错综复杂，一旦系统逼近临界状态，任何微小的扰动就可能导致网络关键"节点"的失效，从而引起整个金融网络系统的崩溃。"互联网＋金融"的本质仍属于金融，没有改变金融经营风险的本质属性，而且由于网络关联错综的影响，金融风险的隐蔽性、传染性、广泛性和突发性更强，对金融系统安全的破坏性也胜于以往。尤其值得注意的是，目前互联网企业和传统金融机构已经建立了千丝万缕的业务联系，金融风险可能牵一发而动全身，向金融机构蔓延和传递。以京东"白条"为例，这种"先消费、后付款"的支付方式在功能上等同于信用卡，如果客户选择用银行信用卡进行还款，属于"以贷还贷"行为，可能会将风险转嫁给银行。

第五，农村金融监管的"摘樱桃效应"和"破窗效应"。金融风险具有很强的"负外部性"，将严重影响经济社会稳定，这在农村地区意义尤为重大。目前，农村传统银行机构都受到"强度型"监管，不仅有机构网点、业务范围和高管任职等方面的严格要求，还有资本充足率、流动性、杠杆率等方面的指标限制。相对而言，"互联网＋金融"往往从事跨区域、跨行业、跨市场的金融业务，很少甚至不受监管，使其能够利用制度差异性进行监管套利，从而产生"摘樱桃效应"。以阿里巴巴为例，如果其10万个农村淘宝服务站开展贷款等金融业务，就有必要进行市场准入和金融风险监管，否则会产生"社会乱办金融"现象，也使传统金融机构处于不平等竞争的境地。进一步而言，如果这些类金融机构不受监管、不加约束，会引起更多机构纷纷仿效，最终使监管制度形同虚设，形成"破窗效应"。

资料来源：阙方平."互联网＋"时代的农村金融发展之路［J］.银行家，2015（12）.

三、普惠金融高级形态：金融服务网格化

（一）制度内涵

"金融服务网格化"战略是顺应数字普惠金融的时代潮流，借鉴地方政府网格化管理的做法，借助政府网格化信息管理大数据平台，将社区和乡村的综治网格重新划分成若干金融网格，一个金融网格包含一个及以上综治网格，并将银行业机构金融服务资源均衡配置于各个网格中（每个金融网格至少设有一个网格化工作站），每个网格均落实责任银行和网格员的普惠金融服务模式。银行通过综治部门的数据平台收集客户基础信息，网格员再进村入户现场核实，通过这种方式获得全面准确信息、摸清潜在金融需求，在此基础上提供有针对性的服务，以此促进金融资源的优化配置，提升金融服务均等化水平和服务效率，打通基层金融服务"最后一公里"。

（二）基本做法

从 2015 年开始，湖北银监局分三步走，用三年时间完成"金融服务网格化"战略的探索实施。其重点是服务"三农"、小微企业和城镇低收入居民，基本做法：一是将金融服务网格化战略做成金融创新的"孵化器"。借鉴政府网格化管理的经验，运用互联网、大数据、云计算等金融科技，发挥网格平台在获客引流、信用评定、风控定价等方面的作用，探索"两权"抵押贷款、"无还本续贷"等创新产品，不断探索"网格化＋支农、助小、扶贫"的成熟商业模式。二是将金融服务网格化战略打造成普惠金融体制机制的"试验田"。引导银行业以网格站为依托，深入推进普惠金融、"三农"、扶贫等事业部制改革，优化管理体制，推行尽职免责，提高服务效率，实现"三个不低于"等工作目标。三是将金融服务网格化战略打造成服务普惠群体的"便利店"。围绕群众日常生活和消费升级，提供代购火车票、代理保险、一卡通充值、理财咨询等一站式服务，使网格服务更接地气、更有温度。四是将金融服务网格化战略打造成治乱化险的"前哨站"。依托网格站开展非法"校园贷"、现金贷及非法集资排查，使非法金融活动没有可乘之机、没有藏身之处，进一步巩固提升网格服务的"正规军"作用。五是将金融服务网格化战略作为湖北普惠金融的"引领者"。通过拍摄宣传片、制作宣传册、开发网格化 APP 等方式，扩大普惠金融"湖北方案"的影响力和塑造力，将湖北普惠金融发展不断推向帕累托最优状态。

（三）实施意义

目前，湖北省已基本完成金融服务网格化"三年三步走"，实现了行政村（社区）金融服务网格化覆盖面和网格内客户建档面"两个100%"的

工作目标。全省共建立普惠金融网格化工作站 3.23 万个，发放贷款 1302.8 亿元，覆盖全省 3992 个城镇网格和 2.16 万个乡村网格，服务"三农"、小微企业和城镇低收入居民共 114 万户。具体而言，金融服务网格化实施意义体现在：

一是"小网格"塑造了"大品牌"。"金融服务网格化"是湖北银监局贯彻落实党中央、国务院决策部署的实际行动，是推动普惠金融落地的创新举措，是促进全省银行业改革转型的有益探索。经过三年实践，该模式基本成熟，得到社会各界的欢迎和好评，成为湖北普惠金融的一张"闪亮名片"。

二是"小网格"搭建了"大平台"。金融服务网格化推动银行与综治、基层党组织等部门加强合作。搭建了金融服务的信息平台，线下，各银行已建立网格信贷档案 1795 万份，建档面 100%；线上，已搭建全省农村商业银行系统金融服务网格化集成信息网，并成功向其他银行机构拓展。海量的"沉睡"信息被"唤醒"，解决了普惠金融风险大、成本高、收益低的发展瓶颈，服务客户数量呈指数级增长。搭建了社会综治的预警平台，全省借助网格站排查发现疑似参与非法集资人数 612 人次、笔数近 2 万笔、金额近 37 亿元；开展集中宣传活动 822 次、"五进活动"6113 次、推出宣传展板海报 8132 张，参加群众达到 71 万人，发放宣传资料 96 万份，构筑了监测预警非法金融活动的"防火墙"。搭建了基层党建的服务平台，基层党组织通过网格站参与对企业、居民的授信监督，开展金融知识宣传活动，拓展了服务功能，密切了党群干群关系。目前，全省银行已聘请社区、村组党员干部网格员 1.8 万人，成为培养锻炼基层党员干部的"大学校""大熔炉"。

三是"小网格"支持了"大战略"。助力精准扶贫攻坚。通过金融网格确定精准扶贫人员名录，实现扶贫项目评估、贫困户评级授信和金融基础服务的"三个精准覆盖"。湖北银监局扶贫工作队驻点的咸宁通城华家村中，70% 有劳动能力的贫困户已确定致富项目并实现了收益。助力长江经济带协调发展，"金融服务网格化"带动了银行网点和资金下沉，促进了区域经济均衡协调发展。目前，湖北省县域存贷比首次突破 50%，达到 53.42%，比实施金融服务网格化前提高了 1.61 个百分点。助力乡村振兴战略。通过金融服务网格化，支持农村现代化，助力农业强省建设。目前，各地金融服务网格化工作站发放的贷款惠及"三农"客户 46.27 万户，农民足不出村就能享受到高效、便捷、优质的现代金融服务。

四是"小网格"服务了"大民生"。"金融服务网格化"平均每笔贷款 11.43 万元，真实践行了普惠金融理念，真正满足了群众民生需求。服务"三农"发展，全省超过 2 万个网格站建在农村，占比超过 80%，发放的贷款占比 89.8%。服务小微企业发展，据不完全统计，全省银行机构持续对小微企业减费让利，累计少收利息 2.2 亿元，减免费用 1.6 亿元。通过网格服务堵邪门、开正门，服务高校大学生，对净化校园金融环境、帮助大学生成长成才起到了巨大作用。

五是"小网格"催生了"大变革"。湖北银监局通过实施"金融服务网格化"战略，持续打造"五个银行"——安全的银行、活力的银行、公司治理良好的银行、可持续发展的银行、履行社会责任的银行，促进了银行机构转型发展"大变革"。三年来，全省银行业金融机构相继转变经营理念，眼睛向下向小，扎根基层、延伸服务，普惠金融网格化工作站服务覆盖城市 3992 个基层社区和 2.16 万个行政村。各地银行机构借助网格信息库，设计个性化、多样化的服务和产品，有效满足居民金融需求。

【专栏 5 −2】

1.3 万多个工作站放贷 527 亿元
湖北银监局在京推介金融网格化战略

2016 年 5 月 10 日，第 44 场银行业例行新闻发布会在北京召开，湖北银监局、工商银行湖北省分行、湖北省农村信用联社、兴业银行武汉分行介绍了金融服务网格化战略，该做法已被中国银监会推广。

2015 年 2 月，湖北银监局、省政府金融办和省综治办联合出台工作方案，提出依托"互联网＋"，加快推进金融服务网格化，并在人员下沉，信贷审批权限，金融产品创新，网点功能、激励约束等方面进行针对性安排，截至 3 月末，全省已建立网格化工作站 13869 个，发放贷款 527 亿元。

钟祥市彭墩村陈坪蛋鸡养殖专业合作社因缺乏抵押物贷款难，工商银行了解其融资需求后，通过综治网格员在网格系统中查询合作社缴税、用水、用电情况，测算其销售收入及利润，为其发放 480 万元贷款。

2016 年是湖北省金融服务网格化战略复制推广年，全省银行业将在网格功能、覆盖范围、信息整合、产品创新、社会影响五个方面深入推进。湖北银监局局长赖秀福表示，金融服务网格化战略推动普惠金融发展，有助于改善基层金融服务，缓解小微企业和"三农"融资难、融资贵问题；有利于金融知识在乡村和社区传播，成为精准扶贫的有力抓手。

资料来源：林建伟. 湖北银监局在京推介金融网格化战略 ［N］. 湖北日报，2016 − 05 − 11.

第二节　金融服务网格化：
普惠金融高级形态的演变路径

一、金融服务网格化的目标原则

（一）战略目标

金融服务网格化的总体目标是：从 2015 年开始，在全省银行业金融机构推进金融服务网格化，用三年时间搭建"责任网格化、建档标准化、产品多样化、服务精细化"的金融服务网格化体系，真正发挥"小网格大服务"作用，实现信息共享、职责明确、运行高效、责任细化的工作目标。

金融服务网格化的核心工作内容是以服务、信息、体系建设为切入点，"网格划分无缝化，责任跟进无缝化，金融服务无缝化"，确保"格格有服务"。通过静态的全地域网格划分，机构加强动态管理，责任到机构，责任到人，在此基础上开展无缝对接的金融服务，实现普惠金融的全覆盖、社会资源的有效整合、内部机制的快速反应、信息化处理的高效率，打造"湖北版"的普惠金融。

（二）实施路径——"三步走"

从 2015 年起，经过启动探索、复制推广、巩固提升三个阶段，用三年时间搭建全覆盖的金融服务网格化体系，实现涉农贷款稳步增长和小微企业贷款"三个不低于"的目标，逐年提高县域存贷比 1~2 个百分点，发挥"小网格大服务"作用。

其中，2015 年为启动探索年，2016 年为复制推广年，2017 年为巩固提升年，要求每年网格覆盖率增长 30% 以上。

（三）指导原则——"四个结合"

1. 坚持金融服务与社会综治管理相结合原则。依靠或参考政府社会治理综合信息平台，可以借用城市局域网与政府网格化管理平台进行对接，平台共用，信息共享，建立"以人为本，网格化管理，信息化支撑，全程化服务"的金融服务网格化模式。

2. 坚持城市与农村相结合原则。金融服务网格化是促进城乡统筹的有效平台，统筹城乡金融服务网格化建设，建立城市社区和农村村委两类网格。城市网格重点在"四区"，即商区、园区、校区、社区；农村网格重点在乡村，结合"双基双赢"合作贷款模式，通过普惠金融网格化工作站提供金融服务，形成"城乡一体、全域覆盖"的金融服务网格化体系，促进城乡金融服务均等化。

3. 坚持线上与线下相结合原则。推进金融服务重心下移，运用现代信息技术手段，整合现有金融服务资源，为城乡每一个网格实施全方位动态服务。线下主要指利用现有的物理营业网点，向下延伸金融服务；线上主要指网上银行、手机银行、微信银行和电话银行等金融服务。通过线下线上结合，扩大服务范围，增加服务通道，增强互联网金融服务能力，构建线上、线下一体化的金融服务网格体系。

4. 坚持科学规划与均衡推动相结合原则。银行业监管部门联合政府金融办、综治委（办）及基层党组织统筹部署，科学规划并制定指导意见。在银行业金融机构自主选择的前提下，银行业监管部门负责均衡推动辖区内网格化工作的开展，协调网格中的机构分布，使有限的金融资源发挥最大的服务质效，实现城市网格允许交叉但不过度交叉，农村以填补金融服务空白为主的目标。各银行业金融机构及相关部门根据自身实际，因地制宜，实施差异化目标和措施。

（四）战略要点——"三字诀"

一是突出"普"字。通过引导银行业机构建立网格工作站，弥补基层网点不足，延伸金融"毛细血管"，提高金融服务覆盖面和可获得性。

二是盯住"惠"字。通过综治网格"大数据"缓解信息不对称，再加上政府增信和风险补偿等多种手段，引导银行业机构实行差异化定价，避免一浮到顶，降低融资成本，让广大群众得到更多实惠。

三是坚持"实"字。将金融服务网格化融入居民衣食住行等生活场景，嵌入农业供给侧结构性改革、精准扶贫、创业创新等生产活动，切实为老百姓做实事办好事，使金融服务更加接地气、有"温度"。

二、制度安排

金融服务网格化试点工作重点从顶层设计、试点建设、创新推动、考评激励等多个方面开展。

（一）做实"四项基础"，强化顶层设计

一是明确实施规划。实施初期，湖北银监局与湖北省政府金融办、省综治办多次沟通协调，达成共识，形成总体方案，三部门联合发文。在总体方案中，明确了三年三步走的规划，其中，2015年为启动探索年，2016年为复制推广年，2017年为巩固提升年，每年网格覆盖率增长30%，确保实现涉农贷款稳步增长和小微贷款"三个不低于"目标，逐年提高县域存贷比1~2个百分点，发挥"小网格大服务"作用。在实施的三年时间里，湖北银监局与湖北省政府金融办、省综治办联合召开了三次金融服务网格化现场推进会，共同研究解决推动中的重大问题和难点问题。

二是优先做实试点。为做好网格化基础工作，湖北银监局首先负责划分网格，均衡分配金融资源，确保"格格有服务"。在网格划分上，湖北银监局组织各级监管部门和银行机构按照"不重复、不遗漏"的"井田制"原则，参考政府网格划分办法划分网格，实行"大网格"套"小网格"。试点选取上，重点发展金融服务薄弱地区，补短板、查空白，先试点再推开，先积累经验再复制推广，统筹安排战略的实施。

三是打造精品网格。树样板，发挥典型引路作用，提炼出金融服务网格化精品示范点"十个一"标准：一块牌子、一位网格人员、一块公示牌、一本制度、一套操作表、一部电话、一份地图、一本宣传手册、一本银行知识手册、一系列宣传标语牌等。

四是做实建档立卡。做好网格居民信息收集、整合及运用，推动信息档案建设，其中，2016年城市社区居民建档面达到40%以上、农村建档面达到70%以上；2017年完成了全省网格内客户建档面100%的工作目标。

（二）做实"四个对接"，凝聚多方合力

一是机构对接。实行银行机构与社会综治部门、基层党组织等的多向对接。各方签订合作协议，定期交流，加强动态管理，责任到人，协调解决难点问题。

二是人员对接。银行机构的信贷员与社会综治网格员对接。实行银行与网格双聘互动，加强网格人员业务培训，共同做好金融知识宣传、网格居民建档、基础金融服务等工作。2016年末，各行已聘请社区、村组干部网格员1.8万人。

三是信息对接。银行与政府综治网的信息对接。通过多方协调，将金融服务模块嵌入网格信息平台，实现双方信息共享，在此基础上开展无缝对接的金融服务，实现内部机制的快速反应和信息处理的高效率。2016年，在湖北银监局的监管引领下，成功搭建起全省农村商业银行系统金融服务网格化集成信息网，目前正在以多种形式向其他银行机构拓展。

四是制度对接。湖北银监局引导银行对原有的规章制度进行梳理整合，制定出一系列配套制度管理办法进行对接，包括网格化客户信用等级评定实施办法、网格化信贷审批管理办法、贷后管理办法、网格化贷款操作流程、合作协议、网格化信息保密管理办法等，确保工作实效。

（三）做实"四项创新"，提升服务质量

一是创新服务模式。在城区，利用扫街扫楼式服务推进社区网格化，积极推行错时服务和延时服务，方便居民及小商户；在农村，探索支持农业供给侧结构性改革的新路子，利用金融服务网格化工作站，提供上门服务、便民办公、定时服务、定人定点、简化流程、灵活授权、减免费用等简单便捷金融服务。

二是创新融资方式。鼓励以政府资金为主体设立的各类担保机构为涉农和小微企业提供融资担保，推广"助保贷"等产品；加强与保险机构合作，推进小额贷款保证保险等业务品种；利用农村产权改革契机，探索农村产权抵质押贷款。

三是创新服务渠道。结合数字普惠金融发展要求，拓展线上金融服务，利用网格化信息管理大数据平台，延伸服务范围，实现电子服务全覆盖。

四是创新服务功能。结合精准扶贫、社会综治和党建工作，不断创新拓展网格服务功能。通过金融网格确定精准扶贫人员名录，实现扶贫项目评估、贫困户评级授信和金融基础服务的"三个精准覆盖"；搭建了社会综治的预警平台，构筑了监测预警非法金融活动的"防火墙"；搭建了基层党建的服务平台，基层党组织通过网格站参与对企业、居民的授信监督，开展金融知识宣传活动，密切了党群干群关系。

（四）做实"四大保障"，确保工作实效

一是制度保障。出台了指导意见、工作方案、月报督办制度以及实施细则在内的多项制度，确保工作实效。

二是考核保障。将金融服务网格化工作情况作为各银行业金融机构贯彻落实国务院《推进普惠金融发展规划（2016—2020）》的重要内容进行考核，并将考核评价结果与"千家优质文明服务网点""良好银行"评选、监管评级、高管人员履职考核、现场检查及行政许可等挂钩，引导各银行业机构加快普惠金融发展，持续提升实体经济服务质效。为调动各方积极性，湖北银监局还与湖北省总工会、湖北金融工会联合开展了劳动竞赛。

三是机制保障。引导各级监管部门和银行机构完善"四大长效机制"，包括高效的信息共享机制、灵活的积分考核机制、差异化监管机制、跨部门的协作机制。

四是组织保障。金融服务网格化工作由湖北银监局、省政府金融办、省综治办负责组织推动、统筹部署，各地建立相对应的机构，明确责任人，具体实施。银行机构有相应的部门指导、协调和管理，每个网格都设立有金融服务网格化工作站提供服务。

三、制度绩效

（一）终结了"三大碎片化"问题

"金融服务网格化"战略践行了"五大发展理念"，将银行服务资源均衡配置于各个网格,依托网格化大数据,不断创新,终结了"三大碎片化"问题。

1. 终结了信息来源碎片化

农村和社区地域广袤、点多面广,信息不对称问题较为突出。作为银行,由于"三农"、小微客户往往缺乏财务类"硬信息",搜集更能反映其信用状况的"软信息"又面临成本高、效率低等问题;作为客户,限于信息分散和个体知识面,对银行信贷产品和现代服务方式不甚了解。基层金融主体之间存在着信息鸿沟,容易产生道德风险和逆向选择问题。金融服务网格化推动银行与综治部门加强合作,整合各方优势,打破了"信息孤岛",形成"大数据"联动格局,实现信息共享。通过"金融服务网格化"平台,经授权,可以直接查询到金融服务网格内的小微、"三农"、社区居民等的"人、事、地、物、情、组织"等稀缺性动态信息:对小微企业,可以查到纳税、征信、主要股东情况、对外投资情况、违法违规情况等基本信息;对个人客户,可以查询到家庭成员情况、工作单位情况、房产、纳税、征信、有无违法违纪记录等信息。众多讲信用,可放贷的小微客户和"三农"客户群体可以通过数字技术识别出来,这些普惠群体汇聚成的"长尾市场"可产生远高于城市金融、大中企业等主流客户群的市场能量。2017 年末,各行通过网格化战略的实施,已掌握基层居民档案 820.23 万份,网格内商户及小微企业档案 56.09万份,"三农"客户档案 859.07 万份,共建立信贷档案 1735 万份,建档面达 100% 。

【专栏 5 – 3】

大数据为何让传统银行焦虑?

毫无疑问,大数据正以其神秘的魔幻之力征服了世人,在各个领域恰风光无限。在金融领域尤其如此,大数据的运用,对传统金融原有的理念、模式与渠道形成了强烈冲击。

大数据为何让传统银行焦虑?

最近,在与一些银行人士座谈中,明显感觉到传统银行特别是中小商业银行对大数据的推崇。不少银行津津乐道于大数据的神奇,特别是在破解信息不对称方面,基于互联网的大数据分析,对客户信息的挖掘之深、之广几乎到令人咂舌的地步。但在津津乐道之间,也可以明显感受到他们对大数据浓浓的焦虑。

传统银行究竟在焦虑什么?不外乎三个方面。

1. 焦虑之一：在大数据运用上"技不如人"，让传统银行危机丛生。

按说传统银行在拥有大数据、运用大数据方面具有先天优势。长期的发展，客观上让传统银行积累了海量的数据，这些数据经过深度挖掘和专业技术处理分析无疑将产生巨大的商业价值，这岂是近年来异军突起的金融科技（FinTech）公司可比拟？

但是，在见识了 FinTech 类公司如何玩转大数据之后，特别是基于数据平台技术的"画像"神技之后，传统银行只能自叹弗如。一向自以为处于大数据高地的传统银行，面对 FinTech 的冲击，忽然有了虚空的感觉。相比之下，传统银行在大数据方面的技能确显"外强中干"。

一方面，从拥有大数据的丰富程度看，传统银行所拥有的大数据其实没有我们想象中那么"丰满"。

传统银行的数据大多依托交易、账户等维度展开，主要侧重于历史财务、借贷数据。诚然，近年来传统银行业大力发展面向客户的业务系统，形成并储存了庞大的可用数据资源，不仅包括存、放、汇核心业务结构化数据，还包括客户电话语音、在线交易记录、网点视频等非结构化数据。

尽管如此，与基于互联网的大数据相比，传统银行的数据结构仍相对单一且有限。其突出短板在于缺乏对财务、借贷数据背后客户行为数据的采集与分析。行为数据的欠缺，制约了传统银行对客户进行清晰"画像"的能力。不可否认，在利率市场化大背景下，传统银行经营转型及创新的步伐不断加快，但创新的视角往往"落入"监管套利的"格调"，在挖掘客户内在需求、提升服务附加值方面意识总体尚欠缺。

而在互联网大数据模式下，电子商务、社交网络和用户的搜索行为等大数据，包括客户的教育背景、工作经历、社交圈子等，为给客户清晰"画像"提供了丰富的素材。以此为基础的大数据技术，通过综合分析借款人相关行为数据及其关联性，对客户的行为模式、诚信状况、履约能力及意愿等可以作出更加接近真实的判断，从而有利于找准市场定位，明确资源配置方向，并有效降低贷款违约率。而这恰是传统银行孜孜以求的目标。

传统银行在大数据方面的另一个短板就是其数据来源和存储模式的局限性。这种局限性，某种程度上是与传统银行与生俱来的特质密切相关的，即强调数据的精准性与一致性。而大数据理论更关注效率与相关性，在对数据的筛选、存储方面强调由关注精确度向关注效率转变、由关注因果关系向关注相关性转变。

现实情况是，近年来许多银行加强了数据仓库系统建设，对分布在各个源系统中的原始数据进行清洗、抽取、转换并进行集成和存储，使数据的精确性和一致性得到了提升；但同时在一定程度上消除了数据的混杂性和关联性，反而制约了大数据的赋能性。

另一方面，在数据运用上，传统的风控技术与大数据风控技术相比相形见绌。

对于金融业而言，大数据的魅力突出展示在客户风险控制上，体现为风险控制模型的设计。目前传统银行在风控上大多采取信用评分模式，而信用评分模型主要依据历史借贷、财务数据来预测和判断客户的违约风险。其缺陷比较明显，除了受制于数据库的完善程度外，更为关键的是无法对现有数据库之外的、非信贷客户进行信用风险评估与授信。这就使得那些在传统银行体系信贷记录为空白的群体难以获得金融服务。既制约了银行自身的获客能力和业务拓展空间，也与发展普惠金融的宏观导向相背离。

相比之下，基于互联网的大数据风控模型除了重视传统的信贷变量，更关注涉及客户社交网络等渠道的信息。这就为信贷记录"空白群体"提供了获得基本金融服务的可能性。同时，大数据风控模型更加关注客户的行为数据。通过对客户行为数据的分析与清晰"画像"，不仅能相对准确地锁定营销目标，分析判断目标客户的资信状况、偿贷能力与还款意愿，为贷前调查、贷时审查"把关"，而且通过动态的行为跟踪分析，还能及时发现风险苗头，将风险消弭于萌芽状态，有效降低客户违约风险。

在大数据运用上的相对劣势，使传统银行特别是中小商业银行在客户粘性方面日益受到 FinTech 类公司的冲击，直接影响到传统银行零售业务的生存空间；而近年来的统计数据表明，全国存款类金融机构住户贷款占全部贷款的比重逐年上升，住户贷款已成为传统银行业务的主要增长点。至 2017 年 8 月末，本外币住户贷款占比已达 31.2%。面对零售业务空间日益被依托互联网的 FinTech 类公司"侵蚀"，传统银行焉能不焦虑？

2. 焦虑之二：大数据或现寡头垄断态势，让传统银行忧心忡忡。

面对 FinTech 类企业在零售业务领域的冲击，传统银行在大数据运用方面的忧患意识不断增强。针对大数据方面的短板，不少银行开始尝试接入和整合外部数据资源，学习绘制客户"图像"。有的银行已开始探索互联网数据与传统数据的耦合，开始关注客户出差、喜好和社交圈等其他动态信息。大数据所释放出来的增利潜能甚至蛊惑着不少金融机构走上了购买大数据之路，这对于传统银行特别是中小银行而言无疑是提升大数据运用的一条捷径。

但是，传统银行在与数据交易对手的互动中，又平添了一重焦虑：大数据运用的前景或将面临数据寡头垄断的壁垒。随着 FinTech 行业的快速发展，一些金融科技巨头凭借其在互联网领域的固有优势，掌握了大量数据，客观上可能会催生大数据寡头，带来数据垄断。一些机构掌握了核心的信用数据资源，或电商交易数据和金融数据，或传统金融机构、互联网金融平台的金融数据。这种格局势必有损市场公平竞争，使中小银行置于不利的市场地位。假如这种情况出现，传统银行的大数据发展之路必将受到挤压。这也正是目前很多银行所担忧的问题。

前不久，人民银行金融研究所所长孙国峰撰文表达了同样的担忧。他认为，大数据从互联网应用场景向金融领域的转移往往发生在一些金融科技企业的集团内部，这个过程缺乏监管和规范，可能会侵犯到用户的知情权、选择权和隐私权，当前隐私数据保护的边界不清晰；而"一些金融科技巨头掌握了大量数据，可能带来数据垄断"。

可见，这一问题已经引起了监管部门的关注。但同时也反映出加强我国在大数据、FinTech 行业等新领域监管的紧迫性。

目前，我国在大数据监管方面的政策尚不清晰。大数据究竟由谁来监管，如何明确大数据监管主体的职能与权力，如何厘清数据控制者运用数据的行为边界？如何防止与因应互联网巨头并购可能形成的数据垄断？这些问题依然悬而未决。眼见野蛮生长的 FinTech 正挥舞大数据之利器侵蚀着传统银行的发展空间，传统银行焉能不焦急？

3. 焦虑之三：大数据交易背后潜在的各种法律风险，让传统银行惴惴不安。

且不论传统银行通过向第三方购买数据的做法是否合适，是否有病急乱投医之嫌。单从数据运用看，其潜在的风险性却是不容忽视的。我们知道，大数据的价值唯有在开放与共享中才能得以实现，但开放与共享的同时如影随形的则是数据使用的潜在风险。

传统银行使用从第三方购买的大数据，其潜在风险除了数据本身真实性问题以及利用大数据技术过程中隐含的技术风险问题导致决策失误外，主要面对的是潜在的法律风险，包括两个方面：

一是存在可能侵犯个人隐私或泄露国家安全数据的法律风险。这种风险实际上隐伏于传统银行获取大数据的来源、渠道以及数据加工各环节。非法渠道获得的数据其法律风险是自不必言。我国《刑法》明确规定，窃取或者以其他非法方式获取公民个人信息，且情节严重的行为，犯非法获取公民信息罪；即使正规渠道获取的大数据，如果未进行妥善处理，也容易构成对个人隐私的侵害。

二是存在侵犯其他主体商业秘密、涉嫌商业犯罪等法律风险。通过数据交易市场的大数据，其所有权和使用权往往难以明确界定，特别是对经大数据技术进行数据加工后的产品权利归属未完全明确，容易陷入侵犯商业秘密等法律风险。

可见，大数据是一柄"双刃剑"，既能赋能又可能诱发风险。传统银行在运用大数据过程中，不仅面临来自技术层面、数据层面潜在的法律风险，更需防范来自内部的从业人员道德风险。需警惕剑走偏锋，滑向违法的泥沼，侵害消费者包括个人隐私在内的合法权益，引发声誉风险。2016年公安部挂牌督办并告破的"5·26侵犯公民个人信息案"，涉及高达257万条公民个人银行信息，涉案金额高达230余万元，而该案的"内鬼"竟然就是某银行一位支行行长。该案所造成的社会负面影响及给银行带来的声誉风险之大，足令业界警钟长鸣。

从某种意义上，传统银行在采集、运用大数据中能感受到潜在风险，能产生上述种种焦虑，本身应该是一件好事。唯有对大数据心存敬畏，才能在大数据的蓝海里行稳致远。

面对大数据的激情四溢，应该说，传统银行感到焦虑尽在情理之中。需要反思的是，监管者岂能没有焦虑？或者说，大数据监管者在哪里？

在大数据分析的神器下，一切都变了透明状。正如弗兰克·帕斯奎尔在《黑箱社会：掌控信息和金钱的数据法则》中感叹，我们每天都要面对这样的问题：公司和政府部门越来越渗透性地记录我们的生活，我们却不知这些信息会传播到哪儿，也不知道将被用作何种目的，更不知这些信息的泄露会产生怎样的后果。

关键是，消费者的个人信息一旦被泄露、隐私受到侵犯，往往还因举证困难甚至根本无法举证而陷入投诉无门。尽管我国现行《刑法》在保护公民个人信息方面设定了相关约束规制；但在大数据运用领域，对侵权的认定比较复杂与困难。在大数据交易市场中，交易的数据是基于对底层数据进行清洗、分析、建模、可视化后的结果数据，而非底层数据。这些结果数据并不会直接涉及人身或公共利益价值，因此得不到《刑法》的有效规制。但是，通过汇聚相关关联数据，大数据强大的信息整合能力、分析能力依然能将我们剥成"透明人"。因此，保护消费者个人信息安全成为大数据必须直面的课题。

在大数据模式下，相较于传统银行的焦虑，或许我们更需要关注的是消费者对个人隐私信息的焦虑，更需要强化的是监管者如何有效保护消费者权益的焦虑。

资料来源：李庚南．大数据为何让传统银行焦虑？［EB/OL］．（2017-09-30）．新浪财经意见领袖专栏，http：//finance. sina. com. cn/zl/．

2. 终结了金融服务碎片化

传统金融体系中，大量金融资本进入银行业，而银行业更倾向于服务低风险、收益稳定、信用等级高的大型企业，嫌贫爱富现象突出。普惠金融发展的精髓是"普"，越是金融服务覆盖不到的空白点和空白人群，金融服务网格化发挥的作用越大。目前，"普惠金融网格化工作站"超过2万个建在农村，占比为84.7%，发放的贷款占比90%，犹如"毛细血管"，为普惠金融发展注入了"源头活水"，成为开展金融服务的前沿阵地，老百姓有金融需求能第一时间找到身边的工作站提供服务。工作站的常驻网格员以群众喜闻乐见的方式定期向老百姓宣传金融知识、宣讲金融政策，推动了现代金融文明在乡村社区的传播，提高了基层公众金融知识水平、金融风险意识以及金融工具运用能力，培植了"平等、公开、共享、安全"的金融观。

3. 终结了机构配置碎片化

湖北省是一个有着5800万人口的农业大省，各地情况千差万别，部分山区、偏远乡村缺少固定的银行物理网点，这些欠发达、银行网点覆盖不到的地区，正是金融服务网格化的用武之地。三年时间里，全省银行业金融机构相继转变经营理念，眼睛向下向小，扎根基层、延伸服务，建立的普惠金融网格化工作站服务覆盖城市3992个基层社区和2.16万个行政村，全省网格覆盖率达到100%，各地以实施金融服务网格化战略为抓手，整合资源，一个个小格格织就了一张金融服务的"大网"。

（二）彰显了三大特点

目前，湖北各地以实施"金融服务网格化"战略为抓手，整合资源，弥补短板，实现了全省金融服务覆盖全面化、机会均等化、价格优惠化，主要有三大特点。

1. 实，实惠的实

湖北推动实施"金融服务网格化"战略的初衷就是要切实解决老百姓的金融需求，借助社会综治网格等信息渠道，建立一个个金融"小网格"，将金融服务的触角深入基层，让金融服务更接地气。

一是融资成本大幅降低。实施中，政府的增信加快了差异化利率定价机制的形成，各银行机构纷纷减费让利，据不完全统计，全省网格化贷款中累计少收利息2.2亿元，累计减免费用1.61亿元，有效降低了居民和企业的融资成本，缓解融资难、融资贵问题。

二是适合普惠群众的金融产品和服务不断增多。各地借助网格信息库，围绕网格客户需求，开发出"两权"抵质押贷款、小额扶贫贷款、打工贷款等大量可复制、宜推广、效果好的创新型信贷产品，为普惠金融发展提供了丰富的产品支撑。目前，全省创新支农支小信贷产品和服务方式近 550 种，基本做到了"一县多品"，贷款品种多了，金融服务选择面更广了，普惠群体也得到更多实惠。湖北银监局对辖内涌现出的创新产品及时进行梳理、更新，两度汇编成册，供各银行机构和有关部门参考借鉴。

三是普惠金融覆盖面不断扩大。目前，全省已有 5776 家银行机构基层网点参与金融服务网格化试点实践，基本覆盖全省各银行业机构；各地区的网格覆盖率逐年攀升，目前已全部达到 100%。网格化金融服务涉及单笔贷款金额较小，户均贷款 11.43 万元，网格化战略使金融服务深入乡村社区、惠及千家万户。

2. 时，时机的时

一是抓住了大力发展"三农"和小微的契机。金融业归根到底还是服务业。服务业的特点就是跟着客户走，跟着需求走。这些年农村金融改革取得明显成效，小微企业融资难贵问题得到一定程度缓解，归根到底是国家政策好，国家加大了对"三农"和小微企业的扶持，"三农"和小微企业得到长足发展，有效金融需求增多，越来越多的银行也愿意向这些领域拓展业务。在这种情形下，"金融服务网格化"战略的提出，正是给银行服务"三农"和小微提供了一个平台，突破物理网点束缚，让银行机构多了进一步贴近和了解社区、农民、小微企业的机会，站稳市场。例如，通过网格化的实施，截至 2017 年末，全省小微企业贷款余额达 10379.03 亿元，首次突破万亿元关口，同比增速 17.40%，比各项贷款平均增速高 2.83 个百分点。小微企业贷款比年初净增 1538.02 亿元，增量位居全国前列；小微企业贷款客户 43.03 万户，同比净增 5.49 万户；小微企业贷款申贷获得率 96.53%，比上年同期高 0.68 个百分点，全面完成"三个不低于"的工作目标。"金融服务网格化"还带动了银行网点和资金下沉，促进地市经济发展协调共进。截至 2017 年末，全省县域贷款达 12329 亿元，比 2014 年末增长 50.63%，存贷比达到 53.4%，比 2014 年末提高 1.61 个百分点。

二是抓住了大力发展"数字普惠金融"的契机。2016 年 9 月，习近平主席主持 G20 领导人杭州峰会，审议通过了《G20 数字普惠金融高级原则》，成为国际社会推广普惠金融的行动纲领。《G20 数字普惠金融高级原则》开宗明义指出："要拓展数字金融基础设施，倡导用数字技术来推广普惠金融。"金融服务网格化为我国数字普惠金融发展提供了"湖北方案"，是数字普惠金融领域的积极响应者、先行者和实践者。通过金融服务网格化信息平台，海量的居民"沉睡"信息被"唤醒"，银行通过掌握居民生产生活的全面系统信息，潜在客户数呈几何级增长，普惠金融业务发展较快的银行，都切身尝到了金融服务网格化为银行业务发展带来的甜头。

3. 紧，紧密的紧

银行客户关系管理是决定银行市场竞争中生存和成长的基础。目前，农村金融领域和小微企业客户关系管理还是银行发展的短板。农村客户群体面散、量大，客户之间差异较大，小微企业客户所处行业分散，受外部环境影响变动较大。借助金融服务网格化，银行与"三农"和小微客户之间建立了紧密互动、互惠互荣的新型客户关系。

一是通过与民情熟的社会综治网格员合作，借助社会综治网格信息，能增加银行与普惠群体的密切互动关系，培育一大批忠诚的客户，壮大基础客户群体，也能获得丰厚的经济回报。例如，有的农村商业银行利用网格信息，准确掌握外出务工人员返乡时间，提供接送站服务，把网格工作站打造成了网格农户贴心、贴身的流动服务站，老百姓有金融需求就会第一时间想到这家银行。

二是借助网格化掌握的客户缴纳水电费、医保、社保、住房公积金和雇工情况等"软信息"，对客户"精准画像"，提高信贷投入的增量和质量，更好服务于客户，也降低了信贷风险，银行机构更有动力加快实现战略转型。目前，通过金融服务网格发放的贷款不良率仅为 0.35%，远低于其他贷款平均水平。

三是针对需求变化，及时设计个性化、多样化的服务和产品，有效满足金融需求。例如，工商银行襄阳市分行推出"轻型化＋综合化＋智能化＋一体化＋驻站化＋网格化"的金融服务网格化吴店模式，成为当地乡镇上的"一景"，深受老百姓的欢迎和喜爱。

（三）收获了多方面成果

经过三年的实践，目前，全省金融服务网格化工作已经取得了积极成效。

1. 由点到面：扩大了服务覆盖面。以前金融服务是机构逐家推，或者每个金融服务空白点逐个消灭，实施金融服务网格化后，金融服务"横到底，竖到边"，实现所有银行业银行机构在所有地域实现金融服务全覆盖，不留金融服务死角，不留金融服务空白点。各银行业机构积极下沉网点、扎根基层、延伸服务，打造金融惠民利民的绿色通道。例如，全省农村信用社依托农村三级网格化管理中心，初步实现了自助设备"镇镇通"、转账电话"村村通"、手机银行"户户通"，在全省 2 万多个行政村仅转账电话就布设了 3.7 万部。

2. 由外到内：促进了金融服务主动性。以前普惠金融多是靠外部推动，主要靠政府或者监管部门来推动，银行内生动力较差。金融服务网格化的真正目的是提供普惠金融服务，但也会产生经济效益，有利于解决金融信息不对称问题，有利于银行机构向深挖掘市场，有利于银行机构发展业务，同时实施金融服务网格化后，基层银行机构为金融服务网格化的实施主体，省级银行机构为金融服务网格化的责任主体，大大提高了银行的积极性。

3. 由下到上：推动了银行转型发展。以前更多的是上级银行机构出台政策，下级银行机构执行。由于金融服务网格化涉及科技、小微、"三农"、人事、计财等多个部门，下级银行机构开展金融服务网格化后，会倒逼上级银行机构对内部流程、相关制度等进行调整，从而实现从下到上推动改革创新，促动银行转型发展。

4. 由散到聚：集中了信息资源。以前客户信息是散落在各个信息源中，金融服务网格借助综治社会网格信息系统，这个系统整合了众多信息源，提高了银行业机构收集客户信息和提供金融服务的效率。各银行业机构借助社会综治网格化平台，积极发掘客户贷款、开卡、理财等金融需求信息，对客户综合信息进行判断，提供"量体裁衣"的金融服务。实施三年来，湖北"三农"和小微企业等薄弱环节的贷款增速、户数和申贷获得率均大幅提高。

5. 由少到多：丰富了金融服务和产品。金融服务网格化使银行业机构有了更能贴近居民和企业的渠道，了解基层群众的金融需求，创新出更多接地气、有生命力的金融服务和产品。各银行业机构紧密围绕网格居民特点，创新差异化金融产品和服务方式，努力提供高效便捷优质的金融服务，社会满意度和认可度逐步提升。例如，邮储银行黄冈分行与当地财政局、就业局、扶贫办合作，财政提供风险分担基金，银行按照一定比例放大，对符合条件的小微企业提供无抵押贷款，部分群体还可享受政府贴息；建设银行与省供销社合作，推出"裕农通"助农金融服务，通过供销社覆盖村级综合服务社。农村居民足不出村，就能在供销网点办理小额取款、转账汇款、代理缴费等金融服务；民生银行的社区网点除提供金融服务外，增设居民日常生活服务，如快递代收、宝迪冷鲜肉自助售卖、武汉通卡圈存、煤气、水电等代收费业务。

6. 由争到和：实现银行合作共赢。以前银行间竞争会存在资源浪费、故意压价等现象，损害了银行的利益，而且银行之间的竞争多、合作少，实施金融服务网格化后，信息可以实现银行间的共享，金融服务网格化的主办银行机构要负责网格内银行间的协调，增加了合作机构，提高了工作效率，也促进银行间的竞争更加和谐有序，共同推进金融服务。

7. 由堵到疏：加强了金融知识宣传。以前由于缺少金融知识和非法集资方面的宣传，有的地方出现非法金融活动后，一般采取的是打击为主，实施金融服务网格化后，通过宣传金融知识，宣传正规金融服务和产品，提高广大民众金融知识和防范风险的能力，从疏导的角度防范非法金融活动，同时通过网格员在社区和村的调查，及时反馈信息，将违法金融活动消灭在萌芽时期，大大降低了金融风险隐患。各银行业机构依托普惠金融网格化工作站，大力开展金融知识宣传，包括宣传贷款、信用卡、电子银行、银行理财等金融产品和防范非法集资、金融诈骗等风险防范知识，使学金融、懂金融、用金融在社区农村蔚然成风，极大促进了地方金融生态和金融文明建设。如恩施银行业机构积极编撰《金融服务网格化专项产品手册》，详细讲解各项业务的适用范围、申请条件、办理流程等，下发数已达到 1.2 万余册，提高了居民对现代金融产品的了解和运用能力。

8. 由慢到快：促进了业务发展。以前，有的机构特别是处在农村地区的机构，信息渠道相对较少，业务发展较慢，实施金融服务网格化后，银行机构不仅能向广大民众提供更好、更多的普惠金融服务，同时也能带来可观的经济效益，促进银行机构业务加快发展。如郧西农村商业银行地处国家贫困县，刚推进金融服务网格化后，仅一个季度，业务发展就取得了明显成效，2015 年第一季度全县银行业机构新增存款 18 亿元，其中郧县农村商业银行一家银行就新增 17 亿元。

9. 由负到正：提升了银行社会形象。这些年来，银行业金融机构发生了巨大变化，成绩有目共睹，但是银行负面评价也很多，比如乱收费、融资难、融资贵等。实施金融服务网格化后，有力地提升了银行业整体形象，提高普惠金融水平。如汉口银行积极开展网格化社区文化共建活动，借助"百步亭万家宴""元宵灯会"以及"三八妇女节"等活动载体，定期组织社区金融宣传活动，取得了良好的社会效应。

第三节　金融服务网格化：复合变迁的产物

金融服务网格化是强制性制度变迁与诱致性制度变迁融合的产物，是制度变迁方式的创新。

一、监管引领是普惠金融制度变迁的决定性推动力量

普惠金融的制度变迁中，"第一行动集团"是监管者，监管部门的引领是推动普惠金融制度变迁的决定性力量。"金融服务网格化"战略实施以来，得到中国银监会领导的充分肯定和认可，成为湖北普惠金融的一张响亮名片。时任中国银监会主席尚福林在 2017 年全国银行业监管工作会议和

深圳座谈会上强调要在全国推广网格化服务战略；中国银监会郭树清主席在《2016年度中国银行业服务改进情况报告》暨文明规范服务千佳示范单位发布会、普惠金融工作督察座谈会上，两次指出和强调要总结推广"网格服务"等普惠金融好的做法。这一系列重要指示不仅充分阐述了发展普惠金融的重要性和紧迫性，也为各地的实践探索树立了标杆、提供了样本，更为湖北总结推广"网格服务"确立了坐标、指明了方向，起到了引领示范的"灯塔"作用。

根据诺斯等的新制度经济学相关理论，制度创新活动是"第一行动集团"与"第二行动集团"互动协作，通过"自上而下"的强制性变迁和"自下而上"的诱致性变迁共同实施的过程。其中，"第一行动集团"是制度创新的决策者、首创者和推动者，将引领制度创新，推动提升经济利益，"第二行动集团"将追随"第一行动集团"实施制度创新。

实施金融服务网格化战略是一个强制性和诱致性的复合制度变迁过程，在这个过程中，作为"第一行动集团"的湖北银监局充分发挥监管引领作用，是管理学羊群效应中的"头羊"。2015年初，湖北银监局赖秀福局长明确提出在全省大力实施金融服务网格化战略后，湖北银监局联合省政府金融办、省综治办印发指导意见和实施方案，制定规则、强力推动、监督考核、树立标杆、总结提高。监管引领犹如灯塔，为银行发展普惠金融廓清了迷雾，提供了规划，标注了航向。

从2015年初黄冈谢家小湾建立全省第一家金融服务网格化工作站，到2015年盛夏在宜昌召开经验交流会，各单位实地观摩，认识差距，形成共识，再到2016年在恩施召开中部六省网格化现场会，在北京召开专场新闻发布会，湖北省的金融服务网格化逐步走向全国。从最初"星星之火"的试点，到如今"燎原之势"的全面实施，都离不开监管引领。三年的实践中，各银行机构纷纷认识到实施金融服务网格化战略对自身开拓市场、强化竞争优势的巨大推动作用，相继转变经营理念，眼睛向下向小，扎根基层、延伸服务，金融服务网格化工作站已在荆楚大地珍珠遍撒、硕果累累。

二、跨界协作是普惠金融制度变迁的新趋向

在物联网时代，跨界融合、服务免费、产业协同成为常态，经营边界趋于模糊，日益形成你中有我、我中有你的格局。美国趋势学家里夫金甚至预言将出现"零边际成本社会"，每个人都可以直接地在物联网上提供并相互分享产品和服务，形成协同共享系统，构建横向规模经济。例如，蚂蚁金服推出了芝麻信用体系，基于互联网大数据对用户进行信用评估，为共享单车、

共享租房、租车等共享经济平台提供信用服务，芝麻信用分650分以上即可免押金使用OFO共享单车和神州租车，600分以上可享受飞猪旅行等酒店、民宿平台的免押金服务。目前，全国381个城市已经开启芝麻信用免押金服务，覆盖了近2000万人，合计免除押金超过150亿元。实施金融服务网格化、发展普惠金融也是一项跨界合作的系统工程，需要凝聚多方合力，对于那些难以进入到传统金融体系来积累信用的普惠金融主体来说，更多的社会主体介入普惠金融实践可以为其创造更多的金融信用基础，实现金融风险的分散与防范。在实施中，湖北银监局重点搭建跨界协作平台，引导银行机构建立与地方政府、综治部门、基层党组织等部门联动协调机制，落实税收优惠、政府资金风险补偿、中介费减免等支持政策，不断拓展协作的深度和广度。

三、激励相容是普惠金融制度变迁的内生动力

诺贝尔经济学奖得主、美国经济学家哈维茨（Hurwiez）创立的机制设计理论指出，如果制度安排使追求个人利益的行为与集体价值最大化的目标一致，就能实现"激励相容"。例如，18世纪末，一些私人船主承包了从英国开往澳洲运送犯人工作的船只，英国政府按照上船犯人人数支付费用。3年后，英国政府发现犯人死亡率平均达12%，其中最严重的高达37%。一位英国议员认为私人船主钻了制度的空子，制度的缺陷在于报酬是根据上船人数计算的，提出以到澳洲上岸人数为准计算报酬。以后，船主主动请医生跟船、准备药品、改善生活，死亡率降到了1%以下。由此可见，良好的制度能够实现激励约束功能。金融服务网格化工作是一项全新的探索，需要通过建立激励相容的制度约束，激发各级监管部门和银行机构的创造力，引领银行机构由"要我做"转变为"我要做"。湖北银监局实施差异化监管，将各银行业机构金融服务网格化工作评价结果与银行业文明规范服务"千佳百佳"及"良好银行"评选、监管评级等挂钩，对工作成效明显的地区和机构，在金融创新、市场准入方面给予先行先试政策。在湖北银监局的监管激励下，各银行机构如同骏马产生马蝇效应，争先恐后，自下而上创造性地开展工作。银行的经营理念更加务实和接地气，服务覆盖面和辐射面大为提升，社会薄弱环节和弱势群体充分享受到金融创新的红利，开创了多方共建、共促、共赢的生动局面。

四、务实创新是普惠金融制度变迁的必由路径

根据诺斯等制度经济学家的研究，决定社会和经济演化的技术变迁和制

度变迁都具有较强的"路径依赖",该路径的既定方向会在以后的发展中不断自我强化。在城乡二元经济结构的金融抑制下,农村金融陷入了低效率的路径依赖。通过创新金融服务网格化服务模式,借助政府网格化治理方法,发展数字普惠金融,能够打破原有的路径依赖,推动金融服务走上一条高效率的制度变迁路径。经过两年多的实践,这一创新路径已经产生了非常强的自我强化能力,进入正向加速的良性循环过程。熊彼特的创新理论也指出,创新的主体是"企业家"。在实施中,湖北银监局鼓励和支持银行机构当好金融服务网格化的"创新者",找准市场定位,发挥各自优势,不断创新新模式、新路径,利用网格化工作站更先进、更灵活、更高效地响应客户需求。各家银行围绕"网格化 +",不断丰富金融服务内涵,主动下沉网点和服务,探索出了金融服务网格化的"企业模式""学校模式""社区模式""乡村模式"等,推出了"村口银行"业务、新型农业主体贷、小额扶贫创业贷款等一系列创新产品,进一步提高了金融服务可获得性、便利度和覆盖面。

五、信息对称是普惠金融制度变迁的根基

美国经济学家阿克洛夫于 1970 年提出了信息不对称的"柠檬原理",指出市场上交易双方对商品质量信息不对称,将导致逆向选择和道德风险,使低质量的"酸柠檬"驱逐高质量商品,提高交易成本。当前,农村和小微企业贷款难、贷款贵的问题,表面上是缺资金、缺服务,实质上是金融服务供需双方信息不对称而导致缺信息、缺信用。金融服务网格化最大的优势就是响应了数字普惠金融的发展要求,利用现代信息技术,解决了信息不对称问题,为提高服务效率、降低交易成本、防范道德风险和逆向选择奠定了基础。通过网格化数据平台,银行不仅能掌握客户传统的资产负债、现金流量、销售回款等"硬信息",还能直接获取企业缴纳水电费、医保、社保、住房公积金和雇工情况等"软信息",对于个人客户,银行可以直接获取住房、工作单位、家庭成员、纳税、征信等全面信息,可以有效兼顾普惠性与商业性,极大突破了发展普惠金融缺信息、缺信用的梗阻。

【专栏 5 -4】

FinTech:信息社会的金融技术架构

FinTech 的意义主要并不在于对我们所熟悉的传统金融的优化,那不过在做从一到十的功夫。它将创造的是从零到一的新疆土,创新生长出我们目前还没有能力完整想象到的新金融。

人类社会在经历过农业社会、工业社会后，因为互联网尤其是移动互联网的兴起，正在快速向信息社会进化。根据著名互联网观察家凯文·凯利在《失控》一书里的描述，这场信息社会的进化规律，遵循的是生物学逻辑，呈现出分布式、去中心、自组织的特点。《失控》出版于20世纪90年代初，书中对于信息社会进化的大部分预言，如云计算、大数据、移动互联网、共享经济、人工智能等，在过去的20多年间，都一一实现或取得了突破性进展。凯文·凯利的预言还没有过期，近年他还在对他开始于《失控》的预言做进一步的补充修订。

马云在今年的乌镇世界互联网大会上的演讲中说道：以前的工业时代，我们把不标准的变成标准的，现在需要把一切标准变成非标准，变成个性化。他说的现在，其实就是正在到来的信息社会，而标准化与否，也正是信息社会与工业社会的一个显著差别。

凯文·凯利所论述的分布式、去中心、自组织的特点，我认为将成为信息社会的基础技术架构。如果这个社会基础架构正在被重构，那么，依附于这个基础架构之上的一切行业架构、商业架构又焉能不变？

我们现在还无法完整预见未来信息社会里的金融服务业将会是什么模样，但是我们可以肯定地说，未来的金融业一定和我们现在所看到的、所熟悉的会完全不一样！我们目前所看到的金融服务业，都是建立于工业社会的基础技术架构上的：流程化、控制论、标准化、层级制，高度依赖物理空间来提供服务……工业社会的基础架构，决定了工业社会金融业的基本架构。我们有什么理由认为，这一切都是当然的、天生的、会停止不变的呢？

人类向信息社会的进化，开始于20世纪后期。虽然学术界没能给出我们信息社会开始的准确日期，但到今天应该也有40年左右的历史了。其实当今金融行业的结构、技术和商业模式，已经在静悄悄地发生变化。支付宝和微信支付已经完全在互联网（IP通讯）上新建了金融业的通讯架构，而传统金融业还依然跑在电信网络（CT通讯）上。几十年不变的陈旧的通讯架构已经大大妨碍了传统金融业跟互联网金融企业的竞争能力！在一个旧的通讯架构上是长不出来新金融的。

比如街头卖烤红薯的老大爷就只能用支付宝和微信支付才能做到非现金收款；比如手机上的数字钱包才可以给全球25亿贫困人口提供金融服务。因为成本的原因，传统金融机构无法给他们提供服务；再比如在现有金融体系下，全球小额跨境汇款的费用高达12%，全球穷人一年的小额跨境汇款光手续费就要花费200亿美元（数字来源于世界银行），只有基于区块链技术建立起来的跨境汇款体系，才可能把小额跨境汇款的费用降到几乎为零！这是多伟大的扶贫项目啊！

1. 金融科技 1.0：场景革命

有人说互联网金融是 FinTech 的中国叫法，也有人说互联网金融和 FinTech 不是同一个物种。我认为，互联网金融其实是 FinTech 的初级阶段，或者，把互联网金融称为 FinTech1.0 版，也许更准确。

记得三年前，有人曾质疑当红的互联网金融，认为它根本就不存在，互联网金融只不过是好事者生搬硬造出来的"生词"而已。其中一条理由居然是：用 "Internet Finance" 搜索不到任何相关的英文信息，也就是说在英文江湖里居然没有任何互联网金融的传说！

到底什么是互联网金融？阿里巴巴集团前首席技术官、阿里云的缔造者王坚博士的一段话给了我很大的启发："中文里说的互联网，与之对应的英文应该是 Internent 加上 WWW。这里的 Internent 就是指物理上的连接，这里的 WWW 就是万维网，常被简称为 Web（网页），指的是在线的那些内容。只不过 Web 占据了传统互联网九成以上的连接内容，所以两者经常被混为一谈。"连接只是说你连到了计算机上，"在线必须在互联网上实现"（《在线》中信出版社出版，王坚著，第 38 页）。我在同样由中信出版社出版的著作《投资革命：移动互联时代的资产管理》一书中也曾经写到："上网"与"在线"这两种与互联网不同的关系状态，意义与价值有云泥之别！

王坚说道："互联网技术，把离线变成了在线，而后者给人类社会带来的变化说不定会超过人类第一次使用火。"互联网金融，核心不是 "Internent Finance"，而是 "Web Finance"。一切都因为在线而变得价值非凡！

互联网金融时代的到来，一是有赖于移动通讯技术的诞生，二是有赖于智能手机的普及，三是有赖于人们从上网到在线的与互联网发生关系模式的变化。因为在线，所以互金！

在线的本质是人类社会的一场"数字化迁徙"。第一次大迁徙发生在史前，人类先祖从非洲热带迁徙到更适合生存的温带；第二次大迁徙发生在近代，人类从非洲、亚洲迁徙到欧美；第三次大迁徙发生在现代，人类从贫穷的乡村迁徙到富裕的城市；现在，伴随着从工业社会向信息社会的发展，人类正在从物理空间迁徙到数字空间：电子商务帮助我们重构了数字化的商业关系；社交网络帮助我们重构了数字化的人际关系……

我们也可以把这场数字化迁徙看成是人类社会的第二次地理大发现。第一次地理大发现，哥伦布、麦哲伦们为了重新找到通往亚洲的贸易之路，无意间发现了美洲新大陆，大大拓宽了人类社会的物理空间，为欧洲大陆带来了无尽的财富；正在进行的第二次地理大发现，将要拓展的是人类社会的数字空间。我们知道，数字化的发展规律遵循的是摩尔定律，发展速度遵循的是指数级增长，发展效率遵循的是零边际成本。我们可能还没有能力来想象，在数字空间里，人类社会的财富增加值将会是物理空间的十倍还是几十倍？

借助虚拟现实技术（VR），也许可以帮助我们来畅想一下数字空间将是如何使得财富得以倍增的：一个体育场馆再大也不过只能让 10 万人亲临足球比赛的现场；而一个 VR 眼镜却可以让数亿人在自家客厅享受到与现场无二的体验，并且每一个戴 VR 眼镜的人，都可以是现场最佳的观赏位置。如果你有特殊的观球爱好，你也可以选择裁判员的角度、教练员的角度、守门员的角度、中锋的角度、后卫的角度……当然，你得为此付出更高的价钱。将球场的最佳观球位置卖给数亿人，对体育比赛的组织者、对那两支参赛球队来说，他们的财富被数字化这个魔镜放大了可能就不止十倍！

带来这一切变化的就是在线！互联网金融的第一个特征就是在线！

互联网金融的第二个特征是场景！

我们从 BAT 不同的金融之路，对这点可以看得很清楚：第一个也是目前唯一一个能够把互联网金融做成独立生意的阿里巴巴。其中最主要的原因，是阿里的电商场景天生最接近金融需求。网上买卖商品之后的第二层需求自然就是支付，支付之后的需求自然就是借贷，借贷要达成自然就需要征信。

但作为社交网络的腾讯，它的第二层需求并不必然是支付或其他的金融服务需求，我们在微信里建一个群，也不是为了找人借钱来的。在社交网络上长不出一个属于腾讯的庞大的"企鹅金服"，腾讯的互联网金融板块也因此迟迟无法集中发力，直至目前财付通、微信支付、微众银行也还是各自独立表达。直到微信红包的出现，腾讯才算找到了自己的互联网金融的着力点。微信红包是社交网络的中国特色，而且确实是社交网络之下的第二层次的需求，因此微信红包一经诞生，就充满生命力，以致今年上半年的数据显示，微信支付的支付笔数已经超过了支付宝。当然，就支付金额而言，估计微信支付不可能超过支付宝。微信红包胜在支付频次而不是支付数额。

BAT 的百度，在互联网金融领域就更加乏善可陈。这不是百度不努力，而是搜索的第二层需求很难指向金融服务需求。从搜索到需求金融服务，中间可能隔着三四个层次，漏斗漏到第四层，金融需求者的转化率可能聊胜于无了。百度当然不是永远没有机会发展自己的金融事业，人工智能时代的到来，会给百度一次发展金融事业的好机会。世界上研究人工智能最早的公司，IBM 应该算一个，但目前人工智能最牛的公司却是谷歌！盖因为人工智能一要靠海量的数据，二要靠巨大的计算能力。用巨大的计算能力加海量的数据来训练机器，才能得出人工智能的结果。谷歌在全球领先人工智能的主要原因，就因为它是世界上最大的数据公司，而 IBM 只是在技术上有优势，数据上没有任何优势。但不要忘了，和谷歌一样，百度也是一家搜索引擎公司。

互联网金融就是场景金融！没有互联网场景而又号称在做互联网金融的人，其实只是把互联网作为一个工具，做的都是金融互联网！互联网公司携独有的互联网场景，涉足金融服务，确实有它的独门秘籍，一度让传统金融服务机构感受到巨大的压力。

我观察到传统金融机构在面对这股压力时，一般有三种应对之策：第一种是做金融互联网，把互联网看作一种工具，用来改善原有的金融服务。第二种是自创互联网场景，在自创的场景中植入金融服务，以图向互联网金融转型。如我们熟悉的平安保险集团推出的平安好车、平安好房、平安好医，工商银行推出的融 e 行、融 e 联、融 e 购等。这些传统金融机构的富有勇气的前沿实验，确实值得期待，但挑战巨大！第三种是打开城门，拆除围墙，广泛浸入各种互联网场景中，利用各个场景的不同数据，来设计专门针对这个特殊场景的个性化金融服务产品，将金融服务化为场景之中，成为场景中可以随时随地、随需随身得到的服务之一。众安保险公司就是如此，他们已经与超过 200 多个互联网场景合作，为这 200 多个不同的场景，设计各具特色的保险产品。在运动社交网络上推出随时可以购买的意外险；在电商平台上推出运费险；在旅游平台上甚至推出了可以在登机口购买的航班延误险……我个人的陋见：这也许才是传统金融机构互联网金融化的正确姿势！

随着虚拟现实技术（VR、AR）的发展，人类与互联网的关系从"上网"到"在线"，并将再进一步发展到"在场"，人们用 VR 眼镜，一切远在天边的环境都如同就在眼前。你可以坐在自己家的客厅里，登入银行的 VIP 服务厅，并且躺在自己家客厅沙发上，享受如临其境的银行服务。到那时，也许这场因为移动互联网的"在线"而起的金融场景革命，将在虚拟现实的"在场"中达至终局！

2. 金融科技 2.0：技术革命

以 AlphaGo 为标志，起源于 1956 年达特茅斯学院一次会议的"人工智能"，终于在它 60 华诞的时候，迎来了第一次辉煌时刻！前几年《奇点临近》中文版流行时，我们几乎还无法想象 2045 年人工智能将如何超越人类智能，2016 年的机器人围棋大战，已经使得这个前景越来越清晰。我曾经在硅谷的计算机历史博物馆里看到过一张描绘摩尔定律发展的图表，从 20 世纪 60 年代发明摩尔定律以来，经历了 40 多年的缓慢技术积累，直到 2000 年左右，摩尔定律才开始进入指数级增长的阶段，并且从此一骑绝尘！AlphaGo 事件，预示着人工智能技术从 2016 年开始也要进入它的指数级增长的时代了，大规模的应用指日可待。

人工智能技术的越来越成熟，把 FinTech 也带入到它的 2.0 阶段：技术革命的阶段。

当人们从技术角度谈论 FinTech 的时候，大家往往会提到移动互联网、云计算、大数据和人工智能。其实这是把三个不同层次的，因因相生的东西混为一谈了。因为移动互联网，人们从上网变成了在线，所以才有了大数据时代的到来；用强大的云计算能力，加上海量的大数据，人们才可能训练机器，达成人工智能。云计算和大数据只是 FinTech 的中间技术，人工智能才是 FinTech 的最终应用。

除人工智能技术以外，FinTech 的另一个核心技术就是区块链（分布式账本）。区块链的技术要点可以简要地归结为三项：一是分布式总账，二是加密算法，三是可编程性。大家知道，复式记账法的发明，是现代金融业从意大利发源的一个重要因素（另一个因素我认为是意大利因为地理位置的原因，最早开始与亚洲的跨国贸易，复杂的跨国贸易需要复杂的金融服务），分布式总账技术是复式记账法发明以来，人类社会记账方法的最大一次改进，它让金融交易的相关各方在一个账本上记账，因此信息流与资金流合二为一，支付清算变得实时、全额、全时。由于在分布式账本上设计成有非指定第三方记账，因此数据无法造假、无法篡改；区块链的两大核心算法，一个是共识算法，用来在分布式账本上解决记账的问题，另一个是加密算法，用来对账户进行隐私保护；区块链的可编程性使得不管多么复杂的金融交易都可以对其进行编程，从而使用计算机程序来自动执行各种交易，并自动进行交易后的清结算。

区块链的这三个技术要点的成熟及之后区块链技术在金融领域的大规模应用，将带领互联网进入到第二阶段：从信息互联网进化到价值互联网。也就是我们可以期待在不久的将来，像方便、快捷、零成本、全天候、点对点地分发、存储、处理信息一样，在互联网上以相同的方式达成金融交易、完成支付清算。

3. 金融科技 3.0：模式革命

当我们开始谈论 FinTech 的 3.0 版本时，其实我们是在探讨金融的未来形态。

信息社会的来临、数字化迁徙的完成、虚拟空间的实现、经济结构的比特化，一定程度上将改变金融的本质属性。在工业社会，我们更多看到的是金融的时间价值维度；而在信息社会，金融将被赋予一种新的价值维度：空间价值维度。FinTech 的意义主要并不在于对我们所熟悉的传统金融的优化，那不过在做从一到十的功夫。它将创造的是从零到一的新疆土，创新生长出我们目前还没有能力完整想象到的新金融。

基于移动互联网，人类实现了"在线"；基于虚拟现实技术，人类将实现"在场"。从在线到在场，拓展的是人类社会的空间范围，不仅仅是物理空间意义上的无远弗届，而且更是联通了物理世界与数字世界。在 IP 通讯技术的帮助下，信息社会新金融的特点之一：在线与在场成为金融的空间属性。

信息社会的基础架构是分布式系统，要理解信息社会的分布式架构，最好的图书是凯文·凯利的《失控》。分布式社会架构最核心的内容，就是点对点对等网络：工业社会的金字塔结构在信息社会时代变成了网状结构，而且在这个结构里，各个节点都是平等的，直接联系的。在工业社会中处处可见的中心化控制被弱化，中介不见了。现在风行的共享经济商业模式，就是很好的分布式结构的案例。信息社会新金融的特点之二：点对点、端到端、P2P的去中介化服务。

随着金融业场景革命的深化，传统金融机构不仅物理空间会被打破，类似像 VR 眼镜那样的工具，完全可以把银行物理上的营业场所虚拟化，使得任何人在任何时间任何地方，都可以通过 VR 眼镜享受银行服务。而且银行的信息系统和账户体系也在区块链技术的帮助下，都可以而且也应该向客户完全开放，甚至与客户共享账本，共用一套系统，各种加密算法和加密芯片完全可以比现在的银行保密方法做得更好。银行不仅不应该再有柜台，甚至都不应该再有场所，一切的金融服务都已经融于场景当中。目前流行的二维码移动支付，其实已经是把收付款网点印在了任何一件商品上了。信息社会新金融的特点之三：随时随地、随身随需的金融服务。

信息社会的比特结构与工业社会的原子结构在经济上的巨大区别是：比特结构是遵循零边际成本规律的。一首歌曲如果灌成 CD 唱片，发行量与成本是正相关的；一封纸质信函，寄送量与成本也是正相关的。而如果通过网络来发行，则边际成本几乎为零。工业社会的金融业已经非常发达了，但据世界银行的报告，目前全球还有 25 亿穷人无法享受现有金融体系的服务，盖因现有金融体系无法承受服务他们的成本。区块链技术第一次有可能在目前的金融账户体系之外，利用分布式网络，通过手机里的数字钱包，以极低成本为这些从未享受金融服务的人群提供他们所需要的金融服务。信息社会新金融的特点之四：普惠金融、人人金融。

资料来源：肖风. FinTech：信息社会的金融技术架构［J］. 财经，2016(33).

六、典型示范是普惠金融制度变迁的标尺

标杆管理起源于 20 世纪 70 年代末的美国施乐公司，是支持企业不断改进和获得竞争优势的有效管理方法。1976 年前后，一直保持世界复印机垄断地位的施乐公司受到日本竞争者挑战，市场份额从 49% 锐减到 22%。为应对挑战，该公司以竞争对手为标杆，制定了产品设计、销售、服务等改进目标，通过标杆管理使制造成本降低了 50%，产品开发周期缩短了 25%，人均创收增加了 20%，重新赢得了市场占有率。在推进金融服务网格化战略的过程中，湖北银监局不断总结、树立标杆，以点带面，以样板促建设、以经验促发展、以交流促提高。最初，湖北银监局选择在全省金融服务较为薄弱的地区先期试点，提炼制定出一系列制度管理办法和金融服务网格化精品示范点"十个一"标准。通过引导银行机构与当地综治部门对接，划分金融网格，并选择经济相对活跃、信用环境较好、社区居委会（村委会）公信力较强的社区（行政村）建立标准化金融服务网格化工作站，发挥典型引路的作用。在黄冈、宜昌和恩施三个地区开展金融服务网格化现场交流会，加强经验交流，探索全省可复制、能推广的服务模式，以点带面，扩点增面。"一石激起千层浪"，各方活力不断激发，各参与机构通过不断丰富金融网格化内涵和功能，使金融服务网格化战略在缓解小微企业和"三农"融资难融资贵、金融精准扶贫、打击非法集资、支持"大众创业、万众创新"和传播金融文化等方面发挥出了重要作用，事半功倍。

第四节　金融服务网格化的创新形态——"网格化＋"

创新是引领发展的第一动力，金融服务网格化聚焦薄弱领域，坚持效果导向，以创新思维突破推动中的瓶颈。在银行业监管部门的引领下，湖北省各银行业金融机构成功将"网格化＋"融合于经济社会多个新领域。

一、"网格化"与精准扶贫

扶贫开发成败系于精准，需要找准"穷根"、明确靶向，量身定做、对症下药，真正扶到点上、扶到根上。"金融服务网格化"战略聚焦"精准"二字，能够有效地助力脱贫攻坚。目前，湖北按照"乡乡有机构、村村有机具，人人有服务"的目标要求，通过在全省 31 个集中连片地区贫困县的394 个乡镇中建立网格化扶贫工作站，将银行服务和金融产品延伸到贫困县、乡、村，增强贫困户"造血"能力。目前，湖北荆州、宜昌两地在全

省率先实现贫困村金融服务网格化工作站全覆盖,建站率 100%,其中宜昌长阳农村商业银行依托金融服务网格发放贫困户贷款 615 户,金额 775.65 万元。

通过网格平台的大数据优势,银行机构准确掌握了建档立卡贫困户和扶贫项目的金融服务需求,较好地解决了精准扶贫中"扶持谁""谁来扶""怎么扶"的问题,有效提升支持的精准度。一是"扶持谁"的问题。银行业机构通过扶贫办和政府综治系统提供的相关信息,精准筛选扶贫项目、贫困户和弱势群体,确定精准扶贫项目和人员名录,掌握扶贫对象精准信息,提高支持扶贫对象的精准度,实现扶贫项目评估、贫困户评级授信和金融基础服务的"三个精准覆盖"。二是"谁来扶"的问题。推动银行业机构建立精准扶贫"包干"机制,并指导扶贫工作队依托网格化平台开展产业扶贫,形成工作合力。通过在贫困地区下沉网点,建设网格化工作站,构建开发性、政策性、商业性等各类银行机构分工协作、功能互补的精准扶贫格局,提高资金来源供给的精准度。三是"怎么扶"的问题。借助网格优势,精确筛选扶贫项目,因势利导不断开发多样化的新型网格扶贫产品,确保扶贫资金的"靶向"投放,提高资金投放使用的精准度。引导银行业机构拿出真金白银,支持扶贫项目建设,增强贫困户"造血"能力,让基层群众就业有机会、生活有奔头、致富有门路,实现安居乐业,有效减少了社会不稳定因素。在"金融服务网格化"战略有效带动下,2016 年末全省扶贫开发贷款达 215 亿元,比年初增长 189%,湖北省正努力完成扶贫攻坚期内在全省 4821 个贫困村实现金融服务网格化工作站全覆盖的目标。湖北省委将"金融服务网格化"战略纳入《关于全力推进精准扶贫精准脱贫的决定》。省扶贫办在《湖北省扶贫办简报》上以"推进网格建设 助推精准扶贫"为题向国务院扶贫办推介湖北省银行业网格扶贫经验。目前,湖北银监局扶贫工作队驻点的咸宁通城华家村中,70% 有劳动能力的贫困户已确定致富项目并实现了收益。

湖北各银行机构还借助网格优势,因势利导开发多样化的新型网格金融扶贫产品,如工商银行湖北省分行创新扶贫融资模式,推出"助保贷""扶贫贷";农业银行湖北省分行在林权、集体土地承包权等方面尝试创新产品,先后推出"茶园贷""林权贷"等信贷产品;邮储银行湖北省分行推出"农业贷""畜牧贷""助农贷"等 20 多个特色新产品。目前,扶贫开发有效金融需求不断得到满足,"金融服务网格化"战略已开始显现出高水平支持精准扶贫的"裂变效应"。

【专栏 5 - 5】

京山创新金融服务网格化 + 金融扶贫精准化服务模式

2017 年 4 月 12 日，湖北省京山县绿林镇隆重举行与该县永兴食品公司合作的袋料香菇产业扶贫项目启动仪式。仪式现场，京山农商银行向绿林镇集中授信 3000 万元。该镇贫困户代表苏立权、丁远平手捧红色的入股分红证书，激动地向市、县领导和农商银行工作人员表示感谢。苏立权说，政府和农商银行为我们办了一件大好事，我们脱贫致富有希望了。

2017 年以来，京山农商银行在绿林镇积极开展了"金融服务网格化 + 金融扶贫精准化"的服务模式，组建工作专班，通过网格化手段，建立了绿林镇贫困户信息档案，并在京山县扶贫办、绿林镇政府的大力支持下，创新推出了"农商行 + 县扶贫办 + 镇政府 + 担保公司 + 保险公司 + 新型经营主体 + 贫困户"信贷服务模式，积极支持绿林镇香菇产业扶贫项目发展。具体采取了如下模式：由县扶贫办筹资 500 万元设立绿林镇香菇扶贫产业专项担保基金，按 1:7 的比例放大；京山农商银行对参与香菇扶贫产业的 328 户贫困种植户按照每户不超过 10 万元标准核定贷款额度，拟投放专项扶贫贷款 3000 万元；京山县诚信担保有限公司进行保证担保；中国人民财产保险有限公司京山支公司对贷款贫困户进行人身意外伤害保险、家庭财产保险和产业保险；贫困户将扶贫贷款入股永兴食品；永兴食品公司为香菇种植贫困户提供菌棒及种植技术指导和产品回收，种植户负责香菇种植、采摘；永兴食品公司按年利率 6% 对贫困户进行分红。

启动会现场，京山县扶贫办、京山县诚信担保公司、绿林镇、人保财险公司、京山农商银行就绿林镇香菇产业扶贫项目签订了五方合作协议，绿林镇与永兴食品公司签订了合作协议，永兴食品公司与贫困户代表签订了入股协议。同时，京山农商银行向绿林镇现场集中授信 3000 万元，积极支持绿林镇香菇产业扶贫项目发展。

资料来源：京山创新金融服务网格化 + 金融扶贫精准化服务模式 [EB/OL]. (2017 - 04 - 13). 搜狐财经频道，http：//business. sohu. com.

二、"网格化"与惠农支小

通过实施"金融服务网格化"，全省银行业金融机构不断加大创新力度，重点推进"三农"客户特别是农村新型经营主体以及城市园区、商区内小微企业及个体工商户等享受均等化金融服务，着力缓解"三农"和小微企业融资难、融资贵问题,让广大群众特别是弱势群体共享金融"雨露甘霖",主要依托金融服务网格化工作站,开展三个方面创新,实现惠农支小:

一是加强服务模式创新。各银行业机构下沉服务力量,简化贷款流程,下放贷款权限,变过去等客上门为主动出击,走村入户、入园区、社区,通过外出务工人员座谈会、社区居民座谈会、小微企业座谈会等,通过延时服务、上门服务、亲情服务,打造网格服务"新常态",对接需求信息。如湖北大冶泰隆村镇银行探索了"两有一无"网格化贷款模式,针对有劳动意愿、有劳动能力、无不良嗜好的乡村居民就可以发放纯信用贷款。

二是加强特色产品创新。全省各银行业机构根据金融服务网格化工作站专职网格员对市场细分、研究、反馈,三年来,因地制宜推出许多各具特色的创新金融产品,如围绕农村生产生活需求创新"两权"抵质押贷款、围绕农民工金融需求创新"打工贷款"、围绕弱势群体需求创新公益性贷款等,积极推广"银税互动""银税保互动"等产品,有效释放信贷供给。以湖北十堰为例,2015 年以来,十堰某行通过网格化站累计支持种养大户 472 个,累计发放贷款 9744 万元,余额达到 16793 万元。再如,湖北恩施州辖内银行开发了"农宅贷""生猪养殖贷""茶户贷""果农贷"等特色贷款产品,2015—2017 年全州种养殖业贷款的续贷金额逐年上升,2017 年 6 月末贷款余额 30.7 亿元,其中续贷金额 11.7 亿元。目前全省创新各类信贷产品和服务方式近 550 种,基本做到了"一县多品"。

三是加强服务渠道创新。坚持线上与线下相结合、城市与农村相结合,实施差异化服务渠道创新,线下以银行物理网点、社区、园区、商区、校区、农区普惠金融网格化工作站为依托,对网格内居民、商户、小微企业等提供多样化、精细化金融服务。同时,还加大对基层金融服务网格员培训力度,提升线下协同服务的质效,更好地满足社区居民需求和支持农业产业升级等。线上通过组建全省银行业统一的金融服务网格化集成网,搭建金融线上服务的"智慧中枢"和"供需平台",织就了一张金融服务"大网",延伸金融服务"毛细血管",有效提高了金融服务的质效,满足不同群体的多层次金融需求。通过线上平台,银行及时系统和准确地掌握企业缴纳水电费、医保、社保、住房公积金和雇工情况,便于从整体上把握企业的实际生产经营状况和实力,针对性地满足小微企业的融资需求,有效缓解融资难问题。实施"金融服务网格化"战略还推动了银行全面运用"互联网+"技术,对海量的小微企业信息数据实施大数据分析,加快差异化利率定价机制的形成,小微融资由"难贵"转向"便捷"。2017 年已发放的网格化贷款中,有 2.1 万笔贷款下调利率 0.15~0.87 个百分点,有 6356 笔贷款免除抵质押或担保环节,累计少收利息1.2亿元，减免担保费、抵质押评估费和抵押登记费0.6亿元。

截至2017年9月底，通过实施金融服务网格化战略，各银行业机构围绕农业农村生产生活需求，通过金融服务网格化工作站发放的贷款惠及城市低收入居民53.64万户，商户和小微企业6.28万户，"三农"客户25.19万户。

【专栏5-6】

小微申贷获得率逾九成
湖北"网格化"金融服务成效显著

"金融服务网格化是湖北银监局引导银行业发展普惠金融的重要探索，实施一年多来，湖北省小微企业申贷获得率达到91.95%，减轻小微企业利息负担2.2亿元，已在湖北省搭建起银行、企业、地方政府多方共同参与的'金融生态圈'。"湖北银监局党委书记、局长赖秀福近日在中国银监会银行业例行新闻发布会上介绍说。

据了解，2015年，湖北银监局借鉴地方政府网格化管理做法，提出"金融服务网格化"的设想，推动银行与政府综治部门合作，依托综治网格化信息平台的大数据优势，将乡镇、街道、社区、村组划分成若干网格，每个网格落实责任银行，建设金融服务网格化工作站，配备网格员，由网格员定期收集企业、居民的金融需求信息，并利用互联网技术将相关信息同步上传至信贷审批后台，从而使基础金融服务更快捷、更精准。

"'金融服务网格化'战略借助综治部门网格化信息平台，挖掘信息，拓展客户，能够激活沉睡的政府信息，有效缓解普惠金融缺信息和缺信用两大梗阻。"据赖秀福介绍，"金融服务网格化"战略明确了"三步走"目标，2015年为启动探索年，2016年为复制推广年，2017年为巩固提升年，确保网格覆盖率每年增长30%以上，县域存贷比每年提高1~2个百分点。

数据显示，截至2016年3月末，湖北省已划分金融服务网格20334个，建立金融服务网格化工作站13869个，网格化金融服务点授信金额达722.51亿元，已发放贷款527.1亿元。

截至3月末，"金融服务网格化"战略已惠及小微企业3.35万户，"三农"客户8.24万户。另据不完全统计，2015年以来发放的网格化贷款中，有3.25万笔下调利率，累计少收利息2.2亿元。

资料来源：小微申贷获得率逾九成[N].经济日报，2016-05-12（B6）.

三、"网格化"与社会综治

"金融服务网格化"战略是湖北银监局与湖北省综治部门共同推进的一项普惠金融创新,一方面,银行业金融机构借助各级社会治安综合治理信息平台,获取信息,搭建网格;另一方面,综治部门也可以根据银行业金融机构提供的信息,丰富综治信息平台内容,增加服务范围,提升服务质效。经过三年的实践,金融服务网格化战略有效地助力了社会平安建设,维护了金融安全和社会稳定。

金融服务网格化战略支持了处非工作打早打小。一是事前,建立网格站宣传常态化机制。湖北银监局在制定金融服务网格化工作方案时,就把防范非法集资风险作为金融服务知识宣传的重要内容之一,要求各银行业机构普惠金融网格化工作站发挥贴近基层、贴近群众的优势,加强与社区、乡镇、村组互动共建,通过金融服务网格化工作站大力宣传防范非法集资和金融诈骗等知识,不断提高群众金融知识水平,教育居民树立理性理财意识,对非法集资做到能识别、不参与、敢揭发。2015年以来,通过网格化工作站设置展架橱窗2.17万个,发放宣传手册310万份,宣传人数452万人。二是事中,要求专职网格员通过走村入户,了解居民及农户资金需求、资金流向和利率等情况,收集非法集资信息,建立报告处置机制。对普惠金融网格化工作站收集的非法集资信息,迅速开展调查摸底和风险排查,及时发现风险苗头,及时向政府汇报,加强与相关部门的协作,主动配合政府处置工作,在基层搭建起防范非法集资的"情报网"。三是事后,从案件侦办、财产清查、法律援助等各方面给予全方位支持,2016年全省借助网格化工作站发现参与非法集资1592人,涉及业务2.4万笔,金额57.3亿元。国家处非联办充分肯定湖北依托网格化管理非法集资监测预警工作的经验做法,并在2016年9月赴恩施拍摄专题片在全国社会综治创新工作会议上展示交流。

四、"网格化"与基层党建

"金融服务网格化"战略实现了银行的资金、服务优势与基层党组织的信息、管理优势融合对接,平台共建、信息共享、优势互补,形成了普惠金融发展的强大合力。

一方面,"金融服务网格化"战略创新党组织服务群众新模式,助力基层党建。基层党组织通过网格站参与对企业、居民的授信监督,开展金融知识宣传活动,拓展了服务功能,扩大了党的工作覆盖面和影响力,密切了党群干群关系,极大增强了基层党组织的亲和力、凝聚力和向心力。另一方面,

"金融服务网格化"战略切实为老百姓做实事，促进普惠金融与基层党建相结合，通过基层党组织等政府增信加快差异化利率定价机制的形成，有效降低了融资成本，着力缓解融资难、融资贵问题，充分践行了"让利于民、让利于实体经济"的发展理念，让广大群众特别是弱势群体共享金融"雨露甘霖"，得到更多实惠。

目前，全省银行已聘请社区、村组党员干部网格员1.8万人，成为了基层党建的生力军。

五、"网格化"与打击非法校园贷

针对目前非法校园贷活跃，学生群体金融服务不充分的现状，在实施金融服务网格化战略中，湖北银监局积极探索"网格化+校园模式"，以网格化服务为抓手推进校园正规金融服务供给，较好发挥了银行机构的"正规军"作用，推动校园金融市场秩序全面净化。一是配备一套工作专班。借助校园网格工作站，以银行网格管理员和专职网格员为主，并聘请各班级班长、学生会成员及志愿者为兼职网格员，开展送金融知识进校园活动，收集大学生金融服务需求信息。二是建立一套交流沟通机制。校园网格工作站网格管理员和专职网格员与学校学生工作管理人员建立定期沟通交流和责任分担机制，明确各自职责和任务，共同提升校园金融服务质效，打击非法校园贷。三是开展一系列金融宣传。安排银行工作人员驻站工作，通过布放展架、发放折页、当面辅导、提供咨询等方式，在高校里开展金融知识宣传，增强高校学生的诚信意识和风险意识，防范和化解非法校园贷风险。2017年9月13日，湖北银监局联合湖北省政府金融办和湖北省教育厅召开全省大学生金融节暨打击非法校园贷的宣传活动，全省129所高校同步启动活动，涉及140多万在校大学生，以每所高校进驻2~3家银行的标准对接金融服务网格化工作站建设，截至2017年末，全省设立校园网格站338个，发放信用卡10.5万张，授信金额8.1亿元，实现全省129所高校校园金融网格化工作站全覆盖。四是创新一系列校园金融产品和金融服务方式。推动全省银行业金融机构细分校园市场，有针对性地创新在校大学生消费金融产品，满足不同层次在校大学生消费需求。五是提供一站式服务。在已有的校园营业网点统一加挂"普惠金融服务网格化校园工作站"标志牌，开通为大学生办理消费金融服务的窗口。在尚未开设营业网点的高校，设立金融服务网格化校园工作站。运用智能化服务工具、优化内部审批、管理流程，优化学生办理贷款程序和免除不必要的贷款手续，实现一站式服务模式。目前，全省各银行业金融机构纷纷利用普惠金融服务网格化校园工作站，对接大学生金融需求，加大对校园消费信贷的投放力度，满足大学生合理信贷需求。以中国银行湖北省分行为例，截至 2017 年 9 月末，该行为湖北省内 33 所高校建立了"普惠金融服务网格化校园工作站"，为 16 家院校提供"智慧校园"等信息化建设支持。

第六章　湖北普惠金融制度变迁的远景展望

很显然，经济远远比围棋比赛复杂得多。不过，到了下一代，机器几乎肯定会发挥更大的作用——为政策制定者提供协助、作出实时预测、发现泡沫，以及揭示复杂的宏观金融联系。

——国际货币基金组织总裁拉加德

科技是第一生产力，金融是现代经济的核心，两者的结合即科技金融是最活跃、最具潜力的创新地带，将为普惠金融发展带来深刻变革。国务院《推进普惠金融发展规划（2016—2020年）》强调，发挥互联网等现代信息技术在创新金融产品和服务手段、降低金融交易成本、延伸服务半径、拓展普惠金融服务的广度和深度方面的重要作用。在2016年9月杭州G20第十一次峰会上，数字普惠金融被列为重要议题，会上通过的《二十国集团数字普惠金融高级原则》成为全球普惠金融发展的重要里程碑。随着金融科技和大数据时代的来临，飞速发展的云计算、大数据、物联网、移动互联网、区块链、人工智能等先进技术为普惠金融的发展插上了翅膀。依托新兴技术手段，普惠金融领域长期存在的征信与风控已不再是一个无法攻破的难题。技术与数据的驱动力将推动提升金融服务的可获得性，降低交易成本，提高服务效率，增强风险防控能力。科技金融引领未来普惠金融发展将是大势所趋。

第一节　金融科技在普惠金融领域的应用现状

宜信公司与哈佛商业评论联合推出的《普惠金融的中国实践：技术驱动变革》报告指出："普惠金融的新实践运用大数据、云计算、知识图谱等技术，实现了风险控制、信用管理、产品设计以及客户体验的全面提升。"近年来，在物联网、大数据、人工智能等新兴科技的支撑下，普惠金融服务逐渐呈现出网络化、移动化趋势，第三方支付、网络P2P信贷、网络保险、移动支付等新兴普惠金融业态蓬勃发展，各类创新产品、服务和模式不断涌现，为普惠金融发展注入了新鲜活力和不竭动力。

一、物联网技术在普惠金融领域的应用现状

（一）物联网的概念

1999 年美国麻省理工学院最早提出了物联网的概念，他们主张将 RFID 射频识别技术和互联网结合起来，通过互联网实现产品信息在全球范围内的识别和管理。我国工业和信息化部于 2011 年发布的《物联网白皮书》中对物联网的定义为：物联网是通信网和互联网的拓展应用和网络延伸，它利用感知技术与智能装置对物理世界进行感知识别，通过网络传输互联，进行计算、处理和知识挖掘，实现人与物、物与物信息交互和无缝链接，达到对物理世界实时控制、精确管理和科学决策目的。[①] 根据 2016 年国际电信联盟官方定义，物联网（Internet of Things，IOT）是互联网、传统电信网等信息承载体，通过网络连接让所有物理设备（包括车辆、建筑物及其他内嵌有电子器件、软件、传感器、执行器和网络连接的物理设备）实现数据收集与交换的网络。[②] 国际电信联盟不仅界定了物联网的内涵，还描述了物联网的外延，即当物联网技术广泛地应用到日常用品上，人们将随时随地地进行沟通，不受空间和时间的限制，信息交换的主体也由人与人的沟通扩大到人与物体以及物体之间进行数据连接，并提出了"任何时刻、任何地点、任意物体之间互联，无所不在的网络和无所不在的计算的发展愿景"。

一般认为，物联网由感知层、网络层和应用层三层次架构构成，感知层实现对物理世界的智能感知识别、信息采集处理和自动控制，并通过通信模块将物理实体连接到网络层和应用层。网络层主要实现信息的传递、路由和控制，包括延伸网、接入网和核心网，网络层可依托公众电信网和互联网，也可以依托行业专用通信网络。应用层包括应用基础设施/中间件和各种物联网应用。应用基础设施/中间件为物联网应用提供信息处理、计算等通用基础服务设施、能力及资源调用接口，以此为基础实现物联网在众多领域的各种应用。通过物联网的运用，人类可以更加精细和动态地管理生产生活，提高资源利用效率和生产力水平，改善人与自然之间的关系。

（二）物联网的主要特点与发展现状

1. 主要特点

一是全面感知。工业物联网利用射频识别技术、传感器、二维码等技术随时获取产品从生产过程直到销售到终端用户使用的各个阶段信息数据。传

---

① 工业和信息化部电信研究院. 物联网白皮书 [R]. 2011 – 05.

② Internet of Things Global Standards Initiative. ITU. Retrieved 1 June 2016.

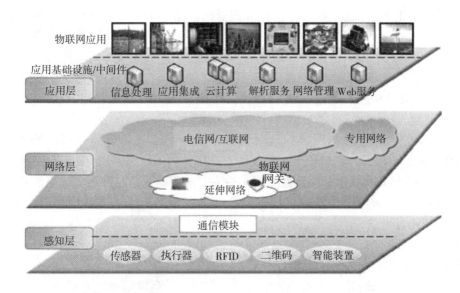

资料来源：中国信息通信研究院，www. caict. ac. cn.

图 6 - 1　物联网网络架构

统的工业自动化系统信息采集，只存在于生产质检阶段，企业信息化系统并不太关注具体生产过程。

二是互联传输。工业物联网通过将专用网络和互联网相连的方式，实时将设备信息准确无误地传递出去。它对网络极强的依赖性，且要比传统工业自动化信息化系统都更注重数据交互。

三是智能处理。工业物联网利用云计算、云存储、模糊识别及神经网络等智能计算的技术，对数据和信息进行分析并处理，结合大数据，深挖数据的价值。

四是自组织与自维护。一个功能完善的工业物联网系统应具有自组织与自维护的功能。其每个节点都要为整个系统提供自身处理获得的信息及决策数据，一旦某个节点失效或数据发生异常或变化，那么整个系统将会自动根据逻辑关系来作出相应的调整，整个系统是要全方位互相连通的。

2. 发展现状

世界各国已经行动起来积极发展物联网。美国已将物联网上升为国家创新战略的重点之一，提出"智慧地球"构想，将"新能源"和"物联网"列为振兴经济的两大武器，并在《经济复苏和再投资法》（*Recovery and Reinvestment Act*）中鼓励物联网技术发展。欧盟制定了促进物联网发展的十四点行动计划，实现了物联网在汽车信息通信、自动抄表、安全检测、自动售货、交通系统、自动化工业、城市信息化等领域的应用。2008—2009 年，日本先后提出"u – Japan xICT"（信息通信技术）政策和"I – Japan"战略，将各行业、地区、人民的生活生产与信息技术深化融合，实现经济增长的目的。韩国也确立了 u – Korea 战略，让人们可以随时随地享有科技智慧服务，并进一步强化产业优势与国家竞争力，目前物联网主要应用于智能交通、远程抄表、自动监测、智能家居等领域。

我国已经把物联网明确列入《国家中长期科学技术发展规划（2006—2020 年）》和 2050 年国家产业路线图。2010 年 10 月 18 日，国务院发布的《关于加快培育和发展战略性新兴产业的决定》明确了信息为七大战略性新兴产业之一，突破方向为新一代信息网络、"三网"融合、物联网、云计算。2014 年 4 月 1 日，工信部总经济师周子学在"第五届物联网大会"上表示，工信部未来将从以下四个方面重点进行物联网行业建设：第一，工信部将重点打造物联网核心芯片、仪器仪片等核心技术，加快核心技术的发展；第二，将在核心领域进行重点的核心技术研发，在煤炭、运输等领域开展示范建设；第三，将在各个行业发展物联网的基础上进行协调统一的发展，增强整体性和统一性，减少重复建设；第四，在信息安全领域将加强信息保障制度的研发，保护物联网发展过程中的个人隐私和数据安全。

互联网巨头谷歌公司执行董事长埃里克·施密特明确预言"互联网即将消失，一个高度个性化、互动化的有趣世界——物联网即将诞生。"当前，全球物联网市场规模不断扩大，联网设备高速增长。预计 2018 年全球物联网市场规模超过千亿美元，联网设备年均复合增长率将保持在 31% 以上。根据咨询公司 Venture Scanner 的统计，截至 2017 年第一季度，全球物联网行业相关公司已经突破 1800 家，覆盖软件开发、智能家居、智能汽车等 20 余个领域，融资金额达 320 亿美元。Yole Department 数据显示，MEMS 和传感器市场规模将从 2016 年的 380 亿美元增长至 2021 年的 660 亿美元，复合年增长率（CAGR）达 12%。贝恩咨询公司预测，到 2020 年，出售硬件、软件和综合解决方案的物联网服务供应商年收入可达 4700 亿美元，可用利润达 600 亿美元。BI Intelligence 数据显示，2018 年全球物联网设备将超过 90 亿台，约占所有联网设备一半，另一半则是已普遍接入互联网的电脑、手机、电视、平板等设备。IDC 数据显示，2020 年全球将超过 250 亿台设备联网，同时在网用户将达 44 亿人。根据爱立信公司的报告，2023 年前，全球移动通信总流量将增长 8 倍，达到每月 110 个 EB。Juniper Research 公司则表示，在未来五年时间里，M2M 连接技术中 98% 的流量将产生于接入 Apple CarPlay 或 Android Auto 等汽车信息娱乐系统。从以上数据可以看出，物联网产业的市场规模很大，设备接入量将近百亿台，蕴含的发展潜力巨大。此外，低功耗广域物联网（LPWAN）技术将进军过去没有通信参与的物联网应用市场。根据应用环境，这一技术将会使传感器的运行时间增至十年，信号覆盖更多面积（直线最长达到50公里）。人工智能技术、区块链技术等与物联网的融合也将日益紧密，进一步帮助企业从创造附加值向创造全新商业模式和创造新收入来源的工业物联网方向转变。

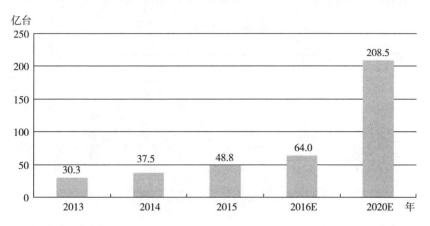

资料来源：Gartner。

图 6 - 2　2013—2020 年全球物联网设备数

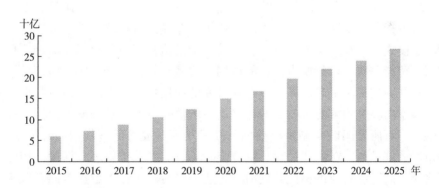

资料来源：《2017—2022 年中国物联网市场供需预测及投资战略研究报告》。

图 6 - 3　全球物联网连接数预测

目前，我国物联网已初步形成了完整的产业体系，具备了一定的技术、产业和应用基础，在中央系列顶层设计和各地各部门的不懈努力下，我国物联网发展取得了显著成效。产业规模从 2009 年的 1700 亿元跃升至 2017 年突破 9300 亿元，同比增长 9.31%。前瞻研究院数据显示，截至 2016 年我国物联网市场规模约为 9600 亿元人民币，同时该机构也预测 2018 年我国物联网市场规模有望超过 15000 亿元。复旦大学管理学院课题组发布的《移动物联网（2017）行业研究报告》显示，2020 年我国移动物联网业务总体市场规模可达 1.76 万亿元，市场年均复合增长率将达 15%。

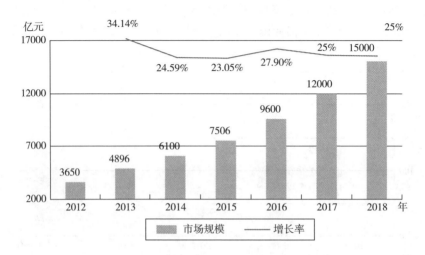

资料来源：TokenClub. 区块链行业研究报告第一期：物联网，科技圈内微信公众号。

图 6－4　全国物联网市场规模

物联网作为一个大趋势，并不是独立存在的一种新行业，而是与不同领域的传统行业深度结合，由物联网给传统行业赋能，在此基础上形成的一种新生态模式。物联网在不同领域都有着广泛的应用场景，比如车联网、智能家居、智能照明、智慧城市、智能电网、智慧农业、地产楼宇、医疗等。同时，物联网在工业生产领域，也有着重要的应用场景。物联网通过数据的感知与共享向多个领域的深度渗透，将进一步消除行业与地域间的界限，并促进融合创新研发团队与制造企业间的技术交流，成为促进新产品、新工艺、新市场的催化剂。在生产过程、供应链管理、节能减排等环节深度应用物联网将成为制造业企业的标配。同时，工业云平台、工业大数据等配套服务模式将逐步完善，进一步整合物联网服务资源，从而带动我国传统产业的全面转型升级。

（三）物联网技术目前在金融领域的应用

物联网金融是指依托于物联网技术，以金融媒介为平台，实现资金流、物资流和信息流高度融合的一种新兴金融。如通过读取金融 IC 卡进行的随时随地离场支付，基于对商品或抵质押物"可视追踪"开展的贸易融资，通过车联网实时监测车辆状态开展的保险业务，等等。在物联网金融模式下，金融服务创新融入到整个物理世界，可以使物品的使用属性与物品所具有的价值属性有机融合，达到商品流、信息流和资金流的完美统一，给经济金融领域带来深刻影响与变革。目前，物联网在金融服务业中已经得到一定的应用。

1. 仓储物联网金融

仓储物联网金融是在仓储金融基础上发展起来的金融服务，是借助物联网技术对仓单质押、融通仓、物资银行等服务的进一步提升。借助物联网技术，可以对仓储金融的监管服务实现网络化、可视化、智能化，使得过去独立的仓储金融服务得到发展，也可使金融创新服务风险得到有效控制。

目前，平安银行已经通过引入物联网传感设备和智能监管系统，试点钢铁行业仓储管理，押品的监管仓库在经过改造后可以实现对动产存货的识别、定位、跟踪、监控等，如此客户、银行以及监管方都可以及时并全面地了解抵质押品的状态与变化。通过对入库的抵质押品进行3D轮廓扫描，管理平台根据相关信息生成相关标签单据，进行锁定。对于未授权的操作以及抵质押品的状态变化，会发出警报及时通知库管以及银行。这一举措把动产变为了不动产，很大程度上降低了风险。

2. 货运物联网金融

货运物联网金融是在货运车联网技术的基础上创新的金融服务，货运物联网金融服务由华夏物联网研究中心首先提出并进行了很多开拓性研究。借助货运物联网金融服务，可以借助于一个双向管理（金融管理与物联网管理）手段，复合金融卡技术（RFID卡与银行卡合一），面向货运车辆，实现一车一卡，集成卡车运营中的一切商务活动，进行金融服务创新。货运物联网金融可集成与整合的服务众多，创新空间巨大。例如，集成加油服务，可实现庞大客户群的加油团购，使得持卡加油大幅优惠，随着发卡量的增多，客户群会越来越大。又如集成卡车保险服务，可实现庞大客户群的保险团购，使得客户群远远大于车队规模，可获得大幅保险优惠，让保险公司与车主获利。

3. 公共服务物联网金融

公共服务物联网金融是基于物联网金融在公共服务领域的广泛运用，将物联网技术应用于水、电、燃气等各类公共服务的金融结算。如在远程抄表系统的智能卡上集成金融服务，可以实现远程金融直接结算，为控制风险，可增加手机或网络实时授权确认功能。这项金融服务可在燃气、水表、电表等公共服务上应用，完全可以集成在同一卡上，借助金融卡的集成作用，打通各个公共服务物联网，实现各个专业的、孤立的物联网之间的共享服务。

4. 现金押运物联网管理

物联网技术在现金押运流程中具有广泛应用。例如，江苏省江阴市将射频识别技术应用到金融资产押运之中。该系统囊括了金融资产押运的全部流程和事项，如任务调配、款箱交接、设备登记、报警处理等多个模块，对于押运流程中涉及的物品（如车辆、枪支、款箱等）和参与流程的押运人员等，均可通过物联网技术进行电子化和智能化的管理，押运全部流程实时进行监控，并且可以在发生突发状况时进行快速的反应和处理。无锡部分银行安装了款箱跟踪系统，该系统采用物联网技术，实现了款箱精细化管理和流程追溯控制，银行可以实时监控款箱状态。

5. 支付结算物联网金融

随着移动通信、物联网和通信技术的融合发展，支付手段从面对面的货币现钞支付，演变成随时随地的电子支付，并从密码支付逐渐向指纹、虹膜等生物识别支付发展。物联网的快速发展，使移动支付、远程结算、区块链技术得到更加广泛的应用，推动"感知支付"新时代的来临。例如，民生银行在业内率先推出虹膜支付，将虹膜识别技术应用于移动支付领域，可用于手机银行话费充值、便民缴费、商城支付等全部支付场景，只需将双眼对准手机屏幕上的验证框进行虹膜信息采集和对比，虹膜验证通过，支付也顺利完成。农业银行、建设银行、招商银行已实现"刷脸取款"，为 ATM 安装了人脸识别系统，并采用双目活检技术、静默活体、动作活体、唇语活体等活体检验方式，照片、换脸视频、翻拍、3D 头套等都能被识别出来。

【专栏 6 –1】

物联网金融与银行发展

商业银行作为金融市场的重要角色，可以依托物联网技术，变革银行的信用体系、防范经营风险、提升管理效能及改善客户体验，形成独特的物联网银行模式。

一是全面改造银行信用体系。在现行信用体系下，银行从业人员基本是通过调研企业运营情况，特别是财务数据、信用记录等信息，对企业进行信用评级，再给予贷款、投资等融资支持。而通过物联网为银行建立起客观信用体系，将帮助银行打造全新的商业模式。如结合物联网的货物质押系统，将实现对动产的全程无遗漏的监管。又如借助物联网技术，银行实时掌控贷款企业的采购渠道、原料库存、生产过程、销售情况，实现按需贷款、按进度放款，并可预防欺诈违约案件，提高银行风控水平。

二是开启感知支付时代。物联网的快速发展，将推动感知支付时代的来临。未来物联网在支付中应用后，会感知消费者的周边环境和自身的状态，以确保支付者的资金安全、人身安全。物联网还可通过透彻感知，将支付行为与企业运营状态、个人健康、家庭情况的动态变化相关联，动态调整支付额度，控制银行风险。

三是大大降低动产质押风险。由于物联网可实现对动产全程无遗漏的监管，极大地降低动产质押的风险。物联网让动产具备了不动产的属性，如在钢铁贸易中，物联网可全过程、全环节地堵住钢贸仓单重复质押、虚假质押等一系列动产监管中的问题。物联网下的动产质押将深刻改变供应链金融的模式，从而破解小微企业贷款难的问题。

传统银行的最优策略是跳出金融范畴，帮助客户实现物联网化，包括为传统产业搭建网络基础设施，以及打造涵盖交易、订单分发、支付结算、物流管理等功能的网络系统或者平台，在充分抢占物联网入口的基础上，进一步构建起"物联网＋大数据＋客户洞察"三位一体的新型商业模式，并在此基础上提供其他金融服务。

第一，围绕客户洞察，强化数据分析能力建设。作为互联网＋智能硬件的自然延伸，物联网将带来体量更加庞大的实时传感器数据，物联网金融必然是"生态制胜，数据为王"的，商业银行经营方式将从以产品、客户为中心彻底过渡到以数据为中心，数据驱动成为不可逆转的发展趋势。但互联网和物联网的核心区别在于数据来源，互联网的数据由人产生，人是天然的智能终端，具备自主生成信息的能力，因此传统互联网无须过多关注其他信息源。物联网的数据则由物产生，数据处理变得更加复杂，物理世界的实体必须映射为数字世界的可识别模型后才能构建起互联关系。但如今，沉淀在银行系统中的交易数据，90%以上没有得到利用。因此，银行需要不断提高数据分析能力，通过及时分析各种数据，厘清其中的深层含义，进而向客户提供高度个性化、有价值，且具实际意义的产品和服务。

第二，在消费领域积极推进智能渠道的协同建设。前两次信息技术革命极大地丰富了银行的服务渠道，自助设备、电话银行、网上银行、手机银行等新渠道的不断涌现，成为提高银行整体竞争力的关键。随着互联网向物联网的转变，消费者通过手机或手环的近场通信功能进行消费支付已经初露端倪，未来还将有更多的智能终端出现，或许是智能手表，或许是智能眼镜，商业银行必须进一步加大对该领域的探索投入力度，并与电信运营商、零售商以及科技公司等服务机构合作，这样才能确保跟上消费市场的物联网前沿运用，把握即将爆发的移动支付机遇，尽可能早地掌握物联网时代的底层入口。

第三，在产业领域积极构建物联网金融服务的生态圈。互联网公司带给银行的启示是，互联网时代必须做开放式平台。物联网碎片化的特点，决定了物联网金融必然是一个垂直应用领域，是一个单独生态圈。银行应该一方面对新的信息技术保持敬畏之心，利用好互联网已有的平台和系统，并结合物联网的新技术和优势，在功能、应用上进行创新，对传统金融服务进行创新升级；另一方面要以开放的心态拥抱物联网供应商，在诸多垂直领域与大型生产企业、交易平台、仓储物流企业合作，将银行的生态系统扩展为一个庞大的物联网络。银行的角色定位是从中获取大量的客户经营数据和以此为基础的对客户的洞察，以此为客户提供定制化、个性化的建议。

资料来源：邵平．物联网金融与银行发展 [J]．中国金融，2015（18）．

二、区块链技术在普惠金融领域的应用

（一）区块链技术

区块链技术是一种使用去中心化共识机制去维护一个完整的、分布式的、不可篡改的账本数据库的技术，它能够让区块链中的参与者在无须建立信任关系的前提下实现一个统一的账本系统。区块链技术最早被运用于"比特币"等电子货币。依托于区块链技术，"比特币"等电子货币具有不依赖中央发行机构、低交易费用、全球流通等特征。近两年，作为电子货币支撑技术的"区块链"技术越来越受到重视，市场机构和专家认为，电子货币只是基于"区块链"技术的应用之一，未来区块链技术的应用将十分广泛，影响也更为

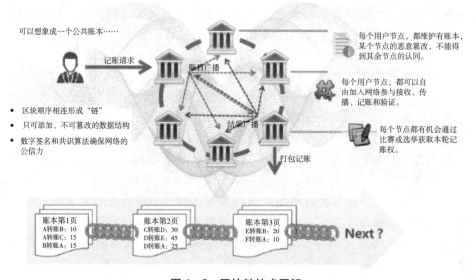

图 6 - 5　区块链技术图解

深远。

通俗地讲，区块链就是在互联网环境下建立的分布式储存的、集体维护的、可共享的"账簿"。区块链每个参与者作为互联网上的"节点"实时存储"账簿"的全部数据。每个参与者都可以在取得所有参与者共识的情况下修改"账簿"数据，每次数据修改都会被每个参与者记录，无法删除、撤销、篡改。之所以称为"区块链"技术，是因为每次数据修改是以"区块"方式存储的，不同参与者的修改按时间顺序形成"链条"。

区块链技术的特点：

第一，数据维护呈现"去中心化"特征。区块链的关键环节是通过一套公开透明的规范和机制，各参与者能对数据修改达成共识，都能够在相互无信任、无外界干预、无"中心化"的硬件或管理机构情况下共同维护数据。

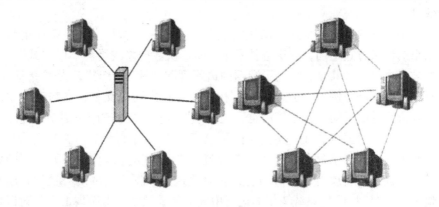

图 6 – 6　中心化模式与去中心化模式对比

凡是涉及去中心化的记录和交互的都可以考虑在区块链技术上开发相关应用，以下是在探索中的各种可能的应用模式。

一是登记。区块链具有可信可追溯的特点，即区块链采用一种称为"Proof of Work"的算法和共识规则，确保只有合法的区块才能加进来；一个区块经过验证后链接到区块链中，就会永久存储；原生在互联网上的账链数据库是不可摧毁的，所记录信息字段与生成时间关联并对应，可信账链里面的信息就具有唯一性、不可篡改性，因此区块链可作为可靠的数据库来记录各种信息。

二是确权。区块链的数据源可共享，使各个机构和人均可参与到整个系统的运作，每个参与维护节点都能获得完整数据库的拷贝，从而对信息所有者确权。

三是智能管理。区块链的拥趸认为区块链核心贡献是解决多点信息交互过程中的信任问题——"拜占庭将军问题",即传统系统中信息交互面临全网系统中任意节点都无法信任与之通信的对方的难题。但基于严密强大算法共识机制和分布式维护原则,区块链可以保证整个网络中的所有节点自动安全地交换数据。

从金融角度来看,区块链的"去中心化"首先会影响到金融基础设施,然后会扩及一般的金融业务。在金融领域之外,区块链技术的应用还将更为广泛。

第二,数据存储呈现"分布式"特征。每个参与者能在不依赖于第三方的情况下及时准确掌握完整的、一致的数据,降低了在较复杂的组织体系中进行数据更新、汇总、对账的成本,提高数据的有效性、准确性和时效性。

第三,数据内容呈现"高透明度""高价值"特征。与传统仅记录最终结果的记录方式不同,区块链技术中,每一次数据修改均被"区块式"记录,并被每个参与者共享,提高了数据的透明度和"附加价值",为"共享经济"打下较好基础。例如,通过区块链技术发起一次物品交易,参与者不仅能掌握此次交易的时间、价格等信息,还能掌握该物品之前的登记流转信息。

第四,数据可靠性、安全性较强。"区块链"中每个参与者都无法私自篡改数据,同时由于分布式存储及修改过程被记录,外部攻击者如果试图修改某个数据,需要攻击每个参与者,并修改这个数据之后的所有数据,成本成倍上升。"比特币"系统7年的运行中经受住了黑客的多次攻击,是对区块链技术安全性的有力验证。

第五,数据呈现"高冗余"特征,处理效率相对较低。随着交易数的增长,目前"比特币"交易数据最终被确认并打包进入"区块"通常需要10分钟左右。

第六,数据具有不可篡改性。通过公开分发数据库的形式,让每个参与维护节点都能复制获得一份完整数据库的拷贝。除非能够同时控制整个系统中超过51%的节点,否则单个节点上对数据库的修改是无效的,也无法影响其他节点上的数据内容。因此,系统中的节点越多、计算能力越强,数据安全性就越高。

(二) 区块链——数字普惠金融的技术引擎

如何以更低廉的成本、更便捷的方式为更广泛的群体提供平等有效的金融服务,是发展普惠金融的根本宗旨。区块链技术的特质能较好与普惠金融发展需求相吻合。事实上,区块链技术将会给发展普惠金融带来的巨大革新,特别是区块链技术造就的全网记账系统将极大创造和推动数字化普惠信用体系，可以让信用创造的价值成为可计量的资产，进而获得数字化普惠金融服务。区块链技术与物联网等技术相结合，可以让每一个人都拥有可以评估与交易的资产，并以之创造财富，从而推动普惠金融长足可持续发展。

第一是解决信任问题。制约普惠金融发展一个关键因素是信息不对称带来的风险。以商业贷款为例，一方面是小微企业和低收入人群缺乏有效的抵押物、质押物或交易信息，金融机构难以甄别还款来源而将其置于金融服务门槛之外；另一方面是现有技术条件下，金融机构难以监控贷款流向，无法对贷款项目进行动态的风险评估。区块链技术可以提供一套全民共享的分布式记账簿，将完整记录个人、企业日常交易数据等信息，大大提高了透明度。进一步而言，通过共识协议和可编程的智能合约形式，将原本更多依赖个人信用实现的商业条款（例如贷款合约中约定的资金用途）直接以数字密码形式进行自动执行，这实质上是利用技术维护了契约精神，健全了全社会的信用机制。

第二是降低成本、提高效率。制约普惠金融发展另一个瓶颈是交易成本过高和交易效率低下。尽管借助现有的互联网技术，金融服务得以逐步延伸至偏远地区或低收入人群，但离实现"平等有效"的目标还有差距。以近年来国际上非常关注的跨境侨汇服务为例，SWIFT 为代表的高额"电讯费"和动辄 24 个小时以上的延时问题，无疑大大限制了普惠金融理念的推广，世界银行就曾指出"如果汇款的手续费降低 5 个百分点，那么发展中国家每年将节省超过 160 亿美元"。究其原因，主要是现有的跨境转账体系中间代理层级过多、基础设施成本较高以及信息不透明等。区块链作为一种全新的数字支付系统，其去中心化、基于密钥的货币交易模式，有助于客户实现无须中间权威仲裁的点对点交互，在保证安全性的同时也大大降低了交易成本、提高了汇款的速度，这无疑将彻底改变现有格局。且去中心化的互助协作，避免垄断集团控制信息资源创造垄断利润。

第三是推动风险控制可视化。普惠金融业务的高风险本质上来源于信息不对称，由于小微企业和低收入人群缺乏有效的抵押物、质押物，商业银行难以甄别还款来源，从而形成高风险。而运用区块链技术，可以完整记录企业日常交易数据等信息，商业银行可以有效判断客户的信用等级与信用水平，显著提高风险识别能力和授信审批效率，这使得向小微企业和低收入群体提供有效金融服务成为可能。

第四是奠定共享经济基础，构建智能普惠金融生态环境。我们都知道，区块链技术的应用不仅限于金融领域，在物联网、供应链及诸多非金融行业同样有着巨大潜力。如果说普惠金融是一张覆盖更广泛群体的网络，那么区块链技术去中心化的共识机制有可能将这张网张得更大、织得更密，连接其他行业的网络，形成人与人、物与人、人与物的大联通和大共享，最终构建一个智能普惠金融生态环境。未来的某一天，任何个体（包括中小企业）的身份识别、生产经营和社会互动等信息都将被区块链中的各节点准确记录，各种资源将借助区块链得以有效配置，真正的普惠金融就有可能得以实现。

（三）当前区块链技术开发与应用

近两年，区块链技术得到风险投资机构和国际知名企业的高度关注。据德勤会计师事务所统计，过去一年中已经有约数十亿美元风险投资投向区块链科技企业。美国银行、巴克莱银行、纳斯达克、德勤等知名企业也通过建立内部实验室、开发工作系统等多种方式探索应用区块链技术。主要方向如下：

1. 支付结算

区块链技术去中心化、安全可靠等特征能够简化支付结算中的中后台过程，降低成本，提高效率。目前多个机构已开始利用区块链技术改造支付结算的后台系统、优化基础架构，如环球银行金融电信协会（SWIFT）计划将区块链技术集成到其系统中；西班牙桑坦德银行称已经甄别出 20～25 个区块链应用适用于该行支付结算等领域，预计到 2022 年每年将为该行节省约 200亿美元；花旗银行、瑞士银行等已相继成立研发实验室，重点围绕支付、数字货币和结算模式等方面测试区块链应用，高盛也提出，区块链技术可以彻底改变传统的支付体系，是削减成本的新工具。

以国际支付为例，目前，除了传统的卡模式外，电汇和西联汇款是两大跨境支付的重要模式。如表 6－1 对比所示，电汇适合大额汇款，手续费稍低，但到账时间较长，且由于采用代理行模式，很难了解具体进程。西联汇款时间比较快，但额度受限，且收费较高。与传统国际支付模式相比，采用应用区块链技术的虚拟货币转接进行支付，额度不受限制，可实现秒级到账，且手续费极低，这正是区块链技术大量吸引国际银行业参与其中的关键。通过利用区块链技术，能够在解决互信的基础上，构建扁平化的全球一体化清算体系，突破现有的系统间割裂的现状及额度等监管限制，降低成本。①

---

① 王硕. 区块链技术在金融领域的研究现状及创新趋势分析 [J]. 上海金融，2016（2）.

表 6 - 1　　　　　　　　　　国际贸易支付模式费率和效率对比

业务模式	费用	到账时间	其他问题
电汇（T/T）	手续费：0.1%（美元）；电报费：100 元人民币；外币转换费：1%~3%	一般 1~3 天	没有追踪汇款状态的直接途径
西联汇款	<500 美元（15 美元）；500~1000 美元（20 美元）；1000~2000 美元（25 美元）；2000~5000 美元（30 美元）	一般小于 30 分钟	单笔额度受限制，小额转账成本高
比特币支付	零费率将人民币转换成比特币，兑换外币取决于不同平台和币种手续费（0~3%）	秒级	目前没有大规模应用

资料来源：王硕．区块链技术在金融领域的研究现状及创新趋势分析 [J]．上海金融，2016（2）．

2. 资产的登记、确权、交易

在资产登记交易领域运用区块链技术，能大幅压缩交易成本，降低资产交易门槛。同时区块链技术中数据透明度高的特征也使资产的确权和流转更清晰明确。例如，美国证券交易委员会（SEC）于 2015 年批准在线零售商 o-verstock.com 通过区块链技术在互联网发行 5 亿美元股票和其他证券计划；纳斯达克已经试点运用区块链技术开展未上市股权交易；高盛已经运用区块链技术开发一套自有电子货币用于交易股票、债券等资产。《经济学人》等媒体和专家还提出，长远看，利用区块链技术建立低成本公共数据库，对土地、艺术品等资产进行登记转让，有助于公共管理、防止腐败等。

3. 财会和审计

区块链技术数据"分布式"储存和参与者共同维护等特点使财会、审计等部门随时掌握整体数据变化，提高工作效率。如德勤近期开发的 Rubix 软件平台运用区块链技术，使审计人员能够实时访问掌握企业财务数据，实施100% 覆盖率的审计工作，德勤称确信区块链技术将对财务报告和审计的未来带来革命性改变。

4. 抵押品管理

区块链技术具有数据附加价值高、透明度高等特征，可应用于抵押品管理等领域，消除信息不对称，降低风险。如新加坡资讯通讯发展局与星展银行、渣打银行正在共同探索将区块链技术引入发票融资，将企业用于抵押融资的发票信息上传到去中心化账簿，业务参与者能够随时检查发票状态，并确保没有出现重复抵押。

除以上前景已相对较明确的运用外，一些大型银行集团还正在通过投资区块链科技企业、与研究机构合作等方式,寻求占得先机。典型例子是一个名为R3CEV的区块链技术研究项目,截至2015年底得到美国银行、巴克莱银行、摩根大通、花旗银行、汇丰银行、德意志银行、富国银行、法兴银行等30家大型跨国银行集团参与,该项目主要致力于金融领域区块链的应用以及制定行业标准和协议。

表6-2　　　　　　区块链技术在国外部分银行的研究现状

银行	研究现状
花旗银行	在其创新实验室一直探索"花旗币"(虚拟电子货币)的实验项目,目前已开发了3条区块链,并开始内测。
西班牙对外银行(BBVA)	2015年1月,通过旗下子公司以股权创投的方式参与了Coinbase融资;7月,BBVA宣布在区块链技术基础上,提出完全去中心化金融系统的构建设想。
瑞银(UBS)集团	2014年,瑞银就在伦敦成立区块链金融研发实验室,重点探索区块链在支付、电子货币和结算模式等方面商业银行领域的应用。
桑坦德银行	2015年6月,通过金融技术投资基金Inno Ventures进行区块链试验,研究如何将区块链技术应用于传统银行业,目前已发现了20~25种可以使用区块链的场景。桑坦德银行认为,区块链技术或许能实现每年节省200亿美元的国际交易及结算成本。
巴克莱银行	通过"巴克莱加速器"选出了三个区块链相关的初创公司Safello、Atlas Card和Blocktrace开展投资孵化。2015年6月,巴克莱银行与比特币交易所Safello开始联合探索区块链技术如何服务传统金融业。
纽约梅隆银行	尝试将比特币的点对点模型基础应用到银行系统,并在其员工内部系统中推出BK Coins虚拟货币。
美国Cross River银行等	美国的Cross River银行、CBW银行以及德国Fidor银行,与数字货币公司Ripple Labs合作,以虚拟货币作为媒介,开展跨境汇款服务试验。

资料来源:王硕.区块链技术在金融领域的研究现状及创新趋势分析[J].上海金融,2016(2).

近年来,我国商业银行在区块链技术的应用方面也进行了积极有益的探索。例如,微众银行推出线上个人小额信用贷款产品——"微粒贷"。由微众银行运用合作银行资金发放贷款,各合作银行均在微众银行设有贷款备付金账户。传统交易模式下,微众银行在交易日的夜间,将当日贷款借还交易明细、备付金变动信息批量传送至合作银行,合作银行自行开发系统进行对账。现在,区块链技术被逐步运用于"微粒贷"产品的备付金管理和对账中。

从技术层面分析,该项目具备五个方面特征。一是分布式储存数据。在微众银行和各合作银行设有节点,理论上讲,各节点均会储存"微粒贷"涉及所有备付金账户的全部数据变动情况。目前微众银行节点部署在其自身"腾讯云"上，华瑞银行节点部署在其 IT 系统内单独划分的隔离区。

二是选择适用的"共识机制"。"共识机制"是确保区块链上各节点能在"去中心化"情况下达成共识，共同维护数据的技术方案，如比特币采用的"工作量证明机制（POW）"，即约定由最快解开某个数学命题的节点获得"记账权"，发出需记录的数据后，各节点一起储存。

据调研，区块链可区分为"公有链"和"联盟链"。公有链对整个互联网开放，节点数众多；联盟链访问则需要取得权限，节点的真实身份有保障，节点数较少。"工作量证明机制"（POW）"股权证明机制"（POS）等共识机制适用于公有链，虽然能够充分防止恶意篡改数据，但资源消耗大，效率低。该行项目属于联盟链，且在对账过程中数据主要出自微众银行，因此该项目选择了"基于领导者的共识机制"（RAFT），约定由各节点轮流担任"领导节点"记账，各节点一起储存数据[①]。同时该项目采用了插件化设计，未来可根据需要替换为其他共识机制。

三是运用"智能合约"实现流水对账。智能合约即部署在区块链上的、可自动运行的程序。在该项目中，微众银行每上传一条交易流水，都会触发程序自动运行，在交易明细和各备付金账户之间进行对账，对账出现差异且超过一定时间的，程序会进行提示。对账过程也会存储在区块链中并共享。

四是采取"旁路上链"方式。为验证技术可行性与可靠性，降低对现有业务的影响，目前该项目仅作为辅助工具，存储的是备付金账户数据副本，原始数据仍按照传统做法存储及运行。两种数据储存和处理方式在逻辑层和物理层完全独立、互不影响。微众银行拟在项目效果得到验证后，后续增加差错自动调整等功能，逐步实现主要运用区块链技术管理贷款备付金。

五是加密和安全措施。该项目采用"非对称加密算法"，数据在生产区加密上链，在生产区解密查看，链上数据传输和存储也均加密，确保数据全程安全运行。同时上链数据经过了脱敏处理，不包含用户和合作银行信息，仅有完成对账功能所必需的最小数据元素，如交易流水号、发生时间、金额、借贷标识等。

通过该项目，微众银行与各合作银行共同储存和维护了贷款备付金账户信息，且储存的信息具有不可篡改、可追溯、较为安全等特征。同时，将此前需要 T + 1 的对账周期缩短到实时，合作银行可以实时了解本行备付金账户

---

① 实践中"领导节点"一直由部署在微众银行的节点担任，该项目目前尚未完全实现"去中心化"。

变动情况及资金交易信息，提升了结算效率，节省了额外的系统开发成本。为将区块链技术应用于服务小微、服务大众的普惠金融模式起到了示范作用。

招商银行是国内首家实现将区块链技术应用于全球现金管理领域中跨境直联清算、全球账户统一视图以及跨境资金归集这三大场景的银行。2016 年初，该行在总行层面组建了区块链研究小组，搭建了"招行直联支付区块链平台"，主要致力于改造传统的跨境直联清算业务。在攻克单链数据结构对于某些场景不适配、分布式共享账本可能带来安全隐私问题、智能合约难以统一规则，以及核心共识机制待优化等一系列技术难题，并通过 POC 验证测试后，该项目在两岸三地间正式商用。通过改造，新的支付清算系统有诸多新优势。例如，高效率性，去中心后报文传递时间由 6 分钟减少至秒级；高安全性，处于一个私有链封闭的网络环境中报文难篡改难伪造；高可用性，分布式的架构没有一个核心节点，其中任何一个节点出故障并不会影响整个系统的运作；高扩展性，新的参与者可以快速便捷地部署和加入至系统中，将招商银行总行和六个海外机构在区块链上予以互联，任意两个机构之间都可以发起清算请求并进行清算。

三、AR 技术在普惠金融领域的应用

（一）AR 技术的概念

增强现实（Augmented Reality，AR）技术，是一种将真实世界信息和虚拟世界信息"无缝"集成的新技术，是把原本在现实世界的一定时间空间范围内很难体验到的实体信息（视觉信息、声音、味道、触觉等），通过电脑等科学技术，模拟仿真后再叠加，将虚拟的信息应用到真实世界，被人类感官所感知，从而达到超越现实的感官体验。真实的环境和虚拟的物体实时地叠加到了同一个画面或空间同时存在。

AR 技术不仅展现了真实世界的信息，而且将虚拟的信息同时显示出来，两种信息相互补充、叠加。在视觉化的 AR 中，用户利用头盔显示器，把真实世界与电脑图形多重合成在一起，便可以看到真实的世界围绕着它。从技术角度来看，AR 是将计算机生成的虚拟世界套在现实上，即把数字想象世界加在真实之上。最典型的 AR 设备就是谷歌眼镜。这种智能眼镜将触控板、摄像头以及 LED 显示器结合起来，通过显示器，用户可以联网并在视野内使用地图、电子邮件等服务。

AR 技术包含多媒体、三维建模、实时视频显示及控制、多传感器融合、实时跟踪及注册、场景融合等新技术与新手段。AR 技术提供了在一般情况下不同于人类可以感知的信息。

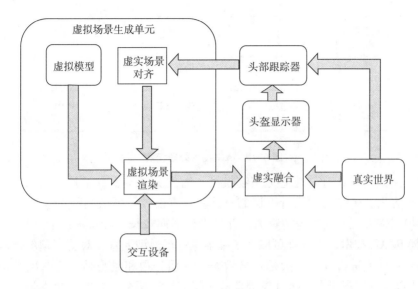

图 6 - 7　一个典型的 AR 系统结构

AR 技术的主要特点：

1. 融合虚拟和现实：与虚拟现实（VR）技术不同的是，AR 技术不会把使用者与真实世界隔开，而是将计算机生成的虚拟物体和信息叠加到真实世界的场景中来，以实现对现实场景更直观深入的了解和解读，在有限的时间和有限的场景中实现与现实相关知识领域的理解。增强的信息可以是与真实物体相关的非几何信息，如视频、文字，也可以是几何信息，如虚拟的三维物体和场景。

2. 实时交互：通过 AR 系统中的交互接口设备，人们以自然方式与 AR 环境进行交互操作，这种交互要满足实时性。

3. 三维注册："注册"（这里也可以解释为跟踪和定位）指的是将计算机产生的虚拟物体与真实环境进行一对应，且用户在真实环境中运动时，也将继续维持正确的对准关系。

（二）AR 技术的广泛应用领域

AR 技术不仅在诸如尖端武器、飞行器的研制与开发、数据模型的可视化、虚拟训练、娱乐与艺术等领域具有广泛的应用，而且由于其具有能够对真实环境进行增强显示输出的特性，在医疗研究与解剖训练、精密仪器制造和维修、军用飞机导航、工程设计和远程机器人控制等领域，具有比其他技术更加明显的优势。

一是在工业设计、制造、维修领域，AR 主要用于产品模型的虚拟仿真、

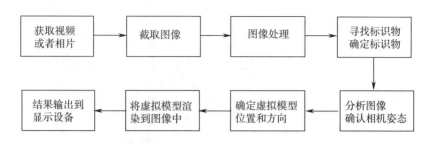

图 6 - 8　AR 技术处理流程

评审与测试，能够有效地避免实物模型在时间和成本上的不足。比如，在汽车设计方面，传统的"设计—试制—试验—再设计—再试制"的多轮实物化设计模式需要耗费大量财力物力，并且设计周期较长，容易延误上市计划等。利用 VR/AR 技术，设计师可以在三维虚拟汽车模型上直接对新车型的外观细节和运行性能进行改进，大幅提升效率。通用公司和戴姆勒·克莱斯勒采用 VR 技术进行新车研发，将开发周期从一年缩短至两个月左右，成本最多可降至原来的 1/10。

　　二是在医疗领域，在医疗方面 AR 主要有两类应用，其一是虚拟人体（即数字化人体），利用 AR 技术模拟出三维人体模型，使医生可以深入了解人体的构造和功能；其二是虚拟手术系统，利用 VR 技术模拟局部病灶，指导手术顺利进行。2011 年，苏州敏行机器人在多家著名医疗机构支持下，研制出国内首套微创手术模拟系统，打破国外在该领域的技术垄断，这套模拟系统将微创手术医生的培训周期缩短了 50% 以上；医生可以利用 AR 技术，轻易地进行手术部位的精确定位。近几年，开发者们为智能眼镜研发了许多 AR 医疗应用。利用智能眼镜第一视角的摄像头、运动传感器以及无线连接功能，为用户提供一个真实的虚拟覆盖世界。该技术所利用的算法还可以用来识别物体、面孔及位置等。透过 AR 技术的结合，智能眼镜应用能够提供全身的图像信息，美国每年外科手术失误数量至少会发生 4000 次，如果所有的医生都能够佩戴智能眼镜，那么外科手术失误的数量将会大幅下降。

　　三是在娱乐领域，娱乐是 VR/AR 最主要的应用领域，其前景被广泛看好，主要包括在游戏、影视、直播、旅游、教育等方面的应用。虚拟现实特有的沉浸感使得游戏体验具有更加逼真的效果，其丰富的感觉能力与 3D 显示环境使得 VR 成为理想的视频游戏工具。由于在娱乐方面对 VR 的真实感要求不是太高，故近些年来 VR 在该方面发展最为迅猛。如 Chicago（芝加哥）开发了世界上第一台大型可供多人使用的 VR 娱乐系统，其主题是关于 3025 年的一场未来战争；英国开发的被称为 "Virtuality" 的 VR 游戏系统，配有

HMD，大大增强了真实感；1992 年的一台被称为"LegealQust"的系统增加了人工智能功能，使计算机具备了自学习功能，大大增强了趣味性及难度，使该系统获该年度 VR 产品奖。另外在家庭娱乐方面 VR 也显示出了很好的前景。游戏方面将会是 VR 率先在消费端爆发的领域之一，未来还有望应用在演唱会、比赛现场直播等，为用户营造身临其境的视觉体验，未来有望颠覆行业发展模式。

四是在航天、军事领域，VR 技术的发展源于航天和军事部门，最新技术成果也被率先应用于航天和军事领域。21 世纪军事科技的发展更依赖于 VR 技术，同时必将对 VR 技术提出日趋增高的要求。VR 技术将为武器装备确定需求、设计、制作样机、批量生产；为部队的模拟训练、战备，为制定合成作战条令，为制定应急计划，为战后评估及战史分析等军事活动提供一种一体化的作战环境。这将有助于从虚拟武器及战场顺利地过渡到真实武器与战场，VR 技术对各种军事活动的影响是极为深远的，有着极为广泛的军事应用前景。而 AR 技术则有助于用户进行方位识别、获得所需地理数据等重要军事数据。美国军方正在实验评估进行基于 AR 智能眼镜的全新军事培训方式，采用单眼的 GoogleGlass 以及双眼的 EPSONBT－200 分别用于不同场景及进行效果比较，场景之一是针对各兵种部队的新兵与军事技能训练，例如在还无法准确进行武器正确或熟练操作及目标瞄准前，新兵可以透过配戴智能眼镜实施第一视角的 AR 信息迭加，来进行射击技巧的培训等。

表 6－3　　　　　　　　　　　　VR/AR 应用领域

工业制造和维修领域	通过头戴显示器将多种辅助信息显示给用户，包括虚拟仪表的面板、设备的内部结构、设备零件图等
医疗领域	医生可利用 AR 技术，对患者进行手术的部位创造虚拟坐标后进行手术部位的精准定位
军事领域	军队可以利用 AR 技术，建立目标所在地的地理数据，帮助士兵进行方位识别，获得重要的军事数据
电视转播领域	通过 AR 技术可以将辅助信息叠加到转播画面中
娱乐、游戏领域	VR 游戏、VR 视频、VR 电影等
教育领域	利用 VR 进行沉浸式教学；通过 AR 可以将文字、图片立体化，增加阅读互动性与趣味性
旅游、展览领域	通过 VR 技术打造数字化旅游景点、展览等，使用户足不出户可尽览天下美景
市政建设规划	采用 AR 技术将规划效果叠加到真实场景中，可直接获得规划效果
金融领域	跟踪客户信息，提供个性化、场景化金融产品及服务

2011年，全球AR营收仅为1.81亿美元，而且当时AR往往被人们视作一种营销噱头：一种还在摸索实用应用的技术。很少有人认识到AR的潜力，开发相关应用大多也是用来快速打响名声，或者这些应用的价值仅限于添加视频效果。

然而，随着大量资金注入AR项目及AR创业公司，尤其是随着谷歌、佳能、高通、微软等大公司的入场，第一批消费级AR产品开始涌现。随着实际商业利益的出现，AR将成为消费、医疗、移动、汽车以及制造市场中的大事件，AR市场规模将达千亿美元，市场潜力无限，预计到2020年，全球AR市场规模将达1200亿美元，其中，AR技术设备硬件将成为AR公司的主要盈利方式。

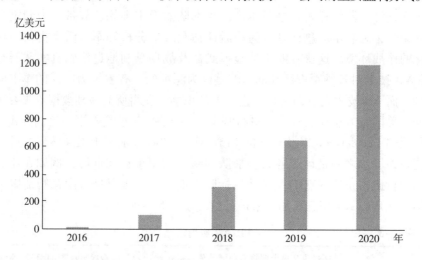

资料来源：中国AR行业应用专题研究报告2016，Analysys易观；Digi - Capital，2015。

图6-9　2016—2020年全球AR收入规模预测

其中，以AR技术为主的智能穿戴设备市场的快速发展将直接促进经济金融市场的智能化和信息化水平，为完备信息市场奠定了基础。

表6-4　　　　2012—2017年中国智能穿戴设备市场走势及预测

年份	交易规模（亿元）	增长率（%）
2012	5.0	—
2013	9.0	80
2014	22.0	144
2015	135.6	516
2016	228.0	68
2017	298.3	31

资料来源：互联网消费调研中心，zdc. zol. com. cn。

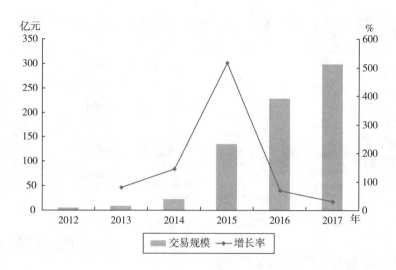

资料来源：互联网消费调研中心，zdc. zol. com. cn。

图 6 – 10　2012—2017 年中国智能穿戴设备市场走势及预测

国内首次将这项技术应用到普通生活中，是在苹果的 AppStore 上发布的一款免费的叫作出行百科（AR 版）XINGWIKI 的软件。目前，我国 AR 市场发展正处于热启动期。底层平台和技术、硬件、内容，以及行业应用构成了 AR 产业链的主体，当前的 AR 产业链具有技术驱动型特点，人工智能技术和计算机视觉等核心底层技术制约产业发展。但是，以需求为起点的行业应用却是一个能将技术、硬件和内容结合起来的商业闭环，是未来发力的重点；相关的公司巨头基于自身业务生态，以实验室或并购的方式抢先布局底层技术，初创厂商重点发力以智能眼镜为代表的硬件环节，并且 AR 技术在经历了实验室的探索之后，开始走向产业。

（三）AR 技术推动个性化普惠金融发展

金融服务机构正在拥抱移动和社交媒体革命，AR 将同样地带来很多好处。金融交易正日益通过移动设备来进行。对于以位置为基础的服务来说，用户群正不断增长，从而带给金融机构巨大的机会。随着移动设备功能越来越强大，AR 需要用到的传感器越来越先进，金融机构可以在员工工作和客户服务两方面都直接受益，从而推动普惠金融向着高阶方向探索和发展。具体来说，AR 技术将从以下方面给金融业带来新的变革机会。

一是提供更好的交叉销售机会。AR 应用可以将虚拟数字世界和现实世界无缝融合，帮助银行精准地交叉销售不同的信用产品。例如，一个客户在机场等待登机的时候，可以快速地用手机扫描最近的银行图像来购买旅行保险。

资料来源：Analysys 易观，www.analysys.cn。

图 6－11　中国 AR 产业生态图谱

二是降低客户服务成本。金融机构部署 AR 应用后，客户可以很容易地查找银行网点，很多传统的低价值交易都可以自助进行，或者不需要人工服务的支持。例如，查找附近的银行网点或 ATM，查看一个银行网店的营业时间等。

三是提供个性化金融产品和服务。AR 技术作为技术服务的新支和营销的新手段，可以帮助银行大幅度进行个性化服务，比如给合作伙伴展示附近的供应商等，向金融消费者提供实时的金融产品、服务的模拟及反馈画面，增加客户的感性认识。

四是增加潜在顾客的关注和长时间停留。AR 为客户提供了一个吸引眼球的服务方式，在交互和互动的过程中，让顾客在金融机构停留更长的时间。

五是提高客户的参与度和忠诚度。探索和推广金融 AR 也是行业竞争的内在要求。近年来，金融机构拓展客户的手段不再是搭建网点，开设分行，而是面向全社会打造高效易用的交易平台，特别是新型的互联网金融机构。平台的用户体验、跨平台通用性、用户参与感与安全感将成为拓宽用户群体、增加市场份额的必备条件。因此，将 AR 技术有效运用在金融服务过程中，充分发挥其感官影响效用，金融客户的参与度和忠诚度将得以提高。

六是帮助金融机构员工更容易掌握和完成负责的金融工作。如今的金融领域，投资交易已经变成了一件非常复杂的工程，电脑吃进去的海量的数据，已经很难完全被交易员所分析理解。而对于人来说，视觉皮层占了大脑的很大一部分，通过视觉来发现模式是人类每天都在进行的任务。将表格数据进行可视化后，将能够帮助交易员更好更快速地理解复杂的概念，并发现其中隐含的相互关联。

此外，VR/AR 技术还将为金融机构开拓新兴市场提供转变性技术，各银行仅需向其目标市场客户提供 VR/AR 产品便能向其客户群体提供高效便捷的预约及金融服务。VR/AR 技术还能够打通金融服务的市场间隔阂，全球任何地区的金融客户可以通过 VR/AR 产品轻松获得发达市场金融机构的全方位服务。

四、人工智能技术在普惠金融领域的应用

（一）人工智能的概念

人工智能被定义为"一种受到人类感知、思考、推理和行动方法启发但又有所区别的科学和计算机技术"。通俗地说，人工智能是对人类智能进行模仿的各种科学技术的总称。

对人工智能的理解可以分为两个部分："人工" + "智能"。"人工"就是为特定目标设计出来的、能被人控制的物理过程。"智能"才是"人工智能"的核心概念，"智能"从哲学层面讲，涉及"意识""自我""思维"等相关概念，从"智能"的行为特点来看，涉及"学习""推理""规划"等相关概念，人工智能发展到今天，关于人工智能未来发展的争论从未停止过，"弱人工智能"观点认为，人工智能始终不会具备主动思维过程，只是对人类思维和决策过程的模拟，永远无法超越人类，"人工智能"摆脱不了"人工控制"这个关键；而"强人工智能"学派则认为，人工智能的发展将会使机器具备主动的思维和自我意识，人工智能将与人类智能并存，并对人类智能构成巨大挑战，人工智能的发展也终将进入"强人工智能"时代。

这种出现在科幻电影中的"强人工智能"时代是否会真的来临？2016 年 3 月，谷歌旗下基于深度强化学习算法开发的 AlphaGo 程序战败世界顶级围棋高手李世石，这场举世瞩目的围棋人机大战让全世界的目光都投向了人工智能。我们普遍认为，机器想要取胜人类，只能穷尽并选择其中最好的可能。而围棋的穷举解空间高达 10172，即使穷尽整个宇宙的物质也存不下围棋的所有可能性（宇宙中的原子总数是 1080），没有任何机器能够做到穷举所有可能性。所以围棋也被称为人类对计算机最后的智慧堡垒。

AlphaGo 正是利用这一点，试图利用围棋来证明，人工智能科技可以使计

算机具备人类思考意识,有望在未来布局到游戏、医疗、机器人等多个领域,从而更好地服务人类。而李世石作为代表人类的一方,承担起捍卫人类最后的智慧堡垒的任务。遗憾的是,AlphaGo 以 4:1 的比分战胜了李世石。而这场比赛仅仅是人工智能对人类胜利的开始。2017 年初,化身 Master 的 Alpha-Go 在弈城、野狐等围棋对战平台轮番挑战各大围棋高手,无论是世界排名第一的柯洁还是日本、韩国的全国冠军都被它挑落马下,实现 60 胜 0 负的战绩。在 2017 年 5 月的"中国乌镇围棋峰会"上,AlphaGo Master 再次以 3:0 战胜了柯洁,而其处理运算时消耗的能量仅为上一版本的 1/10。机器的判断已经不仅在完全博弈的竞技中领先人类,甚至在非完全博弈中也有逼近甚至超出人类级别的准确性。同样的突破也出现在德州扑克、股票交易等非完全博弈中。

这些热门事件,点燃了人们对人工智能的热情,人工智能融资规模和融资项目飞速增长,其中最主要原因是机器学习算法的快速迭代升级。机器学习,顾名思义,指的是赋予机器自主学习的能力。在一个给定的框架(即算法)中,机器通过分析大量带有标签的数据建立并不断完善模型,提升结果准确率。

(二)人工智能技术特点——自我学习

学习是一种重要智能行为,机器学习就是通过对人类学习过程和特点的模拟,利用一系列算法,提高机器解决问题能力和获取知识能力。近年来,在大数据技术的快速发展和云计算的支撑下,人工智能的"学习"得到突破性发展,以多层神经网络结构为基础,让机器拥有空前强大的"学习能力"的训练算法,让机器对图像、语音和语言的识别和判断能力接近甚至超过人类水平,人工智能向"强人工智能时代"迈出了跨越性步伐。

1. 深度学习:获得解决问题的能力

人工智能的迅猛发展很大程度上归因于深度学习的突破性技术,至今已有数种深度学习框架,如深度神经网络、卷积神经网络、深度置信网络和递归神经网络已被应用在计算机视觉、语音识别、自然语言处理、音频识别与生物信息学等领域并取得了极好的效果。

深度学习发展迅猛主要因为高速 GPU 技术的突飞猛进和海量数据的积累。在技术层面,因为深度学习是大规模运行的大型计算密集型神经网络,其中数十亿个软件神经元和数万亿个连接被并行地训练。这种大不相同的软件模式需要新型计算机平台才能高效运行,加速型计算是一种理想的方式,所以深度学习领域中的早期成果归功于 GPU 的出现。GPU 也称为深度学习的"引擎"。GPU 龙头公司 NVIDIA 在仅仅三年内便将深度神经网络的训练速度提高了50倍，这一速度远远超过摩尔定律，预计未来几年还将提高10倍。如此快速的计算能力，可以大大提高机器学习的效率，其对深度学习的推动作用功不可没。

海量数据的积累也是促进深度学习发展的重要原因，海量数据被称为深度学习的燃料。例如基于海量数据分析的智能信贷业务，利用客户的电商数据、电信数据、社交数据以及历史的消费、还款和借贷记录，充分分析客户的还款能力和还款意愿，可以大大降低公司坏账率。而在以前，客户的消费数据是非常难以获得的。如今，随着线上场景的迅猛发展，使得众多线下的行为往线上迁移，我们每一次线上支付、骑共享自行车、点外卖、买电影票都会给数据库贡献一条新的纪录。随着线上场景的日益丰富，人们过去的历史行为都将留痕，这将是个巨大的宝藏。海量数据的快速积累和芯片技术的高速发展正是促进深度学习算法快速发展的重要驱动因素。

深度学习的应用领域非常广泛，目前已经非常成功的领域有计算机视觉、语音识别和自然语言处理。例如计算机需要识别人的面部，就会运用算法全网搜集出所有人的头像，搜集面部的特征，由于计算能力提升，以前只能搜集面部轮廓，现在可以精准到像素识别，再基于五官和皮肤等特征来对人的面部做判断。

2. 强化学习：获得更好地解决问题的能力

强化学习是一种通过与环境（或仿真环境）交互、接收奖惩信号而不断学习提高的机器学习算法。强化学习并不会告诉学习者采取哪种行动，而是让学习者去发现采取哪种行动能产生最大的回报，或是如何根据不同的情况选择最好的方案。即机器在没有得到任何数据告诉算法应该怎么做的情况下，先尝试作出一些行为，然后得到一个结果，根据结果的对错对之前的行为进行反馈。由这个反馈来调整之前的行为，通过不断地调整算法能够学习到产生最好结果的行为。强化学习和深度学习很多时候是一脉相承、相互协同完成的。强化学习框架无法与复杂的环境进行交互，因此仅能用在有限的小型问题中。深度学习的出现为强化学习提供了环境感知和特征提取的工具，两者相结合形成了现在受到热捧的深度强化学习。打败李世石的AlphaGo就是典型代表。

3. 迁移学习：获得举一反三的能力

深度学习和强化学习对人工智能有重大影响和作用，但深度学习和强化学习是有其自身限制的，主要是大数据的可获得性。大数据一般因为大公司所具有的丰富场景而被垄断，例如阿里巴巴和腾讯。中小型公司可获得的数据十分有限，必须依靠迁移学习来解决数据匮乏的问题。

迁移学习是指在某个领域已经通过大量数据训练出了有效的模型,并且在该领域有很好的应用,换一个相关的领域时也能使用该模型,这就是迁移学习要达到的效果。假设一个场景,我们利用大量的图像来训练一个图像识别系统,遇到一个新的图像类别时,就不用再去找大量该类别的图像来训练了,可能只需要少量的图片,就可以得到很好的效果。例如,我们已经识别出了一辆汽车,那么识别一列火车,就仅仅需要建立火车和汽车的关联关系,便可以建立能够识别火车的模型。迁移学习展现出的能力是在有限数据量的情况下同样获得很好的学习效果,摆脱对大数据的依赖,既节省了资源和时间,也解决了数据匮乏的问题,所以迁移学习被认为是人工智能的重大突破。

互联网时代,解决了信息的互联互通和资源的共享,而人工智能则可以基于互联网时代大幅提高社会生产效益,例如在医疗领域,人工智能可以协助医生提升诊断效率和准确性;在汽车领域,人工智能可以通过探测器降低事故率;在金融领域,人工智能可以协助风控体系,降低事故风险。虽然不同的行业有着自己的生产逻辑,但是提升效率的本质都是一样的,就是对历史的海量数据深度强化学习,归纳总结,得出彼此之间的关联关系,分析背后的因果关系等逻辑链条,并运用到未来问题的解决当中。这也是大数据分析与人工智能的不同,大数据分析主要基于人为的经验,给出对应的范式,让机器对数据进行归纳;人工智能更倾向于只提供数据,利用机器的自我学习主动发现范式,这种基于大数据的自我学习特点,让人工智能必然会向真正的"智能"时代发展。

（三）人工智能在金融领域的广泛应用

云计算和大数据的快速发展为人工智能提供了基础支撑,深度学习带来的算法突破提高了复杂任务处理的准确度和效率,极大地推动了语音识别、计算机视觉、机器学习、自然语言处理、机器人等人工智能技术的发展。

1. 智慧网点。金融业是服务机器人的主要运用场景之一。机器人技术可以实现指定区域自动巡航功能,通过在金融机构的机房、服务器等核心区域投放 24 小时巡检机器人,可以及时发现和处理潜在风险,替代或辅助人工进行监控。随着机器视觉、深度学习技术在人机交互领域的发展,银行等金融机构已经开始在网点大堂设置智能服务机器人,通过语音识别、触摸交互、情感表达、肢体语言等方式,了解客户的需求,并对此进行反馈和信息推送,实现迎宾分流、开展大数据营销、辅助查询、开卡、销卡等业务的办理,减少大堂经理的重复性工作。服务机器人的应用,提高了金融机构服务的科技水平,给客户带来新体验,为提高银行服务质量和效率注入新力量。

2013 年 11 月,汉口银行开设国内首家体验式银行,颠覆传统银行经营理念,将金融、人工智能和服务紧密结合。不同于传统银行网点生硬、呆板的产品介绍方式,汉口银行体验式银行通过 kinect 动作捕捉技术、超窄边拼接屏幕的互动大屏、3D 立体模型、动态情景展示、贴有 RFID 芯片的实物化产品套盒等智能设备为顾客带来了更为形象、生动、活泼的视觉冲击。尤其是大量"VTM 远程银行"的运用,让银行自助交易从传统的"人机交互"再次回归人性化的"Face To Face"。通过语音视频系统,顾客可以与远程柜员面对面沟通,轻松办理诸如开卡、签约、缴费等多项银行业务,感受最真实的"体验式心动瞬间"。

2014 年 11 月,兰州银行推出智能服务机器人"兰兰",在迎宾、办理个人缴费、查询业务、产品宣传等方面都承担了大堂经理的部分职能。2015 年 8 月,交通银行推出智能网点机器人"娇娇",整合语音识别、语音合成、自然语言处理、图像识别、人脸识别、声纹识别等人工智能技术,具有听、说、思考判断的类人功能,在网点开展迎宾客户指引、分流、查询等业务。

2. 智能客服助理。金融机构提供的客服渠道种类较多——电话、网上助手、APP、短信、微信等多种渠道,客服与用户之间并不直接见。如果语音识别和自然语言处理技术高度发达,可以实现机器对人工服务的替代,客户输入语音或文本,机器进行实时的语音识别和语义理解,掌控客户需求,自动进行语音问答。当然,在人工智能技术发展早期,即便做不到对人工的完全替代,也可以作为一种辅助手段,通过语音识别和语义理解,自动推送客户特征、知识库等内容,帮助坐席快速解决客户问题。从而有效地整合多渠道的客服通道,提高客服效率和质量,提高客户体验和满意度。比如,平安集团的智能客服。平安集团整合旗下保险、基金、银行、证券等客服渠道为 95511,应用人工智能技术,用户拨打后直接说出服务需求,系统识别客户语音内容后,即可转接相应模块,大幅节省了客户选择菜单的时间。智能客服还可以进行简单问题回复,复杂问题则转人工进行支持,人机结合有效地解决了客户问题。

电话银行中的通话内容包含着海量的信息,语音语义分析技术能够将通话信息和用户单据内容结构化,重点信息聚类、联想数据集合关联性、检索关键词、发现最新的市场机遇和客户关注热点,为服务与营销等提供数据与决策支持。另外,语音语义技术与机器学习结合起来,可以通过对业务咨询热点问题梳理统计,生成知识问答库,并作为后续机器自动回复客户问题的参考依据。

3. 图像识别和监控。

(1) 核心区域安全监控。银行等金融机构存在大量核心区域,比如集中运营中心、数据中心机房,还有人员资金来往频繁的网点和 ATM 也存在安全隐患。在摄像头视频监控的基础上,增加人像识别功能,对于核心区域,要求人脸与证件相符方可进入,并实时在监控范围内识别可疑行为特征,比如尾随、面罩、手持可疑物品、行动速度异常、人员倒地等,提前识别可疑人员。

(2)员工行为监控。利用网点柜台内部摄像头,增加员工可疑行为识别监控功能,判断员工行为是否合规、安全等。例如,运用图形视频处理技术,实时监控银行柜员在规定动作以外的行为,识别并标记视频监控中发现的员工可疑行为录像片段,及时提醒后台人员进行查看,并对一线操作人员起到心理震慑作用。通过纸文本读取技术,排查所有交易单据,建立关键词提示技术,或者回访客服问答、柜台对话记录,建立风险模型,及时发现可疑交易等。

(3)客户身份识别和交易安全保障。运用人脸识别、指纹识别、虹膜识别等生物识别技术,对客户身份进行识别,提前识别 VIP 客户、白名单用户和黑名单用户,也可以用于交易时客户身份的辅助认证,提升交易安全。

4. 风险防控。

(1)防控信用风险。在授信融资中,通过整合多来源及不同性质的信息(比如社交媒体数据),快速运算出结果,分析贷款要求是否合理,在贷后监控方面,通过数据筛选、建模和预测打分,实时对借款人还贷能力进行监控,及时对后续可能无法还款的人进行事前干预,减少坏账损失。在保险定价方面,可以通过对车的定位、跟踪驾驶速度,结合其他非保险领域的数据,通过模型算法自动化地分析其风险因子分数(车祸发生的概率等),可以使保险定价个性化和动态化。

(2)防控金融欺诈风险。通过大规模采用机器学习,导入海量金融交易数据,使用深度学习技术,可以从金融数据中自动发现规律,如分析信用卡数据,识别欺诈交易,并预测交易变化趋势,提前作出相应对策。基于机器学习技术构建金融知识图谱,基于大数据的风控需要把不同来源的数据(结构化、非结构化)整合到一起,可以检测数据当中的不一致性,分析企业的上下游、合作及竞争对手、子母公司、投资、对标等关系。

5. 智能投顾。

在投资决策中,人工智能可根据金融交易历史数据,利用深度强化学习技术,给出当前经济形势预测、银行某项关键数据趋势预测,辅助作出金融决策。根据马柯维茨的现代资产组合理论(MTP),结合个人客户的风险偏好和理财目标,利用人工智能算法和互联网技术为客户提供资产管理和在线投资建议服务，实现个人客户的批量投资顾问服务。智能投顾的优势表现在很多方面：运用多层神经网络，智能投顾系统可以实时采集所有重要的经济数据指标，不断学习和改进模型；基于资产分散投资策略，可实现大批量地为不同个体制定不同的投顾方案；不以追求短期的涨跌回报为目标，而以长期的稳健回报为目标；通过智能投顾解决方案，普通投资者也可以享受原先只有高端客户才能享受到的理财服务。

（四）人工智能的发展前景及对普惠金融的影响

人工智能作为当前最重要的科技发展趋势之一受到各国政府和各行业高度重视，2017 年 3 月，"人工智能"首度被写入《政府工作报告》，未来，中国将加大人工智能领域"资金、技术、人员"投入。国内外科技巨头以"内生＋外延"的方式打造人工智能产业布局，谷歌、Facebook、微软、百度、腾讯、亚马逊等科技巨头旗下设立人工智能实验室来探索技术创新和产品应用，人工智能呈现出极为广阔的发展前景。

1. 人工智能重塑传统金融服务模式

（1）客户服务轻资产化

金融业作为服务行业，客户关系维护是金融机构产品供给端与客户金融需求端的中间链条。在不同的技术水平下，客户关系维护的模式和效率都有所不同。在计算机和互联网技术应用于金融业之前，金融机构客户关系维护主要通过客户经理与客户的直接接触，直接回应客户的需求和挖掘客户潜在需求，并培养客户黏性。金融服务的提供也主要是在金融机构实体网点实现。这种传统的金融服务模式需要投入大量人力物力资源，客户体验也因客户经理的经验水平和专业素养而异。

（2）标准化服务模式与客户主动性增强

在互联网时代，尤其是互联网企业对金融业务的渗透加速的背景下，金融服务互联网化的趋势加剧，涌现了网上银行、手机银行、互联网理财平台。通过互联网提供的金融服务，不管是以 APP 的形式还是以网页的形式，通常都采用标准化的功能模板，虽然降低了获客成本和服务成本，但是同时也降低了客户黏度。因为客户在学习使用各项功能时，无形中也提高了基本的金融常识，对金融机构提供的服务的质量和价格敏感度上升。客户会主动比较哪家金融机构提供的服务价格最优、服务效率最便捷。在这一过程中，金融机构显得相对被动。

（3）服务链条智能化

人工智能技术的飞速发展，使机器能够在很大程度上模拟人的功能，实现批量人性化和个性化地服务客户，这对于身处服务价值链高端的金融业将带来深刻影响，人工智能将成为决定银行沟通客户、发现客户金融需求的重要因素。它将对金融产品、服务渠道、服务方式、风险管理、授信融资、投资决策等带来新一轮的变革。人工智能技术在前台可以用于服务客户，在中台支持授信、各类金融交易和金融分析中的决策，在后台用于风险防控和监督，它将大幅改变金融现有格局，金融服务（银行、保险、理财、借贷、投资等方面）更加个性化与智能化。

（4）数据处理高效化

金融行业沉淀了大量有用或者无用的数据，包括各类金融交易、客户信息、市场分析、风险控制、投资顾问等，数据级别都是海量单位，同时大量数据又是以非结构化的形式存在，如客户的身份证扫描件信息，既占据了宝贵的储存资源，存在重复存储浪费，又无法转化成可分析数据以供分析，金融大数据的处理工作面临极大的挑战。通过运用人工智能的深度学习系统，能够有足够多的数据供其进行学习，并不断完善甚至能够超过人类的知识回答能力，尤其是在风险管理与交易这种对复杂数据的处理方面，人工智能的应用将大幅降低人力成本并提升金融风控及业务处理能力。

2. 智能信贷有望助推普惠金融落地

普惠金融自 2005 年提出以来，受信息不完全、交易成本、规模效应等多因素的制约，普惠金融还难以突破传统金融模式的瓶颈，停留在政府主导的发展模式下，而商业银行更倾向于向资金需求量较大的大型企业和高净值个人放贷，而将大量具有小微信贷需求的小微企业和中产阶级以下群体拒之门外。随着人工智能技术的迅猛发展，以及人们的行为越来越多地在线上完成，每个人的行为轨迹变得有迹可循，为智能信贷的发展形成了海量数据基础，各类智能信贷产品应运而生，智能信贷有望从技术和模式上真正助推普惠金融落地。

（1）小微企业信贷市场

小微企业融资难是一个世界性难题，据广发银行和国际调研机构普索共同发布的《中国小微企业白皮书》，截至 2014 年 3 月，我国共有 1169.87 万家小微企业，其中超过 55% 的小微企业金融信贷需求未能得到有效满足，融资缺口高达 22 万亿元。这些小微企业因为存在财务数据不乐观、抵押资产价值不足、轻资产运营以及处在投入期等诸多问题，难以通过商业银行传统的风控审核获得贷款。而智能信贷的出现，为小微企业借款带来了新的希望。智能信贷机构首先以在企业办公电脑上安装软件的形式采集其日常运营数据，包含订单、库存、下线、结算、付款五大环节的全流程信息，将这些信息进行整理，转化为能够量化分析的信用数据。其次，通过对数据的分析计算，得到企业的信用评价以及相应的授信额度，甚至未来的成长性和安全性等指标。最后，一些机构通过搭建信用信息云服务平台为银行、政府等提供第三方的信息价值链服务，即通常所说的助贷服务；另一些机构则直接提供交易平台服务，使小微企业能够在平台的撮合下快速获得贷款。在智能信贷机构的帮助下，小微企业在运营中遇到的资金周转问题能够顺利得到解决，融资缺口将逐步减小。

（2）个人信贷市场

个人信贷按照产品特点可以分为抵押贷款、消费贷款和现金贷款三类。抵押贷款由于其放贷者着重考察抵押资产的价值覆盖倍率和变现的可执行性，主要抵押物为房产和车产。在抵押物的价值保障下，抵押贷款的综合风险较低。但非标准化的抵押物不易通过机器评估，使得风控的重点以线下为主。消费贷款是贷款机构基于消费场景以及对借款人信用水平的评估，直接付款给商家的一种贷款形式，目前主要的消费贷款产品为消费分期。智能信贷通过对个人交易历史、支付流水、社交关系等数据的分析，判断借款人的还款意愿和还款能力，从而决定是否放贷，有效降低了风险。而现金贷款一直是风险较高的信贷产品，面临较高的欺诈风险和还款意愿风险，由于借贷用户往往缺少信用历史和收入信息，传统的风控手段难以判断，而人工智能风控技术则能够有效评估风险。

正是由于人工智能风控技术的出现，信贷服务开始走向智能化。放款期限越短，机器学习的迭代周期就越短，模型优化的速度也越快，预测的精度也就越高。可以预见，智能信贷的出现，必将颠覆传统的信贷风控模式，普惠金融关键瓶颈将得到突破，金融服务由"高大上"向"底小下"的发展得以实现。

表6-5　　　　　　　　　　三类个人信贷产品比较

类别	抵押贷款	消费贷款	现金贷款
产品特点	贷款机构通过抵押资产获得第二还款来源；着重考察抵押资产的覆盖倍率和可执行性，主要产品为房贷和车贷	通过嫁接支付场景，贷款机构直接付款给商家，降低了伪造信息套取资金的欺诈风险，主要产品为消费分期	通过线上审核直接放款，主要特点为"小额、短期、高频"，通常审批金额较低，还款能力风险较小
产品结构	车贷6个月至3年，房贷、首付贷、装修贷2~5年，年化利率10%~24%，按月还本付息	6~12个月为主，年化利率10%~24%，按月还本付息	从7~30天至2年不等，利息和还款方式多样，服务于不同的人群

续表

类别	抵押贷款	消费贷款	现金贷款
用户特点	有资产稳定收入	可能缺少信用历史和收入信息	可能缺少信用历史和收入信息
风险特点	欺诈风险：较低 还款意愿风险：较低 还款能力风险：较低	欺诈风险：较低 还款意愿风险：较高 还款能力风险：视产品而定	欺诈风险：较高 还款意愿风险：较高 还款能力风险：较低
综合风险	较低	适中	适中
风控重点	信用历史，收入情况、还款能力，资产价值评估和变现能力	消费场景、还款意愿、还款能力	反欺诈、还款意愿
风控手段	线上＋线下：抵质押物、征信、工作证明、银行流水、社保等，实物资产不易通过机器评估	线上为主：交易历史、支付流水、社交关系等	纯线上：通信、社交、交易、位置、设备、行为数据等

五、共享经济在普惠金融领域的应用

（一）共享经济及共享金融

共享经济是借助网络等第三方平台，将供给方闲置资源使用权暂时性转移，实现生产要素的社会化，通过提高存量资产的使用效率为需求方创造价值，促进社会经济的可持续发展。

首先，"使用而非拥有"是共享经济的基本特征，是共享模式的精要所在。其次，互联网技术驱动是共享经济模式创新与快速扩张的技术基础，是共享经济的重要特征之一。就共享现象本身而言，其如人类存在一样历史久远，但是协同消费或共享经济现象则产生自网络时代，这一点已经得到越来越多学者的认可。最后，信任也被视为共享经济快速发展的必要基础，但其实际上是互联网技术与商业模式创新所提供的应有规则保障。在现有研究文献中，有不少学者将"信任"视为共享经济的重要特征或基本内涵之一，认为只有建立起比传统经济更为牢固的信任关系，陌生人之间才能够接受共享模式。

国际金融危机后，全球分享经济快速发展，从欧美不断向亚太、非洲等地区的上百个国家扩张。如截至 2016 年，Airbnb 已经在全球 190 多个国家和地区开展业务，覆盖 34000 多个城市，拥有 200 多万个房源，超过 6000 万房客从中受益，市场估值 255 亿美元。领先企业的成功吸引了大量创业者加入分享经济领域，平台企业不断增加，投资分享经济领域的机构数量也迅速增加。另外，分享领域不断拓展。全球分享经济正进入快速扩张期，从最初的汽车、房屋分享迅速渗透到金融、餐饮、空间、物流、教育、医疗、基础设施等多个领域和细分市场，并加速向农业、能源、生产、城市建设等更多领域扩张。未来一切可分享的东西都将被分享，人们的工作和生活方式将因之发生深刻变化。

在中国，2017 年国内分享经济市场交易额约为 49205 亿元，比上年增长47.2%。其中，生活服务、生产能力、交通出行、知识技能、房屋住宿、医疗分享等非金融共享领域的分享经济交易规模共计达到 20941 亿元，比上年增长 66.8%；金融共享领域交易额约为 28264 亿元，比上年增长 35.5%。知识技能、生活服务和房屋住宿三个领域市场交易额增长最快，增速分别为126.6%、82.7% 和 70.6%。

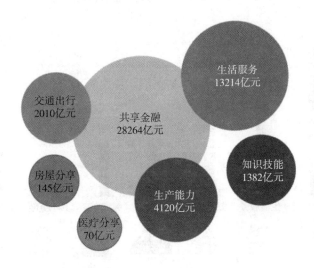

资料来源:《2018 年中国分享经济发展报告》。

图 6 – 12　2017 年中国共享经济重点领域市场交易额

共享经济催生共享金融。共享金融就是通过大数据支持下的技术手段和金融产品及服务创新，构建以资源分享、要素分享、利益分享为特征的金融模式，努力实现金融资源更加有效、公平的配置，从而在促使现代金融均衡发展和彰显消费者主权的同时，更好地服务于共享经济模式壮大与经济社会可持续发展。

共享金融具有"三去一降一补"的优势特征：一是去时空化。传统金融主要借助物理网点渠道，以人工方式提供金融服务，而在偏远落后地区提供金融服务会面临许多技术性的问题，为了保障经营收益会不得不减少偏远落

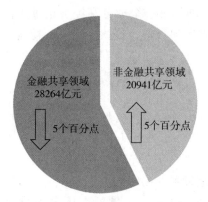

资料来源：《2018年中国分享经济发展报告》。

图6-13　2017年我国共享经济市场结构

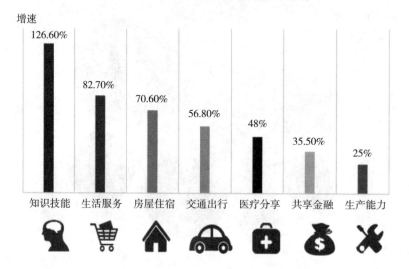

资料来源：《2018年中国分享经济发展报告》。

图6-14　2017年我国共享经济重点领域市场交易额增速

后地区的机构设置，从而导致偏远落后地区金融服务供给相对不足。此外，传统柜台式业务操作模式为主的办理机制也面临区域限制和时空限制所导致的业务瓶颈，这种模式下的人力成本过高、效率低、服务水平较差等现象一直存在并难以解决。

二是去中心化。在一个分布有众多节点的系统中，每个节点都具有高度自治的特征。节点之间彼此可以自由连接，形成新的连接单元。任何一个节点都可能成为阶段性的中心，但不具备强制性的中心控制功能。节点与节点之间的影响，会通过网络而形成非线性因果关系。这种开放式、扁平化、平等性的系统现象或结构，我们称之为去中心化。与去中心化类似的还有去中介化，去中介化是指在一个给定的价值链中去除负责特定中介环节的组织或业务流程。

三是去边界化。按照传统金融功能理论，金融体系的基本功能是互补的关系，新技术使得金融业务的平台化融合成为可能，各参与主体充分发挥比较优势，共享资源，业务边界将逐渐变得越来越模糊。去边界化主要表现在两个方面：互联网金融化与金融互联网化。

四是降低边际成本。由于传统金融模式信息不对称和道德风险的存在，金融服务的供给首先要考虑成本的高低，因此金融资源的供给总是不能保持在最优规模。以互联网为载体的共享经济的商业模式直击行业信息不对称的痛点，以共享经济为商业模式的公司，规模不再由其所占有的生产资料所约束，有望通过盘活潜在的资源实现无边界扩张。其商业模式本质是平衡各方需求，实现利益的合理再分配。也正是因为互联网和大数据的普及，促进了人和人、人和物、物和物之间的连接，人们转变为产销者，在消费的同时也制作和分享自己的产品，使零边际成本成为可能。

在基于物联网技术的共享金融市场中，将实现金融市场的"尾部均衡"，即市场均衡形成于市场需求曲线的尾部，市场供给曲线与需求曲线相交于需求曲线的右下部分。如图 6 – 15 所示，传统金融市场均衡状态下，市场需求曲线 D 与供给曲线 S_1 相交于 E_1 点，对应的均衡数量和均衡价格分别为 Q_1、P_1。由于物联网金融市场的供给曲线发生了明显的变化，直接导致均衡状态发生了变化，均衡点由需求曲线的头部移动到尾部，即图中的 E_2 点，均衡数量和均衡价格分别为 Q_2、P_2。物联网金融改变了传统金融的头部均衡状态，形成了尾部均衡状态，均衡数量增加，均衡价格下降。在尾部均衡状态下，市场上金融产品的供给更加丰富，金融服务的价格下降，金融服务效率大大提高，金融服务覆盖率大幅提高，有效缓解了融资难、融资贵问题，并有利于普惠金融的发展。

五是填补金融服务空白。传统金融体系中，大量金融资本进入银行业，而银行业更倾向于服务于低风险、收益稳定、信用等级高的大型企业；而由于缺乏抵押物，信用等级偏低且信息不完整等，小微企业、个人的资金需求难以从银行业得到满足。现实中，小微企业、个人对金融服务的需求巨大，但这一需求长期得不到满足，此外，在银行业不愿覆盖的地区形成了金融服务的真空区域，增加了金融消费者的成本，降低了金融服务的可获得性。

共享金融涵盖了包括互联网金融在内的先进科技金融模式，共享金融的发展带来的金融服务的变化主要体现在：一是改变了金融机构服务于大型企

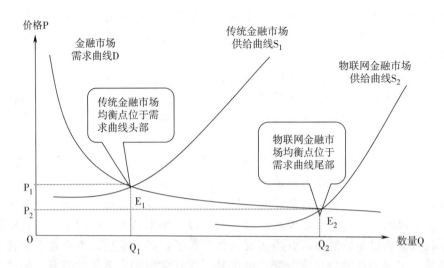

图 6-15　物联网金融市场的"尾部均衡"

业的业务习惯，营造了人人参与金融的良好氛围；二是推动金融企业战略转型和开拓市场；三是为满足客户需求、改善客户服务提供了新的解决方案。

　　共享金融是缓解现代金融体系脆弱性的有效方法。以银行等金融机构为核心的现代金融体系，从建立之初就有其内在的脆弱性。一方面，银行等金融机构在资金的运作上具有"借短放长"的特征，当经济基本面趋坏，或者发生意外的突发性事件，包括一些"自验性的预言或恐慌"，银行等金融机构就会发生流动性危机，而且极具传染性，严重时会引发全国乃至区域性或全球性的金融危机；另一方面，普遍存在的委托代理关系，使得现代金融体系运行中存在着严重的"逆向选择"和"道德风险"，尽管现代技术的发展以及更完备的交易合约会对这些问题有所缓解，但仍然滞留了一系列问题。

　　一是共享金融使微观个体风险定量分析成为可能。物联网新技术使得微观金融行为甄别能力上升及不确定性分析愈加准确，通过技术与制度安排对风险进行合理分担和分散，而非"游牧民族"式的驱离或被投机利用，则成为共享金融有助于金融稳定的重要尝试。自然人个人的风险定量分析、监测、定价成为可能，从而解决传统金融信息不对称的内在脆弱性。

　　二是共享金融去中心化特征有效化解"期限错配"问题。现代金融体系普遍存在委托代理关系，在信息不对称的条件下，金融体系运行存在着严重的"逆向选择"和"道德风险"，尽管现代技术的发展以及更完备的交易合约会对这些问题有所缓解，但仍然滞留了一系列问题。投资领域存在的委托代理关系使得投资银行和基金公司等更倾向于高风险的资产，这会推高风险资产的价格，从而产生金融泡沫，当泡沫破裂时就会产生严重的金融危机。由于共享金融是资金供求双方的直接交易系统，具有去中心化、去中介化的特征，不存在"期限错配"和"委托代理"关系。在这种情况下，个人的金融需求和金融供给也能够实现去中心化的无缝对接，从而消除了流动性危机和因委托代理关系而产生的资产泡沫。

三是共享金融的探索可以推动社会信用体系完善。尤其是对于难以进入到传统金融体系来积累信用的主体来说，更多的主体介入共享金融实践可以为其创建金融信用基础。在"人人参与"的新模式中，自律与他律成为能否继续参与的前提，这也使得传统金融监管难以覆盖的"盲区"受到公共金融规则的约束。同时，也自然地实现了传统金融风险的分散与防范。

（二）共享金融在普惠金融领域的应用

共享金融在普惠金融方面的典型形式是 P2P 金融、众筹等。P2P 金融又称 P2P 信贷，是互联网金融（ITFIN）的一种，意思是个人对个人。P2P 金融指个人与个人间的小额借贷交易，一般需要借助电子商务专业网络平台帮助借贷双方确立借贷关系并完成相关交易手续。借款者可自行发布借款信息，包括金额、利息、还款方式和时间，自行决定借出金额实现自助式借款。其起源是 2006 年度诺贝尔和平奖得主尤努斯博士认为现代经济理论在解释和解决贫困方面存在缺陷，为此他于 1983 年创建了格莱珉银行，通过开展无抵押的小额信贷业务和一系列的金融创新机制，不仅创造了利润，而且还使成千上万的穷人尤其是妇女摆脱了贫困，使扶贫者与被扶贫者达到双赢。这一模式就是最初的 P2P 金融雏形。2005 年 11 月，美国 Prosper 将这一思想进一步提炼和创新，创办了 Prosper 网络小额贷款平台，让资金富余者通过 Prosper 向需要借款的人提供贷款，并收取一定利息。诸如此类网络 P2P 金融平台的成功让 P2P 金融真正开始在世界范围内获得认可和发展，在相当长一段时间内，中国小微企业的融资需求始终无法从银行等间接融资渠道中得到满足，这也为国内 P2P 金融平台的发展提供了空间；几年时间内，中国 P2P 金融从无到有，并展现出强劲的发展后劲。

表 6 - 6　　　　　　P2P 网贷平台数量、成交量和贷款余额状况

年份	平台总数（家）	成交量（亿元）	贷款余额（亿元）
2012	200	212	56
2013	800	1058	268
2014	1575	2528	1036
2015	3769	8486	4005

资料来源：根据网贷之家（www.wdzj.com）数据整理。

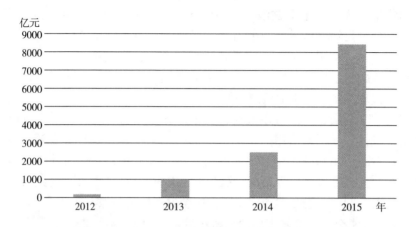

资料来源：根据网贷之家（www.wdzj.com）数据整理。

图 6 – 16　P2P 网贷平台贷款成交量

众筹融资是指通过互联网平台连接起发起人与投资人，在一定时间内完成项目发起者预先设定的募资金额目标的互联网金融模式。众筹最初是艰难奋斗的艺术家们为创作筹措资金的一个手段，现已演变成初创企业和个人为自己的项目争取资金的一个渠道。众筹网站使任何有创意的人都能够向几乎完全陌生的人筹集资金，消除了从传统投资者和机构融资的许多障碍。

当前，全球众筹公司数量呈现快速增长的趋势。截至 2014 年底，全球共有 1250 家众筹公司，同比增长 34.53%。而到了 2015 年底，全球众筹公司就达到了 1544 家，同比增长 23.5%。截至 2017 年 6 月底，中国共上线过众筹平台 808 家，其中正常运营的为 439 家，下线或转型的为 369 家；运营中平台的类型分布为：物权型平台 135 家，权益型平台 120 家，股权型平台 113 家，综合型平台 61 家，公益型平台 10 家；2017 年上半年共有 37905 个众筹项目，其中已成功项目有 31552 个，占比 83.30%；2017 年上半年成功项目的实际融资额达 110.16 亿元，较上年同期增长了 38.11%；2017 年上半年，成功项目中融资额排名前十的股权型项目及权益型项目的融资额均超过 2000 万元，最受投资者欢迎的十个项目的支持人数均超 10 万人次。

除众筹、P2P 金融外，场景化金融也是日趋火热的一种共享金融模式。目前，我国场景化金融的三大玩家分别是阿里、腾讯和百度。从网约车到共享单车，再到共享充电宝，背后都能窥见这三大互联网巨头的身影。例如，阿里从电商切入，一步一步拓展它的场景空间。基于电商和支付具备的强大

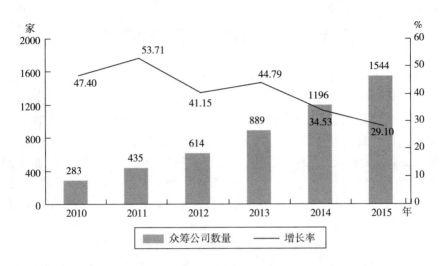

资料来源：中商产业研究院。

图 6 – 17　2010—2015 年全球众筹公司数量及增长率变化趋势

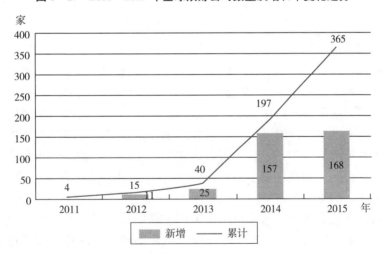

资料来源：中商产业研究院。

图 6 – 18　2011—2015 年中国众筹平台数量变化趋势

流量优势，以及阿里云的计算优势，阿里完成了包括电商、出行、旅游、第三方支付、优惠、影音娱乐等在内的多重场景布局。不过，对于风控领域，阿里涉足时间还不够长，风控能力还有待被验证。而腾讯则是基于微信、QQ等社交软件，切入了非常多标准化、普适化的场景，产生了高频且巨大的流量。同时，腾讯也具备银行、保险、基金、征信、第三方支付等牌照。

第二节　金融服务网格化的演变趋势

党的十九大作出了"中国特色社会主义进入新时代"的重大政治论断，明确新时代我国社会主要矛盾是人民日益增长的美好生活需要和不平衡不充分的发展之间的矛盾。发展普惠金融是缓解经济金融发展不平衡问题、满足人民群众对美好生活向往的必由之路，也是决胜全面建成小康社会的重要任务。"金融服务网格化"作为普惠金融的重要模式，未来任重道远，亟须探索新时代的创新发展之路。随着物联网、大数据、人工智能等新兴科技发展，"金融服务网格化"模式将不断升级，推动服务、产品和渠道创新，实现帕累托改进。乡村振兴战略、区域协调战略和精准脱贫攻坚战的实施，也将为普惠金融带来更广阔的蓝海。下阶段，"金融服务网格化"的演变趋势主要体现在"技术升级、功能扩展、主体增加、结构优化、覆盖更广、成本更低"六个方面，将真正实现普惠金融从"量的覆盖"到"质的提升"。

一、技术升级

"金融服务网格化"的技术核心就在于搭建大数据信息平台，获取关于服务对象的各种"软信息"和"活情况"，进而提供线上线下一体化的金融服务。当前，金融服务网格化主要依托综治部门及银行业机构的互联网平台进行信息对接和共享，网络速度、网络覆盖率和信息完备程度都有待进一步提升。随着智能感知与识别、云计算、区块链、集成大数据、GPS定位等物联网新技术的应用，物联网将实现海量的信息计算存储和智能化的感知识别，推动资金流、信息流和物流的"三流合一"，促进银行金融资源和实体经济生产资源的重新整合共享，从而产生金融服务新的生产可能性边界。根据诺斯等制度经济学家的研究，决定社会和经济演化的技术变迁和制度变迁都具有较强的"路径依赖"。物联网在很多方面实现了对互联网的超越和升华，是对互联网金融的"帕累托改进"。通过物联网基础设施的不断完善和技术的创新发展，将形成持续推动金融创新的动力机制，推动现有普惠金融体系走上一条高效率、良性循环的制度变迁路径。具体来说，物联网技术将促进金融服务网格化实现"三大升级"。

一是实现从"人—人"联系到"人—物—人"联系的升级。互联网实现的是人与人的远程交流。基于互联网的金融服务网格化也是人与人之间通过互联网完成的金融服务活动。目前，金融服务网格化虽然实现了网格站和建档面的"两个全覆盖"，但在银行业机构对网格内的居民和企业收集信息和提供服务时，仍局限于"人"的相关信息，如生产经营、财务信息、个人征信等"建档立卡"信息，没有实现对企业库存、产品销售、抵质押品等"物品"信息的动态追踪与实时更新。特别是在线上金融服务中，由于用户识别、获取、信用审核过程主要是在线上完成，银行与借款人存在信息不对称，可能会导致借款人出现逆向选择和道德风险，通过隐匿和伪造信息、重复抵质押等方式进行骗贷的情况。而物联网是"物物相连的智能互联网"，通过射频识别（RFID）、红外感应器、全球定位系统（GPS）、激光扫描器等技术，能够将企业及个人有关信息通过一种契约的形式上网，以实现对物品的智能化识别、定位、跟踪、监控和管理。通过运用物联网技术，可以打造当前金融服务网格化"集成信息网"的"升级版"。在物联网大数据信息平台中，企业库存、产品销售、抵质押品管理等各类物品信息都能"一网打尽"，全部纳入物联网网格化系统，各银行业机构和网格员都能通过该平台实时掌握物品状况，实现人和物品的信息全共享，做到人与物、物与物的即时交流，成为真正的"智慧中枢"和"供需平台"。由于物品既可以开口"说话"，又不会"骗人"，因此可以通过生产过程、成品积压、销售情况等物品信息精准地评估信用，并实现对抵质押品的跟踪监控，从而最大限度地规避道德风险。

　　二是实现从"事后追踪"到"可视化跟踪"的升级。在基于互联网的金融服务网格化中，对于抵质押品的监控主要是依靠人工管理，银行机构由于人力和技术的限制，对抵质押物管理鞭长莫及，通常委托物流公司外包驻场监管，往往对抵押品"看不住""管不了"，难以保障抵质押物如实、保质、保量地存在。而物联网为金融服务网格化创新提供了技术条件——可视化跟踪，能够解决抵质押品管理的瓶颈问题。物联网的三种基本的应用模式为：对象的智能标签、对象的跟踪和所处环境的监控及对象的智能控制。通过这三种模式，银行业金融机构能够对企业产品和抵质押品进行智能识别和全面及时的可视化跟踪控制，实现企业在生产领域和流通领域的产品信息流完全流向商业银行，使资金流、物资流和信息流的"三流"有效结合，便于商业银行的资金流向生产和流通领域。通过运用 VR 虚拟现实技术、区块链技术、RFID 自动采集等物联网技术，能够做到信息充分对称，真正解决物品"从哪里来、到哪里去"的问题，使"被动管理"变为"主动管理""事后追踪"变为"事先防范"。

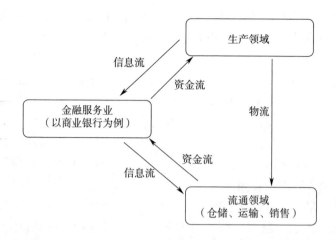

图 6 - 19　商业银行通过物联网技术服务实体经济主要流程

【专栏 6 - 2】

平安银行推出物联网智能监管系统

2015 年 6 月，平安银行在上海重磅发布创新成果——物联网金融。目前，这一新技术已在汽车业、钢铁行业破冰，通过物联网技术，赋予动产以不动产的属性，变革供应链金融模式，带来动产融资业务的智慧式新发展。

平安银行原行长邵平表示，物联网可实现对动产无遗漏环节的监管，极大地降低动产质押的风险。物联网的动产质押，将深刻改变供应链金融的模式，也将破解小微企业贷款难的问题。据平安银行贸易金融部负责人分析，传统的动产融资业务中，企业将合法拥有且银行认可的动产交由银行委托的物流监管方进行监管，物流监管方通过派驻监管人员实施人工现场监管。在这种业务模式中，物流监管的质量和准确性，主要取决于物流监管公司的管理能力和现场监管人员的履责程度，银行面临重复抵质押、押品不足值、押品不能特定化、货权不清晰、监管过程不透明、监管方道德风险、预警不及时等一系列风险。而物联网新技术的应用，为银行解决上述难题提供了一种可行的方案。

2014 年，平安银行瞄准汽车领域，通过引入感知卡，实现了对汽车的智能监管，并建立起汽车智能监管系统。车押卫士与监管系统的使用，弥补了在传统人工监管模式下信息传递不及时、无法掌握抵质押车辆最新状态等不足，实现了对车辆移动实时跟踪和历史轨迹回放查询，出现异常情况及时预警、报警。

2015 年，平安银行将物联网智能监管拓展到钢铁行业中，与物联网企业感知集团合作，在全国钢材交易重点区域进行仓库智能改造升级，通过引入感知罩等物联网传感设备，建立起"重力传感器＋精准定位＋电子围栏＋仓位划分＋轮廓扫描"的智能监管系统。仓库改造后，可以通过条形码、重力传感器、视频定位、3D 扫描等技术，实时采集货物的重量、型号、价格、厂商、存放仓库位置、货物轮廓等信息，传输至仓单管理平台，进而生成仓单，并对仓单锁定。仓单锁定时，如货物进行任何未经许可的操作，监控系统将自动报警，并推送至移动监管端 APP，库管员和银行人员都及时收到报警以采取行动。基于这样一套物联网监管系统，该银行为钢贸商提供仓单质押贷款等金融服务，实现了对动产存货的识别、定位、跟踪、监控等系统化、智能化管理，使客户、监管方和银行等各方参与者均可以从时间、空间两个维度全面感知和监督动产存续的状态和发生的变化，有效解决了动产融资过程中信息不对称问题。

基于物联网技术，商业银行可以进一步把普通仓单打造成具备标准仓单属性的"准标单"，解决重复质押这一最令银行头疼的问题。这种新型仓单将具备唯一性和排他性特点，同时拥有标准化程度高、流通性强等诸多优势。首先，物联网技术使得仓单项下的实物被特定化，且仓单与实物之间可建立一种动态的、实时的对应关系。仓单甚至还可以绑定实物的三维空间坐标，使得仓单具备唯一性和排他性，从而有效解决现行仓单中存在的虚开仓单或重复开单等问题。其次，通过推动仓储企业按照国家标准生成国标仓单，倡导仓单格式和记载要素标准化，并推动仓单编号的生成规则规范化，仓单将成为特定实物的唯一"身份证"。在此基础上，再推动仓单在权威机构进行登记注册或认证，将显著提升仓单的信用度，实现仓单高效流通。基于抵质押物的价值和大数据，动产融资将形成"卖仓单"模式，银行无须提供融资，而是提供标准化的仓单，只需提供标准化仓单，吸引各种资金参与。这就相当于仓单证券化，打造出一个仓单交易市场。

资料来源：平安银行推出物联网智能监管系统 [N]. 第一财经日报，2015 - 07 - 03.

三是实现从"单一化"服务到"全产业链"服务的升级。由于信息不对称，金融服务网格化的服务对象虽然覆盖了大批"三农"、小微客户群体，但由于获客渠道、风控水平等限制，范围还局限于乡村和社区网格内，服务范围还需向上下游产业链延伸。例如，在供应链金融中服务对象主要集中于核心企业上游客户，对中下游客户较少涉及，电子化渠道的程度也不足。通过物联网技术,可以对各相关企业的信息流、资金流和物流进行可视化追踪,使上下游关联企业均能获取有效信息,包括产品销售、资金结算、应收账款清收等信息,从而充分发挥物联网网格平台在获客引流、信用评定、风控定价等方面的作用,进一步拓展客户范围、业务领域和服务半径。由于具备了比较完备的信息,商业银行可以对更多种类的存货发放贷款或者研究新的金融产品,也可以更多地服务于处于核心企业下游客户,还可以拓宽其电子化的销售推广渠道。可以预见,物联网将彻底颠覆传统金融服务的"二八定律",汇聚小微企业、"三农"、个人客户等"长尾市场",推动普惠金融长足发展。

二、功能扩展

未来,"金融服务网格化"要进一步扩展服务功能,深化服务内涵,不仅仅在惠农支小上发挥作用,还要将精准扶贫、处置非法集资、公众教育和消费者权益保护等内容嵌入金融网格化,构建网格化服务的"升级版"。

一方面,打造精准扶贫的"造血机"。一是建立网格扶贫专项机制。以支持脱贫攻坚战为重点,以做强做大网格扶贫为抓手,以突出产业扶贫为导向,推动金融服务网格化与精准扶贫战略对接,建立网格扶贫专项工作机制。通过网格平台为每一位建档立卡贫困户精准识别、评级授信,确定不同的信贷支持政策。例如,湖北省联社推行"七专"工作机制(设立专项计划、建立专门档案、实行专优利率、开发专属模式、优化专门流程、争取专项资金、实施专项考核),按照宜农则农、宜商则商、宜游则游的思路,助推深度贫困地区加快发展,确保金融扶贫服务实现"三个100%",即对建档立卡贫困户调查建档面达到100%、对符合贷款条件建档立卡贫困户的扶贫小额信贷需求满足率达到100%、执行基准利率达到100%。

二是探索特色产业扶贫。坚持扶贫与扶志、扶智相结合,不仅要对贫困户捐款捐物,还要支持特色优势产业和项目发展,推动贫困户就业增收,提升脱贫内生动力。借助网格纽带建立扶贫利益联结机制,整合各方资源优势,发挥大户、能手和新型农业经营主体的带动作用,积极探索产业扶贫方式,加大对特色产业、贫困村提升工程、基础设施建设等领域的支持力度,大力推进金融扶智、扶志行动,增强金融精准扶贫的实效性和可持续性,实现"输血式"向"造血式"扶贫转变。例如,农业银行罗田县支行围绕黑山羊养殖资金需求,开发设计了"羊羊得益"信贷产品,通过在网格站建立贫困户信息大数据平台,全面掌握贫困户的活信息,解决了贫困户"缺信息、缺信用"的难题,提高了对接服务效率。同时,按照"政府主导、金融支撑、企业载体、保险保障、农民养羊"的"五位一体"模式,发挥农村专业合作社、致富能手、种养大户等的"领头羊"作用,创新增信方式,带动信贷投放。

三是做实小额扶贫信贷。引导银行业机构认真落实主办银行扶贫小额信贷发放、管理的分片包干责任,持续开发适合不同贫困人群的扶贫小额信贷产品,在需求合理、风险可控的前提下实现应贷尽贷、精准到户,提高贫困户网格申贷率。例如,邮储银行推动"邮储扶贫贷""光伏扶贫贷"等产品入网格,为建档立卡贫困户及带动脱贫的新型农业经营主体量身定制金融产品和服务方式。

【专栏 6 – 3】

乡村振兴战略的金融支持

《中共中央国务院关于实施乡村振兴战略的意见》对实施乡村振兴战略进行了全面部署。文件从提升农业发展质量、推进乡村绿色发展、繁荣兴盛农村文化、构建乡村治理新体系、提高农村民生保障水平、打好精准脱贫攻坚战、强化乡村振兴制度性供给、强化乡村振兴人才支撑、强化乡村振兴投入保障、坚持和完善党对"三农"工作的领导等方面进行了安排部署。十九大报告也提出乡村振兴战略需要各方面的机制和政策支持。作为现代经济的核心,金融尤其是农村普惠金融是乡村振兴战略极为重要、极为关键的支持要素。金融支持乡村振兴战略,需要加深几个方面的认识。

一、乡村振兴战略与农村普惠金融体系建设

自党的十八届三中全会把"构建普惠金融"作为基本国家战略以来,我国农村普惠金融建设取得了长足的进步,出现了几个方面的新趋势。一是随着中国城镇化的深入推进和城乡一体化的发展,农村金融的需求日益旺盛和多元化,表现为供给主体的多元化和需求主体的多元化。基层的村级农民资金互助组织、村镇银行、农村商业银行、大型国有金融机构及政策性银行等,形成了农村金融机构的新谱系。二是随着土地资本化和土地制度改革的深入推进,一些困扰农村金融供给的瓶颈问题,比如抵押与担保问题得到了极大的缓解。三是社会资本进入农村金融领域的热情持续高涨,国家的政策激励进一步促进了社会资本的参与度。四是微型金融发展与创新层出不穷,互联网金融的出现,为微型金融发展注入了新的活力。这些新趋势都表明,现代农村普惠金融制度的建设正在进入快车道,一个产权多元化、规模多层次、多类型、可持续、广覆盖的现代农村金融体系正在加快形成。但是,要发挥

农村普惠金融在乡村振兴战略中的支持作用，需要注意以下几点。首先，要强调机构的可持续发展。在鼓励普惠金融发展过程中不应过度强调农村金融机构的社会责任。因为农村金融机构如何承担社会责任、承担多少社会责任，需要金融机构根据自身的经营状况和区域特点来做决定。作为一个商业机构来讲，金融机构首先需要的是实现可持续发展。其次，普惠金融应该实现产权的多元化。也就是说在发展普惠金融当中，应该鼓励各种产权的进入。再次，农村普惠金融的市场发展要多层次。具体来说就是"巨大中小微"五个层次兼具。"巨"指的是像农业银行这样的大型国有金融机构，"大"指的是规模较大的农村商业银行，"中"指的是一些中等规模的农村商业银行和地方性银行，"小"指的是村镇银行、小额贷款公司等小机构，"微"指的是各种村级资金互助组和社区合作基金等合作金融组织。这五种类型的农村金融机构构成层次分明、各有分工、各司其职的体系。最后，农村普惠金融市场需要多样化。不能把普惠金融简单理解为信贷市场。实际上在普惠金融发展过程中，我们既需要信贷，又需要农业保险、多层次的资本市场、农业产业基金，以及农业期权期货市场。

二、乡村振兴战略与农村集体经济金融服务

乡村振兴战略如果没有农村集体经济的大发展是不可能成功的。党的十八大之后，中央从顶层设计的高度，大力扶持农村集体经济发展。通过强有力的财政支持与市场机制建设的有效结合，极大地促进了我国农村集体经济的发展，对于城乡同步实现小康、农村实现共同富裕、乡村公共服务能力提升与乡村治理机制的完善都具有极其重要的意义。未来金融机构应从以下几个方面增强农村集体经济的金融服务力度。

第一，要提供差异化的金融服务。经营性农村集体经济的金融需求主要源自资产保值增值和扩大再生产，商业化金融机构应制定以资金托管、理财、授信、抵押贷款等为内容的一揽子金融服务方案；物业型农村集体经济的金融需求以资产保值增值为主要目标，金融机构可以提供以资金托管、投资理财为主要内容的金融服务。资源开发型集体经济尚处于集体资源开发的重要时期，短期内以开发性资金需求为主，金融机构应以开发性基金、财政资金质押贷款等方式提供配套金融服务。多种形式合作经济的金融需求往往是周期性周转和扩大经营规模，金融机构可以发展基于"企业 + 合作社 + 大户"的供应链融资、资产抵押贷款等金融服务。第二，应注重金融服务的综合性。对村级集体经济发展较好的村庄，应建立完善的村庄和个人信用档案，进而对集体经济组织和村民提供综合性的金融服务。一方面，金融机构可以依托村集体经济组织对村内信息了解充分的特点，降低信息获取成本；另一方面，还可以通过集体经济的股权约束增加村民的信贷合约违约成本，提高金融机构提供综合性服务的边际收益。第三，充分借助多种增信措施。随着政策支农力度加大和农村金融体系不断完善，金融机构服务农村集体经济应积极借助政策性担保基金、商业性担保公司、农业保险公司、信托公司等，采取多种增信措施。第四，积极探索多种形式的金融创新。针对农村集体经济的特点，金融机构应积极创新针对集体经济组织的授信、基于集体资产的抵押贷款、基于集体资产收益的质押贷款、基于集体股权的质押贷款等；同时，探索农村资产信托、粮食信托、开发性债券等多种直接融资方式。

三、乡村振兴战略与农村扶贫

当前，我们正处在扶贫攻坚的关键阶段。金融对于农村的扶贫攻坚工作极为重要。我国农村的很多贫困都属于可行能力不足型的贫困，其原因均为贫困者个体的某种能力的缺陷。针对这种贫困类型，应该使用能力增进型扶贫（造血型扶贫）模式。这类扶贫模式的核心在于提高贫困人群的可行能力，尤其是人力资本投资。农村小额信贷就是典型的能力增进型扶贫模式。小额信贷对农户微观个体获得信贷资金机会、家庭财产增加、就业机会增加、减少风险、妇女赋权等方面具有积极的作用，是一种具有可持续性的扶贫模式。未来几年，我国要继续加大对贫困人群的金融支持力度，金融机构要开发出更多的适合贫困人群和低收入人群的金融产品，助力扶贫攻坚。国家也要给服务于贫困人群的金融机构以鼓励，运用财政、税收等手段激励其向贫困地区开展业务。

资料来源：王曙光，王丹莉. 乡村振兴战略的金融支持［J］. 中国金融，2018（4）.

另一方面，打造治乱化险的"前哨站"。以金融服务网格化工作站为阵地，严厉整治非法"校园贷"、P2P、非法集资等金融乱象。一是建立完善网格化非法集资监测预警平台。"风起于青萍之末。"要坚持重点排查与全面排查相结合、线上排查与线下排查相结合、涉嫌非法集资风险排查与互联网金融风险清理整顿相结合的原则，依托网格化工作站开展非法"校园贷"、现金贷及非法集资排查，发现蛛丝马迹，做到抓早抓小，使非法金融活动没有可乘之机、没有藏身之处。将重点关注企业和人员信息嵌入网格信息平台，实现与地方政府信息共享、追踪预警，对非法集资案件从案件侦办、财产清查到信访接待、社会维稳等各方面提供全流程的信息支持，利用信息科技实现监管升级，为治理非法金融活动提供监管"利剑"。例如，北京市金融工作局和深圳市金融办分别与腾讯签署战略合作协议，联合开发地方金融安全大数据监管平台，设计"冒烟指数""海豚指数"，实现了对非法金融活动的早期监测预警。

二是升级校园网格功能。对于已经设立的校园金融服务网格化工作站，在做深、做细、做实网格原有功能的基础上，联合高校安排工作人员，按照"五个一"的标准提升功能，即公示一个咨询电话、建立一本工作台账、开辟一个业务受理渠道、摆放一批宣传材料、每季度开展一次宣传活动，充分发挥知识宣传、政策咨询、业务受理等服务优势，不断赋予校园金融服务网格化工作站新的生命和活力，实现校园网格化工作站从"量的覆盖"到"质的提升"。同时，鼓励各银行业金融机构根据高校提出的银行网点设立需求，将功能成熟的工作站纳入网点设立规划，升级为校园自助银行、社区银行或支行级营业网点。

三是创新网格"正规军"服务。探索建立省内大学生信贷信息共享平台，不断完善大学生信用体系建设。充分发挥全国性商业银行的主导作用和地方法人机构的创新优势，按照"小额、方便、快捷、高效"原则，再造校园信贷产品流程，取消或降低对大学生所在学校的资质要求，适当延长校园信贷产品的贷款期限，开发一批既能满足各类在校大学生融资需求，又能有效控制风险的校园金融产品，探索建立动态、持续、完善的校园金融服务产品创新体系，实现良币驱逐劣币，进一步巩固提升网格服务的"正规军"作用。

四是加大宣传教育力度。搭建金融知识的普及宣传平台，将防范非法集资融入日常客户服务之中，利用一切可能的手段强化金融知识宣传。深入开展防范和打击"非法校园贷"、非法集资、金融诈骗等宣传活动，通过发放宣传手册、拍摄微电影、案例警示教育等方式，详细披露非法金融活动的形式和特点，向社会公众普及金融风险知识，提高对非法金融活动的识别和防范能力，从根本上铲除非法集资滋生的土壤。

【专栏 6 -4】

网格服务创造新动力，普惠金融谱写新篇章

——中国银行湖北省分行积极推动"金融服务网格化"工作显成效

近年来，中国银行湖北省分行深入践行普惠金融发展战略，持续推动"责任网格化、建档标准化、产品多样化、服务精细化"的金融服务网格化体系建设，以网格化为核心、以社区化为途径、以智能化为抓手，积极打造

"中银社区网格服务新模式"，树立"中银社区公益日"品牌，取得了良好的社会效应。

截至 2017 年末，该行在全省范围内搭建"金融服务网格化工作站"666 家，较年初新增 262 家；为 48 所高校建立"普惠金融服务网格化校园工作站"63 家；社区居民、商户小微企业、"三农"客户建档面达 100%，较上年末提升 44.41%；专兼职金融网格员 900 多名，"精品示范点"新增 35 家；开展各类党建活动 140 余场、社区活动 1000 余场。

在湖北银监局"金融服务网格化"表彰大会上，该行一举夺得"金融服务网格化服务校园先进单位""金融服务网格化服务小微先进单位""金融服务网格化最具社会责任奖"三项大奖，体现了国有大行的社会责任与担当。

一、打造"中银社区网格服务新模式"，提升社区网格服务水平

该行依托"金融服务网格化"建设，顺应金融智能化、网络化趋势，融合线上、线下金融服务，创新推出"中银社区网格服务新模式"。按照"服务宣传整体化、服务队伍专业化、服务标准规范化、服务产品定制化、营销活动常态化"的理念，坚持做到"服务进社区、区区有中行"，通过"政府 E 平台、中银易商 E 社区、中银社区网格公众号"＋"社区 100 米宣传、社区 300 米商户、社区 500 米网点"的服务模式，积极推进 150 家网点"中银社区网格服务新模式"建设，促进普惠金融服务水平持续提升。

二、打造"周末中银社区公益日"，提升社区居民服务体验

该行积极开展"周末中银社区公益日"活动，主动参与社区党建共建、文明建设、文化宣传、金融宣传等活动，营造和谐的银社合作关系。将社区金融服务的重点集中到社区居民这一源头，将党建引领作为突破源头的发展利器，积极开展社区党建共建活动，拉近与社区居民的距离；为社区居民提供便民金融服务和金融知识普及，开展防范高息集资、破解法院扣款谜案、戳穿养老保健骗局等宣讲，累计堵截各类诈骗案件 44 起，为社区居民挽回经济损失超过 150 万元；持续开展传统节日"纳凉节""观影节"等社区文化活动，在丰富社区居民业余文化生活的同时，增强归属感和体验感。

三、打造"互联网＋"金融服务模式，构建线上线下一体化网络体系

该行创新设计了集校园服务、金融交易、轻松生活为一体的高校金融合作互联网品牌"中银 E 校园"，在校师生可以通过手机应用，方便快捷地获取课表、成绩、公告等校园公共服务，还支持校园圈存、缴费、余额理财等金融交易功能。该平台上线以来，先后在 11 所院校定制上线，累计下载量超过 15 万次，交易笔数近 5 万笔，交易金额超过 3500 万元。同时，利用中银易商平台，逐步推出微客服、微信贷、微理财、微生活、微银行等系列便民服务

和产品体系，线下通过网点辐射周边社区、校园，延伸服务触点至生活场景，线上通过移动互联渠道延伸网点服务，为客户提供更全面、更优质、更贴心的线上线下一体化服务。

"金融服务网格化"是一项长期性、系统性工程，只有"深耕"才能"生根"。中国银行湖北省分行将认真践行"金融服务网格化"战略，积极探索"三大经营模式"，实现金融与网格化的有机融合，努力谱写"金融服务网格化"工作新篇章！

资料来源：人民网—湖北频道，http：//www. hb. people. com. cn ，2018 - 02 - 12.

三、主体增加

目前，"金融服务网格化"的主力军仍然是银行业金融机构。下阶段，要大力推进参与主体多元化，引入供销社、电商平台和保险公司、证券公司、基金公司等其他金融机构，共同打造一站式"金融超市"，拓展金融服务网格化的"朋友圈"和"生态圈"，为金融消费者提供个性化、便捷化的金融服务。所谓"金融超市"，是指金融机构对它经营的产品和服务进行整合，并通过与保险公司、证券公司等同业机构开展合作，向顾客提供的一种涵盖多种金融产品与增值服务的一体化经营方式。可参照金融超市的做法，打造多方主体共同参与的"金融服务网格化"新型业态，实现三方面提升。

一是丰富服务功能。通过引入多类金融主体，金融服务网格化的服务可涵盖融资、投资理财、担保、增值和特殊金融服务等多方面。融资功能主要由银行机构来承接，投资理财功能主要由保险、基金、证券等非银行机构来承接，担保功能主要由担保公司来承接，其他金融服务功能则可引入电商平台、供销社、物流公司、出行服务、旅游、影音娱乐、传媒等多方主体。例如，可与供销社合作，为农产品销售提供渠道，打通农民农资物流到村的"最后一公里"，使农民购买农资更实惠，农产品收购效率和销售价格更高。例如，建设银行湖北省分行与供销社跨界合作，开发出基于"手机＋供销服务点＋裕龙卡"的村口银行模式，为当地农民提供支付结算、汇款转账、涉农贷款等服务。与电商平台合作，在网格平台嵌入电商服务端口，为城乡消费者提供线上购物的便捷服务。湖北省联社就针对电商资金流动性快、资金需求时效性强、经营风险性低等特点，积极与当地电商平台物流园开展合作，推出了电商融资专用信用卡，实现"一次授信、循环使用、随用随还"，实现网格化平台信息与阿里巴巴、淘宝等电商平台信息共享，依托电商服务站、网店、农资超市等，建立普惠金融网格化工作站，进一步延伸金融服务。同时，还可与旅游平台合作，提供旅游咨询、定制路线、旅行拍摄等服务，为广大"驴友"发放旅游场景贷款。与保险公司和体检中心合作，为社区老人提供健康咨询、免费体检、保险服务等贴身服务。

【专栏 6 - 5】

建设银行科技助力普惠，打通"最后一公里"

一、经营成效

2017年，建设银行普惠金融贷款累计投放近3000亿元，当年新增1088亿元，达到人民银行定向降准"二档"标准。服务小微企业47万户，平均成本5.3%。其中，线上产品"小微快贷"累计为客户提供1700多亿元贷款支持，不良贷款率0.16%，当年客户新增超14万户。同时，普惠金融贷款带动了对公、对私业务双向发展，服务覆盖度和客户满意度得到了明显提升。

二、"小微快贷"运作模式

1. 创新"小微快贷"线上信贷模式，提高小微客户贷款服务效率。从2012年开始探索"小微快贷"模式。其原理是：利用历史积累的6万多户小微企业的数亿条数据信息，创建小微企业评分卡模型，确定客户准入评价标准，建立有别于大中型企业贷款的评价流程，有效拓宽客户范围、控制不良发生。在新的模式下，建设银行依托"新一代"核心系统和金融科技优势，在小微企业客户申请贷款时，广泛收集整合客户各类经营数据、交易数据，包括资金结算、交易流水、工资发放、存款投资等，并自动导入评分卡模型，迅速、精准地对客户进行在线评价、准入和贷款审批，当年新增客户和放款明显增加。客户可通过互联网银行、手机银行等线上渠道，进行贷款申请、签约、支用、还款等线上自助操作，贷款全流程只需几分钟即可完成，有效契合小微企业"短小频急"的资金需求，实现"多快好省"的服务（即客户多、速度快、体验好、费用省）。

2. 引入税务数据创新"云税贷"业务模式，利用公共信息破解小微企业信用瓶颈难题。建设银行与国家税务总局开展"线上银税互动"，开创政务信息共享机制。总行积极对接政府相关数据平台，相关分行充分利用人民银行征信、税务、工商、海关、司法等公共信息，对企业经营情况进行评价，进一步突破小微企业融资服务中的信息、信用"瓶颈"，使得相关信用风险模型信息更全面、更完整、更真实。通过对小微企业精准"画像"，授信额度为1万~200万元，不需客户提供抵质押物即可为其在线发放信用贷款，实现

"以税授信、以税促信"。

自 2017 年 8 月上线以来，已实现 15 家分行数据直连，不到 5 个月时间为 3 万余户客户提供近 200 亿元"云税贷"贷款支持。

三、"裕农通"村口银行

为充分落实中央关于发展普惠金融的有关要求，建设银行与湖北省供销社跨界合作，依托供销社庞大的实体网络，开发出基于"手机 + 供销服务点 + 裕龙卡"的村口银行模式，联合推出了针对广大农村居民的定向创新产品——"裕农通"村口银行业务。该业务模式中，村供销服务社就是建设银行助农金融服务点，手机成了交易终端。农民需要办理业务时，只需持卡到助农服务点业主的手机终端上进行双向短信验证，即可享受到小额取款、现金汇款、转账汇款、账务查询等方便快捷的金融服务。该模式所采用的"建设银行裕龙卡"，可享受五项费用减免优惠，即减免"银行卡工本费、小额账户管理费、年费、短信服务费及转账汇款手续费"等，有效降低了农村居民的金融服务成本。

在"裕农通"的基础上，建设银行陆续推出了"裕农易贷"和"供销支农贷"等新产品，加大对小微企业和个人农户的涉农信贷支持，不断完善服务功能，提升服务质效，着力打通金融供给渠道，变"输血"为"造血"，为在贫困山区探索金融支持精准扶贫方式提供了可借鉴的样本，主要表现在三个方面。

一是引入专业担保公司提供担保。农户贷款的困难之一是没有抵押物、质押物。农村集体土地所有权和农村房屋不在目前市场所认可的抵押范畴之内。因此，建设银行咸安支行另辟蹊径，主动请求咸安区政府支持，引入有政府背景的金桥担保公司为井头村居民进行信贷担保，切实解决了村民抵押物不足问题。

二是建立"裕农易贷"资金池，实行政府增信。为进一步解决担保物问题，建设银行咸安支行努力探索新的担保渠道，获得地方政府的组织增信支持。由地方政府、供销社各缴纳 1000 万元的风险补偿金，建设银行按照 1:10 的放大系数进行放贷，贷款村民按贷款金额 5% 的比例缴纳保证金并在银行开立专户保管，建立"裕农易贷"资金池，建立了有效的风险共担机制。

三是实施农户种养殖保险制度。自然灾害的不可控性对于农村种植养殖业影响较大，为此，建设银行咸安支行提出实施农户种养殖保险制度，要求贷款村民需为所种植、养殖产品购买保险，以防止瘟疫或者自然灾害险，保险金由村民和政府各按照 50% 共同缴纳，用于防范信用风险。

四是实行客户名单制。由贷款村民所属组向村委推荐并提供保证，村委同意后向乡政府推荐并提供保证，最后由乡政府确认并加入目标客户名单。三级审核，层层把关，有效防控了操作风险。

截至 2017 年末，建设银行累计拓展裕农通服务点超过 10900 个，已覆盖全省 17 个地级市（含 4 个省直管县）和全部 60 个县级市，全省行政村覆盖面达到 43%，累计服务农村客户超过 200 万户。"无微不至裕农易贷"累计投放 3 户，贷款金额 60 万元。

四、经验体会

一是坚持将普惠金融提升到全行战略高度。以发展普惠金融作为履行社会责任和拓展业务的结合点，进一步明确普惠金融业务的战略定位。二是坚持探索完善普惠金融业务可持续发展的长效机制。搭建自上而下、垂直管理的普惠金融组织体系，形成强健的"骨骼"。持续深化综合服务、统计核算、风险管理、资源配置、考核评价"五个专门"机制建设，进一步疏通"血脉"，促进普惠金融体系顺畅运转。三是坚持按照普惠金融客户群体的特点创新服务。针对小微企业、农民、贫困人群等传统模式下较难惠及的"长尾"客户，利用互联网、云计算、大数据等手段探索建立契合客户群体特点的服务模式、业务流程和技术手段，最大限度地提升资源配置效率和服务覆盖面。

资料来源：湖北银监局 2018 年调研报告。

二是拓展产品体系。下阶段，"金融服务网格化"将朝着多样化、专业化、横纵双向整合的方向发展，满足个人、企业等个性化需求。以线下网格化工作站为依托，为网格化精品示范点赋能，围绕城乡居民日常生活和消费升级，提供金融知识普及、投资理财咨询、代购火车票、代理保险、一卡通充值、民生缴费、便民服务等一站式服务，打造线上有服务、线下有温度的"网格化＋"综合服务平台，使网格服务更"接地气"。以社区网格为例，各类金融机构主体可紧密协作，共同促进传统物理网点转型为服务群众的"便利店"。第一，借助社区居委会、基层党组织、社区网格员的信息优势、组织优势等，收集完善网格内居民金融需求，拓展消费金融业务，积极满足医疗、养老、教育、旅游等融资需求。第二，深耕社区，定期开展以基础金融服务知识普及宣传为主题的社区居民联谊活动，宣传网格普惠金融，增强居民假币识别、防诈骗常识和防范风险的意识，打击非法集资，维护社区居民合法权益。第三，延伸服务，为社区居民提供投资理财咨询、民生缴费、车辆违章处理、代收快递等一站式生活便民服务，营造和谐、互助的邻里关系，打造有温度的网格服务。

三是实现平台升级。依托物联网技术的网格化"金融超市"建设将实现从初级形态到中级形态再到高级形态逐渐演变的过程。初级形态中,基于"金融服务网格化"的金融超市将着重构建信息交互平台,即建立各种金融需求和供给信息汇集和发散的集中地,逐渐建立起与各类金融机构、个人及地方政府间的广泛联系。中级形态中,可依托物联网"物物相连"的智能互联网特性,建立信息完全透明且对称的金融产品定价平台,及时迅速地对产品体系中的各类产品和服务进行组合定价,节省参与主体统筹合计产品定价的时间成本和人力成本。高级形态中,将着重构建金融产品深加工平台,在平台上各种基础金融产品被加工成组合产品、混合产品以及创新型的特定产品,使得基础性金融需求和特定金融需求都能得到满足。①

【专栏 6 - 6】

金融超市

金融超市是金融机构对它经营的产品和服务进行整合,并通过与同业机构比如说保险公司、证券公司、房地产公司等的业务合作,向顾客提供的一种涵盖多种金融产品与增值服务的一体化经营方式。

"金融超市"的概念兴起于 20 世纪 80 年代,随着当时西方国家市场竞争日益激烈,传统金融分业管理模式的弊端逐渐显现。1999 年 11 月,美国政府签署法令,允许银行、保险和证券公司兼并重组,由此美国进入了"金融超市"时代。随后,其他发达国家纷纷效仿美国,逐步取消了分业限制。在混业经营的管理机制下,金融集团可以同时控股银行、证券、保险、信托、资产管理公司、融资租赁公司等,使得金融资源在集团内部得到最大限度的开发与整合。

"金融超市"在发达国家已不罕见。当国外的消费者进入多功能的"金融超市"后,就如同进入一个超级商场。从信用卡、外汇、汽车、房屋贷款到保险、债券甚至纳税等各种金融需求都可以得到满足。

在日本,很多银行都为消费者提供集银行、寿险、其他代理服务为一体的交叉业务的一站式金融服务。在美国,老百姓只要到商业银行就可以购买开放式证券投资基金,股市行情、汇市行情在银行里也能见到,如果要进行交易,所有结算在这里都可以一次性办妥。这种金融服务不但在某种程度它影响着个人传统的消费行为,而且也成为一家银行形象的标志。其经济效益、社会效益都非常好。据统计,在美国,消费信贷占银行贷款总额比例达 20%。

---

① 叶永刚,余巍. 中国金融超市的发展模式与构建思路 [J]. 学习与实践, 2014 (9).

在加拿大，银行普通贷款中的 1/3 是向个人提供的，并且全球有名的花旗银行、香港的汇丰银行，其金融超市已成为银行收入的主要来源。

我国金融超市主要有三种模式。第一种是"产品纵向整合模式"。由金融机构通过整合、组合、创新自有产品，满足客户多元化金融需求，其中极具代表性的是广发银行金融超市。广发金融超市可作为单向金融信息平台为客户提供金融咨询产品，如中证资讯、时报财富资讯等；可作为基金产品的分销平台为客户提供基金产品，如华安黄金易（ETF）、银华强债、诺安多策略、华夏策略等；还可作为理财产品的自主开发平台为客户提供各类理财产品。

第二种是"中小企业融资超市模式"。该种模式主要由地方政府牵头组建。例如武汉金融超市于 2010 年 10 月开业，由武汉市人民政府金融工作办公室主办，湖北银监局、湖北证监局、湖北保监局、中国人民银行武汉分行营管部和武汉东湖新技术开发区管委会协办，旨在有效缓解中小企业融资困难，助推东湖国家自主创新示范区建设，打造方便企业融资的"一站式"金融服务机构。作为全国首家将公益性服务与市场运作相结合的创新示范金融超市，引进了包括银行分支机构、担保公司、小额贷款公司、典当行、创投公司、风投公司、产权交易所、会计师事务所、律师事务所、评估事务所、券商分支机构、信用评级机构、财务顾问公司等各类金融机构及中介服务机构，并鼓励引导各类融资服务机构开展信用贷款等融资创新业务。它将实体平台服务与虚拟网络服务相结合，普惠制服务与个性化定制服务相结合，企业融资需求服务与品质提升服务相结合，市场效益与社会效益相结合，为武汉市中小企业提供了全方位、立体式、专业化、个性化的融资服务。

第三种是"专业化金融超市模式"。由金融机构对特定领域的企业提供针对性服务。国内首个"房产金融超市"是由中国建设银行福州市城东支行主办，阳光家园房产代理有限公司协办，其目的是与阳光家园房产代理有限公司合作，共同构建福州市区内二手房产交易的金融平台，同时突出建设银行房地产金融专业优势。其金融超市形成"乐得家"个人住房贷款、再交易贷款、房产抵押综合消费、"百易安"交易资金托管、代理保险、代理评估、银行卡发卡、资金结算等业务链和产品链。建设银行"房产金融超市"专注于福州市二手房金融市场。已经建立了从开发贷款、个人贷款到资金托管等全系列的金融产品与服务，同时银行与房产服务商之间的关联度不断加强，给市场运作提供了一定的操作与专业基础。

资料来源：叶永刚，余巍. 中国金融超市的发展模式与构建思路［J］.学习与实践，2014（9）.

四、结构优化

十九大报告强调，中国特色社会主义进入新时代，我国经济已由高速增长阶段转向高质量发展阶段。中央经济工作会议指出，推动高质量发展是当前和今后一个时期确定发展思路、制定经济政策、实施宏观调控的根本要求。面对新时代的新要求，金融服务网格化服务也要实现高质量发展，推动信贷结构、产品结构、客户结构的全面优化升级，积极支持人民群众追求美好生活产生的金融需求。

一是信贷结构优化。目前，网格化金融服务以发放小额贷款为主，信贷结构比较单一。对此，要明确各类金融机构的重点支持领域，发挥各自优势，优化信贷结构，将金融资源均衡配置于各重点领域，构建多层次、广覆盖、差异化的普惠金融体系。例如，开发性、政策性银行要当好战略服务"顶梁柱"，积极发展中长期贷款、项目贷款等，支持农村基础设施建设和粮棉油收购；大型银行要当好综合服务"领头羊"，既要加大信贷资金投入力度，也要积极提供供应链融资、理财、结算代理、市场开发、财务管理等"融资＋融智"服务，打造"资金支持—业务发展支持—经营管理支持"的全方位、立体化服务模式，支持农业龙头企业、专业合作社和县域支柱产业发展；地方法人机构要当好本土服务"主力军"，提供专业大户贷款、特色种养殖大户贷、订单农户贷等特色服务，支持家庭农场、种养大户等农村新型经营主体和小微企业发展。

二是产品结构优化。以满足人民对美好生活的需要为根本出发点和落脚点，针对不同区域网格内金融需求，开展针对性金融服务，研发推广一批能够充分体现地域化、特色化的金融服务网格化创新产品，使金融产品更接地气、更具针对性，满足日益多元化多层次的金融需求。抵质押方式方面，要围绕"三权分置"开展抵质押贷款创新，积极探索农村集体经营性用地、集体农用地承包经营权抵押等创新产品，积极盘活农村集体土地、闲置农房资产，激活"沉睡资本"，着力解决"三农"抵押担保难题。创新开发商标权、专利权、股权、收费权、排污权、应收账款等无形资产和权利质押信贷产品，解决小微企业"融资难"问题。产品模式方面，可聚焦乡村振兴、消费升级、产业技术升级、城乡统筹协调等领域，结合当地实际和产业特色，积极探索乡村网格模式、社区网格模式、校园网格模式、园区网格模式等服务模式，实现特色化、差异化发展。例如，围绕农村一二三产业发展，探索"网格化＋特色行业"的服务模式，大力发展"龙头企业＋合作社＋农户＋金融机构"的农村供应链金融。运用金融科技，积极探索智能投顾、场景金融、共享金融等新模式。信贷机制方面，在业务流程、还款方式、贷款期限等方面加大创新力度，改进优化银行信贷服务方式，探索"小微信贷工厂"等经营模式，积极推广"无还本续贷"等创新产品。例如，大冶泰隆村镇银行推出"三品、三表"（一看人品、二看产品、三看押品；一看水表，二看电表、三看报表）的信贷管理做法，有效解决信息不对称难题。同时，深入推进普惠金融、"三农"、扶贫等事业部和专营部门制改革，优化管理体制，推行尽职免责，提高服务效率。

三是客户结构优化。随着经济社会进入新时代，"长尾群体"将进一步发展壮大，内涵不断丰富。下一步，要围绕构建现代化经济体系，不断挖掘新的客户群体，拓展"蓝海"市场。例如，要围绕乡村振兴战略，聚焦美丽乡村、循环农业、创意农业、农事体验等新兴领域，加大对"创客小镇""网红小镇"、返乡农民工、大学生"创客"、下乡科技人员、乡村能工巧匠等群体的支持力度。适应现代农业经营主体不断涌现的新情况，加大对家庭农场、农民专业合作社、专业大户等现代农业经营主体的支持力度。适应产业转型和消费升级的需要，针对新生代年轻客户群、小微客户群、县域客户群等不同客户群体，探索构建远程与现场衔接、线上线下联动、体验一致的服务体系。

五、覆盖更广

当前，金融服务网格化的覆盖面已大大提升，但还未真正实现对所有区域、所有群体的金融服务100%全覆盖。通过运用大数据、云计算、智能感知与识别、GPRS等物联网技术，能够推动金融产品、服务和渠道创新，有效提高金融服务的覆盖面、便利度和可获得性，汇聚更多的小微企业、"三农"、个人客户等"长尾市场"，真正打通普惠金融服务的"最后一公里"，实现普惠金融的长足发展。

一是延伸金融服务触角。物联网金融依托全天候覆盖全球的虚拟网点网络，可突破时空局限，提供线上线下一体化的金融服务，将所有地区、所有人群、所有企业都纳入物物相连的网络中，覆盖到因偏远分散、信息太少而难以得到金融服务的弱势群体，实现金融服务全覆盖、无死角。根据中国互联网信息中心（CNNIC）数据，截至2017年末，我国网民规模达7.72亿人，手机网民7.53亿人，手机上网使用率97.5%，其中农村网民规模为2.09亿人，同比增加793万人；城镇网民规模为5.63亿人，同比增加3281万人。这些都为物联网金融的发展提供了广阔的市场空间，也突破了金融机构物理网点覆盖不足等限制，可以改变农村偏远地区基础金融服务薄弱的现状，有效满足各方面的金融服务需求。

二是拓宽金融服务群体。过去，小微企业、农民、年轻创业者等群体大多缺乏人民银行征信系统的信用记录，缺乏房地产等有效抵质押物，难以采用传统的信贷技术。而物联网能有效解决信息不对称，缓解抵质押物难寻，融资难融资贵问题，小微企业融资的"麦克米伦缺口"有望被彻底打破。物联网金融企业的优势是"大数据"，它掌握了客户过去的商品和货物的交易记录、账户数量、还款情况、行为习惯等，通过技术手段分析客户交易历史数据，进行内部信用评级和风险计算，了解客户需求和交易行为，较好解决了传统银行很难解决的小微企业的信用评估问题，降低了信息不对称程度。通过物联网技术，能够扩展信用数据的边界，覆盖那些没有被传统的征信系统记录的人群，大幅提升普惠金融服务的覆盖面和可获得性。同时，银行可以通过对客户数据信息的深度挖掘，进一步细分客户群以进行精准营销，为客户提供更加有针对性的金融服务，使得有金融需求的每个个体、每家企业都能实现梦想，打造"普惠进万家、人人有服务"的新格局。例如，浙江网商银行没有营业网点和柜台服务人员，完全利用大数据技术和渠道为小微企业和个人提供金融服务，其贷款用户中三四五线城市的小微商家高达58%，贷款用户中20~30岁的用户占51%，30~40岁的用户占26%，许多没有信用记录的年轻人也从网商银行获得了贷款，实现了创业梦想。

三是丰富金融服务场景。依托物联网技术，能够创新建立特色化的金融服务场景，满足各类客户实时的、多元化的金融需求，扩大普惠金融覆盖面。企业客户通过物联网技术可以对各相关企业的信息流、资金流和物流进行可视化追踪，使上下游关联企业均能获取有效信息，包括产品销售、资金结算、应收账款清收等信息，从而保证整个供应链的融资安全，并进一步拓展客户范围和业务领域。金融机构还可以利用获取到的信息资源，为供应链上的企业提供财务管理、资金托管、贷款承诺、信息咨询等综合金融业务，帮助企业发展壮大。对于个人客户，通过物联网能够将智能化、个性化的金融服务与居民服务网络连接，在居家、办公、消费等领域实现金融无缝接入，构建存放汇、支付结算、理财投资等"一站式"金融服务模式，提高金融服务可得性和便利度。

六、成本更低

在传统金融模式下，由于信息不对称、交易费用高等原因，融资难、融资贵一直以来都是普惠金融服务的"痛点"和难点，导致市场上大量的金融需求无法满足，互惠共赢的金融交易无法达成。"科斯第一定理"提出，如果交易费用为零，不管产权初始安排如何，当事人之间的谈判都会导致那些财富最大化的安排。物联网把更多的人、物、网互联互通，能够推动银行和客户的资源有效整合和共享，促进服务的标准化和透明化，大幅度降低交易费用。通过将物联网技术应用到金融服务网格化中，能够使普惠金融产品服务提供的边际成本趋近于零，让"物美价廉"的金融服务惠及社会各阶层、各群体。

具体来看，从贷款成本结构分析，目前的贷款定价成本包括以下方面：贷款定价成本＝资金成本＋经营成本＋风险成本＋资本成本。由于以上四个方面的成本居高不下，小微企业和"三农"等普惠群体融资难、融资贵问题难以解决。而金融服务物联网格化不依赖于实体网点和人工服务，基础设施和人力资源成本低廉，能够大幅降低资金成本和资本成本，经营成本和风险成本也将忽略不计，从而推动银行业金融机构减费让利，提供低成本、低门槛的金融服务，切实减轻融资负担，解决融资难、融资贵问题，真正实现让利于民、普惠大众。

一是降低资金成本。资金成本即银行业金融机构筹集可放贷资金的成本，以吸收储户存款成本为主。过去，银行机构主要依靠大量铺设物理网点、广泛开展营销活动来"拉存款"，需要耗费大量的人力物力财力。通过金融服务物联网格化，则能够大大降低资金成本。一方面，通过物联网技术可实现线上吸存、远程开户，使客户足不出户便可登录移动客户端进行"刷脸办卡"，减少建设"钢筋水泥"的物理网点成本，从而以更低成本吸收存款。另一方面，通过物联网打造一站式的金融服务平台，能够向客户提供多样化的线上金融服务产品，构建理财产品、缴费支付、贷款申请、分期付款等消费场景，增加客户"粘性"，批量沉淀线上资金，有效降低负债成本。

二是降低经营成本。经营成本是银行信贷管理、经营网点、人工费用等方面的成本。例如，银行信贷管理业务从上门收集客户信息、资料整理、方案洽谈到申报审批、签署合同等，各个环节都需要专职人员跟踪服务，业务流程复杂，审批周期漫长。而通过物联网金融服务网格化，能够深度整合和共享内外部资源，实现银行经营管理的电子化、网络化和自动化，减少人工费用，降低运营成本。在贷前调查阶段，银行机构可通过物联网 VR 移动终端采集客户信息，全面了解企业经营情况、采购渠道、产品库存、成品销售、抵质押品情况等信息，客户经理进行远程统筹协调即可，省去大量沟通走访时间，极大减少人力成本。在贷中审查阶段，银行可通过物联网大数据形成数据分析模型，纳入客户信用评级体系，制定精准化的信贷政策，进行按需贷款、按进度放款。在贷后管理阶段，银行业机构能够通过物联网平台对资金使用情况、抵质押品管理、产品销售等情况实时跟踪，通过物联网内部系统加强管理，减少人为环节，提高授信效率。

三是降低风险成本。风险成本即银行业机构在贷款定价中用于抵消预期损失的成本。过去，由于小微企业、"三农"等普惠群体经营风险大、前景不明朗，银行业机构往往对其要求较高的风险溢价作为风险补偿，以达到风险与收益对称。对此，要通过运用物联网技术，推动银行业机构实现智能化识别、透明化监控和精细化管理，消除信息不对称所带来的不确定性，提升风险管理能力，减少预期损失，降低风险成本。例如，通过物联网技术可掌握企业缴纳水电费、社保、纳税、员工出勤等"软信息"，全方位监测企业经营管理情况，科学评估信用等级，有针对性地发放低成本的信用贷款。又如，通过物联网 VR 感知终端、RFID 自动采集、GPRS 等技术，能够构筑全方位监管平台，实时监控抵质押品情况并即时传输至信贷管理后台，实现抵质押品的实时、无缝、智能监管，避免重复、虚假质押、质押物被转移调换等问题，有效防控信用风险。

四是降低资本成本。资本成本即银行业金融机构用来覆盖信用风险、弥补非预期损失所需资本的成本。在金融服务物联网格化中，信用风险（违约概率）将呈整体下降趋势，从而减少资本成本，即"信用风险（违约概率）下降"假说。具体来看，根据风险管理理论，信用风险总损失由预期损失及非预期损失组成，而传统金融及物联网金融模式的预期损失基本一致，因此二者的区别主要在于非预期损失。公式如下：非预期损失＝总损失－预期损失＝最大可能的违约概率×违约损失率×违约风险暴露－正常的违约概率×违约损失率×违约风险暴露。在金融服务物联网格化中，由于金融机构处于风险与收益确定的环境，消除了不确定性的风险。在相同信贷规模下，物联网金融模式的银行对于同一企业或同一贷款的违约概率将低于传统金融，对于该企业或贷款的单体信用风险将呈下降趋势，非预期损失将随之下降。因此，金融服务物联网格化服务的信用风险（违约概率）将呈整体下降趋势，对银行业机构的资本要求将降低，从而能够使银行业机构腾挪出更多资本，增强贷款发放能力，扩大信贷规模，用于支持小微企业、"三农"等普惠群体发展。

第三节　金融服务物联网格化

——向高级数字普惠金融迈进

2016 年 9 月，习近平主席主持的 G20 领导人杭州峰会审议通过了《G20

数字普惠金融高级原则》（以下简称"原则"），开宗明义指出"要拓展数字金融基础设施，倡导用数字技术来推广普惠金融"，掀开了推广数字普惠金融的大幕。数字普惠金融作为金融科技与普惠金融的"融合体"，具有服务覆盖广泛化、客户群体大众化、风险管理数据化、交易成本低廉化的四大特征，已成为新的发展潮流。未来，要积极响应倡议，运用物联网数字技术，站上金融科技的"风口"，推动"金融服务网格化"向"金融服务物联网格化"升级，向高级数字普惠金融迈进，引导银行业机构开展跨界合作，创新服务模式，更先进、更灵活、更高效地响应客户需求，实现普惠金融发展的帕累托改进。

一、高级数字普惠金融是普惠金融发展的大势所趋

（一）数字普惠金融的概念

当前，数字技术和普惠金融理念的深度融合已成为金融创新领域的焦点和热点。根据 2016 年全球普惠金融合作伙伴组织（GPFI）的定义，"数字普惠金融"泛指一切通过使用数字金融服务以促进普惠金融的行为。它包括通过部署数字手段，为金融服务缺失或不足的群体提供一系列正规金融服务，匹配他们的需求，对客户而言成本可负担，对提供商而言商业可持续。数字普惠金融涵盖的金融产品和服务包括支付、转账、储蓄、信贷、保险、证券、电子货币、付费卡以及常规银行账户等。当前数字技术与普惠金融的发展可分为三种模式：第一种模式是传统的银行业金融机构利用数字技术开展数字普惠金融。包括大型银行，像工商银行、建设银行和互联网企业结合，利用自身的数据和企业的数据建立了线上的信用贷款。还有一些有互联网背景的企业兴办的银行，比如网商银行、微众银行，它们实际上就是互联网银行。第二种模式是互联网企业与传统银行高度融合，形成直销银行的子公司模式。包括现在批准的由中信银行和百度联合发起的百信银行。第三种模式是互联网企业、科技公司从事金融业务。目前比较具有代表性的就是网络借贷，通过利用数据技术为出借人和借款人进行服务。

（二）G20 数字普惠金融高级原则的核心要义

2016 年 9 月召开的 G20 杭州峰会通过了由我国政府推动并参与制定的《G20 数字普惠金融高级原则》，提出了倡导利用数字技术推动普惠金融发展等 8 项原则及 66 条行动建议。这是国际社会首次在该领域推出高级别的指引性文件，为各国发展数字普惠金融搭建了基本框架，提出了基本要求。由此，世界各国将会加速形成一个以数字技术为驱动的普惠金融发展新模式，推动数字普惠金融向更高阶段发展，推进普惠金融发展迈入新阶段。

2016年推出这一"高级原则"有三大背景。首先，根据世界银行对普通老百姓享受基础金融服务情况的统计监测，2011年到2014年全球共有7亿成年人首次获得了基础的金融服务账户。但直到2014年仍有20亿成年人无法获得基础的金融服务，主要在非洲和亚洲，而20亿人中有15亿由于没有官方的身份，无法进行身份确认，从而无法享受基础的社会服务，尤其是基础的金融服务。其次，随着近年来金融科技、互联网金融的迅速发展，金融和科技融合趋势日益明显。数字金融、金融科技（Fin－Tech）具备共享、便捷、低成本、低门槛的特点，在普惠金融方面具有天然优势，并在中国、印度、巴西、肯尼亚等国家发展出了很好的商业模式。例如，肯尼亚的M－PE-SA业务、蚂蚁金服等中国互联网金融公司的创新，给普惠金融带来了突破。最后，中国近年来数字金融的快速发展和应用，以及取得的成绩得到了很多国家政府部门、监管机构、私人部门及业界的认可。例如，支付宝的年活跃用户约4.5亿人，每笔支付交易成本低至2分钱，充分体现了数字金融的普惠性。因此，中国作为G20主席国提出制定数字普惠金融高级原则的时候，得到了G20各成员和各个国际组织的大力支持。

《G20数字普惠金融高级原则》既高度契合了国务院《推进普惠金融发展规划（2016—2020年）》，又体现了数字普惠金融的精髓所在。具体来看，第一原则是倡导利用数字技术推动普惠金融发展。数字技术有低成本优势，并且有广泛的应用，用数字技术来推广普惠金融有重要意义。第二原则是平衡创新和风险，在实现数字普惠金融的过程中，平衡好鼓励创新与识别、评估、监测和管理新风险之间的关系。结合很多国家的经验和教训，如何在支持数字普惠金融创新的同时，严格防范非法金融活动风险扩散等各类风险是值得研究的课题。第三原则是为数字普惠金融提供恰当的法律和监管环境。行动建议提出"提升数字普惠金融法律和监管框架中的监管者能力，使其能更好地理解数字技术，并且鼓励根据需要利用数字技术改进监管者的监管流程和能力"。第四原则是扩展数字金融服务基础设施。数字金融不管是支付、征信，还是其他信息服务，需要社会提供基础设施。这一基础设施需要中央银行、监管当局以及有关部门一起建设。第五原则是采取尽责的数字金融措施保护消费者。在数字金融普及之后，比如侵权的问题、信息泄露的问题，如何平衡消费者保护和金融发展的关系。第六原则是重视消费者数字技术知识和金融知识的普及。由于"数字鸿沟"的存在，可能会使弱势群体获得的金融服务与高收入群体的差距反而扩大，需深入研究相关解决措施。第七原则是促进数字金融服务的客户身份识别。在数字金融推广中，客户的身份识别是技术的关键，需要解决好这个问题。第八原则是监测数字普惠金融的发展。

主要是建立数据库和统计指标体系，以给监管部门制定监管政策，给私人部门开发相关的普惠金融产品提供支撑。①

【专栏6－7】

G20 数字普惠金融高级原则

G20 正处于一个前所未有的时期——在此时期内，我们的领导人得以利用数字技术所带来的机遇，通过提升数字金融服务推动包容性经济增长。全球有20亿成年人无法获得正规金融服务，也无法获得改善生活的机会。尽管我们在普惠金融领域已取得显著成果，但数字金融服务与有效监管（可通过数字化实现）对缩小普惠金融差距仍至关重要。

数字技术能够为无法获得金融服务的群体（妇女在其中占大多数）以可负担的方式提供金融服务，如教育储蓄、支付、获取小额商业贷款、汇款以及购买保险等。2010年《G20创新性普惠金融原则》推动了最初的努力和政策行动。以之前的成功为基础，2016年《G20数字普惠金融高级原则》鼓励各国根据各自具体国情制定国家行动计划，以发挥数字技术为金融服务带来的巨大潜力。

原则一：倡导利用数字技术推动普惠金融发展

促进数字金融服务成为推动包容性金融体系发展的重点，它包括采用协调一致、可监测和可评估的国家战略和行动计划。

原则二：平衡好数字普惠金融发展中的创新与风险

在实现数字普惠金融的过程中，平衡好鼓励创新与识别、评估、监测和管理新风险之间的关系。

原则三：构建恰当的数字普惠金融法律和监管框架

针对数字普惠金融，充分参考G20和国际标准制定机构的相关标准和指引，构建恰当的数字普惠金融法律和监管框架。

原则四：扩展数字金融服务基础设施生态系统

扩展数字金融服务生态系统，包括加快金融和信息通信基础设施建设，用安全、可信和低成本的方法为所有相关地域提供数字金融服务，尤其是农村和缺乏金融服务的地区。

原则五：采取负责任的数字金融措施保护消费者

创立一种综合性的消费者和数据保护方法，重点关注与数字金融服务相

---

① 孙天琦. G20数字普惠金融高级原则的启发［N］. 华夏时报，2016－09－10.

关的具体问题。

原则六：重视消费者数字技术基础知识和金融知识的普及

根据数字金融服务和渠道的特性、优势及风险，鼓励开展提升消费者数字技术基础知识和金融素养的项目并对项目开展评估。

原则七：促进数字金融服务的客户身份识别

通过开发客户身份识别系统，提高数字金融服务的可得性，该系统应可访问、可负担、可验证，并能适应以基于风险的方法开展客户尽职调查的各种需求和各种风险等级。

原则八：监测数字普惠金融进展

通过全面、可靠的数据测量评估系统来监测数字普惠金融的进展。该系统应利用新的数字数据来源，使利益相关者能够分析和监测数字金融服务的供给和需求，并能够评估核心项目和改革的影响。

G20 和金融标准制定机构在技术指导方面的丰富经验为这八项原则的形成奠定了基础。在进行风险管理及鼓励开发数字金融产品和服务的同时，有必要对金融创新予以支持。

资料来源：G20 数字普惠金融高级原则（附报告全文），http：//www. sohu. com/a/122024530_ 355147，2016－12－20.

(三) 高级数字普惠金融的四大特征

高级数字普惠金融通过将物联网、大数据、云计算、移动互联网等数字技术应用到普惠金融领域，能显著提升普惠金融的获得性，降低交易成本和金融服务门槛，有效扩大金融服务的覆盖面，实现低成本、覆盖广、商业可持续的普惠金融新模式，主要具有以下几个特征：

一是服务覆盖广泛化。传统金融机构往往需要通过大量物理网点的铺设来占据市场，提高金融服务覆盖面。由于"钢筋水泥"式的实体网点成本较高，传统金融机构一般将网点资源分布于人口、商业集中的城市地区，而在地广人稀的广大乡村地区设立网点则是入不敷出。而数字技术的广泛应用打破了物理网点的局限性，客户能通过电脑、手机等终端工具随时随地寻找需要的金融资源，使金融服务无处不在、无时不在，从而扩大了客户覆盖面。

二是客户群体大众化。传统商业银行经营遵循"二八法则"，侧重于服务大型企业和城市高收入人群，而处于"长尾市场"的小微企业和"三农"客户得不到有效的金融服务。数字技术的发展使长尾市场的边际成本大幅降低。一方面，通过互联网技术可以将金融服务的"毛细血管"渗透到社会的方方面面，吸纳社会各个层次的"一分钱、一角钱、一元钱"，集腋成裘、聚沙成塔；另一方面，基于大数据分析能对金融资源进行优化配置，实现服务市场细分和精准营销，满足个性化金融服务需求。

三是风险管理数据化。普惠金融业务的高风险本质上来源于信息不对称，由于小微企业和低收入人群缺乏有效的抵押物、质押物，商业银行难以甄别还款来源，从而导致高风险。而运用云计算和大数据技术，基于对日常交易数据流、信息流的分析，商业银行可以有效判断客户的信用等级与信用水平，显著提高风险识别能力和授信审批效率，这使得向小微企业和低收入群体提供有效金融服务成为可能。

四是交易成本低廉化。与实体网点相比，数字技术的推广应用，使得资金供求双方可以在网络平台上完成信息搜寻、定价和交易等流程，从而减少了对人员和设备的占用，大幅降低了经营成本，这让客户能够以更低的价格获取金融服务，促进了金融普惠的实现。国内外的经验都已经表明，传统银行业务的互联网化、数字化对于降低银行业务经营成本效果明显。[①]

二、金融服务物联网格化发展的"三大支柱"

物联网是高级数字普惠金融应用的重要核心技术之一。物联网就是"物物相连的智能互联网"，是通过射频识别（RFID）、红外感应器、全球定位系统（GPS）、激光扫描器等信息传感设备，按约定的协议把任何物品与互联网相连接，进行信息交换和通信，以实现对物品的智能化识别、定位、跟踪、监控和管理的一种网络。通过将物联网运用到金融服务网格化中，可实现所有物品的网络信息化，使资金流、物资流和信息流高度融合，做到信息充分对称。金融机构通过物联网可实现对所有物品的智能识别、可视化跟踪和控制，从而有效实现对企业客户产品的生产流通信息的及时、准确掌握，解决"从哪里来、到哪里去"的问题。基于此，金融机构能够在金融产品、服务方式、服务渠道和管理上进行全方位创新，并推动风险防控体系全面升级，推动普惠金融走向高阶模式。

金融服务物联网格化是金融信息化演进到一定阶段的必然产物，具有"开放、协作、分享"的基因，较之传统金融业务具备透明度更强、参与度更高、协作性更好、交易成本更低、操作上更便捷等一系列特征。从辩证唯物主义的角度看，发展绝不是同一事物的简单重复，新事物必然是"吸收、继承并发展了旧事物中的积极因素，并且增加了旧事物中所没有的新内容"。金融服务物联网格化在很多方面实现了对互联网基础上金融服务网格化的超越

---

① 吕家进. 发展数字普惠金融的实践与思考［J］. 清华金融评论，2016（12）.

和升华，是对金融服务网格化的"帕累托改进"。金融服务物联网格化的发展主要有"三大支柱"：

一是跨界融合。金融服务物联网格化是物联网和金融相互影响、渗透并不断融合的产物，两者间的界限趋于模糊，日益形成你中有我、我中有你的关联互动。一方面，物联网不断应用于金融服务的各个领域，如智能安防、VIP服务、移动支付、业务流程管理、远程结算等，促进现代金融的信息化和数字化发展。另一方面，金融服务嵌入物理世界的信息交换和网络化管理，催生供应链金融等全新的商业模式，极大提高了商品生产、交换和分配效率，为物联网的发展壮大提供了有力支持。

二是大数据支撑。根据 IDC 的调查分析，未来物联网将由数十亿个信息传感设备组成，由此产生的数据量每隔两年便增长一倍，到 2020 年将激增至 44 兆 GB。物联网产生的大数据与一般的大数据有不同的特点，通常带有时间、位置、环境和行为等信息，具有明显的多样性、非结构性和颗粒性。对金融机构而言，物联网提供的不是人与人的交往信息，而是物与物、物与人的社会合作信息，通过对海量数据信息的存储、挖掘和深入分析，能够透视客户的自然和行为属性，为金融机构大到服务战略、小到业务决策提供全面客观的依据。

三是互联网基础。物联网本质上是把所有物品通过射频识别等信息传感设备与互联网连接起来，实现智能化识别和管理。因此，物联网的基础仍然是互联网，是在互联网的基础上延伸和扩展的网络。同样地，金融服务物联网格化本质上是对物联网上的物品信息进行综合分析、处理、判断，在此基础上开展相应的金融服务，而物品信息生成后的标识、传输、处理、存储、交换共享的整个流程都是在互联网上进行的，没有互联网，物联网金融寸步难行。因此，金融服务物联网格化是金融信息化的不断延伸，是互联网金融的深化发展。

三、物联网将推动普惠金融迈向高级普惠数字金融模式

现阶段，我国众多的小微企业饱受融资难、融资贵问题的困扰，贷款覆盖面和可获得性严重不足，是普惠金融发展的重点领域。物联网的产生和发展，在需求、技术和制度等多个方面为普惠金融改革创新准备了条件，推动普惠金融体系走上一条高效率、良性循环的制度变迁路径。可以预见，通过物联网技术的应用，将颠覆传统金融服务的"二八定律"，汇聚小微企业、"三农"、个人客户等"长尾市场"，彻底打破小微企业融资的"麦克米伦缺口"，推动我国普惠金融向高级数字普惠金融模式发展。主要体现在以下方面：

（一）彻底解决信息不对称难题，促进资源优化配置

在阿尔克洛夫和斯蒂格利茨等创立的信息经济学中，以旧车市场和保险市场为例，指出了信息不对称会导致道德风险和"逆向选择"，极端情况下市场会逐步萎缩和不存在。从理论上分析，小微企业、"三农"等弱势群体融资难、融资贵的原因在于信息不对称和交易成本过高。由于小微企业及部分个人等社会弱势群体信用记录较少，缺乏有效的抵质押品，传统金融机构难以获得有效的信息及信息甄别机制来降低信息不对称程度，进而有效防控风险。为了与风险相匹配，银行可能会征收较高利息，进而导致逆向选择问题，社会弱势群体面临的金融排斥得不到有效解决。其次，弱势群体金融活动的单笔交易金额小，规模效应难以发挥，导致运营成本过高。为了降低经营成本、提高利润，银行有动机"嫌贫爱富"，不愿意向社会弱势群体提供基本金融服务。这些因素的存在导致现阶段我国众多的小微企业饱受融资难、融资贵问题的困扰，贷款覆盖面和可获得性严重不足，是普惠金融发展的重点领域。目前，金融服务网格化模式通过与综治部门合作进行信息对接，建立信用档案，实现信息共享，缓解了小微、"三农"等客户群体与银行机构信息不对称的问题。但是，贷款客户资金使用、企业生产经营等信息的真实性仍然难以保障，信息不对称难题尚未得到根本解决。

在物联网金融模式，物质世界本身正在成为一种信息系统，可以随时随地掌握物品的形态、位置、空间、价值转换等信息，并且信息资源可以充分有效地交换和共享，彻底解决了"信息孤岛"和信息不对称现象。物联网信息系统的产生和运用，将带领普惠金融进入新古典经济学的"完备信息"[①] 状态，对市场规模扩大和金融服务效率提高产生革命性影响。物联网为小微企业的发展带来了新的机会，它能有效解决信息不对称，缓解中小微企业抵质押物难寻、融资难融资贵问题，通过物联网技术的应用，小微企业融资的"麦克米伦缺口"有望被彻底打破。例如，在抵质押品管理中，物联网通过运用虚拟现实技术、区块链技术、RFID 自动采集等，可实现对动产全程无遗漏的监管，使金融部门能够以更加精细、动态的方式对信息流、物流和资金流进行"可视化管理"，在此基础上进行智能化决策和控制，大大提高抵质押物管理效率。

（二）大幅降低交易成本，提高普惠金融服务的可获得性

银行业金融机构可以通过物联网金融服务节约和降低成本，打造轻成本的银行，降低市场交易费用，从而为社会和公众提供低成本的金融产品和服

---

① "完备信息"和"完全理性""完全竞争"一道构成了新古典经济学的基本假设，它是指经济活动的所有当事人都拥有充分的和相同的信息，而且获取信息不需要支付任何成本。

务，甚至免费跨界的服务。一是降低信息收集及风险评估成本。物联网把更多的人、物、网互联互通，相当于提供了一个分布式、点对点的平台，统一的数据传输、沟通和存储加上云计算技术，能够推动银行和客户的资源有效整合和共享，促进服务的标准化和透明化，使多方高度有效的协同合作成为现实。金融机构可以以极低的成本，快速收集云量的客户信息，并进行精准的筛选分析，增加信用评级的可信度，降低信用评级的成本，加强数据管理的灵活性，降低交易维护成本，增强风险的准确度和敏感度，减少交易的风险管理成本。二是降低了客户交易额外成本。客户不但不必在四处奔波寻找交易渠道和对象，而且交易信息沟通充分、交易透明，定价完全市场化，可以实现最优交易，从而降低信息不对称性带来的额外成本。同时，物联网金融会促生大量的金融创新服务模式和产品，从而大幅降低交易成本，甚至填补过去交易中的大量空白。三是降低了银行服务成本。对于中小企业的差异化信贷需求，银行能够作出更加及时、准确的反应，同时银行在数据管理平台可以提供财务管理咨询、现金管理、企业信用评价等中间业务服务，银行与企业的联系更加密切。① 更重要的是，未来物联网时代将形成全球性协同共享系统，构建横向规模经济，淘汰垂直整合价值链中多余的中间人。这样每个人都可能变成金融产消者，可以更直接地在物联网上提供并相互分享产品和服务。这种方式的边际成本接近于零、近乎免费，就是美国趋势学家里夫金所预言的"零成本社会"。

以移动支付为例，目前发展较为迅速的基于物联网技术的移动支付，契合了普惠金融发展的本质要求，能大幅降低交易成本，对金融体系进行多个层面的帕累托改进。

1. 移动支付具有开放性及边际成本递减效应

首先，物联网的开放性决定了移动支付具有不受时空限制的基本属性，由此，支付活动的渗透面和交易人数大大提升，客观上满足了普惠金融广覆盖和可获得性的基本要求。其次，移动支付具有低交易成本的优势。以移动支付为代表的物联网支付业务显著减少了交易环节，经过更加充分的撮合和交易，会自行强化物联网金融服务的边际成本递减和边际收益递增的特征，进而改变了传统金融服务固有的"二八定律"，促进金融行业间支付活动交易费用的降低，有效满足普惠金融的可获得性和平等性要求。

2. 移动支付适应了小微客户对信息流、资金流和物流的实际需求

移动支付的出现使得原来无法踏入银行结算门槛的众多小微客户，可以

---

① 邵平. 物联网金融与银行发展 [J]. 中国金融，2015 (18).

图 6 – 20　当前商业银行信息化建设的重点内容

在不同银行账户之间，瞬间完成交易费用几乎为零的头寸转移。而且，移动支付可以跳开时间和空间的限制，实时掌握承担支付属性的客户账户信息、具有身份属性的住址等信息以及具有交易属性的金融产品或服务的信息，并利用搜索引擎、大数据和云计算等技术，进一步降低市场信息不对称程度，这对拓宽小微客户的投融资渠道尤其重要。

3. 移动支付能够刺激以小微客户为主体的金融创新

移动支付业务操作流程完全标准化，资金支付的效率得到提高。移动支付的存在，使得各种电子商务交易活动的债权债务清偿可以与交易活动同时完成，也就意味着以资金或价值交换为目的的金融活动可以十分方便地通过物联网进行，这也构成了物联网金融的基础。借助物联网配置资源完全可以不受空间的限制，这客观上促使资金更多地流向传统金融不能覆盖的小微层面，由此而形成的金融创新会更加丰富和多元。

4. 移动支付能够促进金融服务供给主体多元化

物联网开放和分享的属性，使资金在各个主体之间直接交易变成了可能，资金可以不通过金融中介，直接由供给者提供给需求者，因此，传统金融机构的中介作用被大大弱化。物联网及互联网支付机构作为独立于银行和客户的第三方，利用其物联网支付平台向客户提供基于银行账户或虚拟账户的支付服务，成为零售支付服务体系的重要补充。作为专门提供支付服务的专业化机构，支付机构的运营成本低、产品创新快、行业和区域特征明显，可以根据客户需要灵活定制产品和服务，能够较好地满足各种群体的零售支付需求。

（三）有效地扩大普惠金融服务边界，提高了金融服务覆盖面

传统的"生产可能性曲线"是外凸的，表明在既定资源和技术条件的约束下，生产组合不可能无限扩张，这同样适应于传统金融业。而物联网的精髓是开放、协作及去中间化，交易成本和信息不对称程度大幅下降，金融产品服务提供的边际成本趋近于零，理论上金融交易可能性的边界就可以无限拓展。

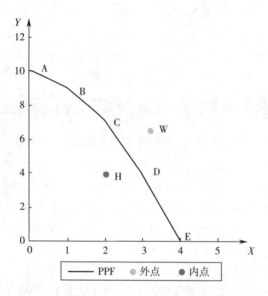

图 6 - 21　生产可能性曲线

从创造新的供给角度来看，一方面，随着平台经济、分享经济和微经济等新经济模式的逐步发展壮大，传统金融市场意义上的金融消费者或服务需求者可以借助物联网平台，摇身一变成为金融服务的供给者，提供大量的个性化小体量的特色金融服务或产品，一改以往主要由金融机构提供金融服务的局面，从而丰富金融市场的供给。另一方面，物联网金融企业借助微贷技术、信贷工厂、动产质押等技术创新，提供特色化的金融服务，有效满足传统金融无法覆盖的部分长尾客户的金融需求。如前所述，尾部覆盖使得供给和需求相交于长尾部分，增加了有效市场供给，促使金融市场的均衡发生变化，即由头部均衡变为尾部均衡，并最终表现为生产可能性边界曲线的移动。

从提高生产效率角度来看，物联网将通过深度挖掘和利用客户交易数据、行为习惯等大数据信息资源，以及远程智能服务等大幅降低金融服务的成本，减少交易双方的信息不对称，即充分发挥物联网等信息技术带来的技术进步效应，提高生产效率，从而推动生产可能性边界的拓展，为物联网金融创造

了传统金融难以实现的竞争优势。

（四）有力推动普惠金融创新，提高金融服务满意度

就金融创新的动因而言，有技术推进论、货币促成论、财富增长论、约束诱导论、制度改革论、规避管制论和交易成本论等各种理论。以物联网为动力源的技术进步、制度变革和市场需求"三驾马车"的协同作用将引发大量金融创新，给普惠金融领域带来深刻影响与变革。

一是推动技术创新。当前，继美国的"工业互联网"、德国的"工业4.0"计划后，我国也提出了"制造业2025"蓝图，并将发展物联网列入了"十三五"规划。随着智能感知与识别、云计算、区块链、集成大数据、GPS定位等技术的应用，物联网将实现海量的信息计算存储和智能化的感知识别，推动资金流、信息流和物流的"三流合一"，促进银行金融资源和实体经济生产资源的重新整合共享，从而产生金融服务新的生产可能性边界。通过物联网基础设施的不断完善和技术的创新发展，将形成持续推动金融创新的动力机制。

二是变革制度体系。近年来，我国不断完善物联网发展的政策体系及法规环境。2016年政府工作报告中指出，"在'十三五'期间要促进大数据、云计算、物联网广泛应用"。《中共中央关于制定国民经济和社会发展第十三个五年规划的建议》也明确提出，"要实施'互联网＋'行动计划，发展物联网技术和应用，发展分享经济，促进互联网和经济社会融合发展"。同时，"十三五"期间，我国将加大中央财政支持力度，统筹国家重点研发计划、科技重大专项等，支持物联网企业按高新技术企业认定的相关规定享受所得税优惠政策，并积极鼓励金融资本、风险投资及民间资本加大投入和融资担保支持力度。此外，将不断建立健全物联网政策法规体系，开展数据安全和个人信息保护的政策法规研究，促进物联网基础设施建设，加强物联网知识产权评议、保护和使用。这一系列政策"组合拳"为物联网发展提供了强大的保障和动力，为物联网创新解除了后顾之忧，将推动金融创新走上"快车道"。

三是扩大有效需求空间。随着各项传感技术、通信技术、计算技术的成熟，物联网在各行业将有越来越多的应用需求出现，并成为未来最受瞩目的长期趋势。据IDC测算，2020年全球物联网有望影响的下游市场规模将突破3万亿美元，超过250亿台系统/装置联网，而同时使用因特网的用户总数达44亿人。可以预见，物联网的爆发式增长将成倍扩大市场需求空间。而由此带来的需求变化将推动基础设施完善和市场规模扩大，是金融创新的方向和驱动力，这将在很大程度上诱致技术进步的方向——物联网技术变迁、物联

网基础设施网络的扩展、完善和等级提高，为金融服务业创新最终实现提供技术保证和市场基础。在物联网技术供给充分和制度完善的前提下，需求和相对要素价格的变化将形成需求拉动的金融服务业创新动力机制。

四是促进行动集团良性互动。制度经济学家兰斯·戴维斯和道格拉斯·诺斯指出，制度创新是"第一行动集团"与"第二行动集团"互动协作，共同实施制度创新并将制度创新变成现实的过程。在我国物联网起步发展阶段，政府部门承担"第一行动集团"的职责，出台了一系列引领物联网发展的战略蓝图及优惠政策，对物联网创新作出了一整套顶层设计，对"第二行动集团"的企业及社会组织开展物联网创新创造了良好的政策环境。随着物联网技术的逐渐成熟，创新不断深入，金融机构、企业及物联网行业协会等社会组织也逐渐承担起"第一行动集团"的职责，将市场需求与物联网技术对接，为物联网金融创新作出有益探索。例如，平安银行等多家银行已探索物联网智能仓储服务、供应链金融等物联网金融创新产品。又如，中关村物联网产业联盟提出了物联网加速、真环保加速、投融资加速、全国加速器成长、产业生态共创、商业模式加速六大加速行动，设计了物联网技术创新、商业模式创新及投资金融创新三大路线图，推动物联网创新加快发展。"第一行动集团"和"第二行动集团"在物联网的发展过程中不断整合资源、密切协作，二者的良性互动又将进一步推动物联网技术向纵深发展。

总之，物联网不仅带来的是金融产品和工具的创新，更带来金融理念和模式的革命，使以往不可能的创新服务变为可能。有人甚至预言，物联网及泛在移动技术的发展，将使金融创新形态发生改变，即"创新2.0"时代，它是面向知识社会的下一代创新，是一种以客户为中心、以客户体验为核心、以社会实践为舞台的创新形态。

（五）促进普惠金融风险有效管控，提高金融服务安全性

物联网让普惠金融体系从时间、空间两个维度上全面感知实体世界行为，对实体世界进行追踪历史、把控现在、预测未来，让普惠金融服务融合在实体运行的每一个环节中，将使银行业风险管理制度出现脱胎换骨的变化，有利于全面降低金融风险。具体来说，物联网普惠金融模式使金融机构在确定性的环境下从事经营活动，消除了不确定性，解决了传统信用风险管理中抵质押品管理及"信贷市场悖论"这两大瓶颈问题，从而降低了整体信用风险及违约概率。

一是解决抵质押品管理问题。在信贷管理中，借款人与银行信息不对称，借款人相对于银行更加了解自身的信用状况、财务情况、履约能力，可能故意隐瞒真实情况，产生逆向选择及道德风险。抵质押物特别是动产抵质押物

的监管一直是银行贷款管理难题。银行对抵质押物管理鞭长莫及，通常委托物流公司外包驻场监管，往往对抵押品"看不住""管不了"，难以保障抵质押物如实、保质、保量的存在。近年来，重复质押、虚假仓单现象时有发生，造成了较大损失。例如，2014 年发生的青岛港金属贸易融资骗贷事件使银行损失惨重，德正系旗下公司利用仓单重复质押，制造虚假库存向银行贷款。

物联网通过运用 VR 感知终端、无线传感器网络、区块链、RFID 自动采集、GPRS 无线远程传输等技术，可对抵质押品进行远程动态监控，实时监控抵质押品状况、仓库位置、库存变化、环境变化等情况，构筑全方位监管平台，并即时传输至银行业机构信贷管理后台，实现信贷管理各环节的透明化、无死角监管，使动产融资的"被动管理"变为"主动管理""事后追踪"变为"事先防范"，避免重复、虚假质押以及质押物被转移、调换等问题。例如，在钢铁贸易中，物联网可全过程、全环节地堵住钢贸仓单重复质押、虚假质押等一系列动产监管中的漏洞，极大地降低风险。再如，物联网通过实时监测汽车库存变化情况，可以解决汽车合格证重复质押贷款的管理难题。

二是解决信贷市场悖论问题。传统商业银行往往依赖于抵质押品作为贷款增信、降低风险的工具。但抵质押品并不是一把"万能钥匙"，反而可能导致"信贷悖论"。理论上，由于抵质押贷款将掌握的抵质押品作为第二还款来源，而信用贷款是以借款人的信用程度作为还款保证，贷款回收主要依赖于借款人的诚信程度，风险排序应当是"信用贷款风险 > 保证贷款风险 > 抵质押贷款风险"。而实践中，不良贷款排序却恰恰相反，为"抵质押贷款风险 > 保证贷款风险 > 信用贷款风险"。以湖北省大中小微企业不良贷款情况为例，2013 年以来，按照担保方式区分，不良贷款余额最大的为抵质押贷款，其次为保证贷款、信用贷款、贴现及买断式转贴现；不良贷款率最高的为保证贷款，其次为抵质押贷款、信用贷款、贴现及买断式转贴现（见表 6 - 7、表 6 - 8）。

表 6 - 7　　　　　　　湖北省不良贷款余额按担保方式划分情况

（大中小微企业贷款）　　　　　　　　单位：万元

担保方式	2013 年 12 月末	2014 年 12 月末	2015 年 12 月末	2016 年 3 月末
信用贷款	404384	428639	422602	407872
保证贷款	480813	798725	939781	995656
抵质押贷款	629963	1166967	1973922	2265594
贴现及买断式转贴现	100	1000	3576	599
按担保方式合计	1515260	2395331	3339881	3669721

资料来源：阙方平：《"轻"装上阵　做打造"五个银行"的先锋队》，2016。

表6－8 湖北省不良贷款率按担保方式划分情况

（大中小微企业贷款）

单位：%

担保方式	2013 年 12 月末	2014 年 12 月末	2015 年 12 月末	2016 年 3 月末
信用贷款	1.01	0.95	0.79	0.70
保证贷款	1.23	1.84	2.06	2.03
抵质押贷款	0.76	1.18	1.81	1.96
贴现及买断式转贴现	0	0.03	0.04	0.01
总不良率	0.92	1.25	1.54	1.57

资料来源：阚方平：《"轻"装上阵 做打造"五个银行"的先锋队》，2016。

产生信贷悖论的原因主要在于：银行在选择发放信用贷款时，因没有抵质押物品，工作人员往往能够尽职履职，做好贷款"三查"等工作，从而能够很好地甄别出信用好的客户。相反，银行在选择发放抵质押贷款时，一些工作人员错误地认为：反正已将贷款者的物品设立抵质押，一旦贷款者无法偿还贷款就可以以物抵债，放松了对贷款的管理。只重视抵质押贷款，只会培养银行"懒人文化"和懒惰信贷人员。要解决信贷悖论问题，切实防控信用风险，关键在于破除"抵押迷信"的路径依赖，打造"轻抵押"银行。由于传统金融模式的商业银行对信用贷款风险控制手段有限，依赖于抵质押品增信，抵押担保难一直以来都是小微企业融资的瓶颈。当前，抵质押贷款管理仍主要依赖于信贷管理人员的实地调查，具有一定的主观性，风险评估的准确度和效率仍有待提升。

物联网 VR、区块链等技术的应用，将为银行业机构信用风险管理提供全新的技术手段，推动未来商业银行真正成为"轻抵押"银行。第一，区块链技术的应用将提高企业财务数据的真实性和透明度。由于区块链技术具有数据"分布式"储存和参与者共同维护等特点，每次数据修改都会被每个参与者记录，无法删除、撤销、篡改，使银行业机构可通过区块链技术随时掌握企业真实的财务数据变化，提高工作效率，大大提高了数据的有效性、准确性和时效性。第二，物联网技术将推动企业信息全面共享。通过发挥物联网大数据优势，能将银行业信贷管理系统与工商登记、海关、税务、监管部门等数据库相连，全面掌握企业信用状况变化。第三，通过物联网 VR 感知终端、RFID 自动采集、无线传感器网络等设备，发挥"物物相连"的功能，通过掌握企业缴纳水电费、社保、纳税、员工出勤等"软信息"全方位监测企业经营管理情况，科学评估信用等级，有针对性地发放信用贷款。

（六）重构普惠金融信用体系，打造良好信用环境

现阶段，我国社会信用体系发展比较滞后，企业每年因信用缺失导致直接和间接经济损失高达6000亿元，银行每年因逃废债行为造成直接损失超过1800亿元。社会"失信问题"无疑增添了金融机构放款的顾虑，为普惠金融的实践增设了层层阻碍。2014年，国务院印发了《社会信用体系建设规划纲要（2014—2020年）》，国务院常务会议也强调要用"大数据"思维理念构建国家社会信用信息平台。据中新社报道，北京将遴选信用大数据创新应用试点项目，运用大数据、区块链等先进技术和资源，构建以信用为核心的新型市场监管机制和创新社会治理，包括构建京津冀信用大数据整合共享新模式以及开发市民、企业等主体信用评价指标体系等，从而形成守信联合激励和失信联合惩戒的格局。可以预见，随着物联网时代的来临，社会信用体系建设将迎来新的契机，一个更加有利于普惠金融发展的社会信用体系必将重构。物联网对社会信用体系的推动作用主要表现在四个方面。

第一，有利于促进信用体系"物联化"。物联网具有"泛在化"特征，即无线网络覆盖及无线传感器网络、RFID标识与其他感知手段的泛在化。通过无处不在的射频识别、条形码、磁条、全球定位系统、M2M终端、摄像头以及各种传感器等技术，可以对企业及个人的经营行为、交易行为、消费行为等进行感触、识别和追踪，并将监测感知情况实时上传至企业（个人）征信管理系统，建立庞大的信用信息数据库。利用物联网的互联互通特征，各地区、各行业间的信息壁垒被打破，各部门信息能够被充分整合与共享，社会信用体系建设中的"信息孤岛"痼疾将被有效根治。

第二，有利于信用风险"可控化"。根据经济学"风险与收益对称"的基本原理，风险与收益是成正比的。其中，风险又可称为不确定性。不确定性与收益共生共存，承担风险是获取收益的前提；收益是承担不确定性的成本和报酬。对于不确定性较大的资产，其要求的收益率相对较高；反之，不确定性相对较小的资产收益率也较低。长期以来，我国小微企业及科技型企业融资难、融资贵，原因之一就在于其经营风险大、发展前景不明朗，不确定性较高，因此银行业机构对其发放贷款时，往往要求更高的利息作为风险补偿，从而降低了融资效率，并未达到风险收益的最优状态。

在物联网环境中，这一情形将发生颠覆性变化。金融机构可以凭借海量的数据库信息，充分掌握交易客户的各类信息，消除"信息不对称"所带来的不确定性。如图6-22所示，物联网条件下，风险收益曲线将会由传统金融的第二、第三象限迁移至第一、第四象限，从而实现"高确定性、高收益、

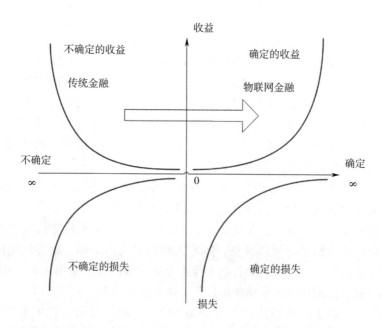

图6-22　物联网金融与传统金融收益四象限理论模型

低损失"的理想组合。金融机构可以根据自身风险偏好对市场上的客户进行筛选,评估交易机会对应的损失可能性,主动选择具有"确定的收益"的交易机会,规避"确定的损失",使风险收益达到最优平衡,从而提升风险管控水平,提高普惠金融的运行效率。

第三,有利于信用评估"透明化"。传统金融模式的银行信用评级主要依赖于对客户前端信息的主观调查和人为判断,基于客户的历史行为、信用记录及还款情况预测未来履约情况,因此一定程度上是"主观信用"模式。由于信息相对滞后,对客户伪造信用状况、空买空卖等行为难以识别。物联网金融模式能够实现信用评估"透明化",通过物联网大数据帮助银行开展贷前调查、贷中管理、贷后预警,全面了解企业,精准定制服务,提高风控水平。通过传感器及云计算技术,可以实时采集企业经营情况、客户还款行为等客观数据,将信贷与客户财务状况、健康状况、家庭情况、企业供应链信息等动态变化相关联,全面分析企业及个人客户的资产负债表,实时调整其信贷及支付额度。基于大数据可以进行深入的挖掘分析,作出科学的信用评价,并实现评价结果与信用信息的同步更新,动态调整信用评级结果,确保了评价结果的客观性、透明性与真实性,规避信息不对称风险。

例如,以阿里巴巴芝麻信用为代表的大数据征信机构依托大数据及云计算技术建立了个人信用信息数据库，整合了工商、法院、公安部门信息及互联网金融平台、电商平台的交易数据，并将线上信用评分与线下传统征信系统相结合，推出了"芝麻信用分"个人信用评分服务，应用于购物、租车租房、消费金融等不同领域。

第四，有利于推动信用环境"纯净化"。物联网环境下信息的互联互通使得企业及居民的一言一行、一举一动都可与诚信记录直接挂钩。物联网将实时自动更新企业及居民信用记录变化情况，堵塞了人为篡改信用记录的漏洞。同时，居民信用记录可通过统一信用平台实现公开披露，信息披露将更加透明。信用缺失将意味着失去现代社会的"通行证"，从而使每个人都心有所畏，行有所止，不守信的人群数量将减少，形成普遍诚信的社会信用环境，营造"人人知诚信、人人讲诚信"的信用文化。

（七）变革普惠金融管理体制机制，提高服务质量和效率

传统金融业机构大多实行"科层制"管理，往往存在信息耗散、决策链条过长、效率低下等弊端。而物联网将改造普惠金融组织架构、管理模式和服务方式，提高金融运行和服务效率。一是推动金融组织由垂直化向扁平化转变。随着物联网技术在金融部门的普及和推广，物联网金融服务的客户会递增，梅特卡夫法则[①]将更加凸显。金融部门的组织架构将依靠信息管理系统进行链接，更加扁平化，更加贴近用户，以提高应变能力和响应速度。组织形式扁平化变革主要通过两种方式实现：一种方式是横向压缩中后台管理部门。金融机构将通过物联网技术搜集市场信息和客户信息，大幅提高中台管理部门的审核效率，从而有可能压缩部分中台部门规模。另一种方式则是纵向减少分支机构层次。通过增加信息科技部门的力量，管理层级由三级或更多层级精简为两级，总行承担全部中后台职责，直接对网点进行集中管理；网点则专门负责前台等市场开发和客户服务工作，类似于电商的线下实体体验店，直接向总行反馈客户和业务信息。

二是推动业务流程由分散化向模块化转变。模块化是指处理一个复杂问题时逐层把系统划分成若干模块的过程。在系统中，模块是可组合、分解和更换的单元。网络金融与传统金融最明显的一个区别就是业务功能比较单一，如第三方支付、P2P和众筹等都是专注于支付或者融资功能，还有的新型网络金融机构专门提供征信服务，并形成自身独特的竞争优势。如此一来，传统金融机构的业务功能将逐步被细分成最小的业务单元，在此基础上根据客户需求重新整合。与之相对应，金融机构业务流程将适时作出模块化调整。

---

① 指网络价值以用户数量的平方的速度增长，网络价值等于网络节点数的平方。

　　例如，银行可以把各种类型的银行业务模块设计成各种付费的服务应用，并将其嵌入其他服务中。如果用户需要提供更加复杂的功能，则可以通过应用程序编程接口（Application Programming Interface，API）解决。银行服务成为即插即用的 APP，可以提供支付服务、资产负债管理、现金管理、预算管理等各种银行服务，而且客户可根据需求进行自由组合。金融服务功能通过模块化演变成可以植入客户业务流程的服务应用程序，然后借助网络将这一服务方便快捷地提供给客户，不仅可以有效满足客户的个性化需求，还紧密契合了网络开放、共享的特点。

　　三是推动服务方式由标准化向个性化转变。金融机构借助物联网、移动智能终端、虚拟现实等现代信息通信技术，一方面能够实现金融组织形式的变革，在减少物理网点等实体组织的同时，扩大组织机构的覆盖范围，尤其是在业务渠道与客户服务的组织形式上予以创新。以银行为例，从最早的自动柜员机（ATM）、电话银行到网上银行、手机银行，再到远程视频柜员机（VTM）等智能网点，商业银行组织形式日益虚拟化、智能化。另一方面，能够顺畅地与客户交流，了解客户需求，提供有针对性的金融产品，将客户体验推向极致。例如，金融机构可以结合生物识别和 RFID 技术创造 VIP 客户的无干扰服务方案，只要客户进入营业网点，手中的借记卡或信用卡向外发射 RFID 射电脉冲或摄像头捕捉客户面相，与重点客户关系管理系统联结，向业务经理发送客户详细信息，包括客户需要什么、预约了什么业务或在网站上关注过什么，业务经理就可以有针对性地为客户提供量身定制的服务。

　　（八）促进普惠金融生态环境变化，推动普惠金融升级换代

　　金融生态是指影响金融业生存和发展的各种因素的总和，既包括与金融业相互影响的政治、经济、法律、信用环境等因素，又包括金融体系内部各要素，如金融产品、金融市场、金融机构及金融产业。按照生态学观点，生态系统核心要素有三点：环境、物种和生态规则。随着物联网金融的兴起，金融创新风起云涌，将催生新的"金融物种"，"创造性破坏"现有的金融体系运作生态，使三个核心要素发生变化，催生出更趋高效、市场化和富有弹性的金融环境，培育出更趋丰富的金融物种，而金融生态规则也将发生颠覆性的变化，从而重构更适于普惠金融发展的生态系统。

　　首先，物联网催生了新的"普惠金融物种"。物竞天择，适者生存。物联网大数据解决了以往交易中信息不对称、交易成本过高、资源不能最大化利用以及无法开展大规模协作四大问题，正在颠覆包括金融在内的众多传统商业模式，既催生了新的"金融物种"，也促进了金融生态圈原有物种的进化升级。例如，在传统移动支付的基础上，升级产生了 NFC 支付、虹膜支付等感

知支付模式。又如，物联网技术与供应链金融相结合，产生了智能仓储、智能物流等业务。通过物联网技术与传统金融形态的"嫁接"，物联网保险、物联网典当等新业态如雨后春笋般争相涌现，智慧金融、FinTech 等新型商业模式逐渐兴起，改变了金融生态格局。

其次，物联网将重构普惠金融生态环境。物联网技术将推动产业链参与各方的相互渗透和融合，促进金融业的蓬勃发展。物联网金融创新打造了新的服务模式，降低了运营成本，增加了金融交易效率，将形成新的金融生态环境。未来的金融服务创新模式将包括提供消费商品的电商圈、提供相关金融服务的金融圈以及客户与客户、商户与商户、商户与客户之间的社交圈。例如，充分借助物联网移动技术的力量构建金融或非金融数字生态型金融模式，通过合作伙伴网络为客户提供超越传统银行产品范畴的服务。银行通过运用互联网思维和技术推进业务流程创新，打造服务实体经济、以客户为中心的金融生态系统，将银行建设成为不仅是金融服务场所，更是一个更好体验、更低成本、满足不同客户需求的全方位金融服务生态系统环境。

以中国建设银行为例，该行构建了自身的金融生态系统架构，包括银行、客户、第三方三个生态主体，并通过信息流、商品流、资金流、物流进行连接，构成一个完整的金融流通过程。而该生态系统确定了客户是核心，应紧密围绕客户这一节点，有效整合建设银行资源、第三方优质产品及服务，满足客户金融需求和相关非金融需求，积极引进物联网、大数据等信息化技术，创新搭建起包括"善融商务、悦生活、惠生活"三大平台，以及创新推出互联网支付、互联网理财、互联网融资三大产品线，实现了客户、银行、第三方之间"三位一体"共存共荣、实时互动的客户金融生态系统。

最后，物联网将推动普惠金融生态规则变革。随着物联网时代的到来，金融生态规则这一金融物种在金融环境中生存、发展的"行动指南"也将发生十大变化。一是"长尾理论"取代"二八定律"。物联网将彻底颠覆传统金融服务的"二八定律"，汇聚小微企业、"三农"、个人客户等"长尾市场"，推动我国普惠金融长足发展。二是"上善若水"取代"赢者通吃"。物联网金融具有的开放、公平、透明的特征，将使整个金融体系发生基因式突变，造就"上善若水"的生态环境，改变大型金融机构"赢者通吃"的格局。三是"协作共赢"取代"同质竞争"。紧密的多方在线协同、联合竞争和合作共赢将成为一种主流商业模式，银行产品将向多元化、综合化方向拓展。四是"无边界经营"取代"有界经营"。物联网使得银行与一般企业界限趋于模糊，根据市场需求围绕自身优势开发增值服务，通过综合化经营吸引客户，形成自身数据资产。五是"信息资源为王"取代"金融资源为王"。信息资源将成为银行最为重视的核心资产,对数据的掌握将决定对市场的支配权,为追赶者弯道超车提供可能。六是"智者为王"取代"大者为王"。在物联网环境下,银行将摒弃"规模冲动"和"速度情结",打造全方位的"智慧银行"成为大势所趋。七是"个体风险定量"取代"总体风险定量"。随着物联网大数据时代的来临,信息不对称状况得到进一步缓解,"个体风险定量"成为可能,将标志着银行信用评价体系与风险控制手段的重大进步。八是"小而不倒"取代"大而不倒"。社区银行等小型机构依托物联网技术,掌握大量第一手的客户"信息资产",成为具有独特竞争优势的"小而不易倒"机构。九是"为客户树立影响力"取代"为自己树立影响力"。金融机构将通过物联网与客户紧密连接,做到"以客户为中心",通过创造稀缺性金融服务,在物联网交易链条中为客户树立影响力。十是"为客户创造新的需求"取代"满足客户现实需求"。银行将通过物联网大数据分析客户行为,深入挖掘潜在需求,提供综合金融解决方案。

四、金融服务物联网格化的数字普惠金融创新模式

金融服务物联网格化是物联网和金融服务网格化的深度融合,打破了传统金融模式的路径依赖,将使数字普惠金融创新从"互联网+"向"物联网×"全面升级,推动服务方式、服务产品和服务渠道的全面创新。随着物联网的发展与普及,金融创新向越来越多的领域扩展和渗透,涉及移动金融、支付结算、物流管理、业务流程管理等方方面面,各种新模式、新产品、新业态不断涌现。

（一）供应链物联网金融模式①

供应链金融是指商业银行围绕其服务的核心企业,管理相关上下游中小企业的资金流、商流和物流,同时通过各种渠道获得相关信息流,把单个企业的不可控风险转化为供应链企业整体的可控风险,将金融服务的风险控制在最低限度。生产运营物联网金融模式下,物联网技术贯穿运用于供应链金融的生产和流通环节,使得企业和银行都能够有所获益。

生产领域金融创新。对于企业来说,通过物联网进行相关搜索,比较成本不同的融资方式,从而节约资源、提高效率。对于银行来说,可以通过物联网提供的大数据信息平台,多维度掌握企业的经营状况,择优筛选出合格的融资对象。

流通领域金融创新。对于企业而言,此环节需要对材料和产品进行存放

---

① 林志翔. 物联网物流金融创新分析［J］. 经营管理者,2014（35）.

和管理，耗费大量人力物力，因此管理成本较高，且占用大额资金。物联网广泛应用后，采购方可以在物联网上发布存储材料等的有关需求，以此获得其他企业协商抵押或转售，释放被固化的周转资金；还可以把生产企业需要出售或抵押的产品通过物联网发布，以完成转售或抵押。对于银行而言，在放款之后，通过对融资对象的智能化标签、跟踪和所处环境的监控，实现企业在生产领域和流通领域的信息完全透明，便于贷款资金流向生产和流通领域。由于具备比较完备的信息，商业银行可以对更多种类的存货发放贷款或者研究新的金融产品，也可以更多地服务于处于核心企业下游客户，还可以拓宽其电子化的销售推广渠道，从而解决我国商业银行供应链金融发展中存在的电子渠道不足、信息不对称、资金真实流向难以掌握等问题。

（二）动产抵押物联网金融模式

动产抵押一直是银行业"爱恨交织"的融资方式，一方面，丰富的动产资源是企业信用风险有效缓释的工具；另一方面，动产资源在贷后管理中"看不透"、在风险处置中"抢不过"的困境严重影响银行的积极性。以上海钢贸和青岛港骗贷案为代表的风险事件即是动产融资的惨痛案例。各银行出于风险控制的考虑，不断压缩动产融资业务，甚至连正常经营的企业也难以获得动产融资。这种变化和趋势对广大中小企业，乃至整个社会的经济发展造成了消极的影响。

物联网时代可以通过对动产资源实施全方位监控，固化动产资源的移动属性，赋予动产资源不动产的属性，有效解决动产资源难管理症结，促进动产抵质押融资的快速发展。具体来说，可以利用 RFID、智能视频、工业二维码等技术，构建起物联网监管系统的底层平台，为贸易商提供仓单质押贷款等金融服务。这不仅可以提高管理效率，还节约了融资成本，有利于重构相关行业的信用体系，从而推动大宗商品贸易融资业务发展转型。随着物联网技术的进一步发展，金融企业可以把普通仓单打造成具备唯一性标示的"标准化仓单"，金融企业可以构建风险模型，通过大数据分析、评估等方式对仓单进行定价。在此基础上，通过权威机构的介入，对仓单进行登记注册和认证，提升仓单的信用度，实现仓单的高效流通。通过这种标准化仓单交易模式，可能会延伸出一个基于物联网技术的大宗商品仓单的交易市场，从而重构这一市场。

目前，已有不少第三方物流企业通过物联网技术和信息系统的运用，在聚集着众多的中小型生产企业、销售企业的工业园区，利用其得天独厚的资源优势和信息优势，逐渐构建形成了强大的物联网抵质押品中介服务平台。

在处置平台服务中，每个物品被植入二维标签或条形码或 RFID 标签，仓库各区域布置着传感器节点，各传感器节点采集数据，并传送到接收器。通过防侵入视频智能分析系统、智能门禁系统等硬件设施，对货物进行检测监控，以此保证货物的安全性，降低员工的操作风险。同时，通过仓库管理子系统、运输管理子系统、动产评估管理子系统等各种管理系统共同应用一个数据中心服务器，保证数据的一致性，降低信息不对称所带来的道德风险。

相较于传统抵质押登记系统，物联网抵质押品处置平台具有有效检查交易真实性，实时监管抵质押物；动态控制和管理客户企业抵押的固定资产；实时为供应链客户提供量身定制的金融产品和服务等显著优势。

（三）物联网支付结算模式

物联网商业模式的运行使得支付系统趋向移动化、支付结算工具便携化。而今，移动支付允许用户使用其移动终端（通常是手机）对消费者的商品或服务进行账务支付，整个移动支付价值链包括移动运营商、支付服务商、应用提供商、设备提供商、系统集成商、商家和终端用户。目前，在国内已经广泛应用的基于物联网技术的支付工具常见的有校园一卡通、公交一卡通、城市一卡通，以及公路收费站自动识别不停车收费系统（ETC）等。

移动支付可以分为远程支付和近场支付两种：远程支付是用户通过拨打电话、发送短信或者使用手机上网功能接入移动支付系统，移动支付系统将此交易的要求传送给移动应用服务提供商，由移动应用服务提供商确定此次交易的金额，并通过移动支付系统通知用户，在用户确认后，付费方式可通过多种途径实现，如直接转入银行、用户电话账单或者实时在专项预付账款上借记，这些都将由移动支付系统来完成。近场支付是指消费者在购买商品或服务时，即时通过手机向商家进行支付，支付的处理在现场进行，使用手机射频（NFC）、红外、蓝牙等，实现与售货机的通讯，通过与商家POS机的交互，完成支付过程，商家POS机账户与运营商账户通过网络融合联通进行结算。其中，近距离无线通讯（Near Field Communication，NFC）是目前近场支付的主流技术，它是一种短距离的高频无线通讯技术，允许电子设备之间进行非接触式点对点数据传输交换数据。该技术由RFID射频识别演变而来，并兼容RFID技术，其最早由飞利浦、诺基亚等主推，主要用于手机等手持设备中。

移动支付体系是物联网节点对于金融信息的融合，用户的移动终端和商户都是其商业模式系统当中的节点，系统当中主要是以现金流和信息流为主体，物联网的价值体现在移动终端的个人金融信息和支付能力集成，使得购买行为可以集成化和移动化，简化了支付流程，方便对于账户进行管理。根据移动公司的观点，移动支付实际上就是把传统钱包功能融入到移动终端当中，而根据传统钱包的功能特点，除了现金、银行卡这些金融信息外，个人身份信息、商户信息、个人联系网络、会员资格、优惠券等也是常用信息，移动支付的高级阶段就是把这些信息与金融信息统一融合到移动终端当中，以购买行为的累积实现价值的流动和增值，将便利性和商业价值统一起来。

　　未来，基于物联网金融的支付结算体系还将得到长足发展。一是支付结算体系的服务质效进一步提升。随着物联网技术延伸，商品的规格、价格、支付、物流等信息都可以储存在一张具备射频功能的芯片中，芯片放置到电子海报、杂志、商品包装等之中。用户使用智能手机读取这些商品信息，让手机根据相关信息生成支付订单，订单通过手机渠道完成支付业务，进一步提高支付结算效率。同时，以手机为核心的银行卡环境将被构建，银行卡虚拟化进程将会被持续推进，移动支付向中小城市、农村地区进一步延伸，最终实现区域全覆盖。

　　二是支付结算合作模式进一步创新。在合作模式上，以股权为联结纽带的合作可算是一种更加深入的合作方式，移动运营商不具有金融牌照，只有小额支付权限，与银行合作可解决这一难题。譬如中国移动成为浦发银行第二大股东后，其工作重点将从近距离支付转向远程支付，进行转账、大额交易及汇款等业务，而由于移动支付必须绑定银行账户，这项合作也有利于浦发银行开发新的客户资源。在中国，运营商、银行、用户、芯片厂家、卡片厂家、手机制造商、商家、POS机终端等主体之间的利益关系非常复杂，多元化合作是必然趋势。这样的合作模式解决了以往很多支付结算体系中存在的问题。

　　三是支付结算技术进一步发展。未来，物联网金融中可以加入指纹、虹膜等独有的个体生物特征来验证用户身份，提供支付服务，从而避免盗领、冒用等危害银行客户安全的事件发生。银联NFC技术将逐步统一，以利于产业摆脱前期的重复投入，集中精力发展产业链相关产品，未来，NFC网络也将与通信网络深度融合。此外，未来移动支付的额度将不再限于小额支付，支付账户的统一化管理将使得用户更有信心和意愿使用移动支付，大额支付将逐渐开展并最终成为市场的利润主体。而通过与银联的合作，移动支付还可以实现透支支付，形成移动支付的信用体系，融合物联网技术的移动支付前景必将越来越广阔。

　　(四)物联网客户服务模式

　　物联网的应用将为银行业客户服务注入全新活力，金融服务将更趋人性化、多元化，极大改变金融交易仅限于银行柜台和传统网络的过去式，实现无处不在的贴身金融服务。客服的价值化、综合化和智能化将成为物联网时代银行客服体系的三大最新发展方向。

一是实现从"客户服务"向"客户经营"转型，多元化经营驱动服务更具价值化。银行客服呼叫中心可应用大数据，对客户进行精准细分、精准营销，推荐量身定做的金融服务方案。

二是实现从"单触点服务"向"全触点协同"转型，全渠道融合驱动服务更加综合化，传统客服呼叫中心的整个技术架构和业务将发生颠覆性重构。

三是实现从"人工服务"向"智能服务"转型，智能客服驱动服务更加智慧化。机器自动处理业务的领域将越来越广，人工服务的领域越来越小，有人甚至预言，未来 10 ~ 20 年，银行业务将进入模块化阶段，无人服务业务将会成为银行最主要的业务形式。[1] 例如，随着公共服务物联网金融日益兴起，在远程抄表系统的智能卡上集成金融服务，可在燃气、水表、电表等公共服务上应用，借助金融卡的集成作用作为通行证，打通各个公共服务物联网，将抄表系统与公共服务收费系统、银行业务系统相连接，实现实时抄表、远程结算。

（五）物联网智慧金融模式

智慧金融是指通过物联网技术的应用，对核心流程、服务及产品进行更新再造，改善客户体验，降低运营成本，提升服务效率，从而形成创新型服务模式。伴随物联网、云计算、社会化网络等技术在金融领域的深入应用，智慧金融与物联网进一步融合，将带来金融体系和商业模式的变革，其创新性主要体现在五个方面。

第一，信息的全面性。物联网智慧金融模式下，各市场参与主体获取的信息更全面，信息资源得到了充分的开发和利用。对个人客户而言，能够通过物联网实时完成账户管理、支付、贷款、理财等各种金融服务需求，及时获取定制化的信息，享受金融机构的贴心服务。对于企业客户来说，通过智慧金融可以实现一站式金融服务。从在线开户、申请业务，到资金管理、汇划，再到财务顾问、投资理财，甚至包括金融资讯、行业信息等，都可以通过智慧金融平台完成。对金融机构和第三方机构而言，能够通过物联网及时获取客户各种信息，例如，用户是谁、使用状况如何、用户动态、满意度和需求等。在获得充足的信息后，经过统计分析和决策，金融机构能够及时作出反应，为用户提供有针对性的优质服务，满足用户的需求，并为有效防控风险奠定基础。

第二，服务的便捷性。通过物联网云计算、移动互联网等技术，金融机

---

[1] 唐智鑫，管勇. 物联网技术与我国银行业的金融创新 [J]. 金融科技时代，2011，19（9）.

构能够对客户的金融活动进行关联分析，为客户提供智能化、轻型化、平台化的体验式金融服务。同时，借助物联网平台，银行业机构可采用银企合作、交叉营销模式，挖掘新客户资源，从单点向外延伸逐渐实现网点的社交化、本地化、移动化，不断拓宽综合性跨界服务图谱，打造小型化、专业化的智慧网点。

　　具体来说，传统网点可从以下四个方面进行优化转型：一是智能化。随着智能预约号处理、人脸图像识别、智能机器人等智能设备的广泛应用，用户可通过智能设备实时办理业务，将降低柜面人工服务压力，提高服务效率，大大减少排队时间。二是轻型化。传统营业网点面积大、人员多、运营成本高，智慧银行渠道建设则倾向于轻型化、虚拟化，网点将具有面积小、人员少、成本低、业态灵活等特点，网点的营销服务功能将进一步凸显。三是体验化。银行可通过网点的转型升级，探索建立集客户体验与交互、产品创新与展示为一体的综合化创新体验中心，提升金融产品与服务的客户体验度。例如，交通银行推出了名为"智慧娇娃"的智能机器人，除了能语音应答、网点导航外，还可办理业务。通过"身份证＋人脸识别"，可以1秒查询名下账户余额，为客户办理转账业务。建设银行智慧银行网点在客户等候区座位配备了iPad，里面预装有建设银行的客户端，客户可以使用WiFi上网，查阅互联网信息。在金融超市，客户只要在货架上拿起感兴趣的产品卡片，放入指定区域，电脑屏幕就会自动播放该产品的动漫介绍。四是平台化。一方面，通过建立金融旗舰店模式，提供网络平台式的全流程服务。另一方面，将传统银行服务模式和科技创新有机结合，利用物联网平台、数字媒体和人机交互技术，为客户带来智能、便捷的远程虚拟化的平台服务，并着重提升这种平台服务的"社交参与度"，将客户服务从单一网点延伸至社交网络。例如，在移动金融场景运用区，客户可以通过二维码支付、闪付、刷卡支付，现场体验现代化支付方式的魅力。

　　第三，创新的灵活性。金融机构通过"无所不在"的物联网网络和金融平台，能够为客户提供"润物细无声"的个性化、多样化服务。智慧金融平台通过移动智能终端，以及终端上所集成的各类传感器、定位设备，可实时掌握消费者在金融机构及社交网络上的消费记录、支付偏好、支付习惯等特征，通过高速云计算等技术进行数据挖掘，建立完善用户数据库、行为特征库，从而为消费者提供更加贴心贴身的服务。例如，可以将客户使用手机的数据信息购买银行产品的地点与对该客户销售的银行产品的信息进行关联，或将客户与客户对支付渠道的偏好相关联。又如，通过对客户浏览信息记录、资金状况、需求进行实时分析，为客户量身定做包括理财规划、投资建议、融资方案等在内的个性化产品,使客户能足不出户实现"货比三家",根据自己的偏好选择理财方案或者投资组合。

第四,运行的高效性。"天下武功,唯快不破"。由于智慧金融时代信息更全面、传递更顺畅,可以极大地提高金融机构的运行效率。以银行信贷业务为例,传统信贷业务的各个环节从贷前的调查走访、申请审核,到贷中的客户评级、审查审批,再到贷后跟踪检查、押品管理,都需要银行员工亲力亲为,耗时巨大且掌握的信息数据不一定全面、准确,银行运行效率不高。在物联网智慧金融时代,由于银行通过物联网掌握了客户的大量信息,同时通过物联网平台的分工协作,信贷业务流程中的大量工作将在网络上进行,包括申请、调查、审核、发放、贷后管理。而诸如信用评级、信贷审批这些工作则可以通过建立智慧金融模型进行自动预处理,银行员工的工作量将极大地减少,从而提高运行效率。

第五,经营的安全性。基于云计算的智慧金融平台能够及时有效地对海量数据进行综合、分析和处理,也能够增加风险预测的准确性和及时性。如未来的物联网可以通过透彻感知,将支付行为与企业运营状态、个人健康、家庭情况的动态变化相关联,动态调整支付额度,智能化控制银行的风险。在信用风险管理方面,客户的信用评级将通过大数据得到准确评价,可以有效防止"道德风险"和"逆向选择"造成的风险损失。而客户的第二还款来源(担保抵押)也将置于物联网的有效监控之下,可以有效防止第二还款来源悬空造成的风险损失。此外,在中小企业金融服务方面,智慧金融体系下的中小企业的信息更加透明公开,使得其贷款风险可控、融资成本下降,能够有效缓解中小企业融资难的问题。

(六)物联网共享金融模式

随着宽带传输技术、移动互联技术、云计算、大数据甚至是"分布式、区块链"技术的广泛应用,我们真正进入了万事万物互联、随时随地互联的新时代。互联互通打破了工业社会分工越来越细、专业化越来越强的社会结构,开始形成产业链垂直整合或横向开放形成产业链、生态圈生态面的格局,由此可以实现去中介化,直接拉近价值创造者和价值需求者、资源拥有者和需求者的供求双方信息的距离,从而使生产更加高效,资源利用更加有效。而这也催生了"共享经济"以及与之相适应的"共享金融"。

共享金融就是通过大数据支持下的技术手段和金融产品及服务创新,构建以资源分享、要素分享、利益分享为特征的金融模式,努力实现金融资源更加有效、公平的配置,从而在促使现代金融均衡发展和彰显消费者主权的同时,更好地服务于共享经济模式壮大与经济社会可持续发展。未来,物联网环境下，区块链金融和场景化金融将成为共享金融的主要业务形态。

以场景化金融为例，场景化金融的运用直接关系到普惠金融长尾市场群体的用户体验度。该种金融业态基于的是物联网增强现实技术，利用大数据与云计算，将数字化的互联网资讯与人们的现实生活相拟合，使消费者在使用过程中获得环境的增强感体验。例如，当消费者需要租房服务，物联网金融系统就可以根据消费者的支出状况信息、消费者以前搜寻过的租房记录以及消费者的新的需求，向消费者推送其所需要的信息与服务。而基于 AGPS 的定位系统，则可以进一步增强消费者的体验，通过综合分析消费者常去的消费场所、其主要的活动范围，消费者的支付水平，就可以确定消费者的需求偏好，从而更精准地为消费者提供差异化的服务。例如，众邦银行在 B 端以交易场景为基础，突出线上方便快捷的特点，推出即时付、应收易、采购赢、代采 + 贷押等产品，为平台客户提供精准服务；在 C 端突出小额分散的特点，做到秒批秒贷、纯线上运营，设计推出众保贷、众车贷、众游贷等产品，与"驴妈妈"旅游网合作推出康旅卡，上线一个半月，便吸引了近万名"驴友"申请，发放旅游场景贷款 8 亿多元。

总之，物联网共享金融模式能够实现金融功能的共享与融合。一方面在产品与服务层面，过去"泾渭分明"的金融功能逐渐出现融合。金融消费者将更加轻松安全地享受金融"超市""专卖店""网店"服务，金融中介部门除了继续优化资金配置、中介、咨询等功能之外，更多则转为第三方平台服务商，旨在提供网络时代的金融资源配置规则与交易生态体系。另一方面，作为金融基础设施的支付清算、信息信用体系等，与传统的金融中前台服务相比，将逐步呈现出更加明显的融合趋势。主要表现在金融基础设施趋于服务多元化与技术标准一致性特点，形成顺畅承载金融资源流动的金融"水利设施"，同时还会引发金融后台服务外包、金融业"轻资产化"、基础设施全球化等新趋势。

【专栏 6－8】

区块链 + 物联网或成"共享经济"的新范本

区块链技术正在与实体业务加速融合，比如国际知名的 IBM、国内的腾讯早已布局区块链 + 物联网。如今区块链 + 物联网正在向我们打开一个新世界。

一、区块链"拯救"物联网，是偶然也是必然

类似"互联网 +"，"区块链 +"也有一股神奇的力量，当区块链遇上物

联网，恰好一对珠联璧合的 CP。

1. 瞌睡遇枕头，区块链近乎完美解决物联网桎梏

区块链的诞生与物联网概念几乎在同一时期出现，但"遗憾"的是，二者直到最近一两年才"擦出火花"，一方面，物联网几何级扩张后问题暴露得更加明显，亟待寻找解决方案；另一方面，区块链带来的全新思维方式也逐渐被主流商业群体所接受。

区块链的出现，恰好"拯救"了物联网

首先，去中心化的架构直接颠覆了物联网旧有的中心架构，不但大大减轻中心计算的压力，而且释放了物联网组织结构的更多可能，为创新提供了更多空间。其次，记录的准确性和不可篡改性也让隐私安全变得有据可循，而且在安全方面更易于防御和处理，在一些架构中，分布式区块链物联网节点不会被传统的 DDOS 所攻击。最后，由于公信力的存在，主体参与物联网的协同变得更为容易。

2. 区块链在物联网这个场景上能极大可能"秀"出自己

在多数商业领域都呈现中心化特征的情况下，相较那些为了区块链而区块链，强行把不必要去中心化的领域也端上区块链，物联网终端设备的分散化无疑为去中心化提供了最好的施展场所。此外，物联网所采用的 P2P、NAS、CDN 等分布式互联网技术也与区块链在技术层面天然亲和，这在互联网中也是一种特殊的存在。

二、区块链 + 物联网融合，首先解决的就是物联网的四大"顽疾"

1. 中心控制的高成本

目前的物联网普遍架构中，存在这一种僵化现象：数据汇总到单一的中心控制系统，导致中心服务器在能耗和企业成本支出方面存在巨大压力。而且，随着当下终端的低成本的普及，未来物联网设备将呈几何级数增长，这个压力可能变得难以承受。

2. 隐私保护难度随着规模扩大而变大

中心化的管理架构存在无法自证清白的问题，也即不管你是否窃取了参与方的隐私，都容易被怀疑，没有理性的方式可以证明你的清白，完全靠相互的自觉与信任。况且，个人隐私数据被泄露的相关事件时有发生，摄像头被网络直播的事屡见不鲜。

3. 个体入网后更容易被攻击

如果不参与物联网，设备也许相安无事，但入网后难免成为系统性网络攻击的炮灰。美国 Mirai 创造的僵尸物联网（Botnets of Things）就曾经感染超

过 200 万台摄像机等 IoT 设备，这些私人设备惨遭"奴役"。

4. 多主体的高协同成本

物联网的参与者通常不完全被发起方所掌控（例如普通私人用户、企业用户），如何让合作方更好地参与，面临极为复杂的协同成本，在隐私泄露、设备被攻击的阴影下，这种协同成本变得更高。

问题的存在就意味着市场的巨大机会，区块链刚好有用武之地，各大行业顶尖公司也趁势而入，斐讯也是其一。

三、区块链 + 物联网 = 无限可能

不只是技术上的匹配，区块链的介入让物联网衍生出了无限的商业可能，具体而言可分为两个层面。

1. 最有价值的数据应用

这也可以称作被动层面的意义，也即把物联网那些分布式的设备作为数据的来源地（视为一个被观测的点，而没有主动输出），只统计和验证它们所观测到的特征，综合起来加以利用。

区块链加入进来之后，因为难以造假，物联网带来的数据变得更为准确和有效，例如，2016 年 10 月，通用电气与爱立信合作，在 GE 云上提供基于区块链的数字指纹服务；2017 年 4 月，CISCO（思科）探索如何使用区块链来登记设备标识；被三星投资的创业公司 Filament 利用区块链技术可以使设备独立处理付款，以及允许智能合约确保交易的可信。

区块链 + 物联网提供了最有价值的数据，为各行各业的算法和商业模式提供着源动力。

2. 最"共享"的共享经济

该层面下，终端设备不再被视为一个点存在，而是可以主动参与物联网的资源实体，有更多终端与终端之间的资源交互。

而这也造就了非实物层面的共享经济，且可能比我们通常理解的共享经济要更"共享"，事实上，滴滴打车能够比 ofo 成功，原因之一就在于其是真正的用户层面共享，但滴滴高达 20% 抽成的做法给共享这件事本身造成了额外成本。

区块链 + 物联网下，共享经济更为彻底，终端归属不同所有者，通过闲置资源出让获得对应的价值，且几乎没有额外成本，国外类似 Slock. it 和 OpenBazaar 都在探索构建一个普适的共享平台，依托去中介化的区块链技术，让供需双方点对点地进行交易。

国内的斐讯推出的天天链 N1 也是如此，归属用户的终端闲置资源都进行了全链共享，计算能力、带宽及存储等非实体资源被共享起来，而区块链技

术加速了各类闲置资源的直接共享，所有参与共享的用户，几乎不用付出额外成本。共享资源的出让方则能从区块链上获益，通过闲置资源计量换取其他收益。

事实上，从天天链 N1 上，我们也可以看出区块链＋物联网给共享经济提供了全新的思维方式，重资产、抽成等旧有模式被颠覆，低成本、快捷化、公信强的真正意义上的点对点共享经济成型，而这显然更符合共享双方的需求。

在接受人民网记者的采访时，斐讯创始人顾国平提到："未来，区块链的应用边界将继续延展，尤其是在物联网方面，将继续以云计算和大数据为基础，最终实现万物互联，斐讯也正在以此为未来布局"。这也意味着"区块链＋物联网"加出的是真正的无限可能。

四、消费升级与支出缩减找到共同语言

区块链＋物联网催生出的"新共享"，最终还与当下"消费升级"热点有最直接的关联，也是这种技术协作能够更有远景的现实基础。

1. 消费升级与降级矛盾凸显

随着消费升级被热聊，关于消费降级的论调也甚嚣尘上，出现了人们既谈论消费升级，认为消费品的品质和格调要提升，又觉得自己应该适度回归消费理性，在支出上有所限制，回归产品功能本身。

与物联网相关的个人智能科技产品尤其如此，对个人消费取向及产业的布局都造成困扰。也因此，能够找到一种同时满足消费升级＋消费降级的商业模式，就能绕过矛盾，享受趋势的红利。

2. "新共享"下，共享最终取代支出

在新共享下，这种高质低价的矛盾被化解。在购置较为高端的物联网终端产品时，提前预支闲置资源预期所能创造的价值，可以同时实现现金支出的缩减。消费者仍然付出了成本，只不过这种成本不是直接的支出，而是本来不能创造价值的闲置资源。

以零元购蜚声行业与用户圈的斐讯，其背后就是利用这种思维方式。在3月9日澳门的发布会上，斐讯发布天天链 N1 同时宣称仍然可以采用零元购的方式购买该终端。一方面，零元购通过与合作伙伴构建的合作模式最终让利消费者，甚至享受无限容量等典型的消费升级式的服务内容；另一方面，区块链＋物联网构建的天天链 N1 在运行后，能够通过用户个体设备产生额外的价值，事实上替代了消费者付出现金。

3. 共享经济是未来，区块链赶上趟

共享经济带来的颠覆性意义已经不言而喻。这里的共享经济，实际就是

上文所提的"新共享"，那些租赁式的共享经济，例如共享充电宝，并不能算作共享经济，它不是在利用已有的闲置资源，而只是租赁的变种。

　　资料来源：石头金融. 区块链＋物联网或成"共享经济"的新范本 [EB/OL]. (2018 – 03 – 14). 搜狐网，http：//www. sohu. com/a/225544223_375556.

附录1　普惠金融事业部发展

一、普惠金融事业部的发展历程

联合国把普惠金融（Financial Inclusion，也译为包容性金融）定义为能有效、全方位地为社会所有阶层和群体提供服务的金融体系。普惠金融事关发展和公平，有利于促进创业创新，改善民生，保障就业，增进社会公平感、获得感，为实体经济提供有效支持，防止脱实向虚。党中央、国务院高度重视普惠金融服务，要求银行业金融机构建立健全普惠金融服务体制机制，大力发展普惠金融，提高普惠金融服务能力。2015年，国务院印发《推进普惠金融发展规划（2016—2020年）》（以下简称《发展规划》），明确了银行业金融机构开展普惠金融业务的原则、目标和要求等。2017年3月《政府工作报告》提出，鼓励大中型商业银行设立普惠金融事业部。2017年5月3日国务院常务会议明确大型商业银行2017年内要完成普惠金融事业部设立；5月26日中国银监会公布《大中型商业银行设立普惠金融事业部实施方案（以下简称《实施方案》）》再次提及此事；6月9日中国银监会郭树清主席提出，大型银行要在2017年内完成普惠金融事业部的设立。2017年10月，中国银监会印发《中国银监会办公厅关于深入推进大型银行普惠金融事业部相关工作的通知》，要求在2017年10月底前，全面完成一级分行普惠金融事业部设立工作，在2017年底前"五专"机制落地工作要取得实质性进展。2018年5月14日，中国银保监会印发《关于进一步提高大型银行普惠金融事业部服务能力的通知》，要求大型银行把完善普惠金融服务放在更加重要的位置，做深、做精、做实普惠金融专业化服务工作，进一步提升服务实体经济水平。

二、普惠金融事业部的发展现状

2017年6月20日，中国银行普惠金融事业部正式揭牌成立。此前，建设银行、工商银行、农业银行均已在总行层面成立了普惠金融事业部，承担全行普惠金融业务的牵头工作。交通银行也制定了普惠金融事业部制改革方案。

截至2017年末，五家大型国有银行的董事会和管理层都新设了专门的委员会，在总行层面成立了普惠金融事业部，均已挂牌开始运营，并设立了185

家一级分行普惠金融事业部。各行从总行到分支机构、自上而下搭建经营管理机构，条线型垂直管理体系已初步形成。例如，交通银行37家省直分行和197家管辖行均已挂牌成立普惠金融事业部，197家管辖行和287家县域网点机构均开办了普惠金融业务，并组建了130个小微专营团队，推进普惠金融业务发展。中国银行的全部36家一级分行均已成立普惠金融事业分部，各二级分支行成立了普惠金融服务中心，并配置专人负责普惠金融业务，同时全行1万多家营业网点均为普惠金融基础服务网点。此外，民生银行、兴业银行等6家股份制商业银行也设立了普惠金融事业部，主要为"三农"、小微企业服务。

普惠金融事业部改革强调"单独"。普惠金融业务涵盖"三农"、小微企业等薄弱环节，借贷个体差异性大，风险程度各异，很难适用"一刀切"的管理标准，需要在信贷管理、资本管理、风险容忍度、考评机制等方面分类施策。由此，事业部改革应势而生。作为一项组织架构、制度改革，事业部的核心在于通过构建一套专业化的体制机制，确保有专门的机构、人员、资源去做普惠金融业务。

普惠金融事业部亮点主要体现在"条线化"管理体制和"五专"经营机制（即建立专门的综合服务机制、建立专门的统计核算机制、建立专门的风险管理机制、建立专门的资源配置机制和建立专门的考核评价机制）。《实施方案》要求相关银行从总行到分支机构、自上而下搭建普惠金融垂直管理体系，总行设立普惠金融事业部，分支机构科学合理设置普惠金融事业部的前台业务部门和专业化的经营机构，下沉业务重心，下放审批权限，以便更好地服务普惠金融客户，有利于银行机构进一步缩短融资链条，提供差异化产品，加大资源保障，增强业务开展动力。

工商银行在其成立普惠金融事业部后实行了"六个单独"管理，包括单独的信贷管理体制、单独的会计核算体系、单独的风险拨备与核销机制、单独的资金平衡与运营机制以及单独的考评激励约束机制。

农业银行普惠金融事业部改革后呈现四个变化：一是服务"三农"机构和团队的专业化；二是资源配置的制度化；三是政策产品的差异化，单独设计差异化的"三农"金融服务产品政策；四是实现服务"三农"的可持续，这也是最终目的。

建设银行除在设立普惠金融事业部之外，还单独设立普惠金融发展委员会。普惠金融发展委员会负责协调推进建设银行普惠金融业务的管理和发展，由行领导和高管层担任主任、副主任，由普惠金融事业部主要负责人担任办公室主任，由涉及普惠金融业务的小企业业务部、公司业务部、个人存款与投资部以及相关中后台等 17 个组成成员部门；普惠金融事业部则承担全行普惠金融业务的牵头工作，跟进中央、国家和监管部门的政策要求、推动政策落地，落实委员会确定的管理和发展目标，人员配置共 40 人。

中国银行普惠金融事业部一方面聚焦小微、"三农""双创"及扶贫攻坚等客户群体；另一方面探索建立可持续发展的普惠金融商业模式，将尽快形成具有中国银行特色、从村镇到城市全覆盖的普惠金融服务。中国银行董事会战略发展委员会是负责普惠金融业务的最高机构，同时还成立普惠金融管理委员会。各业务条线以及中后台相关部门也将被一起纳入委员会，及时决策并提供各种资源配置，以此保证普惠金融事业的发展。中国银行在普惠金融委员会下设普惠金融办公室，牵头负责普惠金融事业部设立各项工作；并将在各一级分行成立普惠金融办公室，负责普惠金融业务的规划协调、数据报告及与当地监管沟通。

三、普惠金融事业部面临的问题与对策

大型商业银行一直是普惠金融领域的主力军和国家队。与小型金融机构相比，大型银行具有资金成本、人才队伍、机构网点、管理经验等优势，这些优势是其他金融机构短期内难以复制的。同时，大型银行有非常丰富的信贷管理系统和经验，有存款作为廉价的资金来源，且系统性风险比较小，这些都是大型银行发展普惠金融事业的优势。但其薄弱点不少也来自于这些优势。因为传统银行有较严的监管考核要求，对风险过于谨慎，可能会限制银行做风险比较高的业务。此外，银行层级比较多，决策机制效率相对较低。与此同时，在推进普惠金融信贷业务过程中，银行面临着风险判断不准确、管理成本相对较高、后续风险化解处置困难等问题。对此，建议在银行自身通过集成信息、提增信用等方式促进发展普惠金融的同时，政府相关机构能够搭建企业综合信息共享平台，整合注册登记、生产经营、人才及技术、纳税缴费、劳动用工、用水用电、节能环保等信息资源，及时统一发布；丰富企业信用档案信息，完善企业和企业主个人征信体系、评级发布制度和信息通报制度；建立健全融资担保体系，由地方政府参股和控股部分担保公司，建立政府主导的再担保公司，创设小微企业和个人的信贷风险补偿基金等。

此外，小微企业以及"三农"领域业务的风险问题一直是普惠金融的实践难点。商业银行如何实现既在政策上对这些弱势群体的扶持，又能严格执行风控流程以保证资金安全是普惠金融事业部面临的难题。小微企业融资难，表面上是缺钱，实质上是缺信息、缺信用。建议集成多方信息，构建信用评价体系，通过政、企等合作为小微企业增信，在加大小微企业信贷支持的同

时，保证银行资金的安全。一方面，通过将信息数字化、规范化，变无规律为有规律，变不可考为有据查，缓解信息不对称，打开小微企业融资的"玻璃门"，通过挖掘银行存量数据资源，以小微企业在银行资金结算、交易流水、工资发放、存款投资等数据信息评价企业经营能力，创新免担保贷款。同时，充分运用政府公共服务信息，主动加强与政府部门合作，引进税务、工商、海关、法院诉讼等外部数据，深化人民银行征信信息应用，运用公共信息化解小微企业"缺信息"问题。另一方面，通过多方合力增加信用，创造企业可贷条件。如建设银行与地方政府合作，创新"助保贷"业务，以政府风险补偿资金为主要增信方式，为符合当地转型发展方向的客户群体提供批量化融资。

四、普惠金融事业部下一步发展方向

下一步，银保监会将推动大型银行进一步提高普惠金融事业部制服务能力，重点解决好降低融资成本、银企信息不对称和银行激励机制不到位等问题，做深、做精、做实普惠金融专业化服务工作，进一步提升服务实体经济水平。一是进一步完善普惠金融服务体系。要求在总行和一级分行层面进一步明确普惠金融事业部职责，并在全部二级分行设立垂直机构。继续做好"中国制造2025"试点示范城市、普惠金融示范区机构的设立和运营工作，加快县域网点和离式自助银行设立工作。强化线上、线下渠道融合，弥补物理网点覆盖不足，拓展服务功能和服务半径。二是显著降低小微企业融资成本。要求大型银行要力争到2018年第三季度末实现小微企业融资成本有较明显降低。督导大型银行研究相关内部配套措施和调整经济资本占用系数等政策，在信贷管理系统中开发相关功能，做好贷款定价的事中监控和事后考核。要求大型银行运用全国信用信息共享平台、金融信用信息基础数据库以及信用服务机构提供的相关信息，缓解银企信息不对称问题。三是积极通过互联网开展普惠金融贷款业务，充分运用大数据、云计算等手段，提高客户信息获取和分析能力。四是健全普惠金融服务激励约束机制。要求大型银行进一步加强普惠金融服务内部激励，安排专项激励费用，形成有效的普惠金融贷款尽职免责制度，完善内部绩效考核机制，提高绩效考核中普惠业务权重。五是创新普惠金融产品和服务。要求大型银行在做好小微企业贷款服务的同时，积极推出"三农""双创"、扶贫、校园等领域的新产品。

附录 2 交通银行湖北省分行普惠金融实践

交通银行湖北省分行认真学习领会习近平总书记"金融活，经济活；金融稳，经济稳"的指示精神，落实中国银监会"三个不低于"的监管要求，贯彻总行"深化改革，转型发展"的总体要求，以支持小微、发展普惠金融为己任，积极履行国有银行的社会责任。2017 年，湖北银监局明确提出"治乱、化险、守规、支实"八字方针。交通银行湖北省分行在小微企业发展的大格局下，积极调整普惠金融服务整体战略结构，以"控风险、保增长"为重点，致力于在普惠金融上创新产品，提升服务质效，在支持实体经济均衡、协调、可持续发展上下工夫，机构挂牌上走在前列、产品创新上亮点纷呈、业务发展上企稳推动。

一、组织架构情况

1. 高度重视，分工明确。交通银行严格按照中国银监会的政策要求，部署落实机构改革的全面深入推进。总分行层面成立普惠发展委员会，统筹部署，全面协调，分行领导高度重视、一把手亲自抓。湖北省分行成立"普惠金融事业部"，与小企业金融部合署办公，作为前台管理部门，主要负责全行授信敞口 2000 万元（含）以下授信业务的发展规划、产品研发、客户拓展、渠道建设、风险管理、统计核算、考核激励等职责，承担"三个不低于"指标达标工作，协同推进"三农""扶贫""双创"等业务。

2. 实现系统内首批挂牌落地。严格落实《大中型商业银行设立普惠金融事业部实施方案》（银监发〔2017〕25 号）文件精神，湖北省分行于 7 月 10 日成为交通银行系统内首家挂牌的分行。同月，在湖北省 10 家省辖行全部挂牌普惠金融部，在系统内形成了总行、省直分行、省辖市区三级普惠金融的组织架构。

3. 推动全辖普惠金融事业部改革。在总行的统一部署下，湖北省分行逐步探索普惠金融事业部的改革。一是加强前中后台的综合化管理、一体化营销经营管理思路，后续将开展派驻审批人机制，适当嵌入风险前移的平行作业风险管理机制的试点；二是小企业部将加强普惠金融事业部成立后的内部

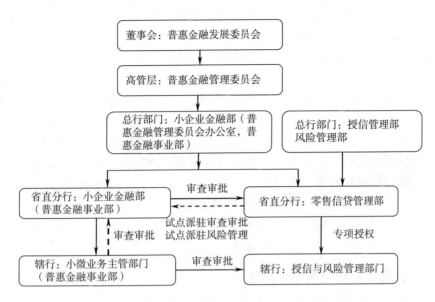

图 1　交通银行普惠金融事业部制模式改革组织架构

管理职能，加强统计核算、考核督导、队伍建设等精准化管理；三是通过充实小微业务专业人员，建立专营团队，逐步打造"先有后优、优中出果"的普惠金融发展新态势。

二、产品创新亮点纷呈

1. 普惠金融支实扶小、"农房贷"产品从省辖走向武汉市区。为进一步做好试点工作，响应政府号召，加强试点体制机制创新，交通银行湖北省分行在信贷产品、信贷制度、信贷授权和资源配置等方面打破常规、大胆尝试，加快对农村集体经营性建设用地抵押贷款、"两权"抵押贷款的营销和推广。根据第十二届全国人大常务委员会第十八次会议决定，允许包括武汉市江夏区在内的 59 个县（市、区）开展农民住房财产权（含宅基地使用权）抵押贷款试点，江夏区是武汉市试点地区。6 月 30 日，该行为位于江夏区纸坊街胜利村的农民王某某成功办理了 20 万元贷款，成为交通银行湖北省分行首笔"个人农房抵押贷款"。

2. 大数据运用、业务创新试点"楚商·沃易贷"。交通银行湖北省分行始终秉承"服务湖北、服务湖北中小微企业"，推动网格服务、银企互动、创新思维，开拓金融新平台。该行与中国联合网络通信有限公司的"沃易购"电子商务平台开展了金融业务合作，并为其代理商提供在线融资服务。"沃易贷"业务在 2017 年半年时间里，授信客户数、授信总额、提款户数均居系统内首位,贷款类余额居全行第三位。截至 2017 年 6 月末,湖北省"沃易贷"授信客户数 135 户,其中提款户数 111 户,累计提用 125 户。同时,该项产品入围荣获中国银行业协会(湖北赛区)优秀奖。

3. 普惠金融支持"大众创业、万众创新"。小微企业是实施大众创业、万众创新的重要载体,也是促进国民经济和社会发展的重要力量。自 2003 年 8 月开始,交通银行湖北省分行成为武汉市首批开展创业贷款的银行,该项贷款主要针对各类自谋职业人员和创业人员,用于支持其依法开办个体工商户、自主合伙经营或创办小微企业。从江汉区开始,该行在武汉市逐渐将创业贷款支持的面扩展到江岸区、硚口区,同时在襄阳、孝感等地相继开办了创业贷款业务。自 2003 年以来,交通银行湖北省分行先后为全省 1.1 万余名创业个人提供了创业贷款支持,累计发放创业贷款金额突破 10 亿元,为促进就业,促进社会稳定、经济发展做贡献。

三、普惠金融业务企稳推进

1. 普惠金融服务提档升级,做好六大链条组合创新。2017 年,该行小微业务发展着力打造小微企业服务链、商圈金融服务链、园区金融服务链、供应链金融服务、普惠金融服务链、科技金融服务链"六大链条",整合推进,打好小微信贷产品的"组合拳"。为着力缓解小微企业"融资难",有针对性地推出了智融通、政府采购贷、纳税信用贷、商标贷等系列融资产品,2016 年与省工商局签订"商标贷"战略合作协议,成为全省首家商标权质押融资服务平台。

2. 通过核心企业供应链,惠及上下游全产业链客户。利用公司板块联动,发展核心企业承担风险、核心企业协助承担风险模式拓展链属客户,重点选择已办有商票保贴额度、"银卫安康"签约医院、已授信对公客户等核心企业潜在链条作为目标客户群方向。

3. 通过发展园区、商圈,普惠金融延伸到最后一公里。一方面,优选国家级重点园区、省级重点园区、配套有政府风险补偿资金的园区,引入园区内外各类增信手段,加强风险共担与缓释;用好园区小微金融服务产品,针对园区标准厂房、办公用房等购置需求,加强项目优选,以法人按揭等业务撬动园区优质客户。另一方面,优选销售范围辐射面较广,成立时间较长,交易量稳定,具有交通集散优势,弱经济周期性行业商圈,因地制宜,结合区域产业特色,关注农产品、药材、小商品、家具家电、家用建材、通讯器材、计算机及周边设备、纺织类等商圈市场,制定符合客户需求、有市场竞争力、操作性强的项目方案,用好 POS 贷、租金贷、商铺经营权质押贷、快捷抵押贷等商圈小微金融专属服务产品，将普惠金融的服务触角延伸到最后一公里。

4. 精准扶贫，深入开展普惠金融服务下乡。信贷支持方面，持续加大对相关贫困片区的授信支持力度，在本地重点建设项目、中小企业金融信贷需求、新兴产业项目上提供力所能及的全面金融服务。特别是在香菇产业项目上，为村集体引进成熟项目，带动广大贫困户参与进来，发挥扶持经费作用，增强村集体经济造血功能，更好为精准扶贫工作服务。持续开展金融服务下乡活动，充分发挥分行在贫困地区设立的普惠金融网格化工作站作用，宣传普及当地群众日常生产生活所需的金融知识、金融风险的辨识与防范知识，真正延伸普惠金融服务的广度和深度。

附录3　泰隆银行践行普惠金融积极打造"小而美"银行

泰隆银行自成立之日起，以建设百年特色老店、民族品牌银行为愿景，大力打造"小而美"的银行，坚持贷款投向坚持以"农"为本，贷款额度以"小"为先，金融服务以"普惠"为要，不断创新服务模式，提升普惠金融服务水平，形成了普惠金融发展的"泰隆模式"。

一、"三个下沉"解决普惠金融覆盖率问题

提高普惠金融服务的覆盖率，一方面要大力发展农村金融，让村村有服务；另一方面要进一步拓展城市社区金融服务的广度和深度，显著提高小企业和居民获得金融服务的便利性。泰隆银行通过市场定位下沉、业务下沉、机构和人员下沉，推进普惠金融服务的开展，有效扩大了服务覆盖面。

一是深化"小微"，实现市场定位下沉。泰隆银行将"小微"一分为二，"小"是小企业，"微"是普惠类客户，是城市的居民和农村的农民，巩固"小"，突出"微"。将"两民"（城市的居民和农村的农民）客群作为新的客户发展战略，针对普惠的"两民"群体，泰隆银行推出"两有一无"（有劳动能力，有还款意愿，无不良嗜好）新举措，针对子社区内的"两有一无"客户通过设立普惠金融部和小企业部，进行业务分割，专人、专职刚性推进，对"两民"战略执行不到位的管理者，一票否决。

二是布局农村和消费金融市场，实现业务下沉。布局农村市场。一方面，泰隆银行采用"信用村＋信用家庭＋授信证书"模式，强调信用保障、信字为先，以信用情况作为制定评定信用家庭、信用村的主要准则，轻资产要求，通过推行整村授信，既提高了服务农村市场的覆盖面，又提高了村民用信的服务效率，得到了客户的广泛认可。另一方面，为深入开展农村市场，泰隆银行制定"百人千村万户"计划，通过五专法，即"专人（专门人员队伍）、专点（固定服务地点）、专品（单独开发产品）、专价（利率定价优惠）和专责（放宽不良考核要求）"，积极开展农村金融服务，计划用三年时间实现百名信贷人员服务千个农村万家农户的目标。

布局消费金融市场。泰隆银行消费金融产品的定位由同类城市商业银行

较为热衷的企事业单位、公务员、白领阶层下沉到蓝领、农户等难以享受金融服务的客群。根据资金用途和客群特征，将单一的消费贷款细分为有针对性、有特色、符合客户需求的子产品，包括优选型、普惠型和定制型。同时，逐步开发了灵活的还款方式和多样的业务载体，通过与商户合作贴息等方式来实现共赢。

三是推进业务全覆盖，实现机构和人员下沉。泰隆银行将服务触角向下延伸，突出"支农、支小"，把推进小微企业专营支行及社区支行的建设作为泰隆银行扩展服务渠道的抓手，将有限的信贷资源重点向欠发达地区、县域和乡镇倾斜，依托下沉的机构网点，进一步深入市场一线，将机构设置在专业市场、产业集群地和乡镇、农村，及时把握客户变化、迎合客户需求，快速落实信贷服务、解决客户燃眉之急。

近年来，泰隆银行围绕"三个下沉"，坚持"存款不傍大款，贷款不垒大户""先农后工，先商后企，做小不放大"的原则，破除依赖大企、强企的垒大户心理，将服务触角转向支农支小，做到额小面广、结构优化。在支农再贷款的贷款对象上坚持以"农"为主，涉农贷款占比100%。在支农再贷款的贷款额度上坚持以"小"为主，重点支持30万元以下的客户。据统计，大冶泰隆村镇银行贷款金额在30万元以下的客户6806户，占比94.37%，金额59290万元，占比66.71%，100万元以上客户仅40户，占比0.55%，金额7290万元，额度占比8.2%，户均贷款12.32万元。

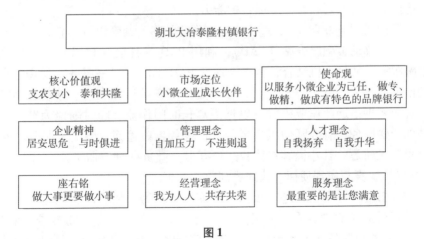

图1

二、社区化经营，解决普惠金融服务成本高问题

普惠金融服务存在"额小、面广、量大"的特点，且带有福利主义色彩，

单个对象的收益难以有效覆盖成本。商业银行要想开展普惠金融服务，必须形成规模效应，降低成本。社区化经营是泰隆银行重要的商业模式，该模式的运用是对降低普惠金融服务成本问题的探索和突破。

一是网格化运作，进一步降低作业成本。"社区化经营"指的是以物理网点为中心辐射，在一定服务半径范围内对综合社区划分板块进行管辖，并在综合社区板块内进行网格化规划，对网格中相对集中的各个小微客户聚集区（客户集群）划分为若干个子社区，做好"定点、定人、定时"布局和安排，进行网格化的运作，提高客户覆盖率和金融服务覆盖面。社区化模式下，信贷人员通过侧面打听可以进行有效的贷前调查，而且对其子社区内的客户有深入的了解，单个客户的调查成本下降，边际效益递增。同时，社区化还可以有效提升服务效率，提升客户体验，提升品牌效应。

二是批量化作业，进一步提高人均产效。经过长期的实践探索，泰隆银行的小微金融营销模式逐渐从前期粗放型的"人海战术"逐步转型为集约型的相对批量化作业模式，初步实现"小微客户成片做，零售业务相对批发做"。以社区客户信用档案为基础，通过搭建、借助第三方平台，开展批量营销、批量获客、批量调查、批量授信和审批、批量发放、批量跟踪等标准化作业，并为该客户群体量身定制信贷方案和信贷产品，批量提供贴身化、个性化的金融服务，实现对具有某一共同特征（如具有相似的商业模式、经营特点和风险特征等）且分散经营的集群客户的集中选择、分析、开发和维护，极大地提高人均产效和客户经理管护能力。

三是创新"互联网+"，进一步提高作业效率。泰隆银行创新移动互联网技术，建设移动金融服务站（PAD），利用PAD为社区（村居）客户提供移动金融服务，通过人机结合，客户经理携PAD上门一对一服务，现场为客户办理借记卡发卡、电子渠道签约、移动贷款现场申请和发放、移动营销等功能。客户经理借助此作业模式可以远距离长时间作业，随时随地为客户提供便捷的金融服务，有效延伸服务半径，扩大普惠覆盖面，解决了服务"最后一公里"的难题，让小微客户体验开户办卡、微贷办理等服务由"出门"变为"上门"，真正实现便捷、快速、高效、普惠。

四是搭建服务平台，进一步拓宽获客渠道。为了拓宽获客渠道，大冶泰隆村镇银行搭建了"居委会+居民""行业串联+商户""村两委+农户""合作社+农户"等服务平台，建立社区信贷服务工作室9个，便民服务窗口5个，与8个行业协会建立"行业串联"合作模式，建立村居信贷服务工作室21个，搭建合作社、家电及建材等行业串联合作平台8个。为了提高工作效率，实现批量获客，该行采取整村授信模式，按照"劣户排汰法"，为"有劳动意愿、有劳动能力、无不良嗜好"的"两有一无"农民进行信用评级与授信，目前，已评定信用村 14 个，信用户 8000 余户，授信额度 4.2 亿元。

三、创新"三品三表"，解决信息不对称问题

普惠金融服务对象普遍缺乏有效抵押物，生产经营存续期相对较短，而个体信息又以定性信息为主，缺乏定量信息，商业银行凭借传统的信贷技术和调查手段解决普惠金融客群信息不对称问题时，往往成本高，效果差，给风险管理带来极大的挑战。泰隆银行通过"三查询、五核实""四眼原则""三品、三表"、管好"两个人"等一系列创新手段，有效解决普惠金融信贷服务时的信息不对称问题。

一是"三查询、五核实"严把贷款准入关。贷前调查严格执行内部"三查询"和外部"五核实"规定动作。"三查询"即查征信、查黑名单、查分户账；"五核实"即核实主体资格、经营状况、信用状况、资产负债及贷款用途。通过尽可能全面地掌握借款人信息和资料，分析客户资信情况，甄别客户风险，把好贷款准入关。

二是严格遵循"四眼原则"。在开展信贷业务时，大冶泰隆村镇银行把坚持"四眼原则"作为防控风险的"生命线"。即贷款调查的任何环节必须有两名以上客户经理参加，客户经理必须实地调查，用"四只眼睛"看问题、"两个脑袋"识风险，确保贷前调查情况真实，风险判定科学，评估结果有效。

三是"三品、三表"解决信息不对称难题。针对农户贷款信息不对称的现状，将数字化的"硬"信息和社会化的"软"信息有机结合，定性分析和定量测评结合，做到了解客户，知根知底。针对小企业信息不对称难题，泰隆银行打造了一支人数众多、自律性强的客户经理队伍，利用地缘、人缘、亲缘优势，遵循"到户调查"和"眼见为实"原则，"面对面"沟通、"背靠背"了解，多渠道了解客户的经营能力、家庭财产及道德品质等信息，全面观察客户的"三品"：一看人品，解决"信不信得过"的问题，考察客户还款意愿；二看产品，解决"卖不卖得出"的问题，考察客户还款能力；三看押品，解决"靠不靠得住"的问题，考察客户还款保障。针对生产型、商贸型小微企业，更看重"三表"：一看水表，二看电表，生产型企业的用水量和用电量往往反映客户真实的生产经营情况；三看报表，对于没有报表的企业，对销货单、记账单等进行核实。这三个表可以提供企业比较真实的信息，有效验证和补充企业财务报表，真正锁定和明确客户的数字化信息。

同时，泰隆银行通过客群分析和行业研究建立了数据模型化风险分析模

式。利用普惠金融服务数据,泰隆银行将客户的交易信息建成数据库,包含客户关系数据、个人信用数据、业务和担保数据、财务数据四大类超 200 个小项内容。同时,借助政府、人民银行、社会等信息平台,使"三品三表"模型化。其中,从"人品"信息中提炼 50 多个指标,从"产品、押品"等客户行为和社会信息中提炼上百项指标,建成了个人经营性普通贷款、信用卡行为评分、创业通贷款等评分模型。利用模型,系统自动审批风险水平低且合规的业务,自动否决风险水平高的业务。人工审批与系统审批相结合的审批机制提高了决策效率,降低了风险成本。

四是管好"两个人",培育信贷文化。采取管好"两个人"的办法,加强信贷文化培育工作,对外倡导"农可贷、商可贷、不务正业不可贷;穷可贷、富可贷、人品不好不可贷;大可贷、小可贷、不讲信用不可贷"的信贷理念。对内强化员工自律行为,严格遵循八项铁律、三九条令、双十禁令等管理规定,做到不吃拿卡要,倡导简单的、透明的客户关系,打造绿色信贷。

四、构建大服务体系,解决普惠金融满意度问题

为提高普惠金融服务的质量,提高普惠客群的满意度,泰隆银行积极搭建大服务体系。

在服务方式上,一是优化服务理念。以"惠及家人、相伴一生"为宗旨,结合家庭生命周期,实现普惠客户的财务自由。提供"一篮子"的综合服务,除提供"存贷汇"等传统金融服务外,积极进行跨界合作,为客户提供医疗、教育、衣、食、住、行等非金融服务。二是创新信息评估。为了提高小微信贷业务办理速度,提升客户体验,泰隆银行对贷款操作流程进行了创新与优化,所有贷款信息评估等由"报告制"优化为"表单制",大大缩短了贷前、贷中工作时间。三是下放审批权限。将 50 万元(含)以下的贷款审批权限下放至支行行长,大大提高支农的工作效率。确保老客户三小时办结、新客户三天答复的"三三制"原则落地。

在定价机制上,为适应农村市场发展需要,充分发挥法人机构决策灵活、效率高的特点,按照"一户一价、一期一价"的原则,针对不同客户群体,根据不同的行业、不同的额度、不同的期限实行不同的利率定价,目前贷款利率共有 64 档,是辖区内贷款利率档次最多的金融机构。

在服务成本上,以客户"可接受的成本"为努力方向,致力于打造"免费银行",深入推广"裸费裸利",针对涉农、民生等领域主动降低贷款利率,降低客户成本,对汇兑、跨行转账等 15 项手续费实行全免,是黄石地区首家实行全免费的"裸费"银行,仅 2017 年减免客户各项手续费用 60 余万元。

在产品创新上，为了满足农村市场需求，大冶泰隆村镇银行针对农村种植业、养殖业分别设计了"稻谷贷、养殖贷"等产品；针对从事交通运输等第三产业推出了"货运贷"产品；针对生产周期长、资金回笼慢的客户，推出了农村土地、山林承包经营权抵押贷款和"分期宝"信贷产品；针对农村消费市场需求旺盛的现状，推出了"泰好贷"等消费信贷产品。可用于农户购车、建房、装修、结婚、旅游等消费性用途；针对经营情况良好，但是资金周转困难的客户，推出了"接力贷"循环贷款，进一步降低了借款人的财务成本和筹资压力，提升客户体验。信贷产品覆盖生产、经营、消费等，贴近农户需求，受到大量农户的欢迎。为了解决抵押难问题，在主推保证担保贷款的同时，力推道义担保贷款，并积极推进"千家万贷"信贷工程，对特殊弱势群体提供一对一、点对点金融服务，助力精准扶贫。

普惠金融的发展，任重而道远，面对各项难点与困境，泰隆银行将继续坚持市场定位，深化普惠金融服务模式，做专、做精，作出特色，将金融服务惠及到千家万户。

资料来源：王小四．践行普惠金融的泰隆模式［J］．中国征信，2016（11）；阳爱姣．这家银行厉害了！支农支小，还为员工父母发"养老金"［N］．农村金融时报，2017－03－13；湖北银监局调研材料．

参考文献

［1］埃比尼泽·霍华德．明日的田园城市［M］．上海：商务印书馆，2000.

［2］刘易斯·芒福德．城市发展史：起源、演变与前景［M］．倪文彦，等译．北京：中国建筑工业出版社，1989.

［3］焦瑾璞，王爱俭．普惠金融：基本原理与中国实践［M］．北京：中国金融出版社，2015.

［4］亚当·斯密．国富论［M］．北京：中央编译出版社，2010.

［5］道格拉斯·诺斯．经济史中的结构与变迁［M］．陈郁，等译．上海：上海三联书店、上海人民出版社，1994：225-226.

［6］道格拉斯·诺斯．制度、制度变迁与经济绩效［M］．刘守英，译．上海：上海三联书店，1994：3-3.

［7］科斯，阿尔钦，诺斯．财产权利与制度变迁：产权学派与新制度学派译文集［M］．刘守英，等译．上海：上海人民出版社，1994：251-251.

［8］卢现祥，朱巧玲．新制度经济学［M］．北京：北京大学出版社，2006：471-487.

［9］厉以宁．厉以宁经济史论文选［M］．北京：商务印书馆，2015：191.

［10］中国人民银行支付结算司编．中国支付体系发展报告2016［M］．北京：中国金融出版社，2017.

［11］王曙光．普惠金融：中国农村金融重建中的制度创新与法律框架［M］．北京：北京大学出版社，2013.

［12］焦瑾璞．构建普惠金融体系的重要性［J］．中国金融，2010（10）：12-13.

［13］杜晓山．建立可持续性发展的农村普惠性金融体系［J］．金融与经济，2007（2）：33-34.

［14］马绍刚．浅析我国普惠金融发展现状［J］．武汉金融，2017（8）：4-7.

［15］周小川．践行党的群众路线，推进包容性金融发展［J］．中国金

融，2013（18）.

[16] 吴晓灵. 建立现代农村金融制度的若干问题 [J]. 中国金融，2008（10）.

[17] 李建军，张丹俊. 中小企业金融排斥程度的省域差异 [J]. 经济理论与经济管理，2015，35（8）：92 – 103.

[18] 杨伊，高彪. 互联网金融推动农村普惠金融发展实证研究——以江西省为例 [J]. 武汉金融，2017（8）：18 – 22.

[19] 邱兆祥，向晓建. 数字普惠金融发展中所面临的问题及对策研究 [J]. 金融理论与实践，2018（1）.

[20] 徐晓萍，李猛. 三十年来农村金融改革的逻辑——基于新比较经济学的分析 [J]. 财经研究，2008（5）：283 – 297.

[21] 陈蔼贫. 物业管理与帕累托改进 [J]. 中国物业管理，2004（2）：44 – 45.

[22] 韩毅. "路径依赖"理论与技术、经济及法律制度的变迁 [J]. 辽宁大学学报（哲学社会科学版），2015（5）.

[23] 高帆. 报酬递增与西部经济发展 [J]. 财经科学，2002（6）：84 – 88.

[24] 许亚岚. 银行 + 电商 豪门联姻能走多远？[J]. 经济，2017（14）：46 – 50.

[25] 罗明忠. 组织与制度变迁 [J]. 南方经济，2002（7）.

[26] 孙天琦，等. 国际普惠金融指标体系调查：进展、比较与启示 [J]. 金融监管研究，2016（4）.

[27] 张晓慧. 稳健货币政策为经济行稳致远保驾护航 [J]. 中国金融，2017（15）.

[28] 刘国强. 探索中国特色普惠金融发展之路 [J]. 中国金融，2017（19）.

[29] 星炎. 普惠金融：一个基本理论框架 [J]. 国际金融研究，2016（9）.

[30] 尹振涛. 中国普惠金融发展的模式、问题与对策分析 [J]. 金融监管评论，2016（12）.

[31] 郭田勇，丁潇. 普惠金融的国际比较研究——基于银行服务的视角 [J]. 国际金融研究，2015（2）.

[32] 李均锋，邱艳芳，张弘. 普惠金融应用核心原则指引 [J]. 金融监管研究，2017（2）.

［33］张韶华，张晓东．普惠金融：一个文献的综述［J］．比较，2015（1）．

［34］高建平，曹占涛．普惠金融的本质与可持续发展研究［J］．金融监管研究，2014（7）．

［35］李俊，蒋先明．德国合作银行的发展经验［J］．中国金融，2015（24）．

［36］肖晶．金融包容的国际比较及实施路径思考［J］．经济体制改革，2017（1）．

［37］刘春航．美国社区银行的经营模式及启示［J］．中国金融，2012（14）．

［38］农业银行国际业务部课题组．格莱珉：制度安排与运作模式［J］．农村金融研究，2007（10）．

［39］何建苹．格莱珉银行模式对我国乡村银行试点的启示［J］．西南金融，2007（10）．

［40］谢世清，陈方诺．农村小额资款模式探究——以格莱珉银行为例［J］．宏观经济研究，2017（1）．

［41］马绍刚．浅析我国普惠金融发展现状［J］．武汉金融，2017（8）．

［42］曾繁荣编译．世界银行《2014年全球普惠金融调查报告》［J］．金融会计，2015（7）．

［43］焦瑾璞，黄亭亭，等．中国普惠金融发展进程及实证研究［J］．上海金融，2015（4）．

［44］李振江．适应双脱媒 加快双转型．中国金融［J］，2015（2）：41-42．

［45］湖北省社科联课题组．关于加快湖北发展，促进中部崛起的对策建议［J］．湖北社会科学，2005（2）．

［46］苏娜．中部崛起背景下提升湖北核心竞争力研究［J］．湖北社会科学，2008（3）．

［47］郭宁，吴振磊．非均衡发展—均衡发展—城乡一体化［J］．生产力研究，2012（10）．

［48］何雄浪．区域经济差异理论的发展及其启示［J］．北京科技大学学报，2004，22（2）：23-28．

［49］陆岷峰，吴建平．互联网金融契合普惠金融发展研究——基于长尾理论指导下的视角分析［J］．西部金融，2016（11）．

［50］阙方平．五轻银行：商业银行转型发展的长期趋向［J］．银行家，

2017（7）.

[51] 阙方平. 增加县域金融供给　促进县域跨越发展 [J]. 中国农村金融, 2015（11）: 25 – 27.

[52] 阙方平. 银行经济资本管理在欠发达地区存在的问题 [J]. 中国金融, 2008（19）: 65 – 66.

[53] 阙方平. 我国银行业应从数量扩张转向瘦身提质 [J]. 中国银行业, 2017（11）.

[54] 邵平. 物联网金融与银行发展 [J]. 中国金融, 2015（18）.

[55] 林志翔. 物联网物流金融创新分析 [J]. 经营管理者, 2014（35）.

[56] 王均坦. 普惠金融下的互联网支付 [J]. 中国金融, 2014（15）: 88 – 89.

[57] 叶永刚, 余巍. 中国金融超市的发展模式与构建思路 [J]. 学习与实践, 2014（9）: 41 – 44.

[58] 王硕. 区块链技术在金融领域的研究现状及创新趋势分析 [J]. 上海金融, 2016（2）.

[59] 杨帅. 共享经济带来的变革与产业影响研究 [J]. 当代经济管理, 2016（8）.

[60] 唐智鑫, 管勇. 物联网技术与我国银行业的金融创新 [J]. 金融科技时代, 2011, 19（9）.

[61] 陈华, 边玉晶. 共享金融的发展路径 [J]. 企业管理杂志, 2016（12）.

[62] 张晓慧. 稳健货币政策为经济行稳致远保驾护航 [J]. 中国金融, 2017（15）.

[63] 李均锋, 邱艳芳, 张弘. 普惠金融应用核心原则指引 [J]. 金融监管研究, 2017（2）.

[64] 王小四. 践行普惠金融的泰隆模式 [J]. 中国征信, 2016（11）.

[65] 王曙光, 王丹莉, 乡村振兴战略的金融支持 [J]. 中国金融, 2018（4）.

[66] 陈果静. 2017 中国普惠金融国际论坛在京举办 [N]. 中国经济网, 2017 – 09 – 25.

[67] 李薇. 农行、招行先后成立普惠金融部 为推数字银行试水区块链 [N]. 和讯网, 2018 – 03 – 20.

[68] 张末冬. 数字技术助力普惠金融发展 [N]. 金融时报, 2017 – 11 – 15.

［69］巴曙松．中国普惠金融的"新路径"与反思［N］．中国时报，2016 - 06 - 20.

［70］孙天琦．G20 数字普惠金融高级原则的启发［N］．华夏时报，2016 - 09 - 10.

［71］孙天琦．国际主要普惠金融指标体系解析［N］．金融时报，2016 - 08 - 08.

［72］张睿，杜晓山，王丹格．格莱珉银行如何"精准扶贫"［N］．金融时报，2017 - 05 - 04.

［73］孙天琦，汪天都，蒋智渊．国际普惠金融指标体系建设及中国相关指标表现［N］．财新网，2016 - 05 - 05.

［74］刘鹏，陈俊旺，刘利鹏．湖北自贸区总体方案获批 19 项改革试验随之启动［N］．楚天都市报，2017 - 04 - 01.

［75］聂晓伟．科技金融 需分段"活血"［N］．人民日报，2017 - 01 - 09.

［76］赖秀福．创新全周期金融服务 打造投贷联动武汉模式［N］．湖北日报，2016 - 11 - 03.

［77］曹广晶．多措并举破解小微企业融资难融资贵［N］．人民日报，2015 - 04 - 02.

［78］肖敏，陈德成．省农信联社"十大工程"助推乡村振兴［N］．湖北日报，2018 - 01 - 27.

［79］李国辉，周琰．利率市场化那些事儿［N］．金融时报，2016 - 03 - 12.

［80］平安银行．平安银行推出物联网智能监管系统［N］．第一财经日报，2015 - 07 - 03.

［81］用大数据监测企业非法集资"冒烟指数"［N］．法制晚报，2017 - 08 - 07.

［82］邵平，刘海涛．物联网与金融模式新革命［N］．光明日报，2014 - 05 - 29.

［83］张光源，刘相波．区块链技术能否触发普惠金融革命［N］．证券日报，2017 - 08 - 05.

［84］边晓青．推进数字普惠金融，布局重在搞定"两点"［N］．华夏时报，2016 - 12 - 07.

［85］阳爱姣．这家银行厉害了！支农支小，还为员工父母发"养老金"［N］．农村金融时报，2017 - 03 - 13.

［86］贝多广. 中国普惠金融发展报告（2017）［R］. 北京：中国人民大学中国普惠金融研究院，2017.

［87］物联网白皮书［R］. 北京：工业和信息化部电信研究院，2011 - 05.

［88］刘金山，何炜. 我国利率市场化进程测度：观照发达国家［Z］. 微信公众号中国经济学人，2016 - 10 - 08.

［89］吕家进. 发展数字普惠金融的实践与思考［J］. 清华金融评论，2016（12）.

［90］TokenClub. 区块链行业研究报告第一期：物联网［Z］. 微信公众号科技圈内，2018 - 03 - 12.

［91］刘卫. 图解长江中游城市群发展规划［EB/OL］. ［2015 - 04 - 08］. http：//www. hubei. gov. cn/zwgk/zcsd/201504/t20150408 _ 636914. shtml.

［92］湖北省第三次全国经济普查主要数据公报（第一号）［EB/OL］. ［2015 - 03 - 02］. http：//www. stats - hb. gov. cn/wzlm/tjgb/jjpcgb/qs/110270. htm.

［93］蔡桂圆. 《武汉城市圈科技金融改革创新专项方案》解读［EB/OL］. ［2015 - 08 - 03］. http：//www. hubei. gov. cn/tzhb/touzi/lxhbtzzn/tzzn/201508/t20150803 _ 698758. shtml.

［94］湖北省小微服务业企业成长较快［EB/OL］. ［2016 - 10 - 17］. 中华人民共和国国家发展和改革委员会网站，www. ndrc. gov. cn.

［95］网格服务创造新动力 普惠金融谱写新篇章［EB/OL］. ［2018 - 02 - 12］. 人民网，http：//www. people. com. cn/.

［96］石头金融. 区块链 + 物联网或成"共享经济"的新范本［EB/OL］. ［2018 - 03 - 14］. 搜狐网，http：//www. sohu. com/a/225544223 _ 375556.

［97］共享经济深度研究报告（二）：共享经济的核心机制和出现条件［EB/OL］. ［2015 - 10 - 26］. 亿欧网，http：//www. woshipm. com.

［98］《国家治理》周刊编辑部. 共享经济的发展现状和未来趋势［EB/OL］. ［2017 - 05 - 09］. 人民论坛网，http：//www. rmlt. com. cn/2017/0509/473475. shtml？winzoom = 1.

［99］我国共享经济发展现状及市场规模分析［EB/OL］. ［2016 - 03 - 31］. 中国投资资讯网，http：//www. ocn. com. cn/chanye/201603/lmurz31095653. shtml.

［100］2017 年中国"共享经济"细分情况发展现状及"共享经济"未来

发展趋势预测分析［EB/OL］．［2017 – 06 – 21］．中国产业信息网，http：//www. chyxx. com.

［101］孙中东．共享金融是什么样的一种未来［EB/OL］．［2017 – 02 – 22］．财新网，http：//opinion. caixin. com/2017 – 02 – 22/101057805. html.

［102］何畅．共享金融或成为共享经济的下一个新风口［EB/OL］．［2017 – 08 – 07］．深圳新闻网，http：//news. sznews. com/content/2017 – 08/07/content_16936090. htm.

［103］李哲平．共享金融可以让更多人享受金融服务［EB/OL］．［2016 – 03 – 24］．经济参考网，www. jjckb. cn.

［104］人创咨询．中国众筹行业发展报告 2017（上）［EB/OL］．［2017 – 07 – 29］．众筹家网站，http：//www. zhongchoujia. com/data/29029. html.

［105］筑梦者．物联网发展现状与发展趋势初探［EB/OL］．［2016 – 12 – 22］．知乎网，https：//zhuanlan. zhihu. com/p/24515720.

［106］云学习小组．蚂蚁金服首席架构师：区块链技术如何促进数字普惠金融［EB/OL］．［2016 – 09 – 08］．阿里云网站，http：//yq. aliyun. com/articles/60170.

［107］许亚岚．区块链助力普惠金融可持续发展［EB/OL］．［2016 – 10 – 18］．经济网网站，http：//www. jingji. com. cn/html/news/djxw/54458. html.

［108］科技魔方．AR 增强现实在金融行业的应用［EB/OL］．［2017 – 03 – 18］．中文科技咨询网，http：//www. citnews. com. cn/news/201703/36221. html.

［109］于佳乐．3 万亿元缺口！农村金融遍地拦路虎［EB/OL］．［2017 – 08 – 01］．财经头条，http：//cj. sina. com. cn/article/detail/1700827801/342272.

［110］Leyshon A, Thrift N. The Restructuring of the U. K. Financial Services Industry in the 1990s: A Reversal of Fortune？ ［J］. Journal of Rural Studies, 1993, 9（3）：223 – 241.

［111］Sarma M, Pais J. Financial Inclusion and Development ［J］. Journal of International Development, 2011, 23（5）：613 – 628.

［112］Rutten Vernon W. , Binswanger Hans P. Induced Innovation：Technology, Innovation, Institutions, and Development ［J］. Baltimore：The Johns Hopkins University Press, 1978.

［113］Ratna Sahay, Martin Cihak. Financial Inclusion ［J］. September, 2015.

［114］Park C Y, Jr R V M. Determinants of Financial Stress in Emerging

Market Economies ［J］. Journal of Banking & Finance, 2015, 45（8）: 199 –
224.

［115］ Panl N. Rosenstein – Rodam Problems of Industrialization of Eastern and
South—Eastern Europe ［J］. Economic JournaI, 1943（6）.

后 记

  党的十九大作出了"中国特色社会主义进入新时代"的重大政治论断，明确新时代我国社会主要矛盾是人民日益增长的美好生活需要和不平衡不充分的发展之间的矛盾。正如诺贝尔奖获得者罗伯特·席勒所说："金融并非为了赚钱而赚钱，它的存在是为了帮助实现社会的目标。"金融作为现代经济的核心，应当"牢记初心、不忘使命"，将发展普惠金融作为义不容辞的政治和社会责任，不断加大对"三农"、小微企业、贫困人口、就业创业、绿色发展等社会薄弱环节的金融支持，让广大人民群众共享金融"阳光雨露"，不断满足人民群众对美好生活的向往。

  近年来，随着"中部崛起"战略实施，湖北经济社会发展取得了长足进步，但经济发展中的不平衡不充分问题依然存在，突出表现为城乡、区域和企业间的发展不协调。从某种意义上讲，湖北天然是一块普惠金融的"试验田"。因此，湖北银监局以强烈的责任担当和创新精神，压茬推出一系列普惠金融新战略新举措新模式，如县域资金回流工程、县域存贷比收敛攻坚行动、农村金融"三个全覆盖"工程等，其中集大成者是"金融服务网格化"战略。该战略打破了信息来源、金融服务、机构配置三个碎片化问题，将湖北普惠金融发展推向帕累托最优状态，受到各方普遍欢迎和好评，日益形成了普惠金融制度变迁的"湖北方案"。

  本书对湖北普惠金融的"前世今生"进行了全面梳理回顾，对其中的经验做法进行了系统总结提炼，我们致力于研究和探讨三个重大问题：第一，普惠金融发展中政府和市场分别发挥什么作用？从湖北的经验来看，政府部门特别是监管部门作为"第一行动集团"，发挥着灯塔引领作用，银行业机构作为"第二行动集团"，扮演着响应、跟随、创新的角色，二者相互促进、相得益彰，为普惠金融制度变迁提供了强大动力。第二，普惠金融如何实现可持续发展？普惠金融既非传统政策性金融，也不是纯粹商业性金融，而是要坚持市场化和政策扶持相结合，建立健全激励约束机制，确保发展可持续。"金融服务网格化"战略中，银行业机构在地方政府的政策支持和信息支撑下，不仅有效减少了获客成本、降低了贷款风险，还获得了持续可观的业务收益，促使其实现了从"要我做"到"我要做"的深刻转变。这启发了我们普惠金融发展必须构建多方参与的"金融生态圈"、打造多方共赢的"利益共同体"，普惠金融可持续发展就能水到渠成。第三，金融科技对普惠金融有什么助益？普惠金融难就难在缺信息、缺信用，而金融科技能够使这一难题迎刃而解。"金融服务网格化"的要义就在于搭建物联网大数据信息平台，获取关于服务对象的各种"软信息"和"活情况"，进而提供线上线下一体化的金融服务，这就为普惠金融插上了腾飞的"翅膀"。我们相信，随着金融科技的广泛深入运用，普惠金融已经来到了"风口"，站在了新的发展起点上。

　　本书既有很多原创性的理论和实践，也广泛吸收了业内专家学者的真知灼见，在此一并表示感谢。由于各地情况千差万别，金融发展日新月异，因此本书只是一个初步的探索和研究，提供一些参考和借鉴，希望能起到抛砖引玉的作用，吸引更多专家学者共同研究探讨新时代普惠金融发展创新之路。由于学识水平和工作之余的研究时间有限，书中疏漏、错误之处在所难免，敬请专家和广大读者批评指正。

　　最后，我们要特别感谢中国金融出版社的编辑，本书的顺利出版凝聚了他们的智慧和汗水，其严谨的工作态度、高效务实的工作作风让我们深受感动和难以忘怀。

作者
2017 年 11 月于武汉东湖